皮书系列为

“十二五”“十三五”“十四五”时期国家重点出版物出版专项规划项目

BLUE BOOK

智库成果出版与传播平台

东南亚蓝皮书

BLUE BOOK OF SOUTHEAST ASIA

东南亚地区发展报告（2021~2022）

ANNUAL REPORT ON THE DEVELOPMENT OF SOUTHEAST ASIA (2021-2022)

跨入数字时代的东南亚

主　编／王　勤

社会科学文献出版社
SOCIAL SCIENCES ACADEMIC PRESS (CHINA)

图书在版编目(CIP)数据

东南亚地区发展报告.2021-2022：跨入数字时代的东南亚／王勤主编.--北京：社会科学文献出版社，2022.12

（东南亚蓝皮书）

ISBN 978-7-5228-1241-0

Ⅰ.①东… Ⅱ.①王… Ⅲ.①区域发展-研究报告-东南亚-2021-2022 Ⅳ.①F133

中国版本图书馆 CIP 数据核字（2022）第237321号

东南亚蓝皮书

东南亚地区发展报告（2021~2022）

——跨入数字时代的东南亚

主　　编／王　勤

出 版 人／王利民
组稿编辑／张晓莉
责任编辑／宋浩敏
文稿编辑／李艳璐
责任印制／王京美

出　　版／社会科学文献出版社·国别区域分社（010）59367078
　　　　　地址：北京市北三环中路甲29号院华龙大厦　邮编：100029
　　　　　网址：www.ssap.com.cn
发　　行／社会科学文献出版社（010）59367028
印　　装／三河市东方印刷有限公司

规　　格／开 本：787mm×1092mm　1/16
　　　　　印 张：23.5　字 数：355千字
版　　次／2022年12月第1版　2022年12月第1次印刷
书　　号／ISBN 978-7-5228-1241-0
定　　价／148.00元

读者服务电话：4008918866

东南亚蓝皮书编委会

主要编撰者简介

主 编

王 勤 经济学博士，教授、博士生导师，教育部人文社会科学重点研究基地——厦门大学东南亚研究中心主任（2008～2018年），厦门大学国际关系学院/南洋研究院副院长（2001～2017年），中国国际经济关系学会常务理事、中国太平洋学会理事，主要研究领域为东南亚经济、区域经济一体化、中国与东盟关系。担任《东南亚蓝皮书：东南亚地区发展报告》主编，著有《东盟国际竞争力研究》《中国与东盟经济关系新格局》《新加坡经济发展研究》等，在国内外学术期刊发表论文260余篇，在《中国日报》（*China Daily*）、新加坡《联合早报》、菲律宾《世界日报》等国内外报刊发表时评文章70余篇。

主要编撰者

吴崇伯 经济学博士，教授、博士生导师，厦门大学国际关系学院/南洋研究院副院长，厦门大学东南亚研究中心副主任，主要研究领域为东南亚经济、印尼问题、中国与东盟关系。现已出版《当代印度尼西亚经济研究》等学术著作，在国内外发表学术论文200余篇。

邹春萌 经济学博士，教授，云南大学国际关系研究院东南亚研究所所长，云南大学周边外交研究中心研究员，主要研究领域为东南亚经济、东南亚国际关系、澜湄合作等，现已出版《东盟区域服务贸易自由化研究》

《“N-X”合作机制与早期收获项目：以孟中印缅经济走廊建设为例》《企聚丝路：海外中国企业高质量发展调查——泰国》等学术著作，在国内外发表学术论文50余篇。

郑慕强 经济学博士，教授，汕头大学东南亚研究中心主任，汕头大学应用经济学科带头人，主要研究领域为产业经济、东南亚经济、泰国问题。现已出版《东盟国家能源经济可持续发展研究》等学术专著，在国内外学术期刊发表论文30余篇。

林 梅 经济学博士，副教授，厦门大学国际关系学院/南洋研究院原副院长，主要研究领域为东南亚经济、印尼问题、中国与东盟关系，在国内外发表学术论文40余篇。

许 可 哲学博士，副教授，厦门大学新加坡研究中心主任，主要研究领域为印太海上安全问题，中国与东盟关系，东南亚宗教、民族和文化问题等。现已出版《当代东南亚海盗研究》《当代海盗与中国海上通道安全》等学术著作，在国内外发表中英文论文20余篇。

张长虹 文学博士，厦门大学国际关系学院/南洋研究院图书馆主任，副研究馆员，主要研究领域为东南亚文学、东南亚图书信息管理，现已出版《移民族群艺术及其身份：泰国潮剧研究》等著作，在国内外发表学术论文30余篇。

摘　要

跨入21世纪第三个十年以来，新冠肺炎疫情的全球蔓延，对东南亚地区经济社会发展造成了巨大的冲击，东南亚国家深陷自亚洲金融危机后最严重的经济衰退。在全球疫情下，东南亚地区政治与经济形势呈现一系列格局性变化，未来地区发展仍存在较大不确定性。

尽管缅甸出现军方重返政坛的突发事件，但2021年东南亚地区政局仍保持相对稳定。作为社会主义国家的老挝和越南分别召开了党代会，选举产生了新的中央领导机构；印尼政府重组内阁，稳定了其执政地位和民意基础；马来西亚政坛多次震荡，执政联盟间的整合引发政府领导层频繁变更；2022年菲律宾大选登记和竞选活动正式启动，小马科斯和莎拉组合支持率暂时领先；新加坡政府内阁大改组，第四代领导班子领军人选再度换帅；泰国的街头示威活动卷土重来，巴育总理挺过国会不信任投票。2022年上半年，东帝汶和菲律宾的大选已尘埃落定，在3月东帝汶举行的独立以来第5次总统选举中，前总统奥尔塔当选，在5月菲律宾举行的全国和地方选举中，小马科斯高票当选新一任总统；2022年下半年马来西亚和泰国是否举行全国大选仍是两大悬念，马来西亚和泰国本届政府任期均在2023年届满，马来西亚国内普遍认为大选将在2022年8月举行，而泰国副总理巴逸透露可能会在11月亚太经济合作组织（APEC）峰会后举行全国大选。

2021年，东南亚地区经济呈现恢复性增长，显露出复苏态势。从需求结构看，东南亚主要国家的私人消费和政府消费均扭转负增长局面，固定资本形成有所扩大，进出口贸易增长较快，成为一些国家经济复苏的重要外部动力；从供给结构看，各国农业、工业和服务业呈现复苏景象，尤其是制造业在国外需求扩大的带动下强劲增长，推动国内经济触底反弹。与多数国家不同，缅甸和文莱经济增速由正转负，缅甸经济增速大幅下滑是受政局突变后社会动荡和新冠肺炎疫情的影响，而文莱经济负增长的主要原因是油气行业产出下降，加上疫情对建筑业和服务业的影响。2022 年，东南亚国家经济将保持复苏的势头，各国经济将呈现“K”形复苏的走势，即不同国家或不同产业部门涨跌互现，经济复苏形成分叉走势。同时，国际大宗商品价格急剧上涨，引发全球性通货膨胀，将推动东南亚国家物价上涨；欧美国家开始收紧货币政策，导致新兴市场国家货币贬值和短期国际游资回流，将对东南亚国家的金融市场造成较大的冲击。

随着全球跨入数字时代，东南亚地区的数字化转型方兴未艾。数字经济是东南亚经济复苏和社会发展的新引擎，数字化将推动面向“工业 4.0”的产业转型，也是实现区域互联互通和构建东盟共同体三大支柱的技术支撑。作为东南亚区域组织，东盟制定了面向数字经济的发展战略和总体规划，各国纷纷出台多层面和宽领域的数字化转型计划，加快数字基础设施的建设，推进第五代移动通信技术（5G）和移动互联网的建设与普及，兴建大数据中心，规划人工智能方案，创建智慧城市，推广电子商务、数字金融和电子政务，致力于构建数字经济、数字社会和数字政府，并取得明显的成效。

关键词： 全球疫情　东南亚　政经形势　数字时代

目 录

Ⅰ 总报告

Ⅱ 区域热点篇

Ⅲ 国别篇

Ⅳ 专题篇

Ⅴ 附　录

总 报 告

General Report

B.1

疫情防控下东南亚地区政治与经济形势

王　勤*

摘　要： 随着全球新冠肺炎疫情的蔓延，东南亚地区的疫情形势几经波折，各国疫情防控政策也进行了相应调整。在疫情蔓延的背景下，东南亚国家政治、经济形势发生了一系列格局性变化，除缅甸军方重返政坛外，各国政局保持了相对稳定，但也深受大选周期和政体结构的影响。2021 年东南亚国家经济增速普遍由负转正，呈现恢复性增长的局面。2022 年，东南亚地区疫情形势变幻莫测，新冠肺炎变异毒株的出现，使得疫情持续时间和未来走势扑朔迷离；东南亚一些国家将迎来大选年，上半年东帝汶和菲律宾大选已尘埃落定，下半年马来西亚和泰国是否举行大选仍是两大悬念；随着全球经济复苏和国际市场需求扩大，东南亚国家经济保持复苏态势，但国际大宗商品价格上涨和欧美国家收紧货币政策，引发东南亚国家通货膨胀和金融市场波动。

* 王勤，经济学博士，厦门大学国际关系学院/南洋研究院教授，博士生导师。

关键词： 东南亚地区　疫情防控　政治形势　经济复苏

在疫情蔓延的背景下，东南亚地区政治、经济形势发生了一系列格局性变化，推动政治、经济发展步入转型期。各国疫情形势几经波折，一些国家不断调整疫情防控政策。疫情期间，越南和老挝两个社会主义国家完成最高领导层的更替，东帝汶和菲律宾大选也已落幕，东南亚各国经济呈现复苏的态势，产业数字化转型逐步展开。

一　东南亚地区疫情防控形势

进入21世纪第三个十年，新冠肺炎疫情突袭而至，全球新冠肺炎累计确诊病例超过5亿例，累计死亡病例超过600万例。到2020年5月，东南亚地区6.6亿人口中，累计确诊病例超过3100万例，累计死亡病例超过35万例，疫情对该地区公共卫生和现代化进程均产生了深刻影响。自疫情暴发以来，东南亚地区的疫情形势几经波折，各国疫情防控政策也进行了相应调整。

（一）东南亚国家疫情形势变化

自2020年1月14日泰国首次出现新冠肺炎确诊病例，到3月24日老挝首次确诊两例新冠肺炎病例，疫情席卷了全部东南亚国家。东南亚国家大致经历了三波疫情的冲击，2020年初第一波疫情突袭而至，2021年4月各国疫情再度来袭，2022年初疫情再次快速蔓延，4月底暂时趋于稳定。其中，各国疫情形势变化有所不同。

第一波疫情中，泰国、新加坡、马来西亚和越南在2020年1月均出现首例新冠肺炎病例，随后波及其他国家，新加坡是东南亚地区首个确诊病例破万的国家。虽然印度尼西亚（以下简称“印尼”）直到3月2日才首次出现确诊病例，但疫情蔓延速度较快，2021年1月26日印尼成为首个累计确诊病例突破100万例的东南亚国家；马来西亚2020年1月25日首次发现新冠肺炎确诊病例，3月初大量本国民众回国和吉隆坡郊区万人宗教集会引发了第二次疫情高峰，2020年9月沙巴州举行选举导致第三次疫情暴发；泰国在2020年1月首次出现确诊病例后达到第一次疫情高峰，2020年12月泰国最大海鲜批发市场——龙仔厝海鲜市场暴发疫情，感染人数破万；越南第一波疫情（2020年1月23日至7月24日）源于从疫区入境的本国居民，第二波疫情（2020年7月25日至2021年1月27日）出现在岘港市和其他14个省市，2021年1月28日至4月26日海阳省和12个省市发现确诊病例后形成第三波疫情。

从2021年4月起，由于新的变种毒株出现，东南亚国家单日确诊病例快速增加，疫情防控形势急转直下，随之出现了第二波疫情高峰。到2021年8月底，东南亚地区累计确诊病例超过1000万例，累计死亡病例超过22万例。其中，印尼单日新增确诊病例和死亡病例屡创新高，6月、7月和8月累计确诊病例分别突破200万例、300万例和400万例，成为东南亚地区疫情最严重的国家；由于马来西亚疫情急剧扩大，政府紧急宣布6月1日起实行为期两周的全国封城，7月25日和9月14日累计确诊病例分别超过100万例和200万例；菲律宾4月26日累计确诊病例超过100万例，9月1日突破200万例；泰国这一阶段确诊病例急剧增加，8月20日和11月12日累计确诊病例分别超过100万例和200万例；从4月27日起，越南疫情蔓延至全国30多个省市，两个月新增确诊病例超过70万例，11月11日国内累计确诊病例突破100万例。

2021年底，东南亚地区出现奥密克戎变异毒株，引发该地区第三波疫情的迅速蔓延，2022年4月达到疫情高峰。3月和4月，东南亚地区累计确诊病例分别超过2000万例和3000万例。其中，越南遭受疫情冲击最大，1月15日和2月24日累计确诊病例分别超过200万例和300万例，3月5日、10日、14日、18日、21日、27日和4月7日累计确诊病例分别超过400万例、500万例、600万例、700万例、800万例、900万例和1000万例，成为全球第12个累计确诊病例超过千万例的国家；印尼2月17日和3月28

日累计确诊病例分别超过500万例和600万例；菲律宾、马来西亚、泰国在1月11日、2月13日和3月5日累计确诊病例均超过300万例，马来西亚、泰国在3月22日和4月16日累计确诊病例均超过400万例；新加坡三个月内新增确诊病例超过80万例，3月20日累计确诊病例突破100万例。截至2022年5月18日，东南亚地区累计确诊病例超过3168万例，累计死亡病例超过35万例。①

（二）各国疫情防控政策的变化

面对疫情的迅速蔓延，东南亚国家高度重视疫情防控，根据各自国情及时实施和调整防控政策。在疫情暴发后，各国均实施严格的疫情防控措施，并视疫情变化进行政策松紧调控。早期新加坡、泰国和越南的疫情防控卓有成效，曾被国际社会和世界卫生组织公认为抗疫“优等生”。随着疫情的变化，东南亚国家开始调整疫情防控政策，一些国家选择从“病毒清零”转向“与病毒共处”。

在第一、第二波疫情中，东南亚国家均实施了保持社交距离、坚持“病毒清零”的政策，根据疫情变化进行政策松紧调节。2020年4月初，印尼开始实施“大规模社区限制”（PSBB）措施，2021年2月调整为“小规模社区限制”措施，6月初宣布进入“社区限制措施过渡期”，7月起采取“紧急社区活动限制”（PPKM）措施，后更名为“四级社区活动限制”；马来西亚先后实施了“行动管制”（MCO）、“有条件行动管制”（CMCO）和“复苏式行动管制”（RMCO）等疫情防控措施，2021年1月政府宣布全国进入紧急状态，6月马来西亚将疫情行动管制政策改为国家复苏计划；菲律宾根据疫情变化实施不同的社区隔离政策，包括“增强型社区隔离”（ECQ）、“改进版强化社区隔离”（MECQ）、“一般社区隔离”（GCQ）和“改进版一般社区隔离”（MGCQ）；新加坡实施以“断路器”（Circuit Breaker）为名的系列限制措施，包括以立法形式发出居家通知，要求民众

① WHO Coronavirus（COVID-19）Dashboard. https：//covid19. who. int/region/wpro/country.

保持社交距离；泰国从2020年3月26日起在全国实施紧急状态法，政府将全国分为红、黄、绿三个区域，实行不同的疫情防控措施；越南采取了强有力的防控措施，在政府指导下有效实施快速追踪、快速划分疫点疫区、大范围采样检测、小范围封锁等手段，快速而及时地控制疫情扩散蔓延。

随着疫情变化和疫苗接种率的提高，东南亚国家开始调整疫情防控政策。2021年6月24日，新加坡抗疫跨部门工作小组联合主席发表文章，宣布启动与病毒共处、如常生活的全面计划，但由于裕廊渔港突发疫情，该计划暂时搁浅。8月19日，该计划重新启动，标志着新加坡开始进入“与病毒共存”的防疫阶段。2022年3月24日，新加坡总理李显龙发表全国讲话，宣布新加坡疫情防控已进入重要转折点，将果断地迈向与病毒共存，但他强调病毒会继续变异，如果传染性更强、更危险的变种毒株出现，可能需要再次收紧防疫措施。[①] 从3月29日起，新加坡开始放宽疫情防控措施。4月26日下调疾病暴发应对系统（DORSCON）警戒级别，从橙色下调至黄色。

2021年9月起，越南疫情防控政策开始酝酿调整和转向，政府疫情防控指导委员会制定了新的疫情防控计划，由疫情暴发后一直实行的“社区零确诊”政策转向“与病毒共处”。[②] 2021年10月11日，越南政府颁布“安全、灵活、有效控制新冠肺炎疫情”的临时规定第128/NQ-CP号决议，划分了全国63个省市疫情风险的等级，提出不采取大范围的社交距离限制措施，尽量不影响经济社会活动和人民的生活；继续防止疫情扩散，有效控制风险，降低重症病例人数，减少死亡病例人数，避免医疗系统处于超负荷状态；严控入境人员，防止新冠肺炎病毒进入境内，确保高风险人群的安全；加快疫苗接种速度，主动、积极开展疫苗国内自主研制，并与国外合作研制或直接购买疫苗；放宽入境限制措施，2022年3月15日起已接种疫苗和检测合格的入境者，隔离24小时后即可自由通行。

---

① 《李显龙：迈入对抗冠病的新阶段》，新加坡《联合早报》2022年3月25日。

② 《防控新冠肺炎疫情：适应促发展》，越通社，2021年9月20日。

2022 年 3 月，马来西亚宣布调整疫情防控政策，4 月 1 日起从大流行病阶段进入地方性流行病过渡阶段（Fasa Peralihan ke Endemik）。马来西亚将重新开放边境，国内未接种疫苗者的行动不再受限制，本国民众无论是否接种过疫苗或追加剂，一律获准跨州出行或自由进出公共场所，取消商家营业时间限制，穆斯林祈祷等宗教活动也无须保持社交距离，但仍将保留现有的一些防疫措施，如民众外出必须戴口罩等；完成疫苗接种者入境将不必隔离，但入境前两天须进行核酸检测，入境后 24 小时内进行抗原快速检测。5 月 1 日起，马来西亚大幅放宽防疫措施，无论是否接种疫苗，民众均可自由进出公共场所，取消室内外社交距离，可不戴口罩，完成疫苗接种的旅客入境时不必接受核酸检测或抗原快速检测，疫情数据发布由每日一次改为每周一次。

2022 年 3 月，泰国政府提出分四个阶段将疫情全面过渡为地方性流行病，第一阶段（2022 年 3 月 12 日至 4 月初）为疫情战斗阶段，第二阶段（4 月至 5 月）为疫情控制阶段，第三阶段（5 月下旬至 6 月 30 日）为疫情下降阶段，第四阶段（7 月 1 日起）解除疫情大流行，将其全面过渡为地方性流行病。① 4 月政府提出大幅放宽疫情防控措施，5 月 1 日起将疫情防控区域调整为黄色区域（高度管控区）65 个府、蓝色区域（旅游试点区）12 个府，取消暗红色区域（严格管控区）、红色区域（最高管控区）和橙色区域（管控区域）。同时，放宽国际旅客入境条件，规定完成疫苗接种者可通过泰国通行证在线注册，出示疫苗和购买保险证明，抵达时无须进行核酸检测；未接种或未完成疫苗接种者需进行在线注册，保险赔付限额或其他形式保险限额为 1 万美元，抵达时需提交 72 小时核酸检测结果证明。

（三）东南亚国家疫苗接种的进展

随着全球疫情的快速蔓延，东南亚国家逐渐将疫苗接种作为疫情防控的重要手段，相继推出全国性疫苗接种计划，各国疫苗主要来源于双边购买、

① 《卫生部 7 月 1 日起新冠将定为地方病》，泰国《星暹日报》2022 年 3 月 10 日。

双边捐赠、国际和区域组织分配、本国生产线引进和自主研发等，其中双边购买和捐赠是东南亚国家获得疫苗的主要渠道。由于绝大多数国家缺乏疫苗研发能力，疫苗严重依赖于国际市场，各国疫苗接种进展不一。

在东南亚国家中，新加坡最早推行疫苗接种，2020 年 12 月 30 日起为医疗机构人员接种疫苗，2021 年 2 月起为老年人接种，随后逐步扩大接种人群范围；印尼 2021 年 1 月 13 日启动疫苗接种计划，其目标是 2022 年 3 月前为 1.82 亿国民免费接种疫苗，政府提出到 2022 年 5 月完成疫苗接种人口比例达到 70%；2021 年 2 月 16 日，马来西亚公布了三阶段疫苗接种时间表，到 2021 年底为全国约八成人口（约 2650 万人）接种疫苗；泰国 2021 年 2 月 14 日启动疫苗接种计划，该计划分三个阶段，优先为医护人员、一线医疗志愿者和高风险人群接种，后为全国近半数民众安排接种，到 2022 年初完成全民接种疫苗；越南 2021 年 7 月启动全国疫苗接种，计划在 2022 年第一季度完成 18 岁及以上人群的第 3 针疫苗接种，2022 年 3 月完成 12~17 岁青少年人群的第 2 针接种，为 5~11 岁儿童接种工作做好准备，同时研究为 5 岁以下的儿童接种。

目前，东南亚国家已完成新冠疫苗接种人口不断增加，占总人口比例趋于上升，文莱和新加坡均超过 90%，柬埔寨、马来西亚和越南均超过 80%。据统计，截至 2022 年 5 月初，文莱完成疫苗接种 41.1 万人，占总人口比例达 93.4%；柬埔寨完成疫苗接种 1424.3 万人，占总人口比例达 84.05%；印尼完成疫苗接种 1.66 亿人，占总人口比例达 60.07%；老挝完成疫苗接种 501.6 万人，占总人口比例达 67.98%；马来西亚完成疫苗接种 2696.1 万人，占总人口比例达 82.26%；缅甸完成疫苗接种 2504.3 万人，占总人口比例达 45.7%；菲律宾完成疫苗接种 6897.7 万人，占总人口比例达 62.12%；新加坡完成疫苗接种 498.7 万人，占总人口比例达 91.46%；泰国完成疫苗接种 5860.59 万人，占总人口比例达 74.14%；东帝汶完成疫苗接种 64.7 万人，占总人口比例达 48.17%；越南完成疫苗接种 7871.7 万人，占总人口比例达 80.19%。[①]

---

① Live COVID-19 Vaccination Tracker. https：//covidvax. live/location.

二　2021年东南亚政局变化

尽管缅甸出现军方重返政坛的突发事件，但2021年东南亚地区政局仍保持相对稳定。在东南亚地区，作为社会主义国家的老挝和越南分别召开了党代会，选举产生了新的中央领导机构；印尼政府重组内阁，稳定了其执政地位和民意基础；马来西亚政坛多次震荡，执政联盟间的整合引发政府领导层频繁变更；2022年菲律宾大选登记和竞选活动正式启动，小马科斯和莎拉组合支持率暂时领先；新加坡政府内阁大改组，第四代领导班子领军人选再度换帅；泰国的街头示威活动卷土重来，巴育总理挺过国会不信任投票。

2021年1月，老挝人民革命党召开第十一次全国代表大会，大会审议并修改了党章，选举产生了新一届中央领导机构，通伦当选老挝国家主席。会议指出老挝仍处在为迈入社会主义奠定基本要素的阶段，提出了新时期完善人民民主制度的主要方针与核心目标，制定了第九个国家社会经济发展五年计划及其发展目标，即保持国民经济持续、高质、稳定和可持续发展，未来五年经济年均增长率达到4%以上，到2025人均年收入达到2887美元；开发可以满足发展需要、具备研究和运用科技能力的高素质人才资源，提升生产和服务的效率与附加值；逐步提高人民物质和精神生活水平；保护环境，维护生态平衡，降低自然灾害风险；强化基础设施建设，利用国家地理优势和发展机遇，积极融入地区和国际社会，加强合作与互联互通；严格按照法治国家建设方针，实现国家高效治理，确保社会公平公正。

2021年1~2月，越南共产党召开了第十三次全国代表大会，选举产生了第十三届中央委员会，阮富仲再次当选越共中央总书记。越共十三大决议提出，到2025年使越南成为摆脱下中等收入、沿着现代工业道路迈进的发展中国家；到2030年越共建党100周年时，使越南成为具有现代工业的中高收入发展中国家；到2045年越南建国100周年时，使越南成为定向社会主义的发达国家。越共主席阮富仲指出，要依靠全民族共同意志和力量与“党意、民心”的统一，有效落实越共十三大提出的各项任务。越共十三大决议确定了2021~2025年经济社会发展计划的主要指标，如五年GDP年均增长6.5%~7%，人均GDP达4700~5000美元，全要素生产率（TFP）对经济增长的贡献率达到45%，平均社会劳动生产率年均增长6.5%，城镇化率达到45%，加工制造业占GDP的比重达到25%，数字经济占GDP的比重达到20%，等等。①

新冠肺炎疫情大流行以来，印尼面临着疫情防控与经济复苏的两难选择，政府的执政压力倍增。在第二任期内，佐科总统进行了两次内阁重组，积极实施疫情防控措施，促进经济复苏，保持了稳定的执政基础。由于佐科执政有方且深孚众望，印尼产生了总统连任和推迟选举的争议，未来的政局发展增添变数。印尼宪法规定，印尼正副总统任期最多两届，不得延长任期。如果总统任期由两届变为三届，则必须对现行宪法进行修订。实际上，印尼多数民众对总统连任持反对意见，佐科总统声明自己无意违背宪法，不会连任三次总统职务。不过，为了在2024年全国大选中占得先机，印尼各政党开始物色总统候选人。依照印尼的选举制度，只有占国会20%以上议席的政党才可提名总统候选人，议席不足20%的较小政党只能进行联合提名。目前，印尼国会中除民主斗争党拥有23.3%的议席，其他各政党的议席比重均低于20%，迄今仍未出现掌握绝对优势的候选人。

2018年马来西亚大选后，长期以来的“一党独大”执政局面宣告终结，马来西亚政坛出现了震荡，三年间更换了三位总理。2020年2月马哈蒂尔总理辞职后，2021年任期不到一年半的总理穆希丁请辞，伊斯迈尔·沙必里宣誓就职，成为马来西亚第九任总理。由于执政的国民联盟政府在国会仅有三席的微弱优势，2021年8月马来民族统一机构（巫统）主席扎希德宣布巫统派14名议员撤销对穆希丁政府的支持，这成为当时穆希丁总理辞职

① 《越南未来几十年的国家发展目标》，越通社，2021年2月26日。

的导火索。2021 年 8 月 16 日，马来西亚最高元首苏丹阿都拉宣布接受穆希丁总理的辞呈。8 月 20 日，马来西亚确定伊斯迈尔 · 沙必里为新任总理。伊斯迈尔是巫统副主席，也是马来西亚第一个非党魁总理。2021 年 9 月 13 日，经过多轮磋商，伊斯迈尔政府与反对派希望联盟达成合作共识，正式签署《政治转型与稳定谅解备忘录》，这是独立以来马来西亚政府首次与反对派达成合作协议。该备忘录旨在应对疫情和复苏国家经济，通过跨党派合作维持国家政治稳定，双方将通过包括政府行政管理转型在内的各项改革举措，特别是通过加强国会机构功能推进改革。

2021 年 10 月 1 日，菲律宾 2022 年大选登记和竞选活动正式启动，此次全国和地方选举将选出总统、副总统、国会议员、地方行政长官和地方议员等。根据菲律宾宪法，总统任期为 6 年且不得连任，总统候选人和副总统候选人分别竞选。这次大选共有 10 位候选人，包括前总统马科斯之子小马科斯（Ferdinand Romualdez Marcos）、现任副总统罗布雷多（Leni Robredo）、马尼拉市市长莫雷诺（Isko Moreno）、菲律宾拳王帕奎奥（Manny Pacquiao）、前国家警察总监拉克森（Panfilo Lacson）、现任总统杜特尔特之女莎拉（Sara Duterte）等。小马科斯是菲律宾前总统马科斯之子，马科斯家族在菲律宾颇受争议，马科斯四次当选总统，执政达 20 年，1986 年马科斯政府被推翻，马科斯家族流亡美国夏威夷，1991 年小马科斯结束流亡返回菲律宾后开始从政，2016 年曾参加副总统竞选，2021 年 10 月宣布代表菲律宾联邦党（PFP）参与总统大选。各类民调显示，小马科斯的支持率一直高于 50%，超过其他 9 位竞选对手之和，其竞选伙伴莎拉的支持率超过其他 8 位竞选对手之和。

大约在两年前，新加坡第四代领导团队选定王瑞杰为领军人物。2021 年 4 月 8 日，王瑞杰发函向李显龙总理提出请辞，希望让位给相对年轻的人选。2021 年 4 月 22 日，李显龙总理宣布内阁大改组，16 个政府部门有 7 个部门更换部长，包括财政、教育、交通、卫生部长，副总理王瑞杰卸任财政部长。直到 2022 年 4 月 14 日，李显龙总理宣布，新加坡第四代领导班子领军人选再次敲定，49 岁的财政部长黄循财获得绝大多数内阁成员的支持，得到人民行动党议员的认可，被正式推举为第四代团队的领导。他指出，接班人的决定对新加坡至关重要，因为这将确保新加坡领导层的延续和稳定，而这些都是新加坡政治制度的标志。随后，新加坡政府调整内阁职务，按惯例被推举出的领军人会受委为副总理。关于新加坡总理的交接时间，李显龙总理表示，决定何时交棒的关键因素是人民行动党下届大选竞选策略，下届大选最迟在 2025 年 11 月举行。①

在疫情蔓延下，泰国的街头示威活动卷土重来，2021 年 8 月起红衫军和反政府团体举行多次游行示威，几乎所有示威活动的诉求都指向巴育政府，要求巴育总理马上辞职。到 8 月中旬，反对党联盟决定以巴育政府抗疫不力导致国计民生凋敝衰败为由，向巴育总理、阿努廷副总理兼卫生部长、农业部长、交通部长、劳工部长、数字经济与社会部长等 6 名内阁成员发起不信任动议。泰国国会针对巴育政府提出的不信任动议进行了四天辩论，9 月 4 日进行投票表决，其中 264 名众议院议员对巴育及其内阁成员投下信任票，208 名议员投下不信任票，3 名议员投下弃权票，巴育总理及其内阁成员再次过关，这也是巴育自 2019 年出任民选总理以来第三次面对国会的不信任投票。有分析认为，目前泰国执政党联盟的第一大党是公民力量党，被视为巴育政府执政的根基。虽然巴育总理挺过不信任投票，但并不表示执政党派系之间的分歧得以化解，内部斗争将使下届大选充满变数。

三　东南亚地区经济呈现复苏态势

2021 年，东南亚经济摆脱持续下滑，国内外需求逐渐扩大，呈现恢复性增长的态势，制造业和进出口贸易成为推动经济复苏的重要动因。面对新一轮疫情变化，东南亚国家继续出台经济援助配套计划，调整宏观经

① 《总理何时交棒，关键考量是行动党下届大选竞选策略》，新加坡《联合早报》2022 年 4 月 17 日。

济政策，逐步开放国境，促进支柱行业的复苏，并聚焦疫情后的产业转型升级。

（一）2021年东南亚经济呈现恢复性增长

在全球疫情蔓延的背景下，东南亚地区经济增速急转直下，各国陷入自亚洲金融危机以来最严重的经济衰退。2020 年，东南亚国家（除文莱、缅甸和越南外）经济普遍出现负增长。2021 年第一季度，东南亚国家经济衰退仍未止步，直到第二季度多数国家才开始显露复苏的迹象，而第三季度一些国家又出现负增长，第四季度和全年主要国家经济增速均由负转正，而文莱和缅甸则由正转负。

东南亚主要国家宏观经济总体保持稳定的局面，国内经济逐渐复苏，通货膨胀维持在较低水平，失业率略有上升，财政赤字相对扩大，国际收支状况有所改善。据统计，2021 年文莱经济增长率为-0.7%，柬埔寨为 2.2%，印尼为 3.7%，老挝为 2.1%，马来西亚为 3.1%，缅甸为-17.9%，菲律宾为 5.6%，新加坡为 7.6%，泰国为 1.6%，东帝汶为 1.8%，越南为 2.6%。从需求结构看，东南亚主要国家的私人消费和政府消费均扭转负增长局面，固定资本形成有所扩大，进出口贸易增长较快，成为一些国家经济复苏的重要外部动力；从供给结构看，各国农业、工业和服务业呈现复苏景象，尤其是制造业在国外需求扩大的带动下强劲增长，推动国内经济触底反弹，但东南亚地区旅游及其相关行业受疫情所困仍然低迷。与多数国家不同，缅甸和文莱经济增长率由正转负。缅甸经济大幅下滑是受政局突变后社会动荡和第三波疫情的影响，而文莱经济负增长的主要原因是油气行业产出下降，以及疫情对建筑业和服务业的不利影响。

由于全球对电子电气产品和医疗设备需求扩大，东南亚国家进出口贸易快速增长，大多数国家进出口贸易均取得两位数增长，一些国家进出口贸易还创近年来新高，成为疫情下东南亚经济走向复苏的一大亮点。据世界贸易组织（WTO）统计，2021 年东南亚 10 国（除东帝汶）生物与服务进出口贸易额达 4.07 万亿美元，增长 22.18%。其中，出口贸易为 2.05 万亿美元，增长 19.95%；进口贸易为 2.02 万亿美元，增长 24.52%。在东南亚主要国家中，印尼进出口贸易额增长 39.95%，马来西亚增长 23.79%，菲律宾增长 23.07%，新加坡增长 19.09%，泰国增长 21.78%，越南增长 21.07%。[①]

（二）各国加快国内经济复苏进程

作为东南亚区域性组织，东盟制定了《东盟全面复苏框架》及其实施计划，为各成员国应对疫情并实现社会经济稳步复苏提供指导。该框架计划是区域层面应对疫情的协调一致战略，旨在通过聚焦关键部门和弱势群体，确定符合行业和区域优先方向的行动举措，实现更有韧性、包容和可持续的复苏。[②] 2021 年 4 月起，东南亚国家疫情相继出现反弹，疫情防控形势日趋严峻，各国陆续出台经济援助配套计划，加大财政支出，实施宽松货币政策，扶持中小企业和弱势群体，以求尽快摆脱经济衰退的困境。印尼成立国家疫情防控和经济复苏委员会，政府加大了疫情防控的投入，为工商业和中小微企业提供税收优惠和政策扶持；马来西亚先后出台了 6 个经济振兴配套方案，2021 年 5 月底宣布总值 400 亿林吉特的第 7 个经济振兴配套计划，6 月底又出台了总值 1500 亿林吉特的经济复苏配套计划；新加坡连续出台 5 个经济援助配套计划，纾困资金近千亿新元，政府扩大财政支出，财政赤字高达 649 亿新元，相当于国内生产总值的 13.9%，其中政府动用了 520 亿新元国家储备金，相当于 1996~2019 年财政盈余的总额。2021 年新加坡财政预算案重点从紧急援助转向经济结构性调整，即从疫情防控为主过渡到经济转型；泰国在疫情暴发后出台了两个经济振兴预算案，预算金额分别达 9240 亿泰铢和 1520 亿泰铢，2021 年 6 月政府内阁再次出台 1400 亿泰铢的一揽子经济刺激计划，旨在减轻下半年疫情对经济的影响，其中包括发放现金、电子代金券或以共同支付形式进行。

---

① The World Trade Organization (WTO). "Trade and Tariff Data." https://www.wto.org/english/res_e/statis_e/statis_e.htm.

② ASEAN Secretariat (2020). "ASEAN Comprehensive Recovery Framework and Its Implementation Plan." https://asean.org/asean-comprehensive-recovery-framework-implementation-Plan.

随着疫情形势的变化，东南亚国家开始调整疫情防控政策，一些国家逐步开放国境，以促进旅游业的复苏。旅游业是许多东南亚国家的支柱行业，2019 年东南亚国家接待旅客超过 1.4 亿人次，各国旅游经济收入占 GDP 的比重分别为：文莱 5.9%、柬埔寨 26.4%、印尼 5.7%、马来西亚 11.5%、缅甸 4.6%、菲律宾 25.3%、新加坡 11.1%、泰国 19.7%、越南 8.8%。各国旅游经济从业人数占就业总人数的比重分别为：文莱 7.9%、柬埔寨 26.4%、印尼 9.8%、马来西亚 14.7%、缅甸 4.8%、菲律宾 24.1%、新加坡 14.1%、泰国 21.4%、越南 9.1%。① 2021 年 9 月，新加坡率先推出疫苗接种者旅游走廊计划（Vaccinated Travel Lane，VTL），通过该计划入境新加坡的游客以入境检测取代隔离；印尼对有效防控疫情的国家实施“旅游泡沫”计划，2021 年 10 月起巴厘岛向境外游客恢复开放，2022 年 1 月开通到巴淡岛和民丹岛的安全旅行走廊；泰国 2021 年 11 月发布 46 个被允许免隔离入境游的国家和地区名单，2022 年 5 月全面放宽国际旅客入境条件；菲律宾从 2022 年 2 月 10 日起开放符合条件的外国游客入境；2022 年 3 月越南恢复外国旅客入境，旅客只需提供入境前 72 小时核酸检测证明，无须隔离。

（三）聚焦疫情后的产业转型升级

继第 35 届东盟峰会发布《东盟面向“工业 4.0”的产业转型宣言》后，2021 年 10 月第 38、39 届东盟峰会推出《东盟第四次工业革命的综合战略》，提出东盟数字共同体的愿景，旨在通过数字基础设施建设、能力建设、制度与治理、资源配置、合作与协同以及有效监管，实现技术治理与网络安全、数字经济以及社会数字化转型三大目标。其中，数字经济包括三个战略重点领域，即数字贸易、先进制造业和新兴服务业。数字贸易涉及数字商品与服务、商品与服务数字化配送、数字贸易交易方式和新兴数字化技术等；先进制造业要采用人工智能、工业物联网、云计算、工业大数据、机器

① The World Bank. “Travel and Tourism Direct Contribution to GDP 2019.” https://tcdata360.worldbank.org/indicators/tot.direct.gdp?country=BRN&indicator=24650&countries=BRA&viz=line_chart&years=1995，2028.

人、增材制造、工业网络安全等“工业 4.0”技术，通过科技创新提升价值链竞争力；新兴服务业涉及卫生服务、金融、物流、教育、旅游和其他专业服务，各国应积极引入“工业 4.0”技术，创新服务体系和管理方式。此外，该综合战略还关注智能农业和中小微企业数字化转型等。[①]

2021 年，东南亚国家相继出台了中期发展计划，聚焦疫情后经济增长和产业转型。2021 年 9 月，马来西亚发布第十二个五年发展计划，因疫情马来西亚未能实现“十一五”经济增长目标，该计划提出 2021～2025 年“国内生产总值年均增长率为 4.5%～5.5%”的目标，培育新的经济增长源，吸引更多高科技投资，促进航空航天、电子电气、智慧农业、创意产业的发展，加强数字基础设施建设，推动产业向自动化、机械化和高附加值转变，创造有利的数字经济增长环境，到 2025 年跻身高收入国家行列；泰国提出了生物—循环—绿色经济（BCG）的增长模式，政府成立了 BCG 政策理事会和 BCG 模式实施委员会，并将 BCG 模式上升为国家战略，同时扩大 BCG 项目的投资优惠，通过粮食与农业、医疗与健康、能源和材料及生物化学、旅游与创意经济四大战略性领域，促进制造业和服务业的产业转型，推动后疫情时期经济复苏和可持续发展；[②] 越南推出 2021～2025 年经济结构调整计划，提出经济增长模式转向科技创新驱动，提高生产率、生产质量和竞争力，调整传统经济结构，提升产业价值链，提高资源利用效率、经济自主性和适应性，促进数字化转型，构建数字经济、数字政府和数字社会。[③]

四　2022年东南亚政治经济形势展望

在全球疫情仍未消退的背景下，2022 年东南亚地区政治经济形势引人

---

① ASEAN Secretariat (2021). “Consolidated Strategy on the Fourth Industrial Revolution for ASEAN.” https://asean.org/book/consolidated-strategy-on-the-fourth-industrial-revolution-for-asean.

② 《泰国启动 BCG 模式，推动疫后可持续发展》，《中华日报》2021 年 8 月 24 日。

③ 《越南制定 2021—2025 年经济结构调整计划》，越通社，2021 年 9 月 4 日。

关注。在经历了三波疫情冲击后，东南亚地区的疫情是否还会卷土重来，仍是未知数；东南亚政坛的焦点是上半年东帝汶和菲律宾的大选，下半年马来西亚和泰国是否举行大选引发外界猜测；东南亚国家能否摆脱疫情的阴影，保持国内经济持续复苏的态势，仍不甚明朗。2022 年 11 月，印尼、泰国将分别举办二十国集团（G20）领导人峰会和亚太经济合作组织（APEC）峰会，东南亚将再度成为全球关注的热点地区。

2022 年上半年，东帝汶和菲律宾的大选已尘埃落定。3 月东帝汶举行独立以来的第 5 次总统选举，根据东帝汶选举法，总统由全民直接选举产生，任期 5 年，可连任一届。若无一候选人在首轮投票中获得超过 50%的选票，则得票居前两位的候选人进入第二轮投票。3 月 19 日，前总统奥尔塔、现任总统卢奥洛在首轮投票中的得票率分别为 46.6%和 22.1%。4 月 19 日举行第二轮投票，奥尔塔以 62.1%的得票率当选东帝汶新一任总统，并于 5 月 20 日宣誓就职。奥尔塔曾于 2007~2012 年担任东帝汶总统，他表示东帝汶加入东盟将是其任期内的“绝对优先事项”。2022 年 5 月，菲律宾举行全国和地方选举，选举产生新一届总统、副总统、国会议员、地方行政长官和地区议员等。这次大选共有 10 位总统候选人，最终小马科斯得票率超过 58%，当选菲律宾新一任总统，这是 36 年来菲律宾首个在大选中以绝对多数选票当选的总统。

2022 年下半年，马来西亚和泰国是否举行全国大选仍是两大悬念。在经历了 2018 年大选以来的政坛乱象后，马来西亚产生了以伊斯迈尔为总理的新政府，政治乱局暂时告一段落。在 2021 年 11 月马六甲州选举、2022 年 3 月柔佛州选举中，巫统相继取得压倒性胜利，以党主席扎希德为首的主流派主张尽快举行全国大选。2022 年 5 月，马来西亚执政党巫统宣布，现任总理伊斯迈尔将是巫统第 15 届大选后的总理候选人。这届政府任期将在 2023 年 5 月届满，但各界普遍认为全国大选将会在 2022 年 8 月举行。2019 年 6 月巴育再次执政后，经历了 3 次国会的不信任投票，执政联盟内部分裂倒戈，已发生多次声势浩大的反政府示威游行。泰国现政府的任期将在 2023 年届满。2022 年 3 月，泰国副总理巴逸透露，泰国可能会在 11 月亚太经济合作组织峰会后举行全国大选，他表示是否或何时解散国会将由巴育总理宣布，这也是现政府首次暗示大选的可能举行日期。

全球疫情尚未消退，但世界经济增速已止跌回稳，呈现持续复苏的态势，东南亚国家经济也将保持复苏的势头。据东南亚主要国家的官方预测，2022 年印尼的经济增长率为 4.5%~5.3%，马来西亚为 5.3%~6.3%，菲律宾为 7%~8%，新加坡为 3%~5%，泰国为 2.5%~3.5%，越南为 6%~6.5%。由于各国资源禀赋和产业结构不同，加上疫情防控成效不一，东南亚经济将呈现“K”形复苏的走势，即不同国家或不同产业部门涨跌互现，经济复苏形成分叉走势。除个别国家外，多数国家经济仍将维持中低速增长，尚未恢复到疫情前的增长水平；在国内外需求的带动下，制造业和部分服务业将取得较快增长，进出口贸易依然是经济复苏的重要动因，外资流入将持续回升，而作为重要支柱产业的旅游业短期内还难以走出疫情的阴影。同时，疫情以来国际大宗商品价格急剧波动，尤其是俄乌冲突导致能源和粮食价格再度上涨，引发全球性通货膨胀，进而推动东南亚国家物价上涨。欧美国家开始收紧货币政策，导致新兴市场国家货币贬值，短期国际游资回流美国，对东南亚国家的金融市场带来严重冲击。

展望 2022 年，疫情防控下东南亚的政治经济形势仍存在较大不确定性。由于新冠变异毒株出现，疫情持续时间和未来走势扑朔迷离；东南亚政治发展和民主化进入转型期，一些国家调整和重塑国家政治体制结构并非易事；东南亚经济总体上将保持复苏态势，但能否走向全面复苏，前景尚未明朗。

参考文献

ADB（2022）. *Asian Development Outlook 2022*. Manila：Asian Development Bank.

ASEAN Secretariat（2020）. “ASEAN Comprehensive Recovery Framework and its Implementation Plan.” https：//asean.org/asean-comprehensive-recovery-framework-implementation-Plan.

ASEAN Secretariat（2021）. “Consolidated Strategy on the Fourth Industrial Revolution for

ASEAN.” https：//asean.org/book/consolidated – strategy – on – the – fourth – industrial – revolution–for–asean.

Daljit Singh，Malcolm Cook（2021）. *Southeast Asian Affairs 2021.* Singapore：ISEAS-Yusof Ishak Institute.

Daljit Singh，Hoang Thi Ha（2022）. *Southeast Asian Affairs 2022.* Singapore：ISEAS-Yusof Ishak Institute.

IMF（2022）. *World Economic Outlook April 2022.* Washington，D. C. .

Lim Mah-Hui，Michael Heng Siam-Heng（2022）. *COVID–19 and the Structural Crises of Our Time.* Singapore：ISEAS-Yusof Ishak Institute.

Jørgen Ørstrøm Møller（2020）. *Asia's Transformation：From Economic Globalization to Regionalization.* Singapore：ISEAS-Yusof Ishak Institute.

World Bank（2022）. *Global Economic Prospects January 2022.* Washington，D. C. ：World Bank.

World Bank（2022）. *East Asia and Pacific Economic Update，April 2022：Braving the Storms.* Washington，D. C. ：World Bank.

区域热点篇

Regional Reports

B.2

疫情背景下东南亚经济的复苏

王　岩*

摘　要： 随着全球新冠肺炎疫情的蔓延，2020年东南亚国家普遍陷入严重的经济衰退。2021年4月起，各国疫情相继出现反弹，疫情防控形势趋于严峻，各国陆续推出应对政策和措施，以求尽快摆脱经济衰退的困境。2021年，东南亚国家经济呈现恢复性增长，显露复苏的态势，多数国家经济增速由负转正，而文莱和缅甸则由正转负。2022年，东南亚经济将保持复苏态势，但由于国内疫情形势仍在变化，各国经济复苏存在诸多不确定性，国际大宗商品价格上扬，发达国家收紧货币政策，引发东南亚各国通货膨胀，对各国金融市场造成冲击。

* 王岩，经济学博士，厦门大学国际关系学院/南洋研究院教授，博士生导师。

关键词： 全球疫情　东南亚　经济复苏　通货膨胀

在全球疫情下，2021年东南亚国家经济增速普遍由负转正，呈现恢复性增长的态势。为应对疫情变化，促进经济复苏，各国采取了一系列应对政策，陆续出台经济援助配套计划，调整疫情防控措施，推进国内产业转型升级，加快《区域全面经济伙伴关系协定》（RCEP）的落地实施。展望2022年，东南亚国家经济增长仍存在较大的不确定性，各国经济全面复苏的前景尚未明朗。

一　东南亚经济呈现恢复性增长

跨入21世纪第三个十年，新冠肺炎疫情的全球蔓延导致世界经济陷入全面衰退，东南亚国家经济增速也急转直下，出现了自亚洲金融危机以来最严重的经济衰退，2020年各国经济普遍出现负增长。2021年第一季度，东南亚国家的经济衰退仍未止步，直到第二季度才开始显露复苏的迹象，而第三季度一些国家又出现负增长，第四季度和全年主要国家经济增速均由负转正，而文莱和缅甸则由正转负。

据东南亚国家的官方统计数据，2020年，文莱经济增长率为1.1%，柬埔寨为-3.1%，印尼为-2.1%，老挝为-0.4%，马来西亚为-5.6%，缅甸为3.2%，菲律宾为-9.6%，新加坡为-4.1%，泰国为-6.2%，东帝汶为-8.6%，越南为2.9%（见表1）。2021年第一季度至第四季度，印尼经济增长率分别为-0.74%、7.07%、3.51%和5.02%，全年为3.7%；马来西亚分别为-0.5%、16.1%、-4.5%和3.6%，全年为3.1%；菲律宾分别为-3.9%、12.1%、7.0%和7.8%，全年为5.6%；新加坡分别为2%、15.8%、7.5%和6.1%，全年为7.6%；泰国分别为-2.6%、7.5%、-0.3%和1.8%，全年为1.6%；越南分别为4.72%、6.57%、-6.02%和5.22%，全年为2.6%。

表 1　2004~2022 年东南亚国家的实际国内生产总值增长率

单位：%

国家	2004~2013 年	2014 年	2015 年	2016 年	2017 年	2018 年	2019 年	2020 年	2021 年	2022 年
文莱	0.0	-2.5	-0.4	-2.5	1.3	0.1	3.9	1.1	-0.7	5.8
柬埔寨	7.9	7.1	7.0	6.9	7.0	7.5	7.1	-3.1	2.2	5.1
印尼	5.9	5.0	4.9	5.0	5.1	5.2	5.0	-2.1	3.7	5.4
老挝	7.8	7.6	7.3	7.0	6.9	6.3	4.7	-0.4	2.1	3.2
马来西亚	5.0	6.0	5.0	4.4	5.8	4.8	4.4	-5.6	3.1	5.6
缅甸	9.1	8.2	7.5	6.4	5.8	6.4	6.8	3.2	-17.9	1.6
菲律宾	5.4	6.3	6.3	7.1	6.9	6.3	6.1	-9.6	5.6	6.5
新加坡	6.7	3.9	3.0	3.6	4.7	3.7	1.1	-4.1	7.6	4.0
泰国	4.0	1.0	3.1	3.4	4.2	4.2	2.2	-6.2	1.6	3.3
东帝汶	5.3	4.5	2.8	3.4	-3.1	-0.7	2.1	-8.6	1.8	2.0
越南	6.4	6.4	7.0	6.7	6.9	7.2	7.2	2.9	2.6	6.0

注：2004~2013 年为年平均增长率；2022 年为预测数。

资料来源：根据 *IMF World Economic Outlook April 2022* 数据编制。

印尼是东南亚国土面积最大和人口最多的国家，其国内生产总值（GDP）约占东南亚的 1/3。2020 年 3 月 2 日，印尼首次发现新冠肺炎确诊病例后，疫情始终未曾缓解，到 2021 年 1 月 26 日累计确诊病例达到 100 万例。2021 年 5 月后印尼疫情防控形势日趋严峻，6 月、7 月和 8 月累计确诊病例分别突破 200 万例、300 万例和 400 万例，2022 年 2 月、3 月累计确诊病例分别突破 500 万例、600 万例。2020 年，印尼陷入严重的经济衰退，国民人均收入下降，世界银行宣布将印尼从上一年刚确认的上中等收入国家重新降级为下中等收入国家。尽管 2021 年第一季度印尼经济仍为负增长，但第二季度至第四季度经济增速由负转正，全年国民人均收入为 4349 美元，印尼政府宣称将重新回归上中等收入国家的行列。

菲律宾和泰国是遭受疫情冲击较大的两个东盟国家，累计确诊病例分别超过 300 万例和 400 万例。从 2020 年第一季度开始，菲律宾和泰国连续五个季度经济增速为负。菲律宾自 2020 年 7 月起确诊病例数一直处于高位增长，国内经济从快速增长陷入严重衰退，经济增长的动因减弱，基础设施建设受阻，业务流程外包（BPO）减少，作为第二大外汇来源的海外劳务人员侨汇收入骤降；泰国疫情的蔓延使得原本低迷的经济陷入严重衰退，疫情下结构性问题日益凸显，过度依赖旅游业使得经济复苏举步维艰。2021 年第二季度，菲律宾和泰国经济结束了长达五个季度的负增长，菲律宾还创下33 年来最大幅度的季度负增长，但第三季度泰国经济再次出现负增长，第四季度又转为正增长。

马来西亚在 2020 年 1 月 25 日出现首例本国确诊病例后，国内疫情经历了多次反复，累计确诊病例超过 400 万例，政府实施了严格的疫情防控措施，先后多次延期全国行动管制令，国内经济陷入严重衰退。2020 年第二季度起，马来西亚已连续四个季度经济增速为负，国内消费与投资下降，生产与出口受挫，失业人数增加，民生问题凸显。2021 年第二季度，马来西亚经济增长出现转机，扭转了连续四个季度的负增长局面，但第三季度又重回负增长。同时，马来西亚经济已连续两个季度环比负增长，出现技术性衰退的现象，而第四季度经济增速的反弹使全年经济保持正增长。

2021 年第一、第二季度，新加坡和越南经济均实现了正增长。在经历了建国以来最严重的经济衰退后，新加坡的季度经济增速和全年经济增速由负转正，制造业和建筑业率先复苏，出口贸易出现明显回升，服务业也逐步恢复增长，其中制造业持续扩张，但因防疫措施的限制，加上国境仍未全面开放，建筑、海事和岸外工程领域均面临严重的劳动力短缺问题。越南在上一年经济取得正增长的基础上，2021 年前两个季度经济保持增长态势，上半年经济同比增长 5.64%。不过，2021 年 5 月起，越南受到第四波疫情的冲击，累计确诊病例超过 1000 万例，成为东南亚确诊病例最多的国家。第三季度出现自 2000 年公布季度经济增速以来的首次负增长，第四季度和全年则保持了正增长。

缅甸和文莱是 2021 年两个全年经济负增长的东南亚国家，但其经济衰退的原因不尽相同。缅甸经济增速的大幅下滑，是受政局突变后社会动荡和第三波疫情的影响。2021 年 2 月初缅甸军方接管政权，国内暴发大规模抵抗运动，正常的经济与社会活动受到严重冲击，加上国内疫情肆虐，导致农业生产停滞，工业产出下降，进出口贸易减少，本国货币大幅贬值，外资不断撤离；文莱经济严重依赖油气产业，石油和天然气的生产与出口是国民经济的支柱，油气行业占 GDP 的比重超过一半。近年来，文莱油气行业产值下降，其主要原因是原油天然气勘探减少和液化天然气减产，以及疫情对建筑业和服务业产生了一定影响。

二 新一轮疫情下各国促进经济复苏的措施

2020 年 11 月 12 日，第 37 届东盟峰会通过《东盟全面复苏框架》及其实施计划，并将其作为东盟应对新冠肺炎疫情、实现社会经济稳步复苏的指导性文件。该框架是东盟层面应对疫情的协调一致战略，旨在通过聚焦关键部门和弱势群体，确定符合行业和区域优先方向的行动举措，实现更有韧性、包容和可持续的复苏。[①] 2021 年 4 月起，东南亚国家疫情相继出现反弹，疫情防控形势日趋严峻。为应对新一轮疫情蔓延，各国陆续出台经济援助配套计划，调整疫情防控措施，推进国内产业转型升级，加快 RCEP 的落地实施，以求尽快走出经济衰退的困境。

（一）各国推出新的经济援助配套计划，启动新一轮疫情下经济复苏的措施

在全球疫情扩散的背景下，东南亚国家积极调整宏观经济政策，扩大财政支出规模，增加疫情防控投入，援助受疫情影响的部门行业、中小企业和弱势群体。2020 年，印尼实施经济刺激配套政策，政府削减当年国家和地方预算的非优先支出，为 21 个工业、农业和服务业领域提供了税

① ASEAN Secretariat (2020). "ASEAN Comprehensive Recovery Framework and Its Implementation Plan." https://asean.org/asean-comprehensive-recovery-framework-implementation-Plan.

收优惠；2020 年 2 月起，马来西亚先后出台了 6 个经济振兴配套方案，总值达 3400 亿林吉特，加上 3220 亿林吉特的财政预算拨款，总额达 6620 亿林吉特；新加坡连续出台 5 个经济援助配套计划，纾困资金近千亿新元，政府扩大财政支出规模，财政赤字高达 649 亿新元，相当于 GDP 的 13.9%，其中政府动用了 520 亿新元国家储备金，相当于 1996~2019 年财政盈余的总额；泰国先后出台了两个经济振兴预算案，预算金额分别达 9240 亿泰铢和 1520 亿泰铢。

2021 年 4 月开始，东南亚国家启动了新一轮加强疫情防控和促进经济复苏的政策措施。印尼成立国家疫情防控和经济复苏委员会，政府增加疫情防控投入，为工商业和中小企业提供税收优惠和政策扶持；马来西亚 2021 年 5 月底出台总值 400 亿林吉特的第 7 个经济振兴配套方案，6 月底又出台了总值 1500 亿林吉特的经济复苏配套计划，包括政府直接注入的 100 亿林吉特的拨款，其重点是继续关怀人民、支持企业和提高疫苗接种率；2021 年新加坡财政预算案重点从紧急援助转向经济结构性调整，即从疫情防控为主过渡到经济转型，除疫情防控预算外，政府拨款 240 亿新元鼓励企业创新与转型，拨款 6000 万新元设立农业产品转型基金，拨款 3000 万新元资助电动车发展计划；2021 年 6 月，泰国政府出台了 1400 亿泰铢的一揽子经济刺激计划，旨在减轻下半年疫情对经济的影响，其中包括发放现金、电子代金券或以共同支付形式进行；2021 年 7 月 1 日，越南出台了总值 26 万亿越南盾的经济刺激计划，援助受疫情影响的企业和劳动者，政府发放超过 15 万吨大米帮助受困民众，越南社会保险公司 2021 年向国内 74.2 万家企业和 4280 万名劳动者提供近 71.5 万亿越南盾的扶持资金。①

（二）调整疫情防控措施，逐步恢复社会经济生活

随着疫情形势的变化，东南亚国家开始调整疫情防控政策，加快疫苗接种，逐步重新开放，灵活规定社交距离，为生产经营活动创造便利条件。

---

① 《努力保障和改善民生，促进经济社会快速增长》，越通社，2022 年 5 月 10 日。

2021年6月24日，新加坡率先宣布启动“与新冠共处、如常生活”的全面计划，但该计划因国内突发德尔塔毒株传播而搁浅。在疫情逐渐受控和近八成人口完成疫苗接种后，8月19日新加坡正式启动该计划。2021年10月，越南颁布了有效控制新冠肺炎疫情的第128号决议，放弃了原有的“社区零确诊”疫情防控政策，采取了与病毒共处、加快疫苗接种、尽可能降低患病率和死亡率、减少疫情对经济和社会民生的影响的措施。同时，各国相继启动了疫苗接种计划，力争在2021年底或2022年初实现群体免疫。截至2021年12月4日，新加坡疫苗接种率为96%、文莱为91.52%、柬埔寨为88.55%、马来西亚为78.86%、越南为74%、泰国为69.37%、印尼为51.40%、老挝为50.75%、菲律宾为36.5%、缅甸为30.08%。

作为东南亚经济的支柱产业，旅游业遭受疫情的冲击最大，各国在疫情相对稳定后均急切放宽国境管控。2021年9月，新加坡单方面向低风险国家和地区开放边境。同时推出“疫苗接种者旅游走廊”（Vaccinated Travel Lane，VTL）计划，通过VTL计划入境新加坡的游客不必隔离，只进行入境检测即可，新加坡先后对21个国家开放了“疫苗接种者旅游走廊”。印尼计划对有效防控疫情的国家实施“旅游泡沫”计划，2021年10月14日起巴厘岛重新向境外游客开放，但抵离该岛的国际航班暂未恢复，2022年1月4日起巴淡岛和民丹岛的安全旅游走廊开通，接待来自新加坡的游客。泰国从2021年11月1日起开通免隔离入境游，确定解除曼谷等17个疫苗接种率超过70%的入境府的宵禁措施，并发布46个被允许免隔离入境游的国家和地区名单。[①] 12月16日起，泰国进一步放宽入境限制，来自63个低风险国家和地区的游客入境后只需进行抗原快速筛查，阴性者无须进行隔离。2022年2月1日起，泰国全面开放全球已接种疫苗的旅客入境，符合条件者入境后免隔离。菲律宾2022年2月10日起允许符合条件的外国游客入境，这是自2020年3月菲律宾关闭国门后首次向外国游客开放。越南政府拟订了分三个阶段实施的国际游客接待计划，2021年11月起，在富国市、

① 《泰国政府大踏步开放国门欢迎入境游》，泰国《中华日报》2021年10月23日。

庆和省、广南省、岘港市、广宁省等开通包机航班和国际商业航班，推出各旅游套餐试点项目接待国际游客。2022 年 1 月起，越南扩大国际旅游接待范围，通过包机航班和定期的国际商业航班连接各目的地，随后将根据疫情形势和前两个阶段的试点情况，确定是否对国际游客全面开放。①

（三）加大基础设施建设，推动国内数字经济发展

为了加快国内经济复苏，东南亚国家加大了基础设施投资建设力度，一些重点基础设施建设项目取得新进展。印尼雅万高速铁路建设稳步推进，2018 年 6 月开工以来整体工程施工完成 73%，全线 13 座隧道已贯通 8 座，大部分重点路段连续梁和框架墩施工完成，主要路基、桥梁、隧道和车站等工程建设有序进行，雅万高铁全长约 142 公里，最高设计时速 350 公里，有望在 2023 年 6 月实现运营。菲律宾的“大建特建”基础设施建设计划并未中断，该计划拟在 2017～2022 年投资 8.4 万亿比索，涵盖道路、桥梁、机场、铁路、港口、防洪设施等 30 多个基础设施建设项目。2021 年上半年，菲律宾政府的基础设施建设支出达 4266 亿比索，同比增长 43.2%。全年计划支出 1.2 万亿比索，占 GDP 的 5.1%。② 目前，在首都大马尼拉地区、宿雾、达沃、卡加延德奥罗市、桑托斯将军城、三宝颜、锡亚高岛等地，一些项目已完工或即将完工，如萨马省甲描育机场修复工程以及比科尔国际机场、大马尼拉地区地铁和轻轨扩建项目等。③ 泰国积极实施东部经济走廊发展计划，推进三大机场连接高速铁路、乌塔堡机场、廉差邦港口三期、航空维修中心、东部航空城五大基础设施项目建设，该五大建设项目投资额达 6950 亿泰铢。其中，乌塔堡机场改造升级项目预计 2023 年完工，东部航空城是集工业、旅游、物流和航空为一体的综合中心，横跨差春骚、春武里和罗勇三府，拥有 34 个工业园区和 6033 家工厂。

随着全球跨入数字经济时代，东南亚国家纷纷推出数字化转型计划，推

① 《越南计划自 2022 年第二季度对国际游客全面开放》，越通社，2021 年 10 月 29 日。

② 《上半年基础设施支出增长 43.2%》，《菲律宾商报》2021 年 7 月 27 日。

③ 《抗疫期间菲完成多项基础设施建设项目》，菲律宾《世界日报》2021 年 4 月 17 日。

动数字产业化和产业数字化，加快数字经济的发展。2021 年 7 月，印尼出台了《2021—2024 年数字印尼路线图》，提出数字化转型四个战略领域，即数字基础设施、数字政府、数字经济和数字社会，确立了十大重点领域，即数字交通和旅游、数字贸易、数字金融服务、数字媒体和娱乐、数字农业和渔业、数字房地产和城市、数字教育、数字健康、工业数字化以及政府数字化。[①] 2021 年 2 月，马来西亚推出“数字经济蓝图”（MDEB），提出到 2025 年数字经济占 GDP 的比重达到 22.6%，2030 年达到 30%，其具体措施包括促进公共部门数字化转型、通过数字化提升经济竞争力、兴建数字基础设施、促进中小企业数字化转型、建设更具包容性的数字社会以及营造安全、有保障的数字环境等。[②] 新加坡以实施“智慧国家”和产业转型计划为核心，提出实现国家数字化转型的三大支柱，即数字经济、数字社会和数字政府，政府还出台了中小企业数字化计划。泰国提出“数字泰国”发展计划，确定通过四个阶段加快数字化转型，即数字化基础设施建设、步入数字经济和社会、全面实现数字化和以数字化迈向发达国家。在第一阶段发展计划中，泰国将聚焦基础设施、经济、社会、政府、人力资源开发和公众信心等六大领域。越南出台《至 2025 年国家数字化转型计划及 2030 年发展方向》，提出构建数字政府、数字经济和数字社会，并打造具有全球竞争力的数字企业。2021 年 1 月，越共十三大确定了数字化转型是国家经济发展的动力，政府成立了国家数字化转型委员会，并设定了 2022~2025 年面向数字政府、数字经济和数字社会的 53 项指标。[③]

（四）推动完成 RCEP 国内核准程序，加快 RCEP 落地实施

2020 年 11 月，《区域全面经济伙伴关系协定》（RCEP）正式签署。

---

① Kompas (2021). “Menkominfo Paparkan Roadmap Indonesia Digital 2021 - 2024.” https://nasional.kompas.com/read/2021/12/07/10402261/menkominfo-paparkan-roadmap-indonesia-digital-2021-2024? page=all.

② EPU (2021). “Malaysia Digital Economy Blueprint.” https://www.epu.gov.my/sites/default/files/2021-02/Malaysia-digital-economy-blueprint.pdf.

③ 《越南国家数字化转型计划获批》，越通社，2020 年 6 月 7 日。

RCEP 对标国际高水平自贸规则，既涵盖货物贸易、服务贸易和投资，同时纳入知识产权、电子商务、政府采购、中小企业、经济技术合作等领域，形成了区域内更加开放、自由和透明的经贸规则，是一个高标准和高质量的区域自贸协定。2021 年 4 月，新加坡率先完成国内核准程序。随后，文莱、柬埔寨、老挝、泰国和越南等也完成了国内核准程序，2022 年 1 月起该协定在这些国家正式生效。2022 年 1 月 17 日，马来西亚完成国内核准程序并向东盟秘书处提交 RCEP 核准书，该协定于 3 月 18 日起在马来西亚正式生效。

在 2021 年 1 月 RCEP 正式生效当天，东盟秘书处指出将继续推进 RCEP 进程，确保其有效和高效地实施。[①] 东南亚国家对该协定的落地实施高度重视，并推出一系列政策措施。2021 年 7 月，东盟秘书处与东亚商务理事会联合举办了“挖掘 RCEP 货物贸易机会”线上研讨会，这是东盟 2021 年 RCEP 系列线上研讨会的首场会议，旨在向商界宣传该协议带来的商机。新加坡贸工部与各商团、商会合作，组织举办拓展活动和网络研讨会。2022 年 1 月，越南政府出台了“RCEP 实施计划”，旨在对政府各部委和省市机关进行任务分工和政策指导，以便充分高效落实该协定。该计划提出要通过各种渠道和方法宣讲 RCEP，开展区域市场的贸易促进活动，制订扶持计划和指引政策，继续完善招商引资政策和机制，推动国内企业与 RCEP 成员国企业的对接，协助越南企业参与全球价值链和供应链。[②] 2020 年越南的一项调查显示，当地企业了解 RCEP 的比例仅为 23%。针对这一状况，越南工商会与越南中央经济管理研究院联合举行了“RCEP：企业须知”研讨会，发布了有关 RCEP 的企业指南，为企业参与 RCEP 提供政策指引和专业服务。[③] 此外，近年来东南亚国家致力于贸易投资自由化、便利化，也为各国加快 RCEP 的落地实施创造了有利条件。例如，区域内零关税商品税目所占比重达 98.6%，“东盟单一窗口”、原产地自主认证制度、海关跨境系统均已启

① “RCEP Agreement Enters into Force.” https://asean.org/rcep-agreement-enters-into-force/.

② 《越南出台〈区域全面经济伙伴关系协定〉实施计划》，越通社，2022 年 1 月 6 日。

③ 《增进企业对 RCEP 的了解和理解》，越通社，2021 年 11 月 5 日。

用，区域内服务部门开放数所占比重超过70%，《东盟全面投资协定》生效后陆续签署了4个修订议定书，等等。

三　2022年东南亚经济发展展望

世界各国的疫情尚未消退，但2021年全球经济增速开始出现反弹，国际经济组织对东南亚国家经济复苏大多持谨慎乐观的态度。2021年4月起，东南亚国家疫情形势几经波折，多国调整疫情防控措施，各国经济复苏的不确定性大增。2021年东南亚国家经济增速能够由负转正，大多是由于上一年各国经济急剧衰退使得同期基数较低，而2022年东南亚国家经济发展的前景仍难以预料。

由于新冠变异毒株的不断出现，一些地区疫情显著反弹，给世界经济复苏前景带来更大不确定性，成为世界经济可持续复苏的主要障碍。世界卫生组织（WHO）的最新统计显示，全球新冠肺炎确诊病例数累计超过5亿例，死亡病例数超过600万例。WHO强调，虽然全球新增确诊和死亡病例数持续下降，但新冠肺炎疫情大流行仍是国际关注的突发公共卫生事件。疫情以来，大宗商品市场急剧波动，尤其是俄乌冲突爆发后，西方国家对俄罗斯实施制裁，使得石油和天然气等能源供应短缺，国际市场上大宗商品价格再度上涨，引发全球通货膨胀，世界经济复苏进程雪上加霜。同时，由于经济逐渐复苏和通胀率居高不下，欧美国家开始收紧货币政策。2022年3月美联储宣布提高利率，5月再次加息50个基点，这是2000年以来加息幅度首次达到50个基点，美联储还将从6月1日起缩减规模近9万亿美元的资产负债表。美国收紧货币政策，将刺破该国资本市场泡沫，对大宗商品价格构成压力，导致其他国家货币贬值，吸引短期国际游资回流美国，对新兴市场国家的金融市场造成严重冲击。

近期，国际经济机构均调低了2022年全球经济预期增长率，也调低了东南亚国家经济预期增速。据国际货币基金组织（IMF）预测，世界经济年度增长率为3.6%，发达经济体为3.3%，新兴市场和发展中经济体为

3.8%。在东南亚国家中，文莱的经济增长率为5.8%，柬埔寨为5.1%，印尼为5.4%，老挝为3.2%，马来西亚为5.6%，缅甸为1.6%，菲律宾为6.5%，新加坡为4.0%，泰国为3.3%，东帝汶为2%，越南为6.0%。[①] 世界银行预测，柬埔寨的经济增长率为4.5%，印尼为5.1%，老挝为3.8%，马来西亚为5.5%，菲律宾为5.7%，泰国为2.9%，越南为5.3%。[②] 亚洲开发银行预测，文莱的经济增长率为4.2%，柬埔寨为5.3%，印尼为5.0%，老挝为3.4%，马来西亚为6.0%，缅甸为-0.3%，菲律宾为6.0%，新加坡为4.3%，泰国为3.0%，东帝汶为2.5%，越南为6.5%。[③]

展望2022年，东南亚国家仍面临疫情变化的严峻挑战，尤其是变异毒株的出现，各国经济复苏仍存在诸多不确定性。当前，东南亚国家的疫情仍未消退，累计确诊病例超过3000万例，其中越南超过1000万例，印尼超过600万例，马来西亚和泰国均超过400万例，菲律宾超过300万例，新加坡超过100万例，因而疫情形势将是各国经济走向持续复苏的最大障碍。据东南亚主要国家的官方预测，2022年印尼的经济增长率为4.5%~5.3%，马来西亚为5.3%~6.3%，菲律宾为7%~8%，新加坡为3%~5%，泰国为2.5%~3.5%，越南为6%~6.5%。总体上，东南亚国家经济仍将保持复苏态势，但将呈现“K”形复苏的走势，即不同国家或不同产业部门涨跌互现，经济复苏形成分叉走势。同时，由于国际油价和大宗商品价格上扬，引发各国国内物价上涨，一些国家相继调高了全年预期通货膨胀率，如泰国已将全年预期通货膨胀率提高至4.5%~5.5%，菲律宾提高至3.7%~4.7%。总之，东南亚国家的经济属于高度外向型经济，疫情后各国的经济增长幅度在很大程度上取决于全球经济状况，尤其是主要贸易伙伴的经济复苏进程，因而东南亚国家经济能否全面复苏还需时间来证明。

---

① IMF（2022）.“World Economic Outlook April 2022.” p138，p141.

② World Bank（2022）.“East Asia and the Pacific Economic Update April 2022.”

③ ADB（2022）.“Asian Development Outlook 2022.” https：//www.adb.org/outlook.

参考文献

ADB（2022）. *Asian Development Outlook 2022*. Manila：Asian Development Bank.

ASEAN Secretariat（2020）. "ASEAN Comprehensive Recovery Framework and Its Implementation Plan." https：//asean. org/asean－comprehensive－recovery－framework－implem－entation－Plan.

ASEAN Secretariat（2021）. *Mid-Term Review of ASEAN Economic Community Blueprint 2025*. Jakarta：ASEAN Secretariat.

ASEAN Secretariat（2021）. "Consolidated Strategy on the Fourth Industrial Revolution for ASEAN." https：//asean. org/book/consolidated－strategy－on－the－fourth－industrial－revolution－for－asean.

Lili Yan Ing，Ralf Peters，Olivier Cadot（2019）. *Regional Integration and Non-Tariff Measures in ASEAN*. Jakarta：Economic Research Institute for ASEAN and East Asia（ERIA）.

IMF（2022）. *World Economic Outlook April 2022*. Washington，D. C..

Jørgen Ørstrøm Møller（2020）. *Asia's Transformation：From Economic Globalization to Regionalization*. Singapore：ISEAS-Yusof Ishak Institute.

World Bank（2022）. *East Asia and Pacific Economic Update April 2022：East Asia and Pacific in the Time of COVID－19*. Washington，D. C.：World Bank.

World Bank（2022）. *Global Economic Prospects January 2022*. Washington，D. C.：World Bank.

World Bank（2022）. *East Asia and Pacific Economic Update，April 2022：Braving the Storms*. Washington，D. C.：World Bank.

B.3
面向2025年东盟共同体的构建及其进展

闫 森*

摘 要： 第27届东盟峰会推出了《2025年东盟共同体愿景》和东盟共同体三大支柱蓝图，制定了未来十年东盟共同体建设的战略目标和具体措施。近五年，东盟致力于以人为本、以规则为基础的共同体建设，加快构建区域政治安全同盟，推动生产要素自由流动，促进社会文化资源整合，并取得新的进展。不过，在全球疫情的背景下，东盟共同体的建设受到不同程度的冲击，区域内公共卫生安全问题凸显，区域生产要素流动受阻，民间文化交流趋于停滞，东盟区域一体化进程有所延缓。

关键词： 东盟共同体 政治—安全共同体 经济共同体 社会—文化共同体

2015年底，东盟正式宣布建成东盟共同体，这标志着东盟跨入共同体时代。随后，东盟推出了《2025年东盟共同体愿景》和东盟共同体三大支柱蓝图，制定了未来十年东盟共同体建设的战略目标和具体措施。面向2025年的东盟共同体建设已过半，东盟组织机构对五年建设进行了中期评估，展示了东盟共同体的建设成效与存在的问题。

---

* 闫森，经济学博士，厦门大学国际关系学院/南洋研究院助理教授。

一　面向2025年东盟共同体的愿景

2015 年 11 月，第 27 届东盟峰会通过了《东盟迈向 2025 年吉隆坡宣言：携手前行》、《2025 年东盟共同体愿景》，以及《2025 年东盟政治—安全共同体蓝图》、《2025 年东盟经济共同体蓝图》和《2025 年东盟社会—文化共同体蓝图》。[①] 在 2015 年东盟共同体蓝图的基础上，2025 年东盟共同体的愿景规划和发展蓝图提出了未来十年东盟三大共同体的发展目标、主要任务和战略措施，进一步推进和深化政治安全互信、区域经济融合、社会文化包容的共同体建设。

东盟政治—安全共同体（ASEAN Political-Security Community）的建设目标，是进一步提升东盟在政治与安全领域的合作水平，建立一个以制度为基础的包容性共同体，使人民享有人权、基本自由、社会正义和安全的生活环境，使东盟在充满挑战和活力的区域中发挥建设性作用。东盟政治—安全共同体具有四个关键特征：（1）拥有共同价值和规范，是以制度为基础和以人为本的共同体；（2）遵循区域综合安全和承担共同责任的原则，建立和平、安全、稳定的弹性共同体；（3）加深与外部的合作，坚持区域的核心地位，作为外向型共同体在国际事务中担负责任，发挥建设性作用；（4）运行高效，能够协调组织机构。该十年蓝图提出，东盟将遵循《东盟宪章》，坚持尊重各成员国的独立、主权、平等、领土完整原则，通过和平协商的方式，解决成员国的安全和领土问题；强调“综合安全”原则，通过和平手段解决分歧和争端，推动非传统安全领域的合作，逐步构建成员国间的军事互信；建立和完善以东盟为中心的一系列政治安全对话机制，包括东盟与对话伙伴、东盟与中日韩、东亚峰会、东盟地区论坛，以及东盟防长扩大会（ADMM-Plus）等，推动东盟与域外大国的积极互动；加强机构能力建设，简化工作程序，提高管理效率和协调能力，提升东盟和东盟共同体

① ASEAN Secretariat（2015）. *ASEAN 2025：Forging Ahead Together*. Jakarta：ASEAN Secretariat.

的国际形象。①

东盟经济共同体（ASEAN Economic Community）未来十年的发展目标，是到2025年成为商品、服务、投资、资本和技能劳动力自由流动的经济区。东盟经济共同体建设的五大支柱是高度一体化和具有凝聚力的经济（a highly integrated and cohesive economy），具有竞争力、创新性和活力的东盟（a competitive，innovative and dynamic ASEAN），促进互联互通和部门合作（enhanced connectivity and sectoral cooperation），有弹性、包容和以人为本的东盟（a resilient，inclusive，people-oriented and people-centred ASEAN），以及全球性的东盟（a global ASEAN）。该十年蓝图提出，东盟要促进区域内商品、服务、投资、资本和技能劳动力的自由流动，构建区域单一市场和生产基地。各国要进一步削减关税和非关税壁垒，积极实施贸易便利化，建立开放、自由和透明的投资体制，扩大专业人员和熟练劳动力的区域流动，加快区域金融一体化，积极参与全球和区域价值链；制定和调整竞争政策、知识产权保护法规、区域规制框架，提升区域竞争力和生产力；根据“东盟互联互通总体规划”（MPAC），实现区域经济的互联互通，推进区域产业部门的整合与合作；制订中小微企业发展计划，加强私人部门的作用，完善公私合作伙伴关系（PPP），缩小区域发展差距；实施具有战略性和一致性的对外经济政策，完善东盟现有的自由贸易协定，推动东盟与其他区域以及全球的经济整合。②

东盟社会—文化共同体（ASEAN Social-Cultural Community）的建设目标，是建成以人为本、环境友好型和可持续发展的社会—文化共同体，建成一个民众参与和造福人民的社会责任共同体（committed，participative and socially-responsible community），提高人民生活质量、使人民获得公平机会和保护人权的包容性共同体（inclusive community），促进社会进步和环境保护的可持续发展共同体（sustainable community），具有应对社会经济问题、自

① ASEAN Secretariat（2015）. *ASEAN Political-Security Community Blueprint 2025*. Jakarta：ASEAN Secretariat.

② ASEAN Secretariat（2015）. *ASEAN Economic Community Blueprint 2025*. Jakarta：ASEAN Secretariat.

然灾害和气候变化能力的弹性共同体（resilient community），保持区域意识、传统文化、创新能力和为国际社会做贡献的活力与和谐共同体（dynamic and harmonious community）。该十年蓝图提出，东盟要以人的发展为中心，促进民众参与，提高社会福利与保障，提升民众的东盟区域意识，深化民众对东盟的认同感；通过建立区域机制和合作框架，多维度消除贫困，保障人权，让民众享有公平机会，促进生活质量的改善；保护生物多样性，促进自然资源可持续发展，建设环境可持续的宜居城市，增强应对气候变化的能力，倡导绿色高效的生产和消费方式；提升防灾减灾、人道主义援助的反应和适应能力，减少各类疾病的发生，建立和完善社会保障体系；促进民众对多元文化和宗教的宽容理解、相互尊重和平等对话，促进东盟区域内外的民间交流，提升人力资源的竞争力，激励研究与开发活动，构建支持创业的社会环境。①

二　东盟政治—安全共同体的新进展

近年来，恐怖主义对东盟区域安全与稳定造成严重威胁，跨国犯罪、环境污染和气候变化等非传统安全挑战日益凸显。在新的国际和区域形势下，东盟政治—安全共同体致力于地区和平、安全与稳定，有效解决了成员国间的争端，维护了该地区的安全与稳定。根据《2025 年东盟政治—安全共同体蓝图》中期检查报告，到 2020 年 6 月，东盟政治—安全共同体的 290 个实施项目已全面展开，已完成的项目有 278 项，占所有实施项目的95.9%。②

东盟政治—安全共同体以“尊重各成员国的独立、主权、平等、领土

① ASEAN Secretariat（2015）. *ASEAN Social-Cultural Community Blueprint 2025*. Jakarta：ASEAN Secretariat.

② ASEAN Secretariat（2020）. “APSC Outlook-The APSC Blueprint 2025：A Preliminary Report on Its Mid-Term Review.” https：//asean. org/wp-content/uploads/2021/10/APSCOutlook_ V12No1-To-be-uploaded. pdf.

完整和民族特性”为基本原则，为东盟各成员国促进政治互信、相互了解、团结一致以及提高区域合作创建稳固的基础，为东盟各成员国之间以及东盟与各伙伴国在政治安全领域开展有效与务实合作提供便利条件，成为各成员国发表各自立场、寻找共同声音，就解决政治冲突和安全挑战的方式达成一致的平台。东盟通过巩固和完善东盟峰会、东盟外长会议、东亚峰会（EAS）、东盟与对话伙伴国会议、东盟与中日韩（10+3）领导人会议、东盟地区论坛（ARF）、东盟防长扩大会（ADMM-Plus）等合作机制，确立东盟在地区构架中的核心地位，制定与分享“和平、自由和中立区”（ZOPFAN）战略构想、《东南亚友好合作条约》（TAC）以及《南海各方行为宣言》（DOC）等行为准则。东盟就综合安全达成共识，在东盟政治—安全共同体的框架内，促进对话、树立互信和分享行为准则，为应对东盟及其成员国面临的安全挑战和危机做出积极贡献，从而维护地区和平，阻止冲突发生。

2019年6月，第34届东盟峰会通过了《东盟印太展望》（ASEAN Outlook on the Indo-Pacific），提出了东盟应对美国“印太战略”的立场。东盟国家意识到必须积极采取因应措施，推进区域经济和安全合作，强化东盟的区域地位和应对能力，避免在大国战略博弈中“选边站”。该官方文件指出，东盟应在太平洋和印度洋之间扮演桥梁角色，印太倡议下展开的合作必须以东盟为中心，并具有包容性，且尊重国际法。东盟提出了印太区域合作的四大优先领域，包括海上合作、互联互通、联合国2030可持续发展目标、经济及其他领域合作。①

2020年11月，第37届东盟峰会及其系列会议举行，会议通过了80多份文件，包括关于实施《2025年东盟共同体愿景》的中期审查报告；就审查《东盟宪章》执行情况的必要性达成一致，强调将继续促进区域合作与东盟发展进程相挂钩，使人民能为共同体建设贡献力量；通过《关于2025年后东盟共同体愿景的河内宣言》，期待为东盟共同体的发展奠定牢固基

① ASEAN Secretariat（2019）. “ASEAN Outlook on the Indo-Pacific.” https：//asean.org/asean-outlook-indo-pacific.

础；通过《关于加强社会工作，面向建立一个齐心协力和主动适应的东盟共同体的河内宣言》；通过了《东盟身份报告》，鼓励各成员国悬挂东盟会旗，使用东盟盟歌，以增强东盟共同体身份认同。[①]

2021 年 11 月，第 38、39 届东盟峰会及其系列会议举行，会议通过了《东盟第四次工业革命的综合战略》《东盟绿色经济领导人宣言》等一系列文件。[②] 东盟国家表示，将继续努力实现区域经济复苏，推动东盟共同体建设。会议围绕东盟政治—安全共同体、经济共同体、社会—文化共同体三大支柱，提出了一系列目标成果，涵盖应对灾害与紧急情况、经济复苏、疫苗采购合作、支持多边主义、维护区域合作框架、积极应对第四次工业革命的挑战等。

2019~2022 年，第 26~29 届东盟地区论坛（ARF）分别在泰国曼谷、越南河内、文莱和柬埔寨金边举行。东盟地区论坛是该地区最具影响力的多边安全对话平台，共有 27 个成员。ARF 进程分为建立信任措施、开展预防性外交和探讨解决冲突的方式三个阶段，现正迈向开展预防性外交阶段。各国外长就国际和地区问题交换了意见，同意全面、有效落实东盟地区论坛愿景宣言和 2010 年河内行动计划，重点推进灾害援助、反恐、打击跨国犯罪、维护海洋安全、阻止大规模杀伤性武器扩散、应对网络安全挑战等。

为应对疫情蔓延，东盟协调委员会（ACC）成立了东盟公共卫生协调委员会紧急情况工作组（ACCWG-PHE），旨在促进东盟共同体跨部门合作。目前，东盟颁布了突发公共卫生事件应急标准，成立了东盟应对新冠肺炎疫情基金会、东盟应急医疗物资储备库、东盟突发公共卫生事件和新兴疾病中心等。2020 年 4 月，东盟抗击新冠肺炎疫情领导人特别会议召开，通过了《东盟关于新冠肺炎疫情特别峰会宣言》。该宣言强调，东盟应集中采取措施，减轻疫情扩散对经济社会造成的影响，各国应保持密切配合，保护人民

① “37th ASEAN Summit.” https://asean.org/asean/asean-structure/asean-summit/.

② “38th and 39th ASEAN Summits and Related Summits.” https://asean.org/38th-and-39th-asean-summits-and-related-summits/.

生命安全和身体健康，协助中小微企业渡过难关。①

东盟政治—安全共同体的建立，为东盟扩大并深化与对话伙伴的关系构建了有效机制。近年来，东盟积极扩大和深化与大国的关系，平衡各个对话伙伴关系，以实现合作共赢的目标。截至2021年底，东盟已与10多个国家建立了对话伙伴关系，包括11个对话伙伴、4个部门对话伙伴（巴基斯坦、挪威、瑞士和土耳其）和4个发展合作伙伴（智利、法国、德国和意大利），以及东盟—中国“10+1”和东亚峰会合作机制。② 在11个对话伙伴中，有日本（1973年）、澳大利亚（1974年）、新西兰（1975年）、美国（1977年）、加拿大（1977年）、欧盟（1977年）、韩国（1991年）、中国（1991年）、印度（1992年）、俄罗斯（1996年）、英国（2021年）。目前，东盟与这些国家的关系正逐步提升。其中，2005年东盟与美国提升为伙伴关系，2015年提升为战略伙伴关系，2022年提升为全面战略伙伴关系；2007年与澳大利亚提升为全面伙伴关系，2014年提升为战略伙伴关系，2021年提升为全面战略伙伴关系；2007年与欧盟提升为伙伴关系，2020年提升为战略伙伴关系；2011年与日本提升为战略伙伴关系；1996年与中国提升为全面对话伙伴关系，2003年提升为战略伙伴关系，2021年提升为全面战略伙伴关系；1995年与印度提升为全面对话伙伴关系，2017年提升为战略伙伴关系，2022年提升为全面战略伙伴关系；2000年与韩国提升为战略伙伴关系；2018年与俄罗斯提升为战略伙伴关系。

三　东盟经济共同体建设的中期评估

2021年4月，东盟秘书处发布了《〈2025年东盟经济共同体蓝图〉中

① “Declaration of the Special ASEAN Summit on Coronavirus Disease 2019 (COVID－19).” https://asean.org/declaration-of-the-special-asean-summit-on-coronavirus-disease-2019-covid-19/.

② “ASEAN External Relations Overview.” https://asean.org/our-communities/asean-political-security-community/outward-looking-community/external-relations/.

期评估报告》，对五年来东盟经济共同体五大支柱建设（包括29个具体部门、1700余项具体行动）的进展进行了中期评估，其评估结论是：东盟经济共同体建设已完成的项目占54.1%，正在进行的项目占34.2%，尚未进行的项目占9.2%，撤销项目占2.5%。①

（一）东盟经济共同体五大支柱建设的进展

1. 高度一体化和具有凝聚力的经济

2025年东盟经济共同体蓝图提出，建立高度一体化和具有凝聚力的经济，就是要促进区域内商品、服务、投资、资本和技能劳动力的自由流动，构建东盟区域内的贸易和生产网络，为企业和消费者建立一个单一市场。该共同体蓝图还提出商品与服务贸易、投资、区域金融一体化、技能劳动力和商务人士流动、全球价值链的参与等方面的具体措施，包括继续实施《东盟货物贸易协定》（ATIGA），简化和实施原产地原则，减少非关税壁垒，实施“单一窗口”制，签署《东盟服务贸易协议》（ATISA）；在《东盟全面投资协议》（ACIA）的框架下，建立自由、开放和透明的投资体制；推动东盟区域本土银行、保险市场和证券市场的一体化进程，加强资本账户自由化、支付与结算系统和金融能力建设；在专业人才资质互相认可（MRA）框架下，促进专业人员和技能劳动力的区域自由流动；推动各成员国积极参与全球和区域价值链，以实现规模经济和产业集聚效应。中期评估报告测定，该支柱建设已完成的项目占60.3%，正在进行的项目占32.1%，尚未进行的项目占6.8%，撤销项目占0.8%。

2. 具有竞争力、创新性和活力的东盟

东盟经济共同体蓝图提出，提升区域竞争力和生产力的主要措施包括：实施有效的竞争政策，完善消费者保护和知识产权保护，加强效率驱动型增长、创新、研究与开发（R&D）和技术商业化，强化税务合作，进行良好

① ASEAN Secretariat (2021). “Mid-Term Review of ASEAN Economic Community Blueprint 2025.” p11.

的治理以及有效的管理。中期评估报告测定，东盟经济共同体建设中，“具有竞争力、创新性和活力的东盟”已完成的项目占47.8%，正在进行的项目占31.3%，尚未进行的项目占12.6%，撤销项目占8.3%。

3. 促进互联互通和部门合作

根据《东盟互联互通总体规划》（Master Plan on ASEAN Connectivity, MPAC），东盟将加快区域交通运输、电信和能源等基础设施建设，建立高效和具有全球竞争力的物流以及多模式的交通运输系统，实现东盟区域的互联互通；在“e-东盟”框架下，加快电子商务的区域合作，促进电子商务的跨境交易；推进区域能源、食品、农业与林业、旅游、医疗保健、矿产资源和科学技术等部门的整合与合作，促进区域经济的可持续发展，提升东盟的区域竞争力。中期评估报告测定，该支柱建设已完成的项目占52%，正在进行的项目占34.9%，尚未进行的项目占10.8%，撤销项目占2.3%。

4. 有弹性、包容和以人为本的东盟

东盟经济共同体蓝图提出建设有弹性、包容和以人为本的东盟，其主要战略措施包括：制订和实施中小微企业的发展计划，增强中小微企业的作用；建立有效协商机制和渠道，加强私人部门在区域合作中的作用；完善公私合作伙伴关系（PPP），吸引私人部门参与PPP项目融资活动；在“东盟一体化倡议”（IAI）下，促进后进国家的能力建设，缩小发展差距；激励利益相关者参与区域一体化建设，增强公众的东盟区域一体化意识。中期评估报告测定，该支柱建设已完成的项目占43.5%，正在进行的项目占48.1%，尚未进行的项目占8.4%。

5. 全球性的东盟

东盟经济共同体蓝图提出，通过与中国、日本、韩国、澳大利亚、新西兰的自贸协定，推进《区域全面经济伙伴关系协定》（RCEP）、《东盟—香港自贸协定》等的谈判进程，加快融入世界经济，提升国际地位，其主要措施包括：以区域共同立场和全球经济视野，建立具有战略性和一致性的对外经济关系；进一步完善和升级现有的自贸协定，使之成为现代化、全面性和高标准的自贸协定；促进与非自由贸易对话伙伴的经济合作，扩大双边贸易规模，增加投资项目数量；推动东盟与其他区域及全球的经济整合，加强与新兴经济体或区域集团的经济合作；继续支持多边贸易体制，积极参与全球性和区域性机构的活动。中期评估报告测定，该支柱建设已完成的项目占54.5%，正在进行的项目占45.5%。

（二）东盟经济共同体五年的建设成就

随着东盟经济共同体的建设进程加快，东盟整体经济实力迅速增强，在世界经济中的地位不断提升，成为全球第五大经济体，仅次于美国、中国、日本和德国。2015~2019年，东盟GDP由2.5万亿美元增至3.2万亿美元，年均增长5.1%；东盟人均GDP持续增长，由3932美元增至4827美元，新加坡和文莱跨入高收入国家的行列，其他国家均已跨入中等收入国家的行列；东盟经济总量占全球经济的份额由3.3%升至3.6%，而按购买力平价（PPP）计算，东盟占世界经济的比重约为6.2%。①

2015年东盟经济共同体建成后，东盟国家继续削减关税与非关税壁垒，简化原产地规则，推行“东盟单一窗口”（ASW），促进贸易投资自由化和便利化，以加快构建单一市场体系。东盟国家积极实施《东盟货物贸易协定》（ATIGA），到2019年5月，东盟零关税的商品税日占比达到98.6%，其中东盟六国（文莱、印尼、马来西亚、菲律宾、新加坡和泰国）占比为99.3%，东盟四国（柬埔寨、老挝、缅甸和越南）占比为97.7%。② 2018年初，“东盟单一窗口”正式启动，该系统整合了区域内不同国家的单一窗口系统，实现成员国之间贸易相关文件的电子交换，包括使用ATIGA电子原产地证书（ATIGA e-Form D）和交换东盟海关申报单，加快货物通关，促进跨境贸易。2019年4月，东盟签署了《东盟服务贸易协议》，它以原有的《东盟服务业框架协议》（AFAS）为基础，使区域内服务部门开放数量的占

① ASEAN Secretariat（2021）．“Mid-Term Review of ASEAN Economic Community Blueprint 2025.” p25.

② ASEAN Secretariat（2019）．“ASEAN Integration Report 2019.” pp. 19-20.

比超过 70%。《东盟全面投资协议》生效后，东盟先后签署了 4 个修订议定书，进一步推动区域投资自由化与便利化。2020 年 1 月，东盟签署了《〈东盟货物贸易协定〉第一修订议定书》，修改了原产地规则认证操作程序，9 月东盟原产地自主认证制度（ASEAN-Wide Self Certification Scheme，AWSC）正式启动。2020 年 11 月，东盟海关过境系统（ASEAN Customs Transit System，ACTS）开始实施，贸易商通过该系统办理一次海关申报手续就可实现在成员国之间自由运输货物。此外，2015 年 11 月，中国—东盟自贸区升级谈判成果文件正式签署。2020 年 11 月，《区域全面经济伙伴关系协定》正式签署。2021 年 11 月，东盟与加拿大启动自由贸易协定谈判。

近年来，东盟区域贸易投资自由化、便利化建设初见成效，进出口贸易额持续增长，外国直接投资（FDI）规模日益扩大，接待国际游客人数不断增加，营商环境逐渐改善。2015~2019 年，东盟进出口贸易额由 2.3 万亿美元升至 2.8 万亿美元。其中，东盟内部贸易额由 5350 亿美元增至 6330 亿美元，但内部贸易额占贸易总额的比重略有下降，从 23.6%降至 22.5%；东盟引进外国直接投资由 1187 亿美元增至 1589 亿美元，服务业吸收外资的比重从 43.1%升至 49.4%，但东盟区内投资比重从 17.5%降至 13.9%；东盟接待的国际游客人数由 1.09 亿人次上升至 1.44 亿人次，其中东盟区内游客比重从 42.2%降至 35.6%；东盟的营商环境逐步改善，在东盟国家开办企业的平均时间从 2017 年的 24.5 天缩减至 2020 年的 14.5 天；东盟积极推动普惠金融，金融排斥①水平由 2016 年的 44%降至 2020 年的 30%；2018 年，东盟国家可再生能源占所有能源的比重达 14%（2025 年目标为 23%），能源强度水平比 2005 年基准缩减 21%（2025 年目标为缩减 32%）；2019 年，东盟互联网普及率已达 57%，人均拥有手机 1.39 部。②

---

① 金融排斥（Financial Exclusion）指社会中某些群体没有能力进入金融体系，没有能力以恰当的形式获得必要的金融服务。

② ASEAN Secretariat（2021）. "Mid-Term Review of ASEAN Economic Community Blueprint 2025." pp. 25-26.

（三）未来五年东盟经济共同体的建设

在全球疫情蔓延的背景下，东盟国家普遍陷入严重的经济衰退，区域内生产要素自由流动受阻，对东盟经济共同体的建设产生了一定的影响。《〈2025年东盟经济共同体蓝图〉中期评估报告》指出，未来五年东盟经济共同体建设必须重视和关注以下三大问题。

首先，解决跨领域问题。未来五年，东盟经济共同体必须完善协调、监测和评价机制，促进跨领域问题的规划解决，加强对23个部门工作计划实施情况和后续行动的监测，对东盟经济共同体建设相关协议的批准和生效进行系统性跟踪与审查，加强和优化东盟经济共同体跨部门的协同合作。建立统一框架解决交叉问题，探索部门间跨领域的协同增效问题。目前，许多跨领域问题必须通过平行的特定部门才能解决，因而跨部门的协同和监测成为当务之急。东盟必须加快实施第四次工业革命和数字化转型战略，以应对新一轮工业革命和数字经济带来的机遇与挑战。同时，不同利益相关者应当积极参与“工业4.0”的产业转型升级，融入全球价值链和区域生产网络，并向全球价值链上游攀升。因此，东盟国家必须加速贸易投资自由化和便利化进程，促进产业转型与技术创新，参与产业链的高附加值环节，推动区域产业合作，打造配套产业，开发人力资本，从而进一步提升产业竞争力。

其次，增强东盟的中心地位和韧性。加强东盟的组织制度建设，强化东盟秘书处的战略协调职能；提升主要部门协定和文件的实施水平，将工作重点转移至制定区域协同战略上，建立东盟框架下的区域合作平台；在RCEP正式签署后，要推动其早日生效实施；在自贸协定框架下，推进新兴议题对话合作；争取更积极主动、更具战略性的外部伙伴的参与，在推进自贸协定的同时探索部门合作等新形式，并在与WTO等组织的多边合作中发挥积极的作用。

最后，保持东盟经济共同体的包容性和可持续性。未来五年，东盟经济共同体要追求更加公平、包容和可持续的发展，进一步缩小发展差距，推广包容性商业模式，支持中小微企业发展。另外，强化民众、企业、智库和东盟对话伙伴等利益相关方的咨询和参与。

四　东盟社会—文化共同体建设成效显著

东盟社会—文化共同体旨在建立以人为中心、对社会负责任的共同体，通过建设一个具有共同身份、共享、关爱、开放的社会，一个人民幸福、生活水平与福祉不断提高的社会，构建东盟各国和人民之间长久的团结与统一。在实施《2025 年东盟共同体愿景》和联合国《2030 年可持续发展议程》的过程中，东盟社会—文化共同体建设取得了良好成效。截至 2020 年，《2025 年东盟社会—文化共同体蓝图》中涉及的战略项目约 1000 项，已完成的项目占 23%，正在进行的项目占 47%，有待实施的项目占30%。[①]

作为东盟共同体的三大支柱之一，东盟社会—文化共同体的所有行动计划都与区域内各国人民的生活密切相关。在东盟各成员国的发展水平仍有较大差距的背景下，东盟社会—文化共同体将继续制订同步计划，有效开发人力资源。东盟着力优化教育，加强大学生交流，设立共同奖学金，推动地区内年轻领导之间的交流；加大对人力资源发展的投资力度，以提升劳动者的技能水平；举办“东盟巧手竞赛”，实现就业的可持续发展；提高弱势群体的营销技能，加强各部门的民事服务能力，进而建立在地区和国际具有较强竞争力的高素质人才队伍。

缩小各成员国之间的发展差距，是东盟社会—文化共同体建设的优先任务之一，确保区域内人民均可享受到该共同体所带来的利益。东盟创始六国与各伙伴国通过贯彻落实“东盟一体化倡议”（IAI）和《东盟公平经济发展框架》（AFEED），为缩小东盟成员国之间的发展差距提供积极的帮助。2016 年 9 月，第 28 届东盟峰会上通过了《东盟一体化倡议第三份工作计划》，确定了未来五年通过合作缩短发展差距的五大优先领域，即粮食与农

① “ASEAN Secretariat Annual Report 2019-2020.” https：//asean. org/storage/2015/12/ASEAN-2025-Forging-Ahead-Together-final. pdf/.

业、贸易便利化、中小微企业发展、教育、卫生与福利，并取得可喜成效。2020年11月，第37届东盟峰会通过《东盟一体化倡议第四份工作计划（2021—2025）》，仍延续原有的五大优先领域，各领域下设定4~5项具体行动，强调必须强化IAI的实施主体责任，加强跨部门的环节沟通，推进利益相关方的积极参与，强化绩效管理。

作为拥有多元文化和多元种族的地区，东盟积极推动成员国之间社会与文化领域的合作，致力于构建多样性的统一共同体。2019年6月，第34届东盟峰会将2019年定为“东盟文化年”（ASEAN Cultural Year），其主题是“多样性、创造性和可持续性”（Diversity，Creativity and Sustainability）。[①] 各成员国通过出版有关东盟的刊物和在媒体上报道有关新闻、提高校园内学生对东盟的认识、举办东盟知识竞赛节目等，培养民众的东盟意识，提高民众对东盟共同体的认识；通过各类节目和文化交流活动保护并推广东盟文化遗产，促进社会团体参与东盟共同体建设。

结　语

近年来，东盟致力于以人为本、以规则为基础的共同体建设，并不断取得新的进展。在新的国际和区域形势下，东盟政治—安全共同体注重维护地区和平、安全与稳定，应对区域内日趋复杂的安全挑战，有效解决了成员国之间的争端；东盟经济共同体积极推进贸易投资自由化和便利化，加快专业人才资质互相认可，东盟区域内的单一市场和生产基地逐步形成，区域化的贸易和投资效应日益凸显；东盟社会—文化共同体继续制订同步计划，有效开发人力资源，缩小各成员国之间的发展差距，推动各国在社会与文化领域的合作。

从东盟三大共同体建设进程来看，目前政治—安全共同体制定的290个

---

① ASEAN Secretariat（2019）. “ASEAN Leaders’ Statement on the ASEAN Cultural Year 2019.” https：//asean. org/storage/2019/06/4. -ASEAN-Leaders-Statement-on-the-ASEAN-Cultural-Year-2019-FINAL. pdf.

项目已全面展开，其中已完成的项目达 95.9%；经济共同体已完成的项目占 54.1%，正在进行的项目占 34.2%；社会—文化共同体已完成的项目占 23%，正在进行的项目占 47%。可见，在全球疫情的背景下，东盟共同体的建设均受到不同程度的影响，各国公共卫生安全问题凸显，区域生产要素自由流动减缓，跨境劳工流动受阻，民间文化交流趋于停滞，东盟区域一体化进程有所延缓。

参考文献

ASEAN Secretariat (2015). *ASEAN 2025: Forging Ahead Together*. Jakarta: ASEAN Secretariat.

ASEAN Secretariat (2019). *APSC Outlook-ASEAN's Journey as a Political and Security Community: A Snapshot of 2018 and a Preview of 2019*. Jakarta: ASEAN Secretariat.

ASEAN Secretariat (2019). *ASEAN Integration Report 2019*. Jakarta: ASEAN Secretariat.

ASEAN Secretariat (2019). *ASEAN Outlook on the Indo-Pacific*, Jakarta: ASEAN Secretariat.

ASEAN Secretariat (2021). *Mid-Term Review of ASEAN Economic Community Blueprint 2025*. Jakarta: ASEAN Secretariat.

ASEAN Secretariat (2021). *Mid-Term Review of Master Plan on ASEAN Connectivity 2025: Executive Summary*. Jakarta: ASEAN Secretariat.

ASEAN Secretariat (2022). *ASEAN Social-Cultural Community Blueprint 2025 Baseline Study*. Jakarta: ASEAN Secretariat.

ERIA (2021). *Impact of the ATIGA on Intra-ASEAN Trade*. Jakarta: Economic Research Institute for ASEAN and East Asia.

B.4
全球价值链重构下东盟国家的分工格局与政策应对

杜声浩*

摘　要： 伴随国际产业分工格局的演进，以产品内分工为基础、跨国公司为主导的全球价值链迅速发展。作为高度外向型的经济体，东盟国家参与全球价值链可分为工业化初期阶段、雁行阶段、后雁行阶段和价值链重构四个阶段。在全球价值链重构的背景下，东盟国家深度参与全球价值链分工，其价值链参与度指数和价值链地位指数在波动中下降，且各国嵌入价值链的方式持续分化。东盟国家积极推动产业转型升级，调整外资政策，注重引进价值链投资，鼓励当地辅助工业发展，改善和优化营商环境，以应对全球价值链重构带来的机遇与挑战。

关键词： 全球价值链　东盟国家　国际分工　产业转型

在全球价值链重构的背景下，东盟国家加速融入全球价值链，由原先的少数国家、若干部门扩展至几乎所有国家的多数制造业与服务业，其参与价值链的方式和在价值链中的地位发生了新变化。作为全球价值链的重要节点，东盟国家加快产业转型升级和外资政策调整，其分工格局与政策动向引人关注。

* 杜声浩，经济学博士，广西社会科学院宏观经济研究所助理研究员。

一　东盟国家参与全球价值链的历程

全球价值链（Global Value Chain，GVC）既是国际产业分工的必然产物，也是经济全球化的重要标志。总体上看，东盟国家参与全球价值链具有明显的阶段性特征。根据国际产业分工和各国工业化进程，东盟国家参与全球价值链可分为工业化初期阶段、雁行阶段、后雁行阶段和价值链重构阶段。不同时期，东盟各国参与全球价值链的驱动力和分工特征表现各异。

在工业化初期，东盟国家均采取“进口替代”工业化战略，即通过建立和发展本国制造业及其他工业，用国内生产的工业品替代进口产品，实现国家工业化，以此带动经济发展。20世纪60年代末，东盟国家相继从“进口替代”转为“面向出口”，工业化重心从开发国内市场转向开拓国际市场。各国实施了不同于“进口替代”工业化时期的产业政策，逐渐从贸易保护转向贸易开放，制定了一系列吸引外资的政策，以引进国外资金、设备、技术和先进的管理经验。同时，东盟国家纷纷建立出口加工区，以吸引国外投资者在区内建立面向出口的工业企业。在工业化初期阶段，东盟国家已经具备参与全球价值链分工的雏形。东盟各国独立前，它们的经济体系属于宗主国支配下的殖民经济体系，独立后尽管实施了“进口替代”和“面向出口”政策，但未能构建完整的工业制造体系，大量中间产品和机械设备仍然依赖进口，对国际市场和国外资本高度依赖。另外，东盟国家积极采取开放市场、鼓励外资和建立出口加工区等政策，外资成为各国外向型经济的主导，各国的采掘业、纺织轻工业、电子产业逐步参与国际分工体系，承担资源和劳动密集型分工，而出口加工区的设立也为东盟国家嵌入全球价值链打下基础。

20世纪80年代开始，东盟国家借助前期工业化积累的先发优势嵌入国际生产分工体系。尤其在20世纪80年代中期，日本和当时的“亚洲四小”货币大幅度升值，东亚地区掀起了外资投资热潮，日本成为东亚地区产业分工与转移的主要驱动者。在所谓的“雁行模式”下，东盟国家大量吸收来自日本和“亚洲四小”的直接投资，生产模式逐渐从原材料型转向加工组装型，日本的汽车、家电和办公设备等产业开始涌入，并形成了产业内或产品内分工格局。其中，日本垄断了核心零部件制造、技术研发等高附加值环节，“亚洲四小”承接零部件加工制造等资本和技术密集型环节，而东盟国家则承担最终产品的组装环节。另外，过去以最终产品生产出口为主导的双边贸易模式被三角贸易模式所取代。东盟国家进口来自日本和“亚洲四小”的机械设备、零部件等中间产品，完成最终产品组装测试，并出口到欧美发达国家。

在雁行模式下，东盟国家依据各自资源禀赋和比较优势选择产业嵌入，并随着比较优势的改变而做出调整。作为典型的劳动密集型产业，纺织服装业是东盟国家较早嵌入东亚地区产业分工的部门，马来西亚、菲律宾、泰国、越南的纺织服装业均实现快速发展，印尼在20世纪90年代中期跻身世界七大纺织品生产国行列。马来西亚承接了来自日本、“亚洲四小”的电子产业转移，1985年已成为全球最大的半导体生产基地，生产了全球72%的半导体，并从单一的半导体及电子零部件生产逐步扩大至消费性电子产品、硬盘驱动器、电脑及零配件、热离子管光电池及配件的生产等。① 泰国通过开放汽车工业外资限制，吸引外资打造东盟汽车制造中心，20世纪90年代末已成为东亚地区继日本、韩国和中国之外的第四大汽车生产国；菲律宾凭借语言优势和美国援助，发展以商务流程外包（BPO）为核心的服务外包，成为全球第二大离岸服务外包市场。

20世纪90年代，随着东亚地区经济形势的急剧变化，以雁行模式为代表的东亚产业分工格局出现了一系列变化。1985年的《广场协议》推动日本海外投资的大肆扩张，日本为了遏制汇率升值、提振出口而采取宽松的货币政策，进一步催生了日本地产和金融泡沫。之后，随着经济泡沫破裂，日本陷入了持续的经济低迷，在雁行模式中的动能不断减弱。1997年，亚洲

① G. Raj-reichert and G. Raj-reichert (2019). “Global Value Chains, Contract Manufacturers, and the Middle-Income Trap: The Electronics Industry in Malaysia,” *The Journal of Development Studies*, Vol. 56, No. 4, pp. 1-19.

金融危机最先在泰国暴发，并迅速蔓延至其他东盟国家，中断了东盟国家经济高速增长的进程，也标志着驱动东亚经济增长的雁行阶段正式结束，东亚地区产业分工进入后雁行阶段。

在后雁行阶段，以产业间分工为主的雁行模式逐渐被以产品内分工为主的东亚区域价值链和生产网络所取代，东亚地区产业分工从单一驱动向多元驱动转变。在全球价值链和区域生产网络中，东盟国家的产业分工取决于其承担的生产环节和主导该价值链的跨国公司。同时，中国代替东盟国家成为东亚地区的加工制造中心，而原先在这些分工环节进行专业化生产的东盟国家逐渐减少加工装配领域的投入，甚至将部分消费品生产外包给中国厂商。“亚洲四小”将生产重心转移至精密零部件领域，将标准化的零部件和资本品生产转移到东盟国家。

这一阶段，新三角贸易模式取代旧三角贸易模式，成为区域贸易的主导。在旧三角贸易模式下，日本向东亚后发国家进行产业梯次转移，出口资本品并提供资金支持，产品首先在“亚洲四小”完成核心零部件制造，随后出口至东盟国家完成加工装配环节，最后销往欧美发达国家。日本对欧美国家的贸易顺差被东盟国家所取代，而东盟区域外贸易顺差弥补了区域内中间产品进口的贸易逆差。中国加入 WTO 改变了现有生产和贸易格局，使中国逐渐成为全球价值链和区域生产网络的组装中心，形成日本、韩国等发达经济体向发展中国家供应核心零部件，通过区域内贸易完成中间产品生产，并由中国完成最终产品组装，最后出口至欧美等发达国家的新三角贸易模式。在此过程中，日韩等发达经济体对美国直接出口的比重有所下滑，而对东亚区域内贸易的比重显著上升，东盟国家作为最终产品组装制造中心的功能被弱化，而作为上游零部件生产国的功能被逐渐强化。虽然后雁行模式改变了过去单一的产业驱动因素和生产模式，但在产业升级和最终需求上仍然依赖欧美、日本等发达国家，全球价值链的生产端和消费端均由西方跨国公司主导，上游设计、核心零部件制造、下游消费端的品牌和营销渠道均由跨国公司掌控。

2008 年国际金融危机爆发后，全球价值链的扩张势头出现了逆转。

在发达国家产业空心化的影响下，西方发达国家相继进入增长困境，驱动全球贸易增长的引擎逐渐熄火，而发展中国家作为产品制造中心，也因需求停滞而被迫停止相关产业的发展，可持续增长受到挑战。尽管全球价值链的总体参与度仍在提升，但其增速大幅下降，一些产业的全球价值链呈现较为明显的收缩态势。据联合国贸易和发展会议的测算，2000~2010 年和 2011~2017 年，发达国家的全球价值链参与度平均增速从 11%降至 1%，发展中国家则从 13%降至3%。① 全球价值链占全球贸易的比重达到最高值后呈现下滑态势，与全球贸易增长放缓同步。随着世界经济进入深度调整，全球价值链也面临结构性重组与调整。在此背景下，虽然东盟国家参与全球价值链的产业有所增多，但其全球价值链参与度呈波动下降趋势，马来西亚、新加坡的价值链参与度持续下降，印尼、泰国价值链参与度先升后降，菲律宾先降后升，越南保持连续增长。同时，东盟国家的价值链生产与贸易仍高度依赖国外市场，并且有增强的态势。

二　全球价值链重构下东盟国家分工格局的变化

在全球价值链重构的背景下，东盟国家加速融入全球价值链，在国际产业分工中的地位有所提升，但其全球价值链参与度发生了一定变化，且各国情形不尽相同。同时，在价值链的生产与流通过程中，各国仍表现出对跨国公司的资本、技术和市场的高度依赖，摆脱价值链的“低端锁定”仍任重道远。

（一）东盟国家深度参与全球价值链分工

从东盟参与全球价值链的进程来看，早期仅有新加坡、马来西亚、泰国等少数几个国家参与。20 世纪 80 年代中期，印尼、菲律宾等也加入全球价

① UNCTAD (2018). *World Investment Report 2018: Investment and New Industrial Policies*. p. 13.

值链分工网络。随后越南、老挝、柬埔寨和缅甸开始推行经济开放与革新政策，加大对外国直接投资的引进力度，这些国家也逐渐参与全球价值链，融入全球价值链的程度日益加深。[①] 另外，东盟国家已经由最初以劳动密集型的轻纺工业为主拓展到以电子、汽车、化工、生物医药、船舶制造、服务外包等部门行业为主，其所参与的制造分工贯穿价值链生产的全过程，如新加坡涉足价值链上游的研发和设计，中游的零部件加工制造由马来西亚、菲律宾和泰国等完成，印尼作为资源国对外出口矿石等资源性产品，越南、柬埔寨等后进国也迅速融入价值链生产分工，承接加工装配环节。

作为全球价值链的重要节点，东盟国家制造业在国际生产贸易中的地位有所提升，东盟国家成为世界最大的硬盘生产基地和亚洲主要的半导体生产基地。新加坡是全球第三大石油炼制中心，泰国已成为世界第九大汽车出口国，菲律宾、越南分别成为第四、第五大船舶制造国，越南、印尼和柬埔寨成为世界重要的纺织成衣生产与出口国。同时，东盟国家在全球价值链中的地位有所提升。据统计，2010~2019 年，东盟国家制造业中间产品出口、进口额占全球中间产品贸易额的比重分别从 7.7%、7.3%升至 8.4%、9.0%，最终产品出口、进口额占全球最终产品贸易额的比重分别从 4.7%、6.1%升至 5.9%、7.1%。

（二）东盟国家的全球价值链参与度有所下降，且地位仍偏低

根据 Koopman 等构建的价值链参与度指数和价值链地位指数，价值链参与可分为前向参与和后向参与。其中，前向参与主要通过增加值出口实现，其指数为间接国内增加值出口在总出口中的比重；后向参与主要通过对进口中间产品的加工出口实现，其指数为国外增加值在总出口中的比重，前向参与度指数和后向参与度指数加总即为价值链参与度指数。所谓价值链地位指数，是一国前向参与度和后向参与度的对比。该指数以 1 为界限，若指

① A. Obashi and F. Kimura（2017）. Deepening and Widening of Production Networks in ASEAN," *Asian Economic Papers*, Vol. 16, No. 1, pp. 1-27.

数大于 1，则对应国家或部门在全球价值链分工中偏向上游生产；若指数小于 1，即价值链生产中前向生产长度小于后向生产长度，则对应国家或部门在全球价值链分工中偏向下游生产。①

从价值链参与度指数看，东盟的价值链参与度指数在全球金融危机前有所上涨，进入价值链重构时期后，该指数呈波动下降趋势。价值链参与度指数从 2000 年的 42.4 上升至 2008 年的最高值 44.3，2020 年降至 41.9。其中，从前向参与度和后向参与度看，东盟的后向参与度远高于前向参与度。换言之，东盟更多的是进口国外中间产品，而不是以国内增加值的形式对外出口中间产品零部件，这与东盟参与全球价值链时以跨国公司为主导的生产模式相一致。从变化趋势来看，东盟的前向参与度在价值链重构时期同样表现为波动下降，从 2010 年的最高值 16.6 下降至 2020 年 13.6。不过，后向参与度在波动中相对稳定甚至略有提升，从 2010 年的 26.5 提升至 2020 年的 28.3。从价值链地位指数看，东盟总体价值链地位偏低，且在价值链重构时期呈现波动下降。2010 年以前东盟价值链地位趋于提升，指数从 2000 年的-10.5 提升至 2010 年的-8.2。价值链重构时期，东盟总体价值链地位持续下滑，2019 年指数下降至-12.2，东盟价值链地位指数为负，表明东盟在价值链分工中偏向下游生产（见表 1）。

表 1　2000~2020 年东盟价值链参与度指数和价值链地位指数

年份	前向参与度	后向参与度	价值链参与度指数	价值链地位指数
2000	14.8	27.6	42.4	-10.5
2007	16.2	27.5	43.7	-9.3
2008	16.0	28.2	44.3	-10.0
2009	15.6	27.1	42.6	-9.5
2010	16.6	26.5	43.1	-8.2
2011	16.6	27.2	43.8	-8.7
2012	15.9	27.5	43.4	-9.6

① R. Koopman, Z. Wang, S. J. Wei (2014). "Tracing Value-added and Double Counting in Gross Exports." *American Economic Review*, Vol. 104, No. 2, pp. 459-94.

续表

年份	前向参与度	后向参与度	价值链参与度指数	价值链地位指数
2013	15.7	27.6	43.4	-9.8
2014	14.7	29.0	43.8	-11.7
2015	14.6	27.4	42.0	-10.6
2016	14.7	27.4	42.2	-10.5
2017	15.0	28.0	43.0	-10.7
2018	16.5	27.9	44.4	-9.3
2019	13.8	28.6	42.4	-12.2
2020	13.6	28.3	41.9	-12.2

资料来源：根据 ADB-MRIO 和 UIBE GVC Index 数据库相关数据编制。

（三）东盟国家间价值链嵌入持续分化

从价值链参与度指数看，2000 年，东盟国家中仅有马来西亚、新加坡的价值链参与度指数高于东盟平均水平，其他东盟国家价值链参与度指数较低。各国价值链参与度随着全球价值链的发展表现各异，马来西亚、新加坡价值链参与度指数持续下降，印尼、泰国先升后降，菲律宾先降后升，越南保持连续增长，2019 年指数为 49.3，成为东盟价值链参与度最高的国家。

从前向和后向参与度来看，东盟主要国家均以后向参与为主，其中以新加坡、越南最为显著，这两个国家的后向参与度远高于前向参与度，但印尼、菲律宾则更多通过前向参与嵌入全球价值链，两国的前向参与度均高于后向参与度。不过，各国前、后向参与度变化不尽相同，马来西亚前向参与度有所上升而后向参与度下降，越南后向参与度大幅提升而前向参与度下降。2000~2019 年，马来西亚的前向参与度从 14.0 增至 19.5，而后向参与度则从 33.9 降至 23.2；越南的前向参与度从 11.8 降至 7.7，而后向参与度则从 20.7 增至 41.6。

从价值链地位指数来看，各国不仅参与时间跨度较大，所参与的主导产业也有所差别，导致各国价值链地位出现显著差异。东盟国家整体价值链分工偏向中下游，仅菲律宾和印尼的价值链地位指数为正。其中，新加坡和越南的价值链地位指数最低，但造成两国分工差异的原因有所不同。新加坡产业偏向下游服务业，在制造端进口大量中间产品，导致价值链地位指数偏低；越南处于价值链嵌入初期，本国产业发展并不完备，大量中间产品依赖进口，而本国在制造端位于加工组装环节，国内增加值比重较低，导致价值链地位指数偏低。马来西亚价值链分工正逐渐从下游转向上游，表现为价值链地位指数上升；菲律宾、越南价值链下游参与度的上升带来整体地位指数的下降（见表2）。

表2　2000~2019年东盟主要国家价值链参与度指数和价值链地位指数

	年份	东盟	印尼	马来西亚	菲律宾	新加坡	泰国	越南
前向参与度	2000	14.8	18.2	14.0	22.8	12.2	14.0	11.8
	2010	16.6	24.1	18.4	21.0	12.1	14.8	9.6
	2019	13.8	20.0	19.5	19.6	11.3	12.8	7.7
后向参与度	2000	27.6	14.3	33.9	13.5	37.4	22.9	20.7
	2010	26.5	11.0	26.8	13.9	37.3	25.2	36.5
	2019	28.6	12.3	23.2	18.7	36.8	23.2	41.6
价值链参与度指数	2000	42.4	32.5	47.9	36.3	49.6	36.9	32.5
	2010	43.1	35.1	45.2	34.9	49.4	40.0	46.1
	2019	42.4	32.3	42.7	38.3	48.1	36.1	49.3
价值链地位指数	2000	-10.5	3.3	-16.1	7.9	-20.3	-7.5	-7.7
	2010	-8.2	11.1	-6.8	6.1	-20.2	-8.7	-21.9
	2019	-12.2	6.7	-3.0	0.7	-20.7	-8.8	-27.4

资料来源：根据ADB-MRIO和UIBE GVC Index数据库相关数据编制。

（四）价值链重构中对外部市场的依赖程度加深

东盟国家参与全球价值链主要由西方跨国公司驱动，本土企业以中小企业为主，它们在全球价值链中仍处于低端位置，在生产与流通过程中不同程度地表现为对外资本依赖、对外技术依赖和市场依赖。对外资本依赖主要表现为本国资本缺乏、资本市场欠发达、企业融资渠道狭窄，吸引外资成为本国资本形成的重要来源；对外技术依赖主要表现为最终产品制造流程中，核心的专利设计由跨国公司控制，本地企业不具备核心零部件的研发生产能力，主要依赖外部购买或进口。除新加坡，东盟国家研发能力普遍较低，高技术人才匮乏，企业自主研发能力不足。东盟国家的市场依赖主要表现为各国虽参与国际化生产过程，但产业链的核心技术、主要零部件生产依然掌握在跨国公司手中，相关产业技术和零部件仍需要进口。

在价值链重构中，东盟国家进出口对外部市场的依赖程度并未得到缓解，反而有加强的趋势。据统计，2010~2019 年，东盟对东亚国家出口占比从 60.3%下降至 55.3%，其中东盟区域内贸易占比从 21.7%下降至 18.8%，东盟区域外中间产品出口占比从 30.7%升至 34.8%，仅对中国的出口占比就从 17%升至 20.8%，东亚区域外最终产品出口占比从 59.9%升至 62.0%，表明东盟国家对外部市场的依赖程度进一步加深。另外，东亚区域价值链的重构加深了东盟国家对东亚地区中间产品的进口依赖。2010~2019 年，东盟从东亚进口的比重由 61.2%升至 63.9%，中间产品进口的比重由 66.3%升至 69.1%；从中国进口的比重由 13%升至 21%，中间产品进口的比重由 12%升至 21%。①

三　全球价值链重构下东盟国家应对之策

在新的国际经济形势下，以跨国公司为主导的全球价值链正加快重构进程，而驱动价值链重构的主要动力是世界经济步入深度调整期。在新一轮工业革命的影响下，新技术的代际更迭周期显著缩短，影响新技术的市场预期收益，导致全球价值链中新技术的扩散动力不足。同时，以美国为首的发达国家采取加征关税和发布科技禁令等保护主义措施，加重了跨国贸易成本。新冠肺炎疫情的大流行暴露出全球价值链的高度脆弱性，以上这些原因加快了跨国公司价值链的重新调整和布局。东盟国家积极推动产业转型升级，调

① 根据 RIETI-TID Database 相关数据计算整理。

整外资政策，注重引进价值链投资，鼓励当地辅助工业发展，改善和优化营商环境，以应对全球价值链重构带来的机遇与挑战。

（一）促进产业数字化转型，加快融入全球价值链

随着新一轮工业革命浪潮的兴起，数字技术和智能制造驱动产业转型与升级，改变了现有价值链的生产分工和利润分配，提升了中游制造环节的生产效率和定制化水平，劳动力不再是跨国公司海外投资的重要约束。美国、日本、韩国等国家鼓励制造业回流，在抢占产业制高点的同时解决本土制造业空心化等问题。新兴经济体也利用新技术和新产业，促进传统产业的数字化转型，推动价值链升级，摆脱价值链的“低端锁定”。近年来，作为高度外向型的经济体，东盟国家纷纷出台了“工业 4.0”战略和数字化转型计划，确立了数字化转型的主导行业和领域，加快融入全球价值链和区域生产网络。印尼优先发展电子、汽车、纺织服装、食品和饮料、石化工业等领域的数字建设，马来西亚重点发展电子电气、机械设备、化工、医疗器械、航空航天等高增长和有潜力的行业，新加坡推出包括 23 个制造业和服务业领域的产业转型蓝图，泰国重点发展新一代汽车制造、智能电子、未来食品加工、农业和生物技术、高端旅游、生物能源和生物化工、数字经济、工业机器人、航空物流、医疗卫生产业等行业，越南政府也公布了《到 2030 年第四次工业革命国家战略》。

与此同时，一些国家还出台了具体部门的转型升级方案。2014 年，越南发布了《2020 年越南纺织服装业发展规划及 2030 年展望规划》，提出到 2030 年越南纺织业保持年均 9%~13%的增速，纺织业本地化率达到 70%。越南确定了 7 个纺织服装产业集群，并规划了棉花、桑树种植和相应纺织、印染产业的发展。2015 年 11 月，越南政府出台了关于发展配套产业的法令，将纺织业作为越南工业总体规划的六大优先产业之一，为企业研发和技术转移提供 50%~70%的财政补贴，并对进入相关配套产业的企业提供税收激励。为推进服务外包价值链升级，菲律宾投资委员会发布了《2016—2022 年菲律宾信息技术和业务流程管理（IT-BPM）路线图》，计划 2022 年

IT-BPM 业务规模达到 400 亿美元，在全球离岸服务外包市场占有 15%的份额，创造 180 万直接就业人口和 760 万间接就业人口，其中 73%的就业人口为中高端就业。该路线图集中于六个行动领域，即提升人力资本、包容性增长、打造国家品牌、政府支持、中小企业与创业支持以及新技术支持，以加快信息技术和业务流程管理产业的数字化转型。

（二）调整外资政策，注重引进跨国公司价值链的投资项目

在全球价值链重构的背景下，美国、日本、韩国等国家实施了鼓励本国跨国公司回归本土或转向东盟国家的措施。面对西方国家的政策转向，东盟国家开始调整外资政策，注重吸引价值链特定环节的投资项目。根据跨国公司全球价值链的具体环节和区位选择，立足本地的产业优势、配套优势和部分领域先发优势，制定有针对性的吸引跨国公司价值链和产业链的政策，引进行业领先的跨国公司价值链和区域生产网络，引导当地企业尤其是中小企业参与跨国公司的产业链和供应链，使其成为中间产品（半成品和零部件）的重要供应商，推动产业链优化升级，并逐步向全球价值链的中上游位置攀升。

近年来，越南加大开放力度，调整外资政策，大力吸引跨国公司的价值链投资，以加快融入全球价值链和区域生产网络。2008 年，越南引进韩国三星公司到北宁省投资设厂，此后该公司在越南的投资规模不断扩大。三星在越南共有 6 个生产工厂和 1 个研发中心，涉足手机、电视、芯片、显示器等领域，投资额超过 177 亿美元，员工人数达 13 万人，2020 年公司出口额逾 560 亿美元，已成为越南规模最大的外资企业。2020 年 3 月，三星在河内设立研发中心，预计将于 2022 年底竣工，这是三星在国外兴建的第一个研发中心，也是越南外资企业中规模最大的研发中心。同时，越南积极引进美国苹果公司投资设厂，该公司在全球拥有 200 家供应商、610 个工厂，其中在中国大陆有 259 个工厂，在越南有 21 个工厂。

（三）培育国内辅助工业，推动中小企业参与全球价值链

随着全球价值链加速重构，价值链分工开始向精细化、复杂化方向发

展。跨国公司以多种方式在区域内划分生产过程，通过零部件和中间产品贸易，实现集中生产的规模优势。[①] 同时，价值链活动辐射范围随着产业集群的建立而更加广阔，参与的企业不仅包括跨国公司及相关附属企业，还包括与跨国公司在制造合同或许可协议基础上合作的当地企业，以及复杂中间品生产过程中所涉及的次级供应商，加剧了生产网络的分散化，并使网络呈现“蛇—蜘蛛”的形态。[②] 由于大多数东盟国家尚未建立完整的工业体系，辅助工业发展滞后，中小企业竞争力较弱，阻碍了国内产业和企业融入全球价值链和区域生产网络的进程。近年来，东盟国家采取了一系列政策措施，鼓励和扶持国内辅助工业发展，增强中小企业能力建设。例如，越南推出辅助工业发展计划，马来西亚、新加坡、泰国等出台中小企业转型方案。

为加快融入全球和区域价值链，越南采取一系列措施促进辅助工业发展和中小企业转型。2017 年 1 月，越南政府出台辅助工业发展计划，提出到 2020 年，向越南境内跨国公司和组装企业提供零部件的配套企业从现有的 300 多家增至 1000 家，到 2030 年增至 2000 家。越南政府指出，辅助产业是基础产业，在调整经济结构，提高生产力、劳动技能和附加值，提升产品质量和国民经济竞争力等方面起着非常重要的作用。[③] 由于辅助工业欠发达，越南加工制造业过度依赖进口的原辅料和零配件，尤其是电子、纺织服装、皮革、鞋类和箱包、汽车生产及组装等产业的国产化率较低。目前越南全国 1800 家零配件生产公司中，只有大约 300 家公司能够参与跨国公司的生产网络。越南政府提出要在全国范围内建设技术支持中心，为工业生产企业或工业服务领域的相关企业提供全面协助。2020 年 6 月，越南工贸部建立了国内加工制造业、辅助工业数据库，旨在帮助国内企业、投资商快速准确地搜寻信息，从而满足越南企业与外国企业、跨国集团之间投资对接和加强合

---

① Ayako Yamaguchi (2018). “Global Value Chains in ASEAN”, *Institute for International Monetary Affairs*, Newsletter No. 1.

② 成新轩：《东亚区域产业价值链的重塑——基于中国产业战略地位的调整》，《当代亚太》2019 年第 3 期。

③ 《打造辅助产业新高地》，越通社，2020 年 11 月 28 日。

作的需求。2020 年底，越南工贸部设立了越南—韩国技术解决方案和咨询中心及模具技术中心。

（四）进一步改善和优化营商环境，为融入全球价值链提供良好的条件

营商环境是指企业在开设、经营、贸易活动、纳税、关闭及执行合约等方面遵循政策法规所需的时间和成本等，它包括影响企业活动的社会要素、经济要素、政治要素和法律要素。2004 年起，世界银行每年都会公布各国营商便利度指数排名，包括开办企业、办理施工许可证、获得电力、登记财产、获得信贷、保护少数投资者、纳税、跨境贸易、执行合同和办理破产的过程等具体指标。长期以来，东盟国家（除新加坡外）的营商环境改善相对滞后，政府行政效率较低，法律规则不健全，市场开放度不一，严重阻碍了国内企业参与区域和全球价值链。

近年来，东盟国家对标世界银行的标准，普遍重视营商环境的改善，并取得一定效果。2015 年 9 月起，印尼政府先后推出了 16 期振兴经济配套计划，着力解决印尼贸易限制繁多、物流成本偏高、土地征用困难、公共服务缺失、行政效率低下等问题。2018 年 5 月，菲律宾颁布了《营商便利和有效政府服务法令》，旨在简化、减少政府办事程序和时间，提高办事效率。越南政府颁发了《改善营商环境和提升国家竞争力的决议》，建立并完善国家一站式服务机制，简化审批手续，减少通关程序，提高服务效率。2010~2019 年，除个别国家外，东盟国家的营商环境均有较明显的改善，文莱的营商便利度世界排名从第 96 位升至第 66 位，柬埔寨从第 145 位升至第 144 位，印尼从第 122 位升至第 73 位，老挝从第 169 位升至第 154 位，马来西亚从第 23 位升至第 12 位，菲律宾从第 144 位升至第 95 位，新加坡从第 1 位降至第 2 位，泰国从第 12 位降至第 21 位，越南从第 93 位升至第 70 位。[①]

① World Bank（2010）. *Doing Business 2010*; World Bank（2020）. *Doing Business 2020: Comparing Business Regulation in 190 Economies.*

结　语

当今世界，国际产业分工由产业间分工转向产业内分工，以产品内分工为基础的全球价值链逐步形成并发展，确立了以美国、德国、日本和中国为生产中心的北美、欧洲、东亚三大区域生产网络。全球价值链的演进深刻改变了世界经济的发展格局，也改变了国家间的贸易、投资和生产联系，推动国际贸易和投资规则的变革。随着新一轮工业革命浪潮的兴起，国际产业分工呈现一系列新的变化，科技创新和智能制造驱动产业转型，尤其是中美贸易摩擦和全球疫情等叠加效应，引发全球价值链的结构性调整，同时使得这一过程充满不确定性。

随着全球价值链的加速重构，东盟国家参与全球价值链的广度与深度将进一步提升，从最初的新加坡、马来西亚、泰国等少数国家扩展到几乎所有东盟国家，由轻工业延伸至汽车、化工、生物医药、船舶制造、服务外包等领域。同时，东盟国家可以通过“工业 4.0”实施产业转型，寻求向价值链中高端攀升的机会。但是也要看到，多数国家还在延续以低劳动力成本嵌入全球价值链的模式，仍面临价值链“低端锁定”的困境。西方国家贸易保护主义抬头，以及跨国公司的本土回流，对东盟各国产业转型带来较大的不确定性因素。同时，东盟主要国家过早出现了“去工业化”现象，工业和制造业占国内产业的比重持续下滑，制约了东盟国家制造业的产业转型，也阻碍了其向价值链高端攀升。

参考文献

S. Armstrong and T. Westland（2018）. *Asian Economic Integration in an Era of Global Uncertainty*（*PAFTAD*）. ANU Press.

ASEAN-Japan Centre（2018）. *Global Value Chains in ASEAN*：*A Regional Perspective*. Japan：AJC.

A. Obashi and F. Kimura (2017). "Deepening and Widening of Production Networks in ASEAN." *Asian Economic Papers*, Vol. 16, No. 1.

UNCTAD (2017). *World Investment Report 2017 Investment and the Digital Economy*. Geneva: UNCTAD.

World Bank (2020). *World Development Report 2020*; *Trading for Development in the Age of Global Value Chains*. Washington, D. C.: World Bank.

World Bank (2020). *Doing Business 2020*: *Comparing Business Regulation in 190 Economies*. Washington, D. C.: World Bank.

WTO, IDE-JETRO, OECD, UIBE, World Bank (2021). *Global Value Chain Development Report 2021*: *Beyond Production*. Geneva: WTO.

B.5
中国—东盟海洋条约的约束力评估

赵雪霏*

摘　要： 本报告建立了一套相对完整的条约约束力评价体系，通过对条约文本进行定量分析，研究中国与东盟国家签订的43项海洋条约的约束力。研究得出，2020年中国与东盟国家签署的海洋条约中，双边条约约束力高于多边条约约束力，不同国家条约的约束选择不尽相同；在海洋多边条约中，菲律宾的约束力最高，而新加坡最低；在海洋双边条约中，泰国的约束力最高，而柬埔寨最低；在双边海运协定中，泰国、越南的条约约束力较高，而新加坡、马来西亚的条约约束力较低。目前，中国与东盟国家签署的海洋多边和双边条约的约束力均值呈现平稳中略有下降的趋势，因而中国与东盟国家应积极推动双边和多边海洋合作条约的制定，为区域海洋合作创造良好的制度保障和法律环境。

关键词： 国际条约　中国—东盟　海洋合作

中国和东盟国家（除老挝外）均为海洋国家，海洋资源丰富。近年来，中国与东盟国家均推出了海洋强国战略，区域海洋合作不断扩大和深化，成为区域合作的新亮点。虽然各国间的海洋合作迅速兴起，但大多数合作仍处于起步阶段，尤其是相互签署的双边和多边海洋合作条约相对不足，其条约的约束力也值得探讨。本报告试图建立国际条约约束力的评价

* 赵雪霏，厦门大学国际关系学院/南洋研究院世界经济专业博士生。

体系，通过对条约文本定量分析的方法，对中国与东盟国家现有的海洋条约约束力进行分析。

一 引言

国家间签订的双边或多边条约通常以文本的形式予以落实，为国家间的合作提供了一定的法律约束保障，但国际社会的无政府状态又使得一些条约在执行的过程中因为个别国家的违反、实施困难等而失效。基于此，国际法、国际关系领域曾针对条约的有效性展开了激烈的讨论。20 世纪 90 年代，一批学者开始从条约文本细节判定条约的约束效力。虽然条约的个案说明和定量分析研究在不断开展，但是迄今为止并没有一个具体的分析细则来评价条约约束力，不利于条约之间的文本约束设计比较。本报告试图建立一个具体的条约约束力评价体系，包括对五大维度 20 个具体问题的考察，运用文本分析的方法对条约约束效力进行量化评价。这是运用文本定量分析方法评价条约约束力的初步尝试，无论是对于不同类型条约的约束力比较还是对于同类型条约的约束力变化分析都具有重要的意义。

汲取经济学、社会学养分的新自由制度主义作为国际关系学科的新兴理论，是近些年来国际条约效力判别研究的主要理论支撑。该理论认为国际条约是国际制度和机制的重要组成部分，其理论分支之一的理性选择更是条约有效性的核心支撑，而大部分从事国际条约效力差异研究的学者都出自此流派。Abbott 和 Snidal 认为可以通过条约所体现的义务程度、精确度、授权制度来分析一项条约的有效性，通过确定这三个方面产生的特定成本—收益模式，解释条约合法化的差异；① Koremenos 基于制度学派对于国际条约文本细节的评价，发展了理性设计理论和国际法大陆研究，将最初关于国际制度有效性的五个维度（成员资格、问题类型、集中度、控制度、灵活度）的

① Kenneth W. Abbott and Duncan Snidal (2000). “Hard and Soft Law in International Governance.” *International Organization*, Vol. 54, No. 3, pp. 421–456.

分析研究发展成对国际条约有效性的研究。[①]

与此同时，越来越多的学者围绕“同一条款不同设计对条约约束力的影响”展开研究。Helfer（2013）针对条约的形式和实质，认为一份条约的设计是在灵活和烦琐的选择中进行权衡：过于宽松的条约虽然看似灵活，国家可以通过日后的商榷对规则进行调整，但是会产生相应的机会主义；而过于烦琐的条约会使国家不愿意签署，但能在签订完成后保持一种强有力的约束力。[②] Koremenos（2010）对退出条款的“通知期”和“等待期”分别进行定义和描述性统计，发现退出条款在人权条约中占比最高，在全部随机样本中，有86%的条约都包括退出条款，随后他利用自己在COIL方面的研究成果对每一份条约中是否存在执行问题和承诺问题进行判断，同时利用OLS回归和Probit分析得出以下结论：拥有执行问题的条约有更长的通知期，拥有承诺问题的条约有更长的等待期。[③]

综上所述，大部分关于国际条约约束力的定量研究内容，都偏向于单项条款设计的约束分析，而关于总体框架的分析则过于笼统。虽然Abbott和Snidal针对条约的有效性分析建立了多维度评价体系，但他们只通过举例的方式进行说明和定义，并没有明确给出三维度（义务程度、精确度、授权制度）评价的具体衡量办法。

二　国际条约约束力的评价体系

（一）理论基础

Abbott和Snidal的框架体系对现在的条约效力分析具有启发作用，

① Barbara Koremenos, Charles Lipson and Duncan Snidal (2001). "Rational Design: Looking Back to Move Forward." *International Organization*, Vol 55, No 4, pp. 1051 - 1082; Barbara Koremenos (2016). *The Continent of International Law. Explaining Agreement Design.* United Kingdom: Cambridge University Press.

② Laurence R. Helfer (2013). "Flexibility in International Agreement." In Jeffrey L. Dunoff and Mark A. Pollack, eds., *Interdisciplinary Perspective on International Law and International Relations the State of the Art*, pp. 175-196.

③ Barbara Koremenos, Charles Lipson and Duncan Snidal (2001). "Rational Design: Looking back to Move Forward." *International Organization*, Vol 55, No 4, pp. 1051-1082.

Koremenos 在此基础上为条约设计规则的分析提供了一个更加全面细致的理论框架。"国际法大陆"（Continent of International Law，COIL）是一套关于条约文本统计及分析的研究设计，其利用 500 多个对条约文本信息的问答记录，获得条约文本统计数据，并通过这些数据对条约中的不同条款设计进行一系列因果验证，具有一定的理论和实证支撑。因此，本报告选择 Koremenos 的理性设计框架（Rational Design）作为指标设计的理论基础，并通过筛选和补充操作性更强的评价指标，建立条约约束力评价体系的指标框架。本报告将遵从 COIL 的五个维度对条约约束力进行考察，即成员资格（Membership）、问题类型（Scope）、集中度（Centralization）、控制度（Control）和灵活度（Flexibility）。

1. 成员资格

谁将加入这项条约？一项多边条约签署后，往往会要求参加国履行相对应的权利与义务。就义务方面而言，在条约设计之时许多需要国家遵守的承诺往往面临很多争议，一项条约的敲定需要数次谈判，但条约文本一旦形成，多边条约中对成员国现有能力的考察和要求，将会对条约的实施与约束产生巨大影响。

2. 问题类型

条约将涉及哪些问题？在众多的国际条约中，既有大到作为某一领域共识的公约，又有小到仅仅讨论某个具体问题的条约。一项条约的主题可能涉及很多领域，也可能条约目的是建立某一个合作组织，而这种组织所要解决的问题涵盖了更加广泛的领域。所以，条约所涉及的主题是一项影响条约实施进展的关键因素，不同主题的条约往往具有很大的设计差异，其在约束力方面的表现也截然不同。

3. 集中度

条约遵守的准则是如何进行的？是分开行动还是集中执行？每一个主权独立的国家，出于对自身政治安全的考量，都会拒绝任何形式的国际集权，维护本国行动的独立性和控制力。这里的集中度主要分为信息收集、降低协商成本和加强执法。其中，信息收集主要指在条约的执行过程中，往往需要通过了解合作国家的具体信息保证条约的持续进行；降低协商成本主要针对某一部分条约的修改或者议题的通过，其中集中会议无疑是更节约成本的方式；加强执法是行为监督和违背条约的惩罚方式，尤其是在解决争议方面，有一个可靠的执法人将是对条约行为强有力的约束。

4. 控制度

条款内容的修改和通过是如何决策的？控制度是由一系列因素决定的，包括选举重要官员的规则和机构的融资方式。控制度和集中度的概念需要加以区分，集中度指条约执行时所体现的执法方式，而控制度指的是决策阶段所选择的权力分配方式，这种方式是完全平等的还是具有大国力量的特殊性，是根据某方面能力水平进行设定还是根据权利义务进行均等分配，这些都会对条约本身的约束力产生一定的影响。

5. 灵活度

制度规则和程序如何适应新的情况？随着国际环境的不断变化，条约中的很多条款很可能不再适用，针对条约设计的研究，最多的争议就是关于条约灵活度的设计。虽然一定的灵活度有助于国家遵守条约，但更加灵活的条款往往使追责难以执行，国家可能会利用各种各样的灵活条款对自己的违约行为进行辩解，从而降低条约对于国家的约束力。

本报告的理论基础是 Koremenos 的理性设计框架，但是与其研究方向略有不同。理性设计框架通过设定好的 500 多个问题，对条约所涉及的内容进行回答和记录，其中不仅包括条约本身的内容，还包括对条约参加国及国际环境可能面临的合作问题进行判断，主要用于分析因素与因素之间的相互影响关系。对于合作问题的评价，大多根据问题案例，通过研究人员的专业知识进行打分，具有一定的主观色彩。本报告将重点放在条约本身，既不考虑国际合作是否发生，也不考虑国际合作是否被违背，仅通过条约文本内容对一项国际条约的约束强度进行评价，这种用相同标准进行判断的方法，有助于分析不同国家之间、不同类型之间的条约条款设计差别，同时研究者可以通过研究同类型条约设计的变化规律，探究国家关系变化。

（二）指标框架的设计

对条约文本进行大量阅读后，本报告筛选出 20 个较为客观的问题作为条约五大维度的具体衡量依据，并对条约条款的约束力进行区分和赋值（见表 1）。其中，最小值为 0 分，相邻条件差值为 1，并按照“约束越强，分数越高”的赋值标准进行评价。

1. 成员资格

（1）条约类型

无论是条款修改还是追责，签署国家的数量越多，执行的不确定性就越大，条约的约束力也会随之下降。双边条约更加严格，其比多边条约具有更高的约束力，因此赋予双边条约最高分值。针对多边条约的分类，联合国条约汇编（United Nations Treaty Series，UNTS）有两种不同类型的记录，即封闭性多边条约和开放性多边条约，封闭性多边条约在签订之后不会再有新的国家加入，并且其一般是区域性的，因此比开放性多边条约具有更高的分值。据此，设定双边条约分值为 2，封闭性多边条约分值为 1，开放性多边条约分值为 0。

（2）成员准入条件

在比较严格的情况下，为保证条约内容的顺利实施，一些多边条约会对签署国的准入条件做出一定要求。那些国家只要申请就可以签署的条约，其执行效果可能会因为国家实力的不足或国内政治环境的混乱而大打折扣，在后期国家也可能无法承担相应的违约费用。本报告对不同条约的准入条件做出进一步划分：一是要求准入国家是某组织的成员国，二是需要国家提供相关能力证明。显然前者是一个比较宽松的条件，对条约执行不能提供任何客观保障，而后者更为严谨。据此，严格的准入条件（能力要求、双边条约）分值为 2，宽松的准入条件（有条件但无能力要求）分值为 1，无要求（或未提及）时分值为 0。

表 1　条约约束力指标框架

维度	项目	条款	内容	分数
成员资格	成员条件	条约类型	双边条约	2
			封闭性多边条约	1
			开放性多边条约	0
		成员准入条件	严格(带数字)	2
			宽松	1
			无	0
问题类型	主题	细致程度	具体情况	2
			具体主题	1
			笼统	0
集中度	信息	信息收集	机构统一收集	2
			国家自己上报	1
			没有要求	0
		信息审核	存在	1
			未提及或不存在	0
	大会	审查条款	有	1
			无	0
	执行	术语条款	强定义	2
			弱定义	1
			无	0
		行为规范	具体(带数字)	2
			模糊	1
			建议	0
		行为监督	有	1
			无	0
		最高惩罚方式	被开除	3
			被惩罚/权利削弱	2
			应当惩罚(建议)	1
			未提及	0
		国内法律调整	有	1
			无	0
		解决争议方式	裁决	3
			仲裁	2
			调解	1
			非正式手段	0

续表

维度	项目	条款	内容	分数
集中度	执行	解决争议途径	外部机构	2
			内部机构	1
控制度	投票	票额分配	非权重	2
			权重	1
			特殊	0
		决议方式	一致通过	3
			绝对多数	2
			普通多数	1
			特殊	0
灵活度	灵活条款	免责条款	无	1
			有	0
		退出条件	无/禁止退出	2
			附加条件	1
			无条件	0
		退出通知期	有	1
			无	0
		退出等待期	有	1
			无	0
		保留条款	禁止保留	2
			附加条件	1
			无条件/无	0

2. 问题类型

条约内容所包括的主题越多样、越复杂，越能反映出条约在国家执行问题方面的重视程度。为了解决不同偏好的国家在合作中出现的收益不平衡现象，条约往往会通过增加议题进行利益交换。因此，条约内容所包括的主题越多、越复杂，说明条约本身的合作问题越多，不确定性就越大，约束力也就越弱；反之，一项条约只为解决一个问题，签署国家的异质性低，其目标更加明确，约束力也就更强。那些只涵盖一个领域的国际条约，条款内容通常涉及多个子领域的问题，执行过程相较单一子领域更为复杂；而那些为建立某一组织、委员会或者内容横跨数个大领域的合作性条约，其约束力就较为低下。据此，条约目的是解决单一问题（具体情况）的分值为2，解决子领域问题（具体主题）的分值为1，解决某个领域或多个领域问题/加入某组织/成立委员会（笼统）的分值为0。

3. 集中度

对于集中度指标，参照Koremenos理性设计框架的三个集中度标准，将其分为三个小方面，即信息、大会、执行。信息方面包括信息收集和信息审核，大会方面包括审查条款，执行方面包括术语条款、行为规范、行为监督、最高惩罚方式、国内法规调整、解决争议方式和解决争议途径。

（1）信息收集

很多双边、多边条约对条约执行过程中的信息收集有着明确规定，主要包括以下两种方式：一是条约指定机构对签署国进行信息收集，二是签署国自行上报。其中，指定机构包括指定外部机构或内部机构，其区别在于外部机构是委托的第三方机构，而内部机构是由签署国为某种目的成立的委员会、组织等。本报告在信息收集方面并未对外部机构和内部机构进行约束强度的区分，这是因为大部分条约均未对信息收集做出要求。一般情况下，国家自行上报会因为签署国之间数据收集规则不统一而产生误差，有时甚至会出现国家瞒报谎报的情况，而由统一组织进行信息收集则会减少这种隐患。据此，机构统一收集的分值为2，国家自己上报的分值为1，没有要求的分值为0。

（2）信息审核

签署国自己上报可能存在瞒报谎报的情况，但是如果对国家自行上报的数据进行严格的监督和审查，则可以最大限度地避免这种问题。因此，对收集到的信息进行审查，将增强对条约的执行约束，也更能保证所收集信息的质量。据此，存在信息审核时分值为1，未提及或不存在信息审核时分值为0。

（3）审查条款

审查条款指的是条约中规定成员国须在一定时间内召开大会，以便监察现有条约的执行力度，同时对现有条约在执行过程中出现的问题进行修正。这两种行为都会增强对条约的执行约束。据此，有审查条款时分值为1，没有时分值为0。

（4）术语条款

通过大量阅读条约文本，研究者发现尽管对于术语的解释是必不可少的，但仍然存在一些条款并没有对条约内出现的定义做出解释，因此本报告增设了此项评价条件。在国际合作中，国家可能违反承诺，不仅因为它们缺乏遵守能力，更因为它们出于语言理解的不同而对条款的定义产生误解。[①] 在 WTO 的一些争端中，有相当一部分案例是因为语义歧义所产生的纠纷。因此，有无术语解释对条约执行起到重要影响。同时，还有一些条约在拟定过程中，故意模糊术语解释，以便在合作中让部分国家针对某些与自身文化、制度相冲突的条款做出解释，放宽原则。术语定义的强弱也对其约束强度的高低有重要影响。据此，当术语定义出现“shall、must、be required to、be to（do）、have to、须、应、应当”时为强定义，分值为2；没有出现上述词语但有对术语进行定义时为弱定义，分值为1，没有提及定义时分值为0。

（5）行为规范

条约对行为规范的内容考察，也是衡量条约精确性的一部分。条约对签署国家之间权利与义务的分配做出了更加明确的规定，责任的追究也就更加清晰。在对行为规范的描述中，条约中出现类似于“完善建设”“共同努力”“争取打造”等模糊的表达，并未针对具体问题提出合规性建议，在没有任何定量指标的要求下，条约的完成程度无法测量，导致条约目标无限拖延甚至停滞。还有一些条约的条款并未提出合作国家的行动目标，仅仅作为规劝性公约存在，不具有法律强制性。据此，当条约中具有明确行为规范（包括具体数字的定量要求）时分值为2，具有模糊行为规范（不包括具体数字）时分值为1，具有建议类行为规范时分值为0。

（6）行为监督

在信息不对称的情况下，国家汇报的行为与其实际执行情况可能会存在偏差，而当统一机构对国家行为进行监督时，国家部分权力被让渡，将会对

① Barabara Koremenos（2013）. Institutionalism and International Law, *Interdisciplinary Perspectives on International Law and International Relations the State of the Art*. New York：Cambridge university press.

国家行为产生一定约束，从而保证国家对条约的遵守。具有监督要求的条约，针对出现争议的情况能够进行公正的评价。据此，条约中有行为监督要求时分值为 1，没有时分值为 0。

（7）最高惩罚方式

惩罚是针对行为监督采取的措施，监督机制的设立是为了检查条约是否被很好地遵守，而惩罚机制则是针对监督结果的执行。当一国被发现违反条约内容，签署国及签署国设立的机构有权进行追偿。同时，一项条约会针对不同的违约行为采取不同的惩罚方式，而最高程度的惩罚方式足以显示条约本身的强制性程度，因此将最高惩罚方式作为最终约束程度的判断依据。据此，当最高惩罚方式为直接除藉或终止合作时分值为 3，部分权利丧失或受到其他惩罚时分值为 2，建议进行惩罚（并未有强制性措施）时分值为 1，未提及惩罚时分值为 0。

（8）国内法律调整

国际条约的签署可能会对国内法律产生两种影响，一是根据不断签署的国际条约，按照国际标准倒逼国内法律改革，二是国内法律未做出调整要求时，面对条约内容和国内法律的冲突，不同国家采取不同办法（位阶比照方法的不同），将会破坏条约的执行。虽然《维也纳条约法公约》明确指出国家不得以国内法为由，拒绝履行条约义务，[①] 但此类纠纷往往难以追责。据此，当条约中明确要求参加国修改国内法律以适应条约标准时分值为 1，未做要求时分值为 0。

（9）解决争议方式

当条约内的国家在执行过程中出现冲突，需要解决时，一般会按照条约中规定的争端解决方式进行调解。条约中关于争端解决的程序也在朝着一种更合规的方向发展。在国际合作中，条约规定的争端解决方式主要有四种，即非正式手段（包括外交、友好协商）、调解、仲裁和裁决。调解人只传递争论者的立场，但在当事人信任调解人的情况下可以预设不同的立场；仲裁

① 1969 年《维也纳条约法公约》第 26 条规定“凡有效之条约对其各当事国有拘束力，必须由各该国善意履行”；第 27 条规定“一当事国不得援引其国内法规定为理由而不履行条约。此项规则不妨碍第四十六条”。

是解决争议的一种更有效的方式，因为第三方当事人实际上在努力寻求解决方案；具有最强约束力的是裁决，它直接对正义结果进行判决并强制实施，以上四种争端解决方式的约束力逐渐增强。据此，当解决争议的方式是裁决时分值为 3，是仲裁时分值为 2，是调解时分值 1，是非正式手段时分值 0。

（10）解决争议途径

在三种正式的解决争议方式中，条约有时会规定调解主体。这种授权方式分为两种，一是授权给内部机构，二是授权给第三方外部机构。在解决争端时，授权给外部机构可以提高争议解决的效率。据此，当争议解决委托给外部机构时分值为 2，委托给内部机构（未提及默认为内部）时分值为 1。

4. 控制度

控制度指条约在执行过程中通过某项决定时所采取的投票规则，这也是现实主义—国家权力的一种侧面体现，主要通过以下两个方面来衡量。

（1）票额分配

投票规则涉及制度内部的权力关系，因此越平等的票额分配，越能削弱大国在条约中的控制力。票额的分配有很多种组合方式，这里按照组合方式中最能产生权力差异的票额分配方式来考察。据此，对于双边条约，当条约中出现“equality”“平等”等描述国家合作地位的词语时，视为非权重原则，此时分值为 2；当条约中出现按权重分配或未提及时分值为 1；无偿帮助条约是一种权利义务不平等的条约，施助者拥有特殊主动权，此时分值为 0。对于多边条约，当仅存在一国一票规则（非权重）时分值为 2，包括权重票额但无特权票额时分值为 1，包括特权票额或未做出说明时分值为 0。

（2）决议方式

投票决议的权力分配还包括决议方式，即一致通过、绝对多数、普通多数。本报告以最宽松规则作为评分依据，在双边条约中只有两国均接受条款才能达成条约，有任何一方拒绝条款，条约都将失效。因此，所有双边条约的这项分值均为 3；对于多边条约，当最宽松的决议方式为一致通过时分值为 3，为绝对多数（大于或等于 2/3）时分值为 2，为普通多数（大于 1/2 且小于 2/3）时分值为 1，特殊或未提及时分值为 0。

5. 灵活度（5个指标）

一项条约通常要在适应性和保障性中做出选择，当出现灵活性条款时，条约的约束力也随之下降。免责条款和退出条款是条约灵活程度的两种主要表达形式，除此之外还有保留条款，即国家会对一项条约中无法接受的条款进行保留，其目的是摒除或更改条约规定对声明人的法律效果，这同样是一种灵活条款。

（1）免责条款

一般是由于参加国国内的政治经济打击而对其“暂时”解除义务，但为了防止滥用，增加了越来越严格的条件：补偿或者信息披露证明其特殊条件。在条约文本中，免责条款有时会以标题的形式进行具体说明，在这里要注意区分免责条款和例外条件，例外条件指条约规定的规则在哪些情况下可以不予考虑，它是永久性的，而免责条款是临时性的。但无论如何，免责条款作为一种灵活性条款都是对于约束力的降低。据此，当条约中不存在免责条款时分值为1，存在免责条款时分值为0。

（2）退出条件

关于退出条款的评价主要分为三个方面，即退出条件、退出通知期、退出等待期。退出国将会影响或损害其他签署国的利益，而对于一项双边条约来说，退出则意味着两国合作的终止。通常来讲，一项条约的退出条件主要分为以下6种类型，即允许随时退出、允许在固定年限后退出、允许在固定年限内退出、允许在某种情况下退出、完成条约内容后自动退出以及不允许退出。本报告的理论框架将这6种要求按照退出条件的有无划分为三大类：禁止退出、附条件退出、无条件退出。据此，条约不能退出或没有对退出情况做出说明时分值为2，有条件退出时分值为1，任意退出时分值为0。

（3）退出通知期

退出通知期指成员发出退出通知与退出生效之间的一段时间，一般退出通知期越长，留给其他条约参加国的调整时间就越长，退出国的退出时间也就越长。这段时间内允许签署国在单个国家退出之前调整自己的政策，退出国在退出生效之后即刻损失利益。退出条件越多，退出成本就越大，越能阻止签署国家的不负责退出行为，条约约束力也就越强。据此，存在退出通知期时分值为1，不存在退出通知期时分值为0。

（4）退出等待期

退出等待期和退出通知期略有不同，其指的是退出条约的签署国完全摆脱条约义务的时间，它是对条约签署国的一种权利保护机制，可以提升条约对签署国的约束力。据此，当条约包括退出等待期时分值为1，不包括时分值为0。

（5）保留条款

保留条款存在禁止保留、固定期限做出保留、只允许对某一条款做出保留的有条件保留以及任意保留。其中，如果未对条约的保留进行规范说明，条约签署国可以根据《维也纳条约法公约》第19条做出保留，并告知相关国家。据此，禁止保留时分值为2，附加条件保留时分值为1，无条件保留（未做说明）时分值为0。

（三）指标体系的应用说明

按照现实主义学说对国际关系的看法，权力是理解国际关系的关键，其认为以关注国家安全与国际和平为宗旨的“高政治”（High Politics），不同于以促进经济社会福利为宗旨的“低政治”（Low Politics）。其中，高政治所关注的是与国家权力和国家间政治相关的外交、军事、安全等议题，而低政治则关注国际社会中的经济、社会、文化等议题。[①] 在国际条约中，某些高政治领域的条约未涉及过多的实施细则，且通常以更加灵活的方式展现。这些条约在国际法律体系中具有较高的地位和约束力，虽然条约本身触及的敏感问题只停留在表面，但是国家对于高政治领域条约的违反会对自身带来一定的声誉损毁及严重的安全影响。[②] 因此，以文本约束条件衡量条约约束力的大小，对于研究低政治领域条约和条约约束效果的关系更具实际意义，而对于高政治领域条约的约束分析也具有一定的对比借鉴作用。

---

① 李少军：《国际政治学概论》（第2版），上海人民出版社，2005，第38~39页。

② Barbara Koremenos（2007）．“If Only Half of International Agreements Have Dispute Resolution Provisions，Which Half Needs Explaining?” *The Journal of Legal Studies*，Vol 36，No. 1，pp. 189-212.

三　中国—东盟海洋条约约束力分析

（一）数据来源及筛选

本报告的数据来源有两个，第一个是联合国条约汇编，鉴于联合国的会员国涵盖全球大部分国家，它的国际条约清单是所能找到的最全面的清单。自1946年登记公开以来，能在网上查到的条约文件超过65800份，并且在每一份条约的记录页面中，都有该条约在各个国家的生效日期及终止日期，可获取的信息非常全面。第二个是中华人民共和国条约数据库，该数据库收录了较为全面的中国对外缔结和参加的双边条约，是中国官方的双边条约数据集，弥补了联合国条约汇编中未被登记的双边条约的空白。

对于条约文本的筛选，本报告遵循以下三个原则：①一个国家与一个国际组织之间的条约将被排除在外；②无公开条约文本的条约将被排除在外；③未通过或未生效的条约将被排除在外。同时，按照合作所覆盖的范围，国际合作可以分为全球性合作、区域性合作、多边合作和双边合作等，国际条约按照签署国家的数量一般分为多边条约和双边条约。多边合作现已成为普遍的国际合作方式，而双边合作是传统的国际合作方式，其针对性更强，条约规则相较于多边条约也更加细致，因此将两种不同类型的条约混为一谈不妥。基于此，本报告在对比中国与东盟不同国家签署的条约约束力分值时，将条约分为双边条约和多边条约，并分别进行约束力考察。

本报告将中国与东盟国家签署的双边、多边条约信息进行全部提取，在此基础上依据海洋产业分类标准，对主题及题目中包含与海洋相关的中英文关键词的条约进行进一步提取，最终确定来自联合国条约汇编的29个样本（26项多边条约和3项双边条约）和来自中华人民共和国条约数据库作为补充的14个双边样本，共计43个有效样本。中国与世界各国签署的双边、多边条约分别为5110项、362项，其中与海洋相关的双边、多边条约分别为109项、60项；中国与东盟十国签订的双边、多边条约分别为416项、276项，其中与海洋相关的双边、多边条约分别为3项、26项。在中国与东盟国家签署的双边和多边条约中，海洋条约分别占 0.7%和 9.4%，而中国与世界各国签署的双边和多边条约中，海洋条约分别占 2.1%和 16.6%。不难看出，中国涉及海洋的条约较少，与东盟国家签署的涉海条约更少。同时，中国与东盟国家签署的涉海条约中，多边条约远多于双边条约，且其中一部分双边条约是基于多边条约细则进行的个性化调整。

从中国与东盟各国签署的涉海双边和多边条约看，截至 2021 年 6 月，中国与越南签署的海洋双边条约为 8 项，与印尼、马来西亚签署的海洋双边条约均为 2 项，与老挝和文莱未签署海洋双边条约，其余国家各 1 项。中国与东盟国家签署的 17 项双边条约，多为海运协定、渔业合作和船舶证书领域的条约；中国与东盟国家签署的 26 项多边条约中，中国与印尼签署的海洋多边条约为 16 项，与马来西亚、菲律宾、新加坡、泰国、越南、文莱也签署了较多的海洋多边条约，与柬埔寨签署的海洋多边条约相对较少，与老挝签署的海洋多边条约仅有 2 项（见表 2）。总体来看，中国与东盟各国签订的海洋多边条约大部分是 2000 年以前的国际性公约，且很多都是国际海洋法所含公约的条款更改类条约及其他国际公约，其中包括《国际海上人命安全公约》（1974）和《国际载重线公约》（1966）等。

表 2　中国与东盟国家签署的涉海条约数（截至 2021 年 6 月）

单位：项

国家	双边条约数	多边条约数
文莱	0	9
柬埔寨	1	7
印尼	2	16
老挝	0	2
马来西亚	2	15
缅甸	1	4
菲律宾	1	14
新加坡	1	13
泰国	1	13
越南	8	12

资料来源：根据 UNTS 和中华人民共和国条约数据库编制。

（二）约束力评价结果

1. 多边和双边条约约束力

根据测算，最终得到 43 个有效样本的约束力分值，包括 26 项海洋多边条约和 17 项海洋双边条约的约束力分值，其中分值范围代表评价体系的约束力数值范围。中国与东盟各国签署的多边、双边条约分值对比数据显示，在五个维度的约束力评价框架中，双边条约的最小值一般比多边条约的最小值要高，但相应地，双边条约的最大值一般比多边条约的最大值要低。单项维度的约束力评价分值的标准差相对更低，说明海洋双边条约在约束内容设计方面较海洋多边条约更为一致，规定具有较为统一的要求，约束差异更低；而海洋多边条约因为主题类型、签署国差异较大，在约束内容设计方面，签署国应履行的义务及条约权利分配有较大的差异。

成员资格的约束力分值显示，多边条约的平均值为 0.41，这是因为可获取的样本多数为开放性多边条约，通常这些条约的准入规则为意愿加入，极少数海洋多边条约涉及海洋技术、区域合作范围等，会有相应的准入条件。在中国与东盟十国所签署的 26 项海洋多边条约中，成员资格的最大值仅为 2，而双边条约的数据设计本身可以作为理论支撑，默认其在成员资格中具有更高的约束力，因此双边条约在此维度的最大值和最小值均为 4。问题类型的约束力分值显示，海洋多边条约涉及的领域问题较海洋双边条约更加具体，也更符合经验规律。集中度是约束力衡量分值最大的维度，虽然全部符合最高约束力的得分为 18 分，但无论是海洋多边条约还是海洋双边条约分值都不高，而多边条约在此维度的平均分值约为双边条约的 1.7 倍，相对来看，海洋多边条约针对合作的细节有更多的规范，而双边条约的细节要求则较为宽松。海洋双边条约的控制度约束力均值是海洋多边条约控制度约束力均值的 2 倍多，原因在于一份双边条约的成立是双方共同默认的结果，即全票通过，对于任何决策，如果能以明确平等的方式进行商谈和合作，其将获得最高的约束力分值。多边条约的参加国较多，决策的方式也各有不同，对于已经签署的条约，多数通过会成为更多投票规则的选择（因为全票通过的谈判成本过高)。而灵活度的约束力分值显示，海洋多边条约在灵活度方面的约束力更高（见表3)。

表3　中国与东盟签署的海洋多边、双边条约约束力

	多边条约				双边条约			
衡量维度	最小值	最大值	平均值	分值范围	最小值	最大值	平均值	分值范围
成员资格	0	2	0.41	[0,4]	4	4	4	[0,4]
问题类型	0	2	1.34	[0,2]	0	2	1	[0,2]
集中度	2	13	6.55	[0,18]	2	8	3.82	[0,18]
控制度	0	5	2.07	[0,5]	3	5	4.82	[0,5]
灵活度	0	5	3.24	[0,7]	2	4	2.94	[0,7]
五个维度总值	6	24	13.62	[0,36]	13	21	16.59	[0,36]

2. 多边和双边条约约束力五个维度分析

（1）成员资格

多边条约样本中的成员资格最小值为0，最大值仅为2，这是因为针对条约类型的赋值评价中开放性多边条约的分值为0，而样本中的多边条约全部为开放性多边条约，因此这一项的得分均为0。在成员准入条件中，根据框架的定义，直接将双边条约定义为严格的条件，因此双边条约的所有得分均为2，也就使得所有双边条约在针对成员资格指标的评价中得分均为满分，分值为4。在26项多边条约中，有11项条约对成员资格未做出要求说明，6项条约指出任何国家均可申请加入，7项条约对成员资格有一定的要求，2项条约对成员资格有更为具体的要求，这相当于26项中国与东盟国家签署的海洋多边条约中，有17项条约对成员资格准入没有任何限制，占比接近2/3。在做出说明的条约中，有一定要求的条约针对成员资格给出的条件大致为“具有共同利益”“是某项组织的缔约国”“被指定的主体”“有能力承担义务和责任”等，更为具体的两个条件分别存在于《国际水道测量组织公约》和《班轮公会行为守则公约》，对成员资格的要求分别为“符合船队吨位，2/3成员国投票通过”以及“提供能证明其能力和意图的

证据，其中包括可使用包租吨位”。[①]

（2）问题类型

在对此类指标的判别中，关于问题的广泛程度和子领域分类尚没有一个直接的参照依据。本报告在对条约主题类别评价进行区分时，将诸如“吨位丈量”“防止船舶污染”“海员培训”“海事赔偿责任”等这种标题为某一大类的子领域，并出现较多定语的条约定义为讨论具体事项的条约，而将“行为守则”“设立委员会”等从属于某项领域综合业务的条约定义为具体主题，将不符合前两项条件的诸如成立某一组织或海洋公约这种涉及事务更加广泛的条约归类为笼统主题。中国与东盟国家签署的海洋双边条约和海洋多边条约，大部分为具体情况、具体主题的条约，而双边条约的内容大部分为具体主题，这些具体主题的条约在条款上可以做出更加细致的说明和要求，而多边条约因为成员国数量众多，条约中更多的是针对国际标准、技术细节的讨论（见表4）。

表4　有效样本中主题细致程度的条约数量

单位：项

项目	条款	内容	多边条约	双边条约
主题	细致程度	具体情况	12	4
		具体主题	10	9
		笼统	4	4

（3）集中度

根据集中度指标的统计结果，在信息收集方面，中国与东盟国家签署的海洋条约中有超过半数的多边条约都对信息收集做出了要求，其中有5项海洋多边条约明确指出信息由机构收集，12项要求国家自行上报，11项未做要求，而在多边和双边条约对于信息审核的统计中，也仅有1项海洋多边条约表示会

① “Convention on the International Hydrographic Organisation (with Annexed General Regulations and Financial Regulations).” 1970, I-10764, U. N. T. S 751 Volume; “Convention on a Code of Conduct for Liner Conferences.” 1983, I-22380, U. N. T. S 1334 Volume.

“对现有的勘探和勘探资料进行评估”。[①] 在审查条款的统计中，有 15 项海洋多边条约明确要求定期举行审查大会或召集会议，提交报告的频率为一年、两年、五年或者十年不等，而大部分海洋多边条约的审查频率为每十年一次或每两年一次，且与条约主题所涉及的范围大小无明显关系；在海洋双边条约中只有 6 项对此做出要求，不到半数，并且在条约内容中的描述一般为“定期会晤”，但并未对频率做出明确规定。总体而言，海洋多边条约在信息收集方面的约束力均值为 0.77，信息审核方面的约束力均值为 0.08，而海洋双边条约在信息收集方面的约束力均值为 0.29，信息审核方面的约束力平均值为 0，说明海洋双边条约在信息上的要求较多边条约更加宽松，并且未出现信息审核的要求。在召集大会的条款上，海洋多边条约的约束力均值比海洋双边条约的约束力均值略高（见表 5）。

表 5　有效样本中具体条件的双边条约和多边条约约束力均值对比

项目	条款	多边条约均值	双边条约均值	分值范围
信息	信息收集	0.77	0.29	[0,2]
	信息审核	0.08	0	[0,1]
大会	审查条款	0.54	0.47	[0,1]

在集中度方面，有关执行条款的约束力衡量是最主要的部分。在术语条款的设计中，海洋多边条约的约束力均值为 0.85，海洋双边条约的约束力均值为 0.47。有 19 项海洋多边条约对术语进行了明确定义，其中有 3 项条约对一些定义进行了强制规范；仅有 7 项海洋双边条约对术语进行了定义，少于半数，且其中只有 1 项条约对定义进行了强制规范。

针对行为规范的条款设计中，海洋多边条约的约束力均值为 1.62，海洋双边条约的约束力均值为 1.06。26 项海洋多边条约全部对行为准则做出要求，其中 10 项具体，16 项模糊；16 项海洋双边条约对行为准则做出要

① “Agreement Relating to the Implementation of Part XI of the United Nations Convention on the Law of the Sea of 10 December 1982.” 1994, I-31364, UNTS 1836 Volume: 50.

求，其中 2 项具体，14 项模糊。同时，多边条约对于行为监督的规定较双边条约更多，海洋多边条约约束力均值为 0.35，而双边条约约束力均值仅为 0.12，且多边条约因参与国家众多，行为监督一般由专门委员会和机构组织执行完成。无论是多边条约还是双边条约，大部分海洋条约均未对成员国违反规定提出明确的惩罚机制，唯一出现的两个开除成员国资格的条约是为成立某种组织而建立的条约，成员违约将被组织开除，但并未出现因违约而终止条约合作的情况，而双边条约中出现的惩罚措施仅为“有权进行处罚”，并未做出强制性规定。国内法律调整方面，海洋多边条约约束力均值为 0.23，海洋双边条约约束力均值为 0.24，海洋多边和双边条约均只有少部分对此进行了规定。

关于解决争议条款方面的设计，多边条约与双边条约有很大的不同，解决争议方式上海洋多边条约约束力均值为 0.42，而双边条约此项的均值仅为 0.12（见表 6），这是因为在中国与东盟国家签署的海洋多边条约中，解决争议的办法大多数是通过执法机构进行仲裁，而在双边海洋条约中几乎全部以“友好协商”的方式进行解决，唯一一项规定用仲裁办法解决争端的条约（《中越通商航海条约》）也是通过各国内部执法机构进行仲裁。

表 6　有效样本中执行项目的双边条约和多边条约约束力均值对比

项目	条款	多边条约均值	双边条约均值	分值范围
执行	术语条款	0.85	0.47	[0,2]
	行为规范	1.62	1.06	[0,2]
	行为监督	0.35	0.12	[0,1]
	最高惩罚方式	0.46	0.06	[0,3]
	国内法律调整	0.23	0.24	[0,1]
	解决争议方式	0.42	0.12	[0,3]
	解决争议途径	1.08	1.00	[1,2]

（4）控制度

一般情况下，双边条约的形成在于双方达成合约，因此投票的票额分配和决议方式的差别仅存在于多边条约中。中国与东盟国家签署的海洋多边条约中，未对票额分配做出具体说明的条约有13项，非权重规则的条约有5项，附加权重规则的条约有8项。从决议方式来看，海洋多边条约中一致通过规则的条约有2项、绝对多数（大于等于2/3时通过）规则的条约有12项、普通多数（大于1/2时通过）规则的条约有4项，未做规定的条约有8项，在对决议规则做出明确要求的情况下，决议规则为绝对多数的多边条约占比约为70%，由此可见，绝对多数是多边条约所选择的主要决议方式。

（5）灵活度

根据对样本的统计，中国与东盟国家半数的海洋多边条约有对于免责条款的说明，而双边条约均没有免责条款的说明，因此海洋双边条约的免责条款约束力均值为1，而海洋多边条约免责条款的约束力均值为0.5。无论是多边条约还是双边条约，都未做出禁止保留的要求，约束力均值都较低，但更多的海洋多边条约明确了保留的条件，因此在保留条款的约束力均值中，多边条约约束力均值比双边条约更高（见表7）。

表7　有效样本中灵活度的双边条约、多边条约约束力均值对比

项目	条款	多边条约均值	双边条约均值	分值范围
灵活度	免责条款	0.5	1.00	[0,1]
	退出条件	0.81	1.06	[0,2]
	退出通知期	0.92	0.59	[0,1]
	退出等待期	0.81	0.24	[0,1]
	保留条款	0.15	0.06	[0,2]

对于退出条件的规定，样本中的多边条约和双边条约存在较大的差异，虽然海洋双边条约在退出条件方面的约束力均值比多边条约要高，但多边条约大部分做了有条件的退出规定，而双边条约大部分并未对退出进行说明。根据《维也纳条约法公约》，未做退出说明的公约默认为不允许退出，故双边条约的分值更高一些。在退出通知期和退出等待期方面，绝大多数多边条约都做了退出说明，其中退出通知期一般以12个月居多，其次是6个月，也有少部分规定通知期为3个月，而退出等待期一般以11年居多，其次是

6 年，也有少部分为 4 年、3 年或 2 年。对比多边条约，双边条约中对退出通知期和退出等待期做出说明的占比明显下降，在 17 份有效双边条约样本中，有 9 份对退出通知期做了规定，仅有 4 份对退出等待期做了规定，其中退出通知期一般以 6 个月居多，有的以 3 个月为条件，退出等待期的年限均为 5 年。总体来看，海洋多边条约对于灵活性的规定更为严格，约束力也比海洋双边条约更大，并且所需要的灵活时间更长。

（三）约束力年度变化分析

在分析中国与东盟国家签署的 26 项海洋多边条约和 17 项海洋双边条约的单个样本约束力之后，为了进一步探究中国—东盟近些年所签署的海洋条约约束力的变化，本报告根据条约生效及失效日期对当年有效的条约进行了约束力平均值的变化统计。

1. 海洋多边条约

从签署海洋多边条约的时间看，1980 年以前与中国签署海洋多边条约的东盟国家有印尼、马来西亚、菲律宾、新加坡和泰国，在此期间海洋多边条约约束力累计值分别为 35、71、11、71 和 13，平均值分别为 11.67、11.83、11、11.83 和 13。这一时期，中国与东盟国家签署的海洋多边条约多为全球性的开放性多边条约，大多数海洋国家都加入国际海洋法相关公约以寻求国际秩序保障，上述五国的领土主张与海洋主张存在大量重合部分，也都存在争议岛屿，因此在国家主权独立的情况下率先加入海洋多边条约。其中，马来西亚和新加坡与中国签署的海洋多边条约均为 6 项，并且所签署的条约相同，因此累计值和平均值相同。1986 年以后，越南、缅甸和文莱开始签署海洋多边条约，文莱独立时间为 1984 年，因此文莱的海洋相关条约均在 1984 年以后签署，越南、缅甸的海洋多边条约大多在 1985 年以后签署，老挝作为东盟唯一的内陆国家，参与的海洋多边条约的签署基本属于跟随性签署。此外，1995 年出现约束力平均值的低谷，是因为在此时段中国和大部分东盟国家共同签署了约束力分值均仅为 6 的《关于在领海和港口内使用国际海事卫星组织船舶地球站的国际协议》（见图 1）。

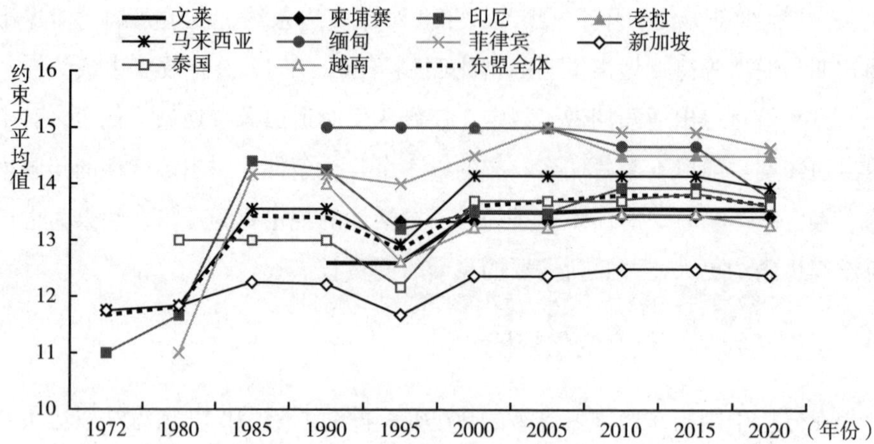

图 1　1972~2020 年中国与东盟国家签署的海洋多边条约约束力均值变化

从海洋多边条约约束力看，2020 年菲律宾海洋多边条约约束力均值最高，新加坡均值最低（见表 8）。老挝只与中国共同签署了 2 项海洋多边条约，而这 2 项多边条约的约束力均值分别为 14 和 15。老挝是内陆国家，其签署的有关海洋的条约多半以配合执行为主，所以这 2 项海洋多边条约所得出的约束力均值会相对更高。而新加坡同中国签署的 13 份条约中，约束力均值的最高值为 18，最低值为 6，与中国共同签署的海洋多边条约约束力均值大部分集中在 10~12。2000 年以后，文莱、柬埔寨的海洋多边条约约束力均值一直没有变化，而中国与菲律宾、泰国等签署的海洋多边条约约束力均值出现先上升再下降的过程，说明近几年中国与菲律宾、泰国的海洋合作尚未进入更深层次。

表 8　1990 年、2020 年中国与东盟签署的海洋多边条约数量及约束力

单位：项

国家	1990 年			2020 年		
	多边条约数量	多边条约约束力累计值	多边条约约束力均值	多边条约数量	多边条约约束力累计值	多边条约约束力均值
文莱	5	63	12.6	9	122	13.56
柬埔寨	0	0	0	7	94	13.43
印尼	8	114	14.25	16	220	13.75

续表

国家	1990 年			2020 年		
	多边条约数量	多边条约约束力累计值	多边条约约束力均值	多边条约数量	多边条约约束力累计值	多边条约约束力均值
老挝	0	0	0	2	29	14.50
马来西亚	9	122	13.56	15	209	13.93
缅甸	1	15	15	4	55	13.75
菲律宾	6	85	14.17	14	205	14.64
新加坡	9	110	12.22	13	161	12.38
泰国	2	26	13	13	177	13.62
越南	2	28	14	12	159	13.25

2. 海洋双边条约

近年来，虽然中国与东盟国家的双边海洋合作不断增加，但可公开文本的双边条约记录有限，因此，本报告所显示的双边条约记载并不全面。中国和柬埔寨在海洋领域签署的双边条约较少，可公开海洋双边条约仅为《中柬关于相互承认船舶证书的换文》，换文中未提及“平等互利原则”，且未明确列出船舶证书的类型，因此同类型条约中该条约约束力更低。印尼有着丰富的渔业资源，2001 年与中国签署了《渔业合作谅解备忘录》，但此条约约束力分值仅为 13。2014 年 10 月，中国与印尼签署了渔业合作协议，但 2015 年 1 月印尼单方面宣布废止该协议。马来西亚、新加坡、泰国、越南均与中国签订了海运协定，马来西亚和新加坡与中国签署的海运协定约束力分值为 16，而泰国和越南与中国签署的海运协定约束力分值均为 19，主要是由于中马、中新签署的海运协定均可随时退出，并未设置退出通知期和退出等待期，且中新签署的海运协定中未提及“平等互利原则”，而中马海运协定中未提及“针对产生的问题进行会晤”。菲律宾总统杜特尔特执政后，中菲关系逐渐转圜，2018 年两国签署了《油气开发合作谅解备忘录》，但此项条约的约束力分值并不高，仅为 15 分，主要是此项条约未对违约行为进行说明，争端解决通过友好协商进行，没有对退出条件做出说明，也没有行为监督机制。越南与中国签署的双边条约约束力变化最大，2020 年的条约约束力累计值最高，主要原因在于2000年后中越就北部湾签署一揽子划界协议后，两国陆续签署了许多海洋双边条约（见图2、表9）。

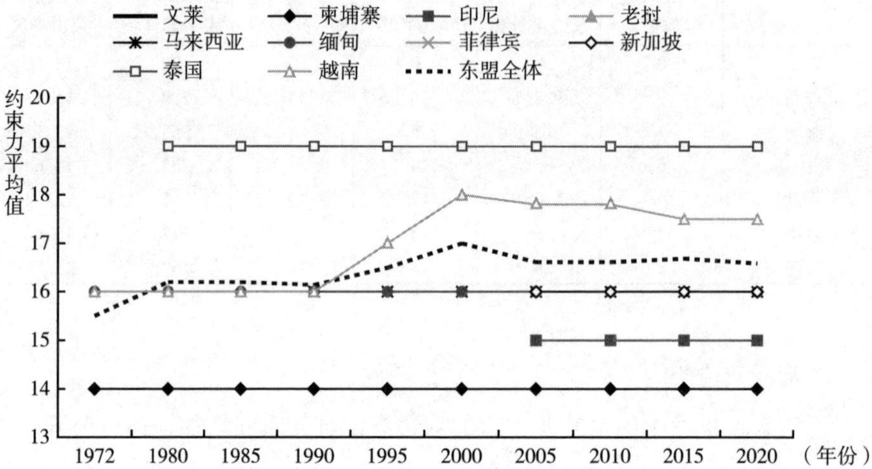

图2　1972~2020年中国与东盟国家签署的海洋双边条约约束力均值变化

表9　1990年、2020年中国与东盟各国签订的海洋双边条约数量及约束力

单位：份

国家	1990年			2020年		
	双边条约数量	双边条约约束力累计值	双边条约约束力均值	双边条约数量	双边条约约束力累计值	双边条约约束力均值
文莱	0	0	0	0	0	0
柬埔寨	1	14	14	1	14	14
印尼	0	0	0	2	30	15
老挝	0	0	0	0	0	0
马来西亚	2	32	16	2	32	16
缅甸	1	16	16	1	16	16
菲律宾	0	0	0	1	15	15
新加坡	0	0	0	1	16	16
泰国	1	19	19	1	19	19
越南	2	32	16	8	140	17.5

结 语

本报告通过建立一套相对完整的条约约束力评价体系，运用条约文本定量分析的方法，对中国与东盟国家签订的43项海洋条约的约束力进行分析。研究发现，中国与东盟国家签订的海洋条约中，双边条约约束力均值为16.59，多边条约约束力均值为13.62，多边条约的约束力差异更大。不同国家的条约约束选择也有所不同，在签署的海洋多边条约中，菲律宾的条约约束力均值最高，为14.64，新加坡的最低，为12.38；在签署的海洋双边条约中，泰国的条约约束力均值最高，为19，柬埔寨的最低，为14。在双边海运协定中，条约的文本约束存在不同的表现，泰国、越南的条约约束力分值为19，新加坡、马来西亚的条约约束力分值为16。

当今世界，海洋已成为世界各国发展战略的支点。东盟国家（除老挝外）拥有漫长的海岸线和诸多岛屿。中国与东盟国家陆海相通，海洋是双方合作的重要纽带。虽然中国—东盟海洋合作尚处于起步阶段，但各国之间的双边海洋合作迅速兴起，并成为区域合作的新热点。在新的国际经济和地缘政治格局下，积极推进中国—东盟海洋合作，以海洋可持续发展为目标，充分调动政府和民间各利益相关方的积极性，增进区域海洋合作共识，探讨各国海洋发展战略的有效对接，扩大和深化海洋合作领域。同时，要健全和完善海洋合作机制，推动双边和多边海洋合作条约的制定，为区域海洋合作提供制度保障，营造良好的法律环境，从而加快构建中国—东盟海洋命运共同体。

参考文献

Barbara Koremenos（2007）．“If Only Half of International Agreements Have Dispute

Resolution Provisions, Which Half Needs Explaining?" *The Journal of Legal Studies*, Vol 36, No. 1, pp. 189-212.

Barbara Koremenos (2008). "When, What, and Why Do States Choose to Delegate?" *Law and Contemporary Problems*, Vol 71, No. 1, pp. 151-192.

Kal Raustiala (2005). "Form and Substance in International Agreements." *American Journal of International Law*, Vol 99, No. 3, pp. 581-614.

Curtis A. Bradley, Judith G. Kelley (2008). "The Concept of International Delegation." *Law and Contemporary Problems*, *Forthcoming Duke Law School Legal Studies Paper*, No. 141.

Judith Goldstein, Miles Kahler, Robert O. Keohane, Anne-Marie Slaughter (2000). "Introduction: Legalization and World Politics." *International Organization*, Vol 54, No. 3, pp. 385-399.

Kenneth W. Abbott and Duncan Snidal (2000). "Hard and Soft Law in International Governance." *International Organization*, Vol 54, No. 3, pp. 421-456.

Biersteker Thom (2013). *International Law and International Relations the State of the Art*. New York: Cambridge University Press.

Thomas Rixen (2010). "Bilateralism or Multilateralism? The Political Economy of Avoiding International Double Taxation." *European Journal of International Relations*, Vol 16, No. 4, pp. 589-641.

国别篇

Country Reports

B.6 文莱的疫情防控与经济发展

苏颖宏*

摘　要： 在全球疫情蔓延的背景下，文莱的疫情防控形势相对稳定，是东南亚地区疫苗接种率最高的国家之一。2021 年，东南亚国家经济普遍呈现复苏态势，文莱经济增速却由正转负，其主要原因是过度依赖油气行业，以及疫情对其他行业和中小企业带来较大冲击。疫情期间，文莱积极调整国家经济发展战略，推出了《国家经济发展蓝图》《数字经济总体规划 2025》等中长期发展规划，大力推进经济多元化发展，促进产业数字化转型，调节能源结构与政策。2022 年，文莱经济复苏的前景尚不明朗，仍存在一些不确定性，如文莱全面放宽疫情防控将助力国内经济复苏，但将加大疫情防控难度；油价上涨有利于增加出口收入，但粮食价格上升将加剧输入型通货膨胀效应等。

* 苏颖宏，经济学博士，厦门城市职业学院财经商贸学院教授。

关键词： 疫情防控　经济复苏　经济多元化　文莱

在全球新冠肺炎疫情蔓延的背景下，文莱的疫情防控形势相对稳定，累计确诊病例和死亡病例均较少，完成疫苗接种人口比例超过 90%，是东南亚地区疫苗接种率最高的国家之一。2020 年，在东南亚国家经济普遍陷入严重衰退时，文莱经济却保持了正增长态势。但 2021 年，当东南亚国家经济普遍呈现复苏态势时，文莱经济增速却由正转负。因此，当前文莱的疫情防控与经济发展引人关注。

一　文莱的疫情防控形势

2020 年 3 月 9 日，文莱出现首例新冠肺炎确诊病例。随后，政府发布了旅行禁令，禁止所有人员离境，也禁止所有外籍人员入境或在文莱中转。5 月 7 日，文莱当日新增确诊病例 2 例，累计确诊病例 141 例，此后一年多时间无新增本地确诊病例。2021 年 8 月 7 日起，文莱暴发以德尔塔变异毒株为主的第二波疫情，也结束了 457 天无本土病例的防控纪录。2022 年 1 月底，文莱首次发现本土奥密克戎变异毒株感染的病例，由此引发了第三波疫情，单日新增确诊病例持续上升，2 月 26 日累计确诊病例超过 5 万例，3 月 9 日累计确诊病例超过 10 万例，3 月 10 日达到峰值。截至 2022 年 5 月 25 日，文莱累计确诊病例超过 14.7 万例，死亡病例 222 例。[①]

为控制国内疫情蔓延，文莱政府实施了严格的疫情防控措施，自 2020 年 3 月 15 日起，政府宣布禁止文莱公民、永久居民和持有效文莱身份证的外籍人员离开文莱，3 月 24 日起禁止所有外籍人员入境或在文莱中转。同时，政府要求所有居民保持社交距离，禁止人群聚集、社交聚会和餐饮堂食，暂时关闭学校、娱乐和宗教场所等。到 2021 年 5 月，文莱

① WHO Coronavirus（COVID-19）Dashboard. https：//covid19. who. int/region/wpro/country/bn.

已保持了一年零三个多月的国内疫情清零状态，政府逐步放松疫情管控措施。2021 年 8 月，由于国内第二波疫情来袭，防疫措施再次收紧，禁止任何公众集会，所有社交聚会活动推迟举行，清真寺祷告场所关闭。所有政府和私营机构工作人员居家办公，学校、其他教育机构开展在线教学，非重大需要不得外出，餐厅不允许堂食，每户仅允许 2 人外出购买生活必需品，公众出门必须佩戴口罩。根据文莱《传染病法》，任何不遵守该指令的个人将被处以罚款。

2021 年 12 月，文莱苏丹宣布 12 月 15 日起文莱进入"流行病"阶段，他表示文莱即将进入新常态，但疫情不会在短期内结束，只要病毒存在，就要保持警惕，希望民众承担社会责任，坚持采取防护措施，遵守标准操作程序，防止病毒传播。不过，文莱政府先后 6 次延长流行病早期阶段，并不断调整防控措施。2022 年 4 月 25 日起，所有政府员工均返岗办公，鼓励私营部门全员复工；5 月 6 日起，"持红色健康码的政府员工连续 5 天进行 ART 快检代替隔离监测"的措施扩展适用于社会公众；5 月 15 日起，"出境旅行的文莱公民和居民、出境后返回文莱者须完成第三剂疫苗接种"措施扩展适用于 12~17 岁未成年人；5 月 6 日起，取消绿色和非绿色名单国家划分，允许任何国家完成新冠疫苗接种者通过航空进入文莱；"全面疫苗接种"的定义从接种两剂疫苗修改为完成接种加强针，未接种加强针者须为入境前接种第二剂不满三个月；完成疫苗全程接种者入境后须做 3 次 ART 快检，快检结果为阴性者抵达时无须进行核酸检测和自我隔离；尚未完成疫苗全程接种者入境须出具豁免接种的医疗证明，抵达时须做核酸检测和 ART 快检，并自我隔离到取得核酸检测结果；除政府批准的必要旅行外，仍禁止外籍人员通过陆路和水路入境文莱，但允许文莱公民和居民因必要旅行通过陆路和水路返回后，居家或入住酒店进行自我隔离。5 月 24 日，文莱政府发布公告称，文莱国家复苏框架下的流行病早期阶段将于 5 月 31 日结束。6 月 1 日起，文莱调整疫情防控政策，大型聚会人数不做限制，允许举办竞技体育活动，祈祷没有年龄限制，公共场所内应佩戴口罩，但无须检测体温。

根据文莱政府的规划，该国疫苗接种工作分为三个阶段，向全国 18 岁以上应接种者分批次开放：第一阶段主要面向医务人员、边境管控人员等抗疫一线工作者；第二阶段面向全国教职员工和慢性病患者；第三阶段向18岁以上国民和居民全面开放，符合接种条件的人均可通过网络预约接种。2021年7月5日，文莱正式启动新冠疫苗第三阶段接种安排，为全国18岁以上居民免费接种疫苗，这标志着国内疫苗接种的全面推进。目前，文莱是东南亚国家完成疫苗接种人口比例最高的国家。截至2022年5月6日，文莱新冠疫苗接种量达115万剂，接种疫苗人口达44.6万，占人口比例的100%；完成疫苗接种人口超过44.2万，占人口比例的93.24%。①

二 疫情防控下文莱经济发展

在全球疫情的冲击下，文莱国内经济出现了波动。2019年，文莱GDP为183.8亿文元，同比增长3.9%，创2006年以来新高。2020年，文莱GDP为165.8亿文元。增长率为1.2%，成为东南亚少数几个经济正增长的国家之一。不过，在2021年大多数东南亚国家经济呈现复苏态势的情形下，文莱的经济增长率却由正转负。

文莱经济规划与统计局数据显示，2021年第一季度至第四季度文莱GDP增长率分别为-0.8%、-2.1%、-2.2%和-1.4%，全年GDP增长率为-1.6%。② 从需求结构看，内需下降3.1%，外需增长8.8%。从供给结构看，农林渔业增加值为2亿文元，同比增长16.9%，主要原因是畜牧产品和渔业产量增加，其中渔业产量增长27.1%；工业增加值为118.9亿文元，下降4.2%，其中制造业降幅最大（下降8.1%）；服务业增加值为72.8亿文元，增长2.4%，其中酒店业增幅最大，增长24.7%，其次是陆路交通业，增长14.7%。作为国内重要的产业支柱，油气行业增加值为98.6亿文元，下降4.8%，非油气行业增加值为95亿文元，增长2%，油气行

① Live COVID-19 Vaccination Tracker. https：//covidvax. live/location/bnp.

② DEPS. National Accounts. https：//deps. mofe. gov. bn/SitePages/International% 20Merchandise%20Trade. aspx.

业、非油气行业增加值分别占 GDP 的 50.9%和 49.1%。近年来，文莱油气行业产值下降的主要原因是原油天然气勘探活动减少和液化天然气减产，加上疫情期间劳动力短缺，降低了油气相关设施的恢复和维修能力，导致原油和天然气产量减少。

文莱油气资源丰富，油气行业是国内最重要的支柱产业。据统计，截至2020 年底，文莱已探明石油储量为 11 亿桶，占全球总量的 0.1%；天然气储量为 2000 亿立方米，占全球总量的 0.1%。2020 年文莱石油日产量为 11 万桶，天然气年产量为 126 亿立方米。① 文莱政府一方面积极勘探新油气区，另一方面对油气开采实行节制政策。除陆地油田外，文莱现有冠军号（Champion）、西南艾姆巴（Southwest Amba）、费尔里（Fairly）、费尔里—巴拉姆（Fairly-Baram，与马来西亚共管）、迈格帕（Magpei）、甘纳特（Gannet）、铁公爵（Iron Duke）等 7 个海上油田，文莱 90%的石油和商用天然气出自这些海上油田，文莱海上油田现有 46 个钻井平台、490 多口油井和 1300 公里海底输油与输气管道。2021 年 3 月，文莱政府宣布文莱壳牌石油公司（BSP）开始在深水油井进行勘探钻井作业，计划在未来 5 年内将石油产量提高两倍。2021 年 4 月，文莱和马来西亚两国签署协议，将在海上边界开发两个海上油田。

在国内外需求的带动下，2021 年文莱的进出口贸易总额达 263.74 亿文币，增长 60.22%。其中，出口额为 148.55 亿文币，增长 62.85%；进口额为 115.19 亿文币，增长 56.96%。在出口产品中，矿物燃料和化学品出口额分别为 116.86 亿文币和 26.81 亿文币，增长 57.17%和 75.84%，占出口额的 78.67%和 18.05%，前三大出口市场是新加坡（占出口额的 15.31%）、中国（占 14.25%）和日本（占 13.1%）；在进口产品中，矿物燃料、机械与运输设备进口额分别为 76.5 亿文币、14.22 亿文币，分别增长 185.51%、下降 26.86%，分别占进口额的 66.42%、12.35%，前三大进口市场是马来西亚（占进口额的 22.34%）、俄罗斯（占 15.27%）和沙特阿拉伯（占

① *BP Statistical Review of World Energy 2021*：p16，p34. https：//www. bp. com/statistical review.

11.78%）。与此同期，文莱油气出口总额为63.72亿文币，增长36.2%，占出口额的42.9%。其中，原油出口额为29.17亿文币，增长66.91%，主要出口市场为澳大利亚（占出口额的32.6%）、印度（占19.99%）和泰国（占19.08%）；天然气出口额为34.55亿文币，同比增长18.58%，主要出口市场为日本（占出口额的78.3%）、中国（占11.32%）和马来西亚（占3.76%）。[①]

为减缓疫情对国内经济的冲击，文莱政府先后出台总额达4.5亿文币的纾困援助措施，通过延付贷款本金、减免行业税、免除银行收费、缓缴社保费、发行伊斯兰债券、设立救助基金和实施“购买本地产品运动”等，帮助中小微企业和个体经营业主应对疫情。例如，2020年4月起，旅游、酒店、食品饮料、航空运输、食品和医疗物资进口等行业可延付贷款本金6个月。所有行业推迟偿还贷款本金，对不超过10年的个人贷款和租购设施本金进行重组和顺延；旅游、酒店、餐馆、咖啡店、水运和空运等行业的2020年度公司税减半征收；除第三方银行收费外，免除其他所有银行收费；中小微企业延期缴纳月薪1500文币及以下的员工的社保费6个月；文莱中央银行、金融管理局先后三次发行伊斯兰债券（Sukuk），总价值2.475亿文币；政府设立新冠肺炎救助基金，接受公众捐款用于疫情防控；政府与国有企业合作开展“购买本地产品运动”，帮助小微企业解决疫情带来的困难。2021年10月，文莱政府向私营部门中受疫情影响较大的三类雇员提供财政援助，分别是受疫情对企业冲击而失去工作且非因纪律处分或自行决定辞职的人员、受疫情对企业冲击或因政府隔离令导致无薪休假超过7天的人员、个体经营者或自由职业者。该特别援助主要针对在私营部门工作、基本月薪在1500文币及以下人群，不适用于在公共部门和政府关联公司工作的人员。

① DEPS. “International Merchandise Trade.” https://deps.mofe.gov.bn/SitePages/International%20Merchandise%20Trade.aspx.

三　近年文莱经济发展战略与政策调整

在疫情防控的背景下，文莱政府积极调整国家经济发展战略，推出了《国家经济发展蓝图》《数字经济总体规划 2025》等中长期发展规划，大力推动经济多元化发展，促进产业数字化转型，调节能源结构与政策，鼓励外资投资油气下游产业、食品、旅游、信息通信技术、服务等五大领域，促进非油气产业的发展，改变过度依赖油气行业的经济结构，并取得了一定的成效。

（一）文莱推出《国家经济发展蓝图》

早在 2008 年，文莱政府就提出了“2035 年宏愿”的中长期发展规划，该规划包括“文莱 2035 年远景展望”、“2007～2017 年发展策略纲领”和“2007～2012 年国家发展计划”。政府提出了 2035 年发展目标，即提高教育水平，培育更多具备国际水准的人才；提高生活质量，使文莱生活水准进入全球前十行列；提高经济水平，发展高效可持续的经济，使文莱人均收入进入世界前十名。为实现三大战略目标，文莱全面实施八大发展战略，即教育战略、经济战略、国家安全战略、体制发展战略、本地商业发展战略、基础设施发展战略、社会安全战略和环境保护战略。

2021 年 1 月，文莱政府发布了《国家经济发展蓝图》。该蓝图面向 2035 年提出三大发展目标，即实现高速且可持续的经济增长、发展非油气行业的多元化经济、维持稳健的宏观经济和低失业率，确立六大重点发展方向，即富有活力的企业，熟练、有适应力和具有创新力的人才，开放和融入全球化的经济，可持续发展的经济环境，高质量且有竞争力的经济基础设施，良好的公共治理和卓越的公共服务。该蓝图强调，在马来伊斯兰君主制（MIB）精神的指导下，文莱将充分利用第四次工业革命带来的机遇，为民众提供更多的就业机会，由高度依赖油气行业的经济结构转变为充满活力和可持续发展的新模式。①

在该经济发展蓝图中，文莱政府提出了六大重点发展方向的具体措施。一是富有活力的企业，以油气行业下游产业、食品业、旅游业、信息通信业和服务业五大优先领域为驱动引领经济多元化，探索新的经济增长点，加快非油气领域出口，促进本地公司国际化，通过技术创新提升产业附加值，鼓励创新和技术驱动型产业，鼓励企业创造有价值的就业机会；二是熟练、有适应力和具有创新力的人才，倡导创意、创业和创新思维，确保本地企业和人才能够开发新技术、推出新产品，培养自力更生、积极主动的工作态度；三是开放和融入全球化的经济，促进贸易便利化，扩大市场准入，减少贸易壁垒，打造良好的投资环境；四是可持续发展的经济环境，加强对自然环境的保护，通过绿色发展倡议和可持续“蓝色经济”促进经济增长；五是高质量且有竞争力的经济基础设施，构建可靠且便利的陆海空网络，打造现代化的运输和物流基础设施，加强数字化基础设施建设，提升互联互通水平，鼓励以公私伙伴关系（PPP）引领基础设施发展；六是良好的公共治理和卓越的公共服务，实行透明治理和问责制度，加强现代法律法规体系建设，根据全球标准更新本地法律法规，打造良好的营商环境，处理好政府与企业的关系，巩固政府财政地位，以确保经济发展的可持续性。

（二）积极推动国内经济多元化

长期以来，文莱经济高度依赖石油和天然气，虽然近年来油气行业在国内经济中的比重逐渐下降，但仍具有举足轻重的地位。2020 年，文莱油气行业占国内生产总值的 47.4%，占出口贸易的 51.4%，占政府收入的 57%。多年来，文莱政府一直强调要大力发展非油气行业，改变单一的经济结构，降低对油气资源的过度依赖，政府提出将油气下游产业、食品业、旅游业、信息通信业和服务业等优先领域，作为引领产业结构调整的引擎，以实现经

① Ministry of Finance and Economy (2020). “Brunei Darussalam’s Economic Blueprint: Towards A Dynamic and Sustainable Economy.” https://deps.mofe.gov.bn/DEPD% 20Documents% 20Library/NDP/BDEB/Econ_ Blueprint.Pdf.

济发展多元化。

为推动国内经济多元化发展，文莱近年采取了一系列政策措施，如加快拓展油气下游产业，扩大基础设施建设，加大吸引外资的力度，促进旅游业发展，兴建农业科技园，建立区域性金融中心，鼓励私营部门和中小企业投资，等等。目前，文莱最大的外资项目恒逸石化大摩拉岛综合炼化项目进展较快。该项目一期总投资34.5亿美元，由浙江恒逸集团和文莱政府共同出资，预计年原油加工能力800万吨。该项目于2017年3月施工，2019年11月运营，2020年5月开始向文莱国内市场供应汽油、柴油、航空燃油等。该项目推动了油气下游产业发展，延伸了油气产业链。文莱还利用油气资源兴建双溪岭工业园项目，与外资公司兴建甲醇厂、化肥厂和炼铝厂等。同时，文莱加快了基础设施建设和产业转型升级。一些大型基建项目动工兴建，包括高速公路、水坝、光纤、网络等，其中淡布隆跨海大桥全长30公里，于2016年开工，2019年全部建成，建成第二年实现了通车。旅游业是文莱经济多元发展的重点产业之一，政府成立文莱旅游发展委员会，大力开发现代化旅游设施和特色景区，如文莱水村、赛福鼎清真寺、杰米清真寺、杰鲁东公园和淡布隆国家森林公园等。此外，政府加大对农林渔业的投入，扩大粮食和蔬菜种植面积，兴建农业科技园、“生物创新走廊”，发展清真食品药品产业，打造“文莱清真”品牌。

在促进经济多元化发展过程中，文莱积极吸引外资，鼓励其在先进制造业和现代服务业投资，外资在高科技和出口导向型工业项目中可拥有100%的股权。为促进国内中小企业的发展，文莱政府设立了中小企业发展基金，为中小企业提供财政支持。同时，文莱政府推行国有企业私有化，逐步将政府管理的电信、邮政、水电、交通等公共服务部门私有化，减少政府财政负担，提高服务质量，通过私有化促进私营部门的发展。此外，文莱积极改善营商环境，为经济多元化发展创造良好的制度条件。根据世界银行的测算，2015~2019年在全球190个经济体的营商便利度指数排名中，文莱从第101位升至第55位。①

① World Bank（2019）. “Doing Business：Comparing Business Regulation in 190 Economies.” p160.

（三）大力促进国家数字化转型

2020年6月，文莱政府推出《数字经济总体规划2025》，旨在通过数字化转型，构建适应未来的数字化社会、发展充满活力和可持续发展的经济，建立数字化生态系统，到2025年将文莱建成智慧国家。该规划指出，智慧国家由数字政府、数字经济和数字社会驱动，将通过数字技术、必备的知识和技能来提升社会的互联互通，实现产业数字化和政府数字化、促进数字产业和人力资源开发。文莱政府确定了九大重点领域，即物流和运输、能源、商业服务、旅游、金融服务、健康、农产品、教育和清真产业，以逐步完善数字产业体系，使国内经济增长主要来源于数字产业和因数字化转型而带动的其他部门的发展。同时，文莱提出打造强大的智慧国家平台，促进数字技术在主要部门行业和全社会的广泛应用，建立政策监管框架和网络安全体系，构建起数字化的生态系统，并跻身国际电信联盟40强。

为推动实施数字经济五年发展规划，文莱政府设立了数字经济委员会，由财政经济部主管部长、交通和信息通信部长、初级资源和旅游部长、教育部长、财政经济部副部长、能源部副部长、立法委员、文莱信息通信联合会主席等成员组成，五年规划项目管理办公室与文莱交通和信息通信部负责监控数字经济各项目的进展。文莱交通和信息通信部制定与实施了“2020~2025年发展计划”，推动数字化转型，确保交通和通信行业可持续发展，加快与国际安全标准接轨，构建有利于投资与经营的政策和监管框架，促进机构重组，加强国际合作。为推进5G建设，该部门成立了5G工作组。文莱对国内电信业实施重组，将国内所有的通信公司进行整合，由国家统一网络有限公司（UNN）进行管理。

（四）打造低碳生活、应对气候变化十大策略

在应对全球气候变化的新形势下，文莱积极参与《联合国气候变化框架公约》、《京都议定书》和《巴黎协定》，提出了国家自主贡献（NDC）承诺，承诺停止对国内和海外新煤电项目的所有投资，到2035年再生能源在电力结构中的比重至少达到30%，电力部门通过提高能源效率至少减少

10%的温室气体排放量，保证电动车占汽车销量的 60%，通过植树造林增加碳汇，植树 50 万棵，使森林覆盖率从 41%升至 55%，到 2050 年实现净零排放。[①] 为此，文莱政府推出短期和中长期的国家能源发展战略与政策，短期以改善能源效益和节能为主，中长期以开发可再生能源为主，旨在改变国内能源结构高度依赖石油天然气的局面。

2020 年 7 月，文莱能源部提出打造低碳生活、应对气候变化十大策略，具体包括以下十点：一是减少工业排放，通过保持零常规燃烧和最低合理可行水平的碳排放来降低工业碳强度，在 2035 年之前减少工业排放；二是增加森林覆盖率，通过植树造林和重新造林增加碳汇和森林覆盖率，提升森林碳固存潜力，以改善生态环境，丰富生物多样性，保护生态系统；三是普及电动汽车，减少陆路交通碳排放量，提高电动汽车的销量占比；四是利用可再生能源，保证国内平稳过渡到使用可再生能源技术，到 2035 年太阳能光伏发电量占可再生能源发电总容量的 30%以上；五是加强电源管理，通过提高供需双方的能源效率和节约量来减少电力部门的碳排放，减少发电产生的温室气体排放；六是实施碳定价，通过内化碳排放的社会成本，减少气候变化带来的负面影响，降低所有工业部门和新电力设施的碳强度，到 2025 年以每吨二氧化碳当量的碳价格对所有工业设施碳排放超量的数额收费，将筹集的收入用于国家应对气候变化和减排工作；七是减少废物量，采用创新技术最大限度地减少需要处理的废物量，减少温室气体排放；八是提高适应气候变化的能力，加强应对和适应气候变化影响的能力，防范洪水、森林火灾、强风和滑坡等自然灾害；九是监控并报告碳排放量，健全国家碳排放数据库，提高碳排放数据透明度；十是强化认知教育，提高全社会对适应气候变化和减排工作的认识。

四　2022年文莱经济发展前景

由于全球疫情尚未消退，各国疫情形势仍扑朔迷离，给世界经济复苏前

① ASEAN Secretariat（2021）. *ASEAN State of Climate Change Report*. p137.

景带来较大不确定性，加上俄乌冲突引发的地缘政治经济格局的剧烈波动，也为世界经济的可持续复苏投下阴影。关于2022年文莱经济增长率，文莱官方与国际和区域性经济机构的预测之间存在较大的差距。文莱官方的预测数为0.4%~0.8%，而国际货币基金组织（IMF）的预测数为5.8%，亚洲开发银行的预测数为4.2%。

在东南亚地区，文莱的疫情防控形势相对稳定，累计确诊病例和死亡病例均较低，完成疫苗接种人口比例超过90%，是该地区疫苗接种率最高的国家之一。2021年5月24日，文莱政府宣布，文莱国家复苏框架下的流行病早期阶段于5月31日结束，6月1日起放宽疫情防控政策，这将为文莱经济复苏和多元化发展创造有利的条件和环境。但另一方面，新冠变异毒株的不时出现，给各国经济复苏前景带来不确定性，阻碍高度外向型的文莱经济的复苏进程，尤其对文莱实施的经济多元化战略带来较大的冲击。近年来，文莱政府加大经济多元化的实施力度，但成效不大。2010~2019年，文莱非石油和天然气私营部门平均增长2.6%，但其对国内生产总值的总体贡献率不到30%。[①] 在疫情的背景下，文莱拓展非油气行业、旅游服务业受阻，引进外资停滞不前，中小微企业深陷经营困境，短期内难以缓解。

疫情暴发后，大宗商品市场急剧波动，俄乌冲突也引发国际市场上能源、粮食等大宗商品的价格急剧上涨，引起全球性通货膨胀。油气价格上涨对产油国文莱利好，有利于增加油气出口收入，推动国内经济的复苏。但是，全球通货膨胀将推高文莱国内物价水平。由于文莱的粮食和其他食品主要依靠进口，大米、果蔬和其他食品自给率较低，尤其是大米和其他粮食主要来源于泰国，泰国大米进口量一直居高不下，文莱国内市场上国产大米价格远高于泰国进口大米。近期，作为全球大米出口量最大的三个国家之一，印度表示将收紧大米出口，泰国和越南拟提高大米出口价格，这将对文莱的大米进口造成较大的影响，势必放大输入型通货膨胀的效应。

① MFE (2020). "Brunei Darussalam's Economic Blueprint: Towards a Dynamic and Sustainable Economy." p7.

参考文献

ADB（2022）. *Asian Development Outlook 2022: Mobilizing Taxes for Development.* Manila: Asian Development Bank.

ASEAN Secretariat（2021）. *ASEAN State of Climate Change Report: Current Status and Outlook of the ASEAN Region Toward the ASEAN Climate Vision 2050.* Jakarta: ASEAN Secretariat.

BP（2021）. *BP Statistical Review of World Energy 2021.* London: BP p. l. c.

Brunei Climate Change Secretariat（2020）. "Brunei Darussalam National Climate Change Policy." http://www.climatechange.gov.bn/SitePages/BNCCP/index.html#page=3.

DEPS（2021）. *Brunei Darussalam Statistical Yearbook 2020.* Brunei: Department of Economic Planning and Statistics.

MFE（2020）. *Brunei Darussalam's Economic Blueprint: Towards a Dynamic and Sustainable Economy.* Brunei Ministry of Finance and Economy.

B.7

疫情下印尼的政治与经济形势

那文鹏*

摘　要： 2021年，印尼经历了两波疫情的强烈冲击，国内政局基本稳定，国民经济呈现复苏态势。政治上，印尼政府进行了内阁重组和部委调整，进一步稳固执政基础，维护国家统一，但多项改革措施引起了社会争议。经济上，印尼实现了经济强势反弹，采矿业、制造业、对外贸易等部门表现出色，财政金融系统运行稳定，失业率和贫困率趋于下降。面向2022年，印尼仍把疫情防控和经济复苏视为首要任务，同时将适时适度调整各项发展政策，以应对国内外环境的复杂变化。

关键词： 政局变动　疫情防控　经济复苏　印尼

面对突如其来的新冠肺炎疫情，印尼陷入自亚洲金融危机以来的至暗时刻，国内经济出现严重衰退。但印尼面对疫情展现出较强的韧性，不仅凭借有效的防控措施抵御住疫情的侵袭，还通过人事任免和机构整合提高了国家治理能力，借助宏观调控政策实现了经济复苏。展望2022年，佐科总统将继续主导国内政治、经济改革，经济复苏态势仍将延续。不过，因全球疫情尚未消退，印尼政治、经济形势变化还具有较大的不确定性。

* 那文鹏，厦门大学国际关系学院/南洋研究院世界经济专业博士生。

一 2021年印尼政治发展动向

在全球疫情的冲击下，佐科政府保持了稳定的执政基础，通过内阁重组和部委调整等方式，提高了行政部门的专业性和工作效率。同时，印尼政府持续打击恐怖主义活动，通过软硬兼施的手段加强了巴布亚地区的治理，维护了社会稳定和国家统一。然而，随着政治、经济改革逐渐深入，佐科政府制定的部分法案引起强烈反响，不同议题引发的社会骚动有待平息。

（一）佐科巩固执政基础，各政党布局未来选举

自疫情发生以来，印尼总统佐科·维多多的执政压力倍增，民意和政党基础承受严峻考验。2021 年 7 月，民调机构“印尼政治指标”的数据显示，因德尔塔毒株肆虐引发的经济停滞，使佐科的民意支持率跌至 59.1%，成为第二任期以来的最低值。8 月 25 日的总统府会议后，印尼七大政党发表联合声明，表示坚决支持防控疫情和恢复经济的各项举措。从政党构成来看，该声明代表了印尼政治界的主流声音，具体成员包括民主斗争党（PDI-P）、大印尼运动党（Gerindra）、国民民主党（PND）、民族觉醒党（PKB）、专业集团党（Golkar）、建设团结党（PPP）和国民使命党（PAN），这些政党的议员占据国会 575 个议席中的 471 席。该联合声明的适时发布，促进了政党团结和时局稳定，改善了佐科面对的政治困境。此后，随着第二波疫情趋于平稳，印尼的经济增长再次加速，民众对佐科的满意度不断提高，12 月佐科的民众满意度已攀升至 71.4%，大致回归到疫情前水平。①

由于佐科执政有方、深孚众望，印尼产生了总统连任和推迟选举的争议，为未来的政局发展增添变数。根据印尼《1945 年宪法》第 7 条，印尼

① Indikator (2022). “Pemulihan Ekonomi Pasca Covid－19, Pandemic Fatigue, Dan Dinamika Elektoral Jelang Pemilu 2024.” 9th January, https: //indikator. co. id/wp－content/uploads/2022/01/Materi_ Rilis_ Survei-Nasional_ 9_ Jan_ 22_ . pdf.

正副总统任期最多两届，之后不得连任。如果总统任期由两届变为三届，必须对现行宪法进行修订，但需要满足严苛的立法条件。《1945 年宪法》第 36 条规定，修宪必须得到 2/3 国会议员和地方代表的赞同，并要在全体会议中获得通过，因此修宪成功的难度较高。2021 年 6 月，印尼民调机构 SMRC 表示，有 52.9%的民众不同意佐科再次参选，有 74.0%的民众希望总统任期不超过两届。[1] 2021 年 12 月，“印尼政治指标”的民调表明，有 67.2%的受访者声明，尽管疫情的威胁远未消除，但必须通过 2024 年选举完成国家领导层更迭。面对众声喧哗的局面，总统府曾先后于 3 月和 9 月声明，佐科称自己无意违背宪法，不寻求第三届任期。

为了在 2024 年全国大选中占得先机，印尼各政党开始物色总统候选人。依照印尼的选举制度，只有占 20%以上国会议席的政党才可提名总统候选人，议席不足 20%的较小政党只能进行联合提名。本届印尼国会中除民主斗争党拥有 23.3%的国会议席，其他各政党的议席比重均低于 20%，这为政党联盟提供了广阔空间。截至 2021 年底，印尼仍未出现掌握绝对优势的候选人，呈现势均力敌的竞争态势。民意调查结果表明，潜在的 33 名总统候选人中，共有 3 人的民众支持率在 10%以上，大印尼运动党主席普拉博沃·苏比延托（Probowo Subianto），支持率为 22.4%；中爪哇省长甘查尔·普拉诺沃（Ganjar Pranowo），支持率为 18.0%；雅加达省长阿尼斯·巴斯威丹（Anies Baswedan），支持率为 15.8%。三位政治人物相比较，普拉博沃名望最高，但较此前有所下滑；甘查尔在少数族裔中受欢迎，但在保守群体中支持率较低；阿尼斯知名度较高，但在少数族裔中支持率较低。

（二）两度进行内阁调整，改组政府职能部门

针对疫情期间错综复杂的国内局面，佐科于 2021 年前后两次宣布重组内

① Saifulmujani (2021). “Sikap Publik Nasional Terhadap Amandemen Presidensialisme Dan DPD.” 20th June, https: //saifulmujani. com/sikap - publik - nasional - terhadap - amandemen - presidensialisme-dan-dpd/.

阁，旨在提高疫情防控和经济恢复的行政效率。2020年12月22日，佐科宣布进行第二任期内的首次内阁重组，共更换了6个政府部门的领导人选，任命德莉·莉斯玛哈丽妮（Tri Rismaharini）为社会部长，桑迪亚加·萨拉赫丁·乌诺（Sandiaga Salahuddin Uno）为旅游与创意经济部长，布迪·古纳迪·萨迪金（Budi Gunadi Sadikin）为卫生部长，雅库特·乔利尔·库玛斯（Yaqut Cholil Qoumas）为宗教部长，萨克蒂·瓦赫尤·特伦哥诺（Sakti Wahyu Trenggono）为海洋渔业部长，穆罕默德·鲁特菲（Muhammad Lutfi）为贸易部长。[①] 佐科选择此时进行内阁调整，是多种因素共同作用的结果，包括前社会部长朱利亚里·彼得·巴杜巴拉（Juliari Peter Batubara）因涉嫌受贿向肃贪委（KPK）自首，前海洋渔业部长艾迪·普拉博沃（Edhy Prabowo）因非法出口行为被肃贪委逮捕，前卫生部长德拉万·阿古斯·普特兰托（Terawan Agus Putranto）因不合理的防疫措施遭到民众反对。

2021年4月29日，佐科在4个月内再次小幅调整内阁，将投资协调委员会（BKPM）升级为投资部，原负责人巴赫里尔·拉哈达里亚（Bahlil Lahadalia）升任为投资部长；将教育和文化部、研究和技术部合并为教育文化与研究技术部，任命原教育和文化部长纳迪姆·安瓦尔·玛卡里姆（Nadiem Anwar Makarim）为新部长。此外，佐科还更换了印尼国家研究与创新署（BRIN）主席，原研究和技术部长班邦·布罗佐内戈罗（Bambang Brodjonegoro）卸任，印尼科学院（LIPI）负责人拉克萨纳·特里·汉多科（Laksana Tri Handoko）成为新任领导。[②] 在职能方面，投资部的权力范围较其前身更大，不仅能够签发商业许可证，还能制定政策和执行法规，可以更高效地推进投资便利措施；印尼国家研究与创新署主管科研事务，以期望从研究和创新活动中收获经济效益，吸引国内外投资进入科技领域，

---

① The Straits Time（2020）. "Indonesia's Cabinet Reshuffle：Profiles of 6 New Ministers." 22rd December，https：//www.straitstimes.com/asia/se-asia/indonesias-cabinet-reshuffle-profiles-of-6-new-ministers.

② The Jakarta Post（2021）. "Reshuffle Marks New Era of Research，Innovation." 29th April，https：//www.thejakartapost.com/news/2021/04/28/reshuffle-marks-new-era-of-research-innovation.html.

提高教育机构和工业部门的科研能力。相比之下，教育文化与研究技术部的设立，源于印尼法律规定内阁部长最多为 34 人，因此增加新部门必然导致机构精简。

佐科通过两次内阁重组，增强了对政经局势的管控力，为推进各项改革措施奠定了良好基础。在新的人事任命中，包括投资部长、旅游与创意经济部长和海洋渔业部长在内，多位内阁成员拥有经济金融领域的经验，反映出佐科对摆脱经济衰退的迫切需求，以及实现就职时提出的五大举措，即促进人力资源的培养与开发、加快基础设施建设、简化行政法规、改革官僚体系、推动经济转型的坚定决心。同时，两次内阁调整均涉及政治和宗教议题，新任旅游与创意经济部长桑迪亚加，曾经是反对党领袖普拉博沃的竞选搭档，如今两人均在内阁中担任重要职位，表明佐科试图弱化经济改革的政治阻力；新任宗教部长雅库特，出身于印尼伊斯兰教士联合会（NU），也是安梭青年团（GP Ansor）的总主席，其宗教态度较为温和，有利于维护印尼的立国之本“潘查西拉”（Pancasila）。

（三）打击恐怖主义活动，维护地方政治稳定

近年来，印尼国内的恐怖主义活动时有发生，严重地危害了社会稳定和民众安全。2021 年 3 月 28 日，在南苏拉威西省首府望加锡市的圣心天主教堂附近，发生一起自杀式爆炸案件。三天后，位于雅加达南部的印尼国家警察总部发生枪击案。在此背景下，为了有效应对恐怖主义威胁，印尼于 2021 年出台了《2020 年至 2024 年预防和打击暴力极端主义国家行动计划》（RANPE），主要内容涵盖预防、去极端化、执法和国际合作，强调政府和公众的共同参与，综合利用多种手段打击恐怖主义。随着打击力度不断增强，大批恐怖分子纷纷落网。根据国家反恐局（BNPT）的数据，2021 年印尼警察反恐特别部队共抓获 364 名恐怖分子。① 就整体效果而言，2021 年印

① Tempo（2021）．“Densus 88 Handles 364 Alleged Terrorism Cases Throughout 2021.” 29th December，https：//en. tempo. co/read/1544359/densus-88-handles-364-alleged-terrorism-cases-throughout-2021.

尼的恐怖主义风险指数（IRT）为52.22%，低于《2020—2024年国家中期发展计划》（RPJMN）设定的54.36%，表明该国恐怖主义活动得到有力控制。①

进入2021年后，巴布亚省份的分离主义运动日趋活跃，成为影响地区安全局势的重要因素，政府亟须加强地区治理。年初以来，印尼军警联队与巴布亚武装犯罪集团（KKB）多次交火，虽然成功打击了对方的有生力量，但自身也在行动中蒙受损失，尤其是4月25日地区情报局长遭到枪杀的事件，迫使印尼政府提高对巴布亚问题的重视程度。为了维护地区稳定和族群团结，印尼政府采取刚柔并济的治理政策，4月29日政府对外宣布，将巴布亚武装犯罪集团列为恐怖组织，并派遣反恐部队开展抓捕行动。在此强硬政策下，西巴布亚联邦共和国（NRFPB）头目亚历克斯·汉贝尔（Alex Hamberi）于5月4日向警方投诚，并宣誓效忠印尼共和国。另外，副总统马鲁夫·阿敏（Ma'ruf Amin）于5月19日宣称，印尼政府希望加快巴布亚地区建设，采取提高福利与和平对话的方式处理地区冲突。对于该项主张，西巴布亚民族解放军（TPNPB）发言人塞比·桑本（Sebby Sambon）表示欢迎，但指出谈判需要第三方组织参与，表明冲突双方信任度较为有限。

除上述举措外，印尼政府还以修订自治法案的方式，提高对巴布亚地区的管控力度。亚洲金融危机后，印尼于2001年颁布了《巴布亚特殊自治法案》，赋予巴布亚省份自治权和多项经济权益，以平息骚动不安的局面。但是，2021年11月该法案将超过20年的有效期，因此必须提前对其进行修订。7月15日，印尼政府和国会正式批准了《巴布亚特殊自治法案》的第二修正案，包含18项修订条款和2项新增条款。该修正案牵涉的内容甚为广泛，包括将地区人民代表议会（DPRD）更名为区/市级人民代表议会（DPRK），其中1/4的成员必须为巴布亚原住民（OAP），且至少30%的成员为女性巴布亚原住民；将特别自治基金（DOK）由国家普通拨款（DAU）

① Antaranews (2022). "Indonesia's Terror Risk Index Declines; Drops Lower than RPJMN Target." 25th January, https://en.antaranews.com/news/211649/indonesias-terror-risk-index-declines-drops-lower-than-rpjmn-target.

上限的2%提高至2.25%，其中1%的资金可直接获得，剩余1.25%将根据当地政府绩效发放；改革特别自治基金的分配机制，直接将其发放至区级或市级单位手中；同意西巴布亚省政府保留70%的石油和天然气收入共享基金（DBH）；建立加速巴布亚发展特别机构（BKP3）；政府和国会可在巴布亚增设新的自治区。总体而言，该修正案延续了对巴布亚地区的经济扶持，但也在客观上削弱了巴布亚人民议会（MRP）的政治作用，导致当地部分民众对此颇有微词。

（四）政经改革步幅加大，引发社会争议

近年来，佐科政府主导制定了多个改革法案，试图寻求突出社会议题的解决之道，引发了一些社会争议。在此过程中，佐科政府的执政理念，与多元的政治思潮相互碰撞，共同探索印尼社会转型的前进道路。

1. 劳工议题

2021年3月生效的《创造就业综合法》（UU Cipta Kerja），是目前争议性最大的法案。作为佐科推行改革的重要工具，该法案由45项政府条例和4项总统条例构成，涉及投资审批、中小企业保护、营商环境改善、国家财政政策、创新研究支持等诸多领域，旨在全面重塑印尼的经济环境。然而，由于该法案放松了劳工保护的相关规制，劳动群体对此深感不满，在印尼各地组织了声势浩大的抗议活动，部分政党还向宪法法院（MK）提交了审议诉讼。2021年劳动节期间，印尼工人群体再次在各地举行示威活动，其推动者包括印尼工会联合会（KSPI）、印尼工会联盟（KSPSI）和印尼农民联盟（SPI）等，显示出亲劳工组织的政治参与日趋活跃。在持续抗议的基础上，2021年10月印尼工会联合会主席赛义德·伊克巴尔（Said Iqbal）宣布工党（Partai Buruh）重新成立，成员包括1998年成立的旧工党和众多印尼工会，并声称将参与2024年选举。[①] 此

① Bisnis Indoensia (2021). "Partai Burun Resmi Berdiri, Said Iqbal Ditunjuk Jadi Presiden.", 5th October, https://bisnisindonesia.id/article/partai-buruh-resmi-berdiri-said-iqbal-ditunjuk-jadi-presiden.

后不久，印尼宪法法院于 11 月宣布《创造就业综合法》的通过程序违宪，责令政府在两年内进行修订，否则此项法律将因违宪被永久废除，导致该法案面临的风险再次增强。

2. 反腐议题

在印尼的社会发展中，肃贪委（KPK）是预防和治理腐败的重要机构，但这一机构在改革后处于动荡不安的状态。此次危机可追溯至 2019 年 9 月，印尼国会批准了针对《肃贪委法令》（UU KPK）的修正案，将肃贪委由独立的国家机构转型为行政部门，其组织雇员也将变为民事公务员（ASN），本质上降低了肃贪委的部分自主权。该法案通过后，印尼社会涌现出强烈的反对声，认为该法案削弱了肃贪委的执行能力，并引发了 1998 年以来规模最大的学生运动。进入 2021 年后，为实现肃贪委雇员的身份转换，印尼对约 1300 名员工进行了“国家洞察力测试”（TWK），结果有 75 名参与者未能通过测试，其中不乏此前反腐业绩突出的高级调查员，导致公众对测试公正性产生怀疑。在最终的处理方案中，有 18 名员工可在培训后归队，另外 57 人则于 9 月底遭到解雇，但其多数于 12 月被印尼警察总部接纳。除雇员身份问题外，现任肃贪委的领导层也深陷舆论旋涡，主席菲尔利·巴胡里（Firli Bahuri）被指控涉嫌贪污，副主席莉莉·平塔利（Lili Pintauli）被怀疑公开欺骗，致使肃贪委的公信力明显降低，更换领导人的呼声层出不穷。

3. 电子信息议题

随着电子信息技术的快速发展，互联网成为公民参与政治生活的公共空间，然而其中出现的极端言论，严重危害了社会的安全稳定，迫使印尼政府不断加强网络管理。事实上，印尼早在 2008 年就颁布了《电子信息与交易法》（UU ITE），但由于法案对侮辱、诽谤、亵渎等名词定义模糊，常被怀疑会对新闻和出版业产生“寒蝉效应”，修订该法案的社会呼声持续不断。近年来，印尼网络媒体信息泥沙俱下，存在关于民族、宗教、种族和跨社会群体（SARA）的恶性言论。在此背景下，佐科表示将与国会共同修订《电子信息与交易法》，撤销指涉不清的相关条款，以保护印尼数字空间清洁。6 月 8 日，政治法律安全统筹部长穆罕默德·马福德（Mohammad Mahfud）宣称，印尼政府将对法案中的5 项条款进行有限修订，从而消除此前存在的解释歧义问题。12 月 16 日，佐科向众议院发送总统信函，其中附有法案草案的相关文件，标志着修订工作即将正式展开。①

二　2021年印尼经济运行状况

进入 2021 年后，印尼经济逐渐走出衰退困境，经济增长率自疫情后首次由负转正，宏观经济和金融市场运行平稳，人口贫困率趋于下降，收入分配情况有所改善。从影响因素上看，印尼的经济复苏既受惠于政府的各项经济刺激政策，又得益于世界经济恢复后旺盛的外部需求。

（一）经济增长在波动中缓慢回弹

在经历疫情引发的经济萎缩后，印尼经济于 2021 年呈现复苏态势。根据印尼统计局（BPS）的数据，2021 年印尼的经济增长率为 3. 69%，虽然尚未恢复到 2019 年的 5. 02%，但已显著高于 2020 年的-2. 07%。不过，受疫情反复等因素影响，2021 年印尼经济的波动性较强，其中第一季度的增长率为-0. 70%，经济衰退的趋势基本止住；第二季度的增长率为 7. 07%，在过去五个季度中首次实现正增长；第三季度的增长率为 3. 51%，反弹速度因德尔塔毒株传播而减缓；第四季度的增长率为 5. 02%，总体经济表现再次超过市场预期。

从需求侧来看，由于疫情防控形势趋向好转，印尼经济的国内外需求均逐渐恢复。与 2020 年萎靡不振的局面相比，2021 年印尼的私人消费增长率

① Tempo（2021）. “Ingin Revisi UU ITE Jadi Prioritas, Jokowi Kirim Surpres Ke DPR.” 24th December, https://nasional. tempo. co/read/1542783/ingin-revisi-uu-ite-jadi-prioritas-jokowi-kirim-surpreske-dpr/full&view=ok.

由-2.63%提高至2.02%，主要由于疫情稳定后餐饮和出行等活动增多；政府消费增长率由1.96%提高至4.17%，原因在于政府抗击疫情的各项支出增加；国内固定资本形成的增长率由-4.96%提高至3.80%，原因在于机械设备和汽车领域的投资快速恢复；商品和服务出口的增长率由-8.14%提高至24.04%，主要得益于国际市场需求强劲和大宗商品价格上升；商品和服务进口的增长率由-16.72%提高至23.31%，主要受惠于国内复工复产（见表1）。在需求结构中，私人消费在国内生产总值（GDP）中的比重由57.65%下降至54.42%，政府消费的比重由9.55%下降至9.14%，国内固定资本形成的比重由31.72%下降至30.81%，而商品和服务出口的比重由17.27%提高至21.56%，商品和服务进口的比重由15.70%提高至18.86%（见表2）。由此可知，对外贸易成为拉动增长的主要动力，印尼经济的对外依存度有所提高。

从供给侧来看，印尼的产业部门显露出回暖迹象，众多产业的年增长率由负转正。由于疫情防控活动带动相关需求，2021年有7个产业的增长率高于GDP增长率（3.69%），分别为医疗服务业（10.46%）、信息通信业（6.81%）、电力和天然气供应业（5.55%）、供水和排污业（4.97%）、批发零售和机动车维修业（4.65%）、采矿业（4.00%）和住宿餐饮业（3.89%）。运输仓储业和住宿餐饮业相较2020年明显回升，年增长率分别提高18.29个百分点和14.15个百分点，在所有产业中位居前两名，主要受益于疫情稳定时期消费和生产活动的增加（见表1）。在产业结构方面，制造业、农业（含农林渔）和建筑业在GDP中所占比重最高，分别达到19.25%、13.28%和10.44%；采矿业的比重较2020年提高了2.54个百分点，批发零售和机动车维修业的比重提高了0.05个百分点，医疗服务业的比重提高了0.04个百分点，而其他产业的比重均出现不同程度的下降（见表2），表明印尼经济对矿石等自然资源的依赖度增强。

表 1　2019~2021 年印尼各部门的经济增长率

单位：%

		2019 年	2020 年	2021 年				
				第一季度	第二季度	第三季度	第四季度	全年
需求侧	私人消费	5.04	-2.63	-2.21	5.96	1.02	3.55	2.02
	政府消费	3.27	1.96	2.55	8.06	0.62	5.25	4.17
	国内固定资本形成	4.45	-4.96	-0.21	7.52	3.76	4.49	3.80
	商品和服务出口	-0.48	-8.14	6.94	31.50	29.16	29.83	24.04
	商品和服务进口	-7.13	-16.72	4.41	31.84	29.95	29.60	23.31
供给侧	农业(含农林渔)	3.61	1.77	3.44	0.53	1.43	2.28	1.84
	采矿业	1.22	-1.95	-2.02	5.22	7.78	5.15	4.00
	制造业	3.80	-2.93	-1.38	6.58	3.68	4.92	3.39
	电力和天然气供应业	4.04	-2.34	1.68	9.09	3.85	7.81	5.55
	供水和排污业	6.83	4.94	5.46	5.78	4.56	4.14	4.97
	建筑业	5.76	-3.26	-0.79	4.42	3.84	3.91	2.81
	批发零售和机动车维修业	4.60	-3.78	-1.26	9.52	5.15	5.56	4.65
	运输仓储业	6.38	-15.05	-13.09	25.10	-0.72	7.93	3.24
	住宿餐饮业	5.79	-10.26	-7.27	21.58	-0.14	4.95	3.89
	信息通信业	9.42	10.61	8.72	6.90	5.54	6.21	6.81
	金融保险服务业	6.61	3.25	-2.97	8.33	4.29	-2.59	1.56
	房地产业	5.76	2.32	0.94	2.82	3.42	3.94	2.78
	商业服务业	10.25	-5.44	-6.10	9.94	-0.59	0.89	0.73
	行政服务业	4.66	-0.03	-2.26	9.95	-9.95	0.98	-0.33
	教育服务业	6.30	2.61	-1.54	5.89	-4.42	0.70	0.11
	医疗服务业	8.66	11.56	3.39	11.69	14.06	12.16	10.46
	其他服务业	10.57	-4.10	-5.15	11.97	-0.30	3.35	2.12
总体		5.02	-2.07	-0.70	7.07	3.51	5.02	3.69

资料来源：根据 *BPS Growth Rate of GDP by Expenditure 2019-2021*、*Growth Rate of GDP by Industrial Origin 2019-2021* 数据编制。

表 2　2019~2021 年各部门占印尼 GDP 的比重

单位：%

		2019 年	2020 年	2021 年				
				第一季度	第二季度	第三季度	第四季度	全年
需求侧	私人消费	56.63	57.65	56.90	55.08	53.09	52.91	54.42
	政府消费	8.81	9.55	6.74	8.63	9.06	11.82	9.14
	国内固定资本形成	32.35	31.72	31.97	29.85	30.44	31.04	30.81
	商品和服务出口	18.59	17.27	19.31	20.46	22.47	23.70	21.56
	商品和服务进口	19.04	15.70	17.75	18.73	18.27	20.54	18.86
供给侧	农业（含农林渔）	12.71	13.70	13.23	14.29	14.32	11.39	13.28
	采矿业	7.26	6.44	7.64	8.09	9.55	10.43	8.98
	制造业	19.70	19.87	19.83	19.29	19.15	18.80	19.25
	电力和天然气供应业	1.17	1.16	1.18	1.10	1.10	1.10	1.12
	供水和排污业	0.07	0.07	0.07	0.07	0.07	0.07	0.07
	建筑业	10.75	10.71	10.79	10.12	10.39	10.48	10.44
	批发零售和机动车维修业	13.01	12.92	13.08	13.08	13.02	12.71	12.97
	运输仓储业	5.57	4.47	4.27	4.21	3.90	4.56	4.24
	住宿餐饮业	2.78	2.55	2.56	2.48	2.26	2.44	2.43
	信息通信业	3.96	4.51	4.58	4.44	4.37	4.28	4.41
	金融保险服务业	4.24	4.51	4.58	4.42	4.26	4.12	4.34
	房地产业	2.78	2.94	2.88	2.78	2.74	2.65	2.76
	商业服务业	1.92	1.91	1.88	1.81	1.70	1.72	1.77
	行政服务业	3.61	3.77	3.50	3.79	2.95	3.55	3.44
	教育服务业	3.30	3.56	3.24	3.38	3.07	3.41	3.28
	医疗服务业	1.10	1.30	1.25	1.25	1.41	1.43	1.34
	其他服务业	1.95	1.96	1.94	1.85	1.77	1.81	1.84

资料来源：根据 *BPS Quarterly Distribution of GDP at Current Market Prices by Expenditure 2019-2021*、*Quarterly Distribution of GDP at Current Market Prices by Industrial Origin 2019-2021* 数据编制。

（二）宏观经济总体保持稳健

面对疫情带来的严峻考验，印尼经济展现出较强的抗风险能力，中长期发展前景谨慎乐观。2021 年，印尼的主权信用评级保持稳定，三大评级机构穆迪（Moody's）、惠誉（Fitch）和标准普尔（S&P）的评级分别为 BAA2（稳定）、BBB（稳定）和 BBB（负面），日本评级机构 R&I 和 JCR 的评级均为 BBB+（稳定）。

1. 物价水平保持平稳，通货膨胀率稍显低迷

2021 年，印尼的消费者物价指数（CPI）为 1.87%，较 2019 年增长 0.19 个百分点，但低于 2.0%~4.0%的目标区间。其中，核心通货膨胀率为 1.56%，较 2019 年降低 0.04 个百分点；价格管制产品的通胀率为 1.79%，较 2019 年提高 1.54 个百分点；价格浮动产品的通胀率为 3.20%，较 2019 年降低 0.42 个百分点。印尼核心通胀率的低位运行受到多重因素的影响，主要包括疫情期间内需仍显疲软、产品供应充足和分配有序、央行稳定汇率和通胀预期等。与之相比，价格管制产品的通胀率大幅提升，主要源于机票价格上涨和烟草消费税上调。

2. 财政收支趋向平衡，财政赤字率有所回落

2021 年，印尼延续了此前扩张性的财政政策，不过收支平衡情况明显改善。与 2020 年的水平相比，2021 年的财政收入由 1647.78 万亿盾增加至 1735.74 万亿盾，同比增长 5.34%，主要受益于经济恢复后收入税和增值税的增加，以及国际贸易繁荣后提高的关税收入；财政支出由 2595.48 万亿盾增加至 2697.24 万亿盾，同比增长 3.92%，主要用于规模庞大的社会救济和经济刺激计划。在收支两端的共同变化下，印尼的财政赤字规模略有增加，由 2020 年的 947.70 万亿盾增加至 2021 年的 961.69 万亿盾，但占 GDP 的比重由 6.14%下降至 5.67%，表明政府的财政压力相对缓解。

3. 经常账户扭亏为盈，国际收支顺差扩大

2021 年，印尼的国际收支状况良好，最终实现 134.61 亿美元盈余，较

去年同期增加 108.64 亿美元。在此之中，由于国内外市场需求旺盛，以及大宗商品价格快速上涨，印尼的经常账户自 2012 年以来首次实现盈余，从 2020 年 44.33 亿美元的逆差转变为 33.26 亿美元的顺差，占 GDP 的比重由 -0.42%增长为 0.28%，其中非油气产品的顺差持续扩大，而油气产品和服务贸易的逆差更为严重。印尼经济发展前景向好，吸引了大量资本流入，2021 年资本和金融账户盈余 117.50 亿美元，其中国际直接投资净额达 164.86 亿美元，同比增长 16.56%；国际间接投资净额为 53.26 亿美元，同比增长 58.08%。与此同时，印尼的总储备资产由 2020 年的 1358.97 亿美元，增加至 2021 年的 1449.05 亿美元，大幅超过疫情前规模。印尼的总储备资产相当于 8.0 个月的进口需求或 7.8 个月的进口加外债偿付需求，远高于 3 个月的国际充足标准。

4. 外债规模保持稳定，期限结构较为合理

截至 2021 年底，印尼的外债规模为 4150.66 亿美元，比 2020 年降低 18.70 亿美元，但较 2019 年增加 115.03 亿美元。从来源上看，2021 年政府和央行的公共债务为 2091.93 亿美元，占外债总额的 50.40%；私人债务为 2058.73 亿美元，占外债总额的 49.60%。从期限结构上看，中长期外债占 85.68%，短期债仅占 14.32%，总体比例较为健康。从债务指标上看，2021 年外债总额占 GDP 的 34.99%，短期外债占总储备资产的 41.00%，还本付息额占经常项目余额的 21.59%，基本达到近五年来的最低水平。

（三）金融市场保持稳定

尽管全球金融市场存在较高风险，印尼盾的汇率仍保持基本稳定。2021 年，印尼盾的汇率由年初的 14105 印尼盾/美元，降至年底的 14269 印尼盾/美元，贬值 1.16%，但总体幅度小于印度（3.93%）、菲律宾（4.51%）和马来西亚（4.94%）等其他新兴经济体。分阶段来看，上半年由于美国国债收益率上升和美元走强，以证券形式流入印尼的资本投资有所减少，外汇市场面临温和的下行压力，6 月底印尼盾汇率降至 14496 印尼盾/美元，较年初贬值2.77%，不过总体处于可控范围内。此后到10月底，受益于国民经济快速回暖，加上印尼央行实施的稳定货币政策，印尼的资本流入量显著增加，印尼盾汇率涨至14199印尼盾/美元，较6月底升值2.05%。然而，在2021年最后两个月中，美国宣布缩减量化宽松货币政策，使得国际资本从新兴经济体回流，12月底印尼盾汇率较10月底贬值0.49%。

印尼的股市和债市曾在疫情初期遭受重创，此后长期保持回温态势，并较疫情前更为活跃。2021年，雅加达证券综合指数（JCI）从5979点升至6581点，涨幅高达10.07%，并曾于11月冲至6723点的历史高位，说明投资者对印尼股市持有乐观态度。在此期间，印尼股市中的上市公司数量由713家增至766家，上市股票由6.05万亿股增至7.23万亿股，市值由6970万亿盾增至8256万亿盾；政府债券由129只增至137只，未清偿价值由3870万亿盾增至4521万亿盾；企业债券由852只增至877只，未清偿价值由426万亿盾增至430万亿盾。在市场交易方面，2021年印尼的股票交易量为5.10万亿股，同比增长85.16%；股票交易额为3303万亿盾，同比增长48.19%；政府债券的交易额为13794万亿盾，同比增长29.84%；而企业债券的交易额为343万亿盾，同比下降9.15%。由此可见，印尼股市和债市规模扩大，能够更好地发挥融资功能。

为加快国内经济的复苏，印尼央行实施了较为宽松的货币政策，同时银行系统维持稳健的运行状态。2021年12月，印尼各项指标均显示出较强的安全性和流动性，银行资本充足率（CAR）为25.67%，流动资产与存款比（LA/deposits）为35.12%，不良贷款率（NPL）仅为3.00%，存款增长率为12.21%，狭义货币（M1）的增长率为17.9%，广义货币（M2）的增长率为13.9%。与2020年信贷规模剧烈收缩的情形不同，2021年底印尼的信贷规模增长率已提升至5.24%，其中经营性贷款的增长率为6.32%，消费贷款的增长率为4.67%，投资贷款的增长率为4.01%，表明印尼银行部门的中介功能增强。信贷规模的恢复与提升，主要源于经济复苏后企业的信贷需求增加、银行部门放宽对优先行业的贷款标准，以及政府对中小企业出台扶持政策（见表3）。

表 3　2019~2021 年印尼宏观经济指标

	2019 年	2020 年	2021 年				
			第一季度	第二季度	第三季度	第四季度	全年
1. GDP 年增长率(%)	5.02	-2.07	-0.70	7.07	3.51	5.02	3.69
2. CPI 年增长率(%)	1.68	2.72	0.08 (3 月)	-0.16 (6 月)	-0.04 (9 月)	0.57 (12 月)	1.87
核心通胀率(%)	1.60	3.02	-0.03 (3 月)	0.14 (6 月)	0.13 (9 月)	0.16 (12 月)	1.56
价格管制产品通胀率(%)	0.25	0.51	0.02 (3 月)	-0.21 (6 月)	0.14 (9 月)	0.45 (12 月)	1.79
价格浮动产品通胀率(%)	3.62	4.30	0.56 (3 月)	-1.23 (6 月)	-0.88 (9 月)	2.32 (12 月)	3.20
3. 国际收支							
经常账户余额占 GDP 比重(%)	-2.71	-0.42	-0.39	-0.68	1.65	0.45	0.28
资本和金融账户盈余(10 亿美元)	36.60	7.92	5.74	1.66	6.71	-2.35	11.75
总盈余(10 亿美元)	4.68	2.60	4.07	-0.45	10.69	-0.84	13.46
总储备资产(10 亿美元)	129.18	135.90	137.10 (3 月底)	137.09 (6 月底)	146.87 (9 月底)	144.91 (12 月底)	144.91
4. 印尼盾兑美元汇率(期末)	13901	14105	14572 (3 月底)	14496 (6 月底)	14307 (9 月底)	14269 (12 月底)	14269
5. 雅加达证券综合指数(JCI)	6300	5979	5986 (3 月底)	5985 (6 月底)	6287 (9 月底)	6581 (12 月底)	6581
6. 银行							
信贷规模增长率(%)	6.08	-2.41	4.13 (3 月)	0.59 (6 月)	2.21 (9 月)	5.24 (12 月)	5.24
资本充足率(CAR)(%)	23.31	23.81	24.05 (3 月)	24.30 (6 月)	25.18 (9 月)	25.67 (12 月)	25.67
不良贷款率(NPL)(%)	2.53	3.06	3.17 (3 月)	3.24 (6 月)	3.22 (9 月)	3.00 (12 月)	3.00
7. 政府财政							
税收收入占 GDP 的比重(%)	9.77	8.32	—	—	—	—	8.11
财政赤字占 GDP 的比重(%)	2.20	6.14	—	—	—	—	5.67

资料来源：根据 Statistics Indonesia、Bank Indonesia 的相关数据编制。

（四）失业和贫困趋向好转，收入分配更为均衡

受疫情的负面影响，印尼的人均国民收入（GNI）由2019年的4050美元降至2020年的3860美元，时隔一年重新回到下中等收入国家行列。随着印尼经济逐步恢复，印尼有望再次跻身上中等收入国家的行列。2021年印尼的失业人口为910.21万人，较去年同期减少66.57万人，但比2019年增加199.76万人；失业率为6.49%，较去年同期降低0.58%，但比2019年增加1.06%。受益于经济增长和政府补贴，印尼的贫困率再次回归10%以内，2021年的总人口贫困率为9.71%，同比下降0.48%；城市人口贫困率为7.60%，同比下降0.28%；农村人口贫困率为12.53%，同比下降0.67%。同时，印尼的收入分配更为均衡，保持在相对合理区间，基尼系数由2020年的0.385降至2021年的0.381，其中城市基尼系数由0.319降至0.314，农村基尼系数由0.399降至0.398。印尼的人类发展指数（HDI）略微上升，由2020年的71.29增至2021年的72.29，表明社会经济发展水平有所提高。

三　2021年印尼政府的施政重点

由于疫情多次反复，疫情防控和经济刺激成为佐科政府的首要任务。2021年，印尼制定了多项公共卫生政策来应对疫情的快速蔓延，为经济社会生活恢复创造条件。在此基础上，印尼政府继续实施积极扩张的财政政策、审慎宽松的货币政策，并持续推进结构性改革，有力地促进了国内经济的稳定复苏。

（一）加大疫情防控力度，建立防疫措施调节系统

2021年，印尼仍未摆脱疫情肆虐的困扰，社会生活遭受巨大影响。在此期间，印尼先后出现了两波疫情高潮，其中首波疫情自2020年下半年开始恶化，2021年1月30日单日新增确诊病例达到14518例的峰值，此后新增确诊病例趋于减少。与之相比，由德尔塔毒株引发的第二波疫情更为凶

险，自2021年5月底迅速扩散，于7月15日达到单日新增确诊病例56757例的顶点，之后新增病例呈现下降态势。据印尼政府部门统计，截至2021年12月31日，印尼累计确诊病例426.27万例，其中痊愈者411.43万人，住院或隔离者4292人，死亡者14.41万人。考虑到规模庞大的国内人口，印尼感染者的比重相对较低，优于马来西亚、越南、泰国、菲律宾等东南亚国家，但也受检测不足等因素的影响。总体上，印尼疫情得到了有效管理与控制，其离不开政府具有较强针对性的防疫政策，尤其是公共活动限令（PPKM）和疫苗的广泛接种。

2020年4月以后，为控制疫情的蔓延速度，印尼制定了大规模社交限制政策（PSBB），包括在疫情严重地区关闭公共场所、学校，限制公共交通和旅行等措施。然而，由于第一波疫情持续恶化，印尼于2021年1月11日在爪哇和巴厘岛试点更严格的公共活动限令（PPKM），包括将办公室办公率限制在25%以内，教学活动线上进行，加强基本需求活动的卫生监管，购物中心开放时间限制在晚上7点前，礼拜场所在50%的容量限制下运营。2月9日，印尼再次修订防疫政策，宣布施行“微型PPKM政策”，按疫情严重程度将社区/村庄分为四个区域，将办公室办公率放宽至50%，将购物中心开放时间延长至晚上8点。7月3日，为应对德尔塔毒株引发的第二波疫情，印尼制定了“紧急PPKM政策”，计划将每日新增病例降至1万例以下，要求非必要部门人员全部在家办公，办公室人员遵守健康协议，关闭商场和贸易中心，餐厅不接受堂食，礼拜场所不准集体礼拜，暂时关闭公共活动区域等。7月25日，第二波疫情已出现拐点，印尼将PPKM政策细分为由宽松到紧张的4级政策，具体标准包括每周确诊病例率、每周治疗率和床位占用率，从而建立起防疫措施的动态调整系统，平衡疫情防控、社会稳定和经济发展的多元要求。

2021年1月13日，印尼正式启动全国疫苗接种计划，分阶段向国民免费提供疫苗，以实现群体免疫效果。为了加快疫苗接种进程，印尼制定了多项策略，旨在稳定疫苗供应。首先，印尼从多个渠道争取疫苗，尤其加强了与中国的疫苗合作，政府声称80%的海外疫苗来自中国。在接种计划实施当日，印尼总统佐科率先接种由中国提供的科兴（Sinovac）疫苗，以此向国民证明接种疫苗的必要性和安全性，并由此成为首位接种中国疫苗的非华裔领导人。其次，印尼卫生部制订了疫苗互助计划，推动企业与政府合作认购疫苗，再向员工及家属免费接种，但该方案总体规模较小，不足疫苗接种总数的 10%。最后，印尼组织了 7 所科研单位开发国产红白疫苗，2021 年已经通过动物实验阶段，有望于 2022 年投入生产。在各种政策的共同作用下，印尼的疫苗接种率稳定提升，截至 2021 年 12 月底已有 1.6 亿人完成首针疫苗接种，占目标总数的 76.96%；已有 1.13 亿人完成了第二针疫苗接种，占目标总数的 54.39%。

（二）推动财政税收系统改革，强化财政政策的调控功能

为缓解疫情造成的财政收支困境，印尼进行了大刀阔斧的税收改革。2021 年 10 月，印尼众议院通过了《税收法规协调法》（UU HPP），重新制定了各类生产和消费活动的税率，目标是将税收占 GDP 的比重于 2022 年提高至 9.25%，于 2025 年提高至 10.14%。从具体内容上看，该法案主要包括六项内容：一是提高增值税税率，2022 年 4 月开始将其由 10%提高至 11%，2025 年 1 月开始继续提高至 12%，取消此前适用于主食、医疗和教育的某些税收豁免；二是维持 22%的企业所得税率，撤销 2020 年宣布的企业减税措施，但营业额在 5 亿盾以下的小微企业适用 0.5%的所得税率；三是修订个人所得税率，将 15%税率的年收入门槛由 5000 万盾提高为 6000 万盾，同时 50 亿盾以上年收入的税率由 30%提高为 35%；四是实施第二轮税收特赦计划，纳税人可在 2022 年 1~6 月向印尼政府披露未报告资产，税务机关会将其归类为额外收入，免去高达 200%的税收行政处罚，但将对 2016 年前的未报告资产征收 6%~11%的税款，对 2016~2020 年的未报告资产征收 12%~28%的税款，具体税率取决于申报资产是否投资于印尼，以及是否投资于国家证券、自然资源加工业或新能源产业；五是 2022 年 4 月起征收碳税，每公斤二氧化碳当量的税款不低于 30 盾，并计划到 2025 年建立起碳交易机制；六是改善纳税程序，整合民事登记系统和税收管理系统，以便利收税和扩大税基。

在增加财政收入的基础上，印尼将财政支出作为调控经济的重要手段，推动了国民经济复苏。2021 年，印尼基于财政支出在疫情期间的现实压力，延续了适度扩张的财政政策基调，财政赤字占 GDP 的比重达到 5.67%。印尼的财政开支主要用于卫生设施建设、社会保护、经济复苏和结构性改革，其中疫情后开始实施的国民经济复苏项目（PEN），已成为防控疫情和发展经济的主要工具，支出规模因两波疫情高潮而持续扩大。据印尼财政部统计，2021 年该项目的实际支出为 658.79 万亿盾，较 2020 年增加 83.4 万亿盾，达到计划支出的 88.4%。其中，约有 198.5 万亿盾用于健康产业集群，包括疫情监测和追踪、患者治疗、健康保险援助、疫苗采购和研发等；171 万亿盾用于社会保护集群，包括现金转移、食物保障、待业卡申领、互联网补贴和电费折扣、消除贫困等；116.2 万亿盾用于企业扶持集群，包括业务扶助和先进转移、小微企业的担保费补贴、对银行部门的贴息和注资等；105.4 万亿盾用于优先产业集群，包括支持旅游业发展、为地方政府提供基础设施贷款、振兴劳动密集型产业、开发信息技术产业等；67.69 万亿盾用于商业激励集群，包括为雇主和小微企业提供收入税补贴、为进口产品提供税收豁免、为汽车和房地产业提供税收优惠等。

鉴于疫情期间的财政支出持续增加，印尼政府加强了财政和货币政策的协调性，以保证财政金融系统的稳定运行。2020 年 4 月和 7 月，印尼财政部和央行发布了两份联合法令（SKB Ⅰ和 SKB Ⅱ），允许央行在初级市场购买国家有价证券，并确立了负担共享机制，即由央行承担全部或部分利息支出，进而以较低成本完成预算融资（APBN）。2021 年确诊病例激增引发财政紧张，印尼发布了第三个联合法令（SKB Ⅲ），央行宣布将在 2021 年购买 215 万亿盾的国家债券，2022 年购买 224 万亿盾的国家债券，用于医疗保健和人道救济。债券可根据融资用途分为两类，其中 A 类债券融资用于疫苗接种等医疗服务，2021 年的总额为 58 万亿盾，2022 年为 40 万亿盾；B 类债券融资主要用于社会保障和中小企业扶持，2021 年的总额为 157 万亿盾，2022 年为 184 万亿盾。在债券利息支出上，A 类债券利息完全由央行承担，B 类债券利息由政府承担，参考利率为低于市场利率的央行 3 月期逆回购利率。就实际影响而言，联合法令的出台缓解了印尼的财政困境，但也打破了亚洲金融危机以来央行和政府相互分离的局面，引发了业界对政府债务规模和货币政策独立性的担忧。

（三）实施审慎宽松的货币政策，维护金融系统稳定运行

自疫情暴发以来，印尼始终坚持审慎宽松的货币政策，在采取扩张性措施刺激经济的同时，尤为重视金融系统的稳定性。在政策利率方面，继2020年连续多次降息至3.75%后，2021年2月印尼央行又将7天逆回购利率（BI7DRR）下调至3.50%，以应对疫情反弹造成的经济放缓。2021年，由于发达经济体的货币政策调整不甚明朗，印尼的国际资本流动面临较强的不确定性，央行长期保持3.50%的政策利率不变，满足了重振经济和稳定市场的双重目标。在汇率波动方面，印尼调整了印尼盾兑美元参考汇率的形成机制，4月5日起延长雅加达银行间即期美元汇率（JISDOR）的观察窗口，其中开始时间仍保持为上午8时，但最后运行时间由上午9时45分改为下午4时整，以便更准确地捕捉全日的交易行情。在金融安全方面，印尼先后与日本和新加坡更新了货币互换安排，加强了与中国的本币结算合作，从而降低了对美元的依赖。

在信贷市场上，印尼央行综合利用多种宏观审慎政策工具，以防范顺周期和跨部门的系统风险。2021年，印尼基本延续了此前的政策组合，包括维持0%的逆周期资本缓冲（CCyB）；维持6.0%的宏观审慎流动性缓冲（MPLB），4.5%的伊斯兰宏观审慎流动性缓冲（Sharia MPLB）；放松贷款价值与融资价值比率（LTV/FTV），允许2022年底前房地产的该指标值达到100%，新车贷款/融资首付比例最低可达0%；将宏观审慎中介比率（MIR）维持在84%~94%的范围内。与此同时，为了落实对中小企业的信贷支持，印尼央行于2021年9月推出了宏观审慎包容性融资比率（RPIM），规定银行系统必须向中小企业提供融资服务，且其规模至少占银行总投资的20%，至2024年6月逐步提高到30%，未达标的银行须支付罚款。上述政策在经济复苏中发挥了积极作用，印尼的信贷市场规模明显扩大，同时潜在

的金融风险得到了良好控制。

面对方兴未艾的数字支付浪潮，印尼央行加速数字金融系统建设，以落实2019年发布的《印尼支付系统2025建设蓝图》。首先，印尼央行于2021年制定了国家开放API支付标准（SNAP），并与泰国央行共同启动了跨境二维码支付联动；其次，佐科于2021年3月签署本年度第3号总统条例（PP No. 3/2021），宣布建立旨在扩展区域数字化（P2DD）的工作组，促进区域政府交易（ETPD）的电子化，增加区域金融交易的透明度，治理并整合财务管理系统；再次，印尼央行于2021年12月推出新的零售支付系统BI-Fast，可为客户提供最高2.5亿盾的实时安全汇款，同时交易成本有所下降；[①] 最后，印尼央行强化了对加密货币的管理控制，开始筹划发行数字印尼盾（CBDC）的相关事宜，准备将其列为印尼的合法付款工具。随着软硬件环境不断改善，印尼的数字金融蓬勃发展，2021年电子货币交易额达305.4万亿盾，同比增长49.06%；数字银行交易额达39841.1万亿盾，同比增长45.64%。[②]

（四）深化经济结构性改革，提升国家综合竞争力

尽管印尼经济在疫情期间遭遇挫折，但佐科政府仍未放弃此前制定的长期发展愿景，即在2045年成为世界第五大经济体，人均年收入达到3.2亿印尼盾（约合2.28万美元），成功跨越中等收入陷阱，贫困率接近于零。以此作为发展目标，2021年印尼坚持推进经济体制改革，加快布局战略性新兴产业，有效地激发了国民经济活力。

1. 扩大外资准入范围

为提高外资在经济发展中的积极作用，印尼放宽了针对外资的准入限制，并将此项改革作为《创造就业综合法》的重要组成部分。2021年5

---

① Bank Indonesia（2021）. “BI Launchs Bank Indonesia Fast Payment.” 21st December, https：//www.bi.go.id/en/publikasi/ruang-media/news-release/Pages/sp_ 2333421.aspx.

② Bank Indoensia（2021）. “Monetary Policy Report-Quarter IV2021.” 25th January, https：//www.bi.go.id/en/publikasi/laporan/Pages/Laporan-Kebijakan-Moneter-Triwulan-IV-2021.aspx.

月，印尼发布了该年第49号总统条例（PP No. 49/2021），重新修订了年初发布的正面投资清单，标志着全新的外资政策正式形成。与此前相比，新政策放弃了2016年制定的负面投资清单，即向外资关闭部分业务领域的做法。在具体内容中，正面清单积极拓展对外开放程度，并将外资可进入的业务分为三类：一是246种优先商业活动，外资可掌握100%的所有权，由政府提供财政和非财政激励措施；二是182种与合作社或小微企业的合作业务，可由外资大公司掌握所有权；三是37种存在限制要求的商业活动，外资持股比例不得超过49%。除此之外，经过各方势力的博弈，印尼设置了禁止外资进入的产业名单，包括毒品、赌博、濒危物种捕捞、珊瑚制品、生化武器制造、破坏臭氧层的材料、酒精饮料、公共服务和国防安全等。

2. 落实营商环境改革与优化

佐科就任印尼总统以来，一直将改善营商环境作为政府的重要事务，取得了明显的成效。2021年，印尼先后出台了一系列投资法规，重新梳理了商业活动许可的申请和发放制度，推出了基于风险的在线单一窗口提交系统（OSS）。相较2018年开始执行的旧制度，新制度平衡了风险控制和流程简化的双重需要，根据企业活动的风险等级实施不同规则。具体而言，该制度依据商业活动的类型与潜在危害，将其分为风险等级由低到高的四类业务，其中低风险业务仅需商业注册号（NIB）即可运营；中低风险业务除商业注册号外，还需要注明特定业务或产品的标准证书；中高风险业务同样需要商业注册号和标准证书，并且标准证书需要政府部门的验证；高风险业务需要商业注册号，以及政府核定特定条件后颁发的经营许可证。[①] 总体来看，该制度在加强企业风险管控的同时，显著地减少了注册过程中的繁文缛节，有利于投资者更便捷地开展业务。

3. 加速推动经济数字化转型

在新一轮工业革命中，数字经济逐渐成为印尼的发展重点，得到了政府

---

① ASEAN Briefing (2021). "Indonesia's Omnibus Law: Risk Based Business Licensing.", 29th April, https://www.aseanbriefing.com/news/indonesias-omnibus-law-risk-based-business-licensing/.

的大力扶持。2021 年 12 月，印尼经济统筹部长表示，本年国内数字经济的交易额约为 440 亿美元，占东盟区域交易总额的 40%以上，预计到 2025 年将增至 1240 亿美元，具有广阔的发展前景。为了充分开发本国的数字潜力，印尼编制了《2021—2024 年数字印尼路线图》，重在完善基础设施和普及技术应用。其中，印尼确立了四个战略领域，包括数字基础设施、数字政府、数字经济和数字社会；重点关注十个行业，包括数字交通和旅游、数字贸易、数字金融服务、数字媒体和娱乐、数字农业和渔业、数字房地产和城市、数字教育、数字健康、工业数字化以及政府数字化。以此为基础，印尼将实施五项优先举措，包括加强基站建设，在最领先、最外围和最薄弱（3T）的地区提高 4G 网络覆盖率；建设光纤化的 5G 网络，将其投入商业活动；扩大互联网接入量，在公共服务场所配置相关设备；利用先进技术增加带宽，提升网络接入速度；建设国家数据中心和政府云系统等。①

四　2022年印尼政治、经济形势展望

2022 年，印尼政局将持续稳定，国内经济仍将保持复苏态势，结构性调整将有所加快。不过，印尼仍面对疫情引发的内外部风险，国家发展处在微妙的转折之中。在此时期内，政坛格局或因选举日期日益临近而重构，经济政策会基于宏观环境变化而进行动态调整，以迁都为代表的改革措施将承受现实考验。

（一）国内疫情走势仍具有较强不确定性

2022 年 1 月中旬，奥密克戎毒株引发了印尼的第三波疫情，新增确诊病例迅速飙升，2 月 16 日达到 6.47 万例的历史峰值，印尼由此成为东南亚首个累计确诊病例超过 500 万例的国家。在此期间，印尼基本延续了之前的

① Kompas（2021）. "Menkominfo Paparkan Roadmap Indonesia Digital 2021-2024." 12th July, https://nasional.kompas.com/read/2021/12/07/10402261/menkominfo-paparkan-roadmap-indonesia-digital-2021-2024?page=all.

抗疫策略，包括提高爪哇和巴厘岛等地的公共活动限令（PPKM）等级，加速推动免费疫苗接种计划，禁止 14 个疫情严重国家和地区的人员入境，等等。在紧张有序的疫情防治下，印尼此波疫情于 2 月下旬逐步跨过高峰，此后政府虽然仍保持较为严格的管控政策，但已有部分措施出现松动迹象，尤其是对出入境的相关限制。3 月初，卫生部表示正在制定疫情向地方性流行病过渡的路线图，将在平衡健康、社会和经济的基础上，通过防控政策促进社区活动正常化，并把住院率和死亡率保持在较低水平。[①] 3 月 21 日，印尼取消对所有海外入境者的隔离限制，同时取消对国家公务员的出国旅行禁令，出入境者只需遵守进行核酸检测等规定。根据目前的情形，尽管国内感染病例已呈下降趋势，但由于全球疫情尚未消退，印尼仍面临较强的疫情输入风险。

（二）围绕未来选举的政党争斗将会加剧

由于佐科的本届任期即将过半，印尼进入新一轮选举周期，各政党的明争暗斗预计将更为激烈。2022 年 1 月 24 日，印尼国会和普委会（KPU）共同通过决议，将下次普选日期定为 2024 年 2 月 14 日，届时将同步举行政府总统、国会议员（DPR）、地方代表委员会（DPD）和地方议会（DPRD）选举，并在同年 11 月举行地方首长选举。该消息发布之后，公众对于佐科寻求任期延长的猜测有所缓和，但关于选举可能会推迟的言论并未消除。2022 年 2 月，多位政党领导人提议推迟选举，包括民族觉醒党、国民使命党和专业集团党的总主席，理由是疫情期间的权力交接不利于经济复苏。[②] 该提案提出后，遭到了其他政党和社会民众的强烈反对，佐科称将谨遵宪法的选举规定，国会议长也表示大选将如期举行。选举日期的争议不单单基于纯粹的经济考量，更在于印尼政坛尚未出现强势候选人，部分政党对于未来

① Antaranews（2022）. "Gov't Prepares Roadmap for Transition to Endemic Phase." 7th March, https://en.antaranews.com/news/218693/govt-prepares-roadmap-for-transition-to-endemic-phase.

② The Jakarta Post（2022）. "Lobbying for Election Delay Intensifies", 17th March, https://www.thejakartapost.com/indonesia/2022/03/17/lobbying-for-election-delay-intensifies.html.

的局势发展缺乏信心，因此希望保持现有的政治力量格局，以获取更充足的时间来应对权力更迭。

（三）政策调整促进国内经济平稳复苏

2022年，印尼仍将推行经济刺激政策，并以疫情形势为基准进行灵活调整。在2021年11月公布的法案中，印尼预计2022年经济增长率将提高至5.2%，人口贫困率降至8.5%~9.0%，公开失业率降至5.5%~6.3%，基尼系数降至0.376~0.378，人类发展指数提高至73.41~73.46。① 为实现上述目标，印尼政府制订了详尽的发展政策方案。在财政政策方面，印尼计划实现1846.1万亿盾的收入和2714.2万亿盾的支出，将财政赤字规模降至868万亿盾，财政赤字占GDP的比重降至4.85%，划拨455.62万亿盾用于经济复苏项目（PEN），并将此前的5个活动集群整合为3个，其中医疗健康集群支出122.54万亿盾，社区保护集群支出154.76万亿盾，国民经济复苏集群支出178.32万亿盾。② 货币政策方面，受美联储强化加息预期等因素影响，印尼央行可能调整此前的宽松货币政策，包括将通货膨胀率目标控制在2.0%~4.0%；信贷增速控制在6.0%~8.0%；稳步提升银行存款准备金率，3月至9月传统商业银行由3.5%提高至6.5%，伊斯兰银行由3.5%提高至5.0%。③ 除宏观调控政策外，印尼的结构性改革预计将稳步推进，如完善基础设施、培育人力资源、推动行政改革和发展数字经济等。

（四）迁都计划正式进入筹备阶段

在疫情的影响下，佐科政府仍积极筹备迁都事宜，各项先期工作正逐

① Antaranews（2022）. "2022 State Budget Focuses on Six Main Policies: President Jokowi." 29th November, https://en.antaranews.com/news/201981/2022-state-budget-focuses-on-six-main-policies-president-jokowi.

② Tempo（2022）. "Anggaran PEN Untuk Ibu Kota Baru." 20th January, https://koran.tempo.co/read/berita utama/471183/pemerintah-sempurnakan-draf-perpres-otorita-ikn? .

③ Bank Indoneisa（2022）. "Monetary Policy Review-Feburary 2022." 15th Feburary, https://www.bi.go.id/en/publikasi/laporan/Pages/Tinjauan-Kebijakan-Moneter-Februari-2022.aspx.

步落实。2022 年 1 月 18 日，印尼国会通过本年第 3 号法律（UU No. 3/2022），正式决定将首都从雅加达迁至位于婆罗洲的东加里曼丹省，并将新首都命名为“努山达拉”（Nusantara）。从字源学上讲，该名词最早出现于满者伯夷王国，由古爪哇语“岛屿”（Nusa）和“之外”（Antara）组成，曾作为“印度尼西亚”的同义词，与强调国家统一的“群岛愿景”（Wawasan Nusantara）高度相关，准确反映了印尼的地理特征、文化传统和政经诉求。[①] 除确定位置和名称外，印尼宣布迁都计划将分阶段实施，其中 2022~2024 年为准备阶段，预计将在 2022 年设立新国都管理机构，并于下半年开始新国都建设，至 2024 年独立日前完成初步搬迁。印尼政府估计，整个迁都项目至少需要 350 亿美元（约合 501 万亿盾），其中 2024 年前的融资主要由政府支出，国家预算将负担总投资的 53.3%，剩余 46.7%来源于公私合营模式（PPP）、私人投资和国有企业投资。[②]

参考文献

Badan Pusat Statistik（2022）. *Statistik Indonesia 2021.*

Bank Indonesia（2022）. *Monetary Policy Report, Quarter IV 2021.*

Bank Indonesia（2022）. *Monetary Policy Report, March 2022.*

Bank Indonesia（2021）. *Republic of Indonesia Presentation Book. December 2021.*

Bank Indonesia（2022）. *Republic of Indonesia Presentation Book. January 2022.*

Bank Indonesia（2021）. *Rise and be Optimistic：Synergy and Innovation for Economy Recovery.*

Indikator（2021）. *Kinerja Presiden, Penanganan Covid - 19, Remulihan Ekonomi Pascapandemi Dan Peta Elektoral Terkiki.*

---

① Tempo（2022）. “Asal Usul Istilah Nusantara, Nama Calon Ibu Kota Negara.” 18th January, https：//nasion al. tempo. co/read/1551404/asal-usul-istilah-nusantara-nama-calon-ibu-kota-negara.

② Kompas（2022）. “Butuh Biaya Rp 501 Triliun, Bagaimana Skema Pendanaan Pembangunan Ibu Kota ‘Nusantara’?” 18th January, https：//nasional. kompas. com/read/2022/01/18/15152141/butuh-biaya-rp-501-triliun-bagaimana-skema-pendanaan-pembangunan-ibu-kota.

Indikator (2022). *Pemulihan Ekonomi Pasca Covid-19, Pandemic Fatigue, Dan Dinamika Elektoral Jelang Pemilu 2024.*

Indonesia Stock Exchange (2022). *IDX Statistics 2021.*

R. Lewis and F. Witoelar (2021). *Economic Dimensions of Covid-19 in Indoneisa: Responding to the Crisis.* Singapore: Yusof Ishak Institute.

World Bank (2021). *Indonesia Economic Prospects-June 2021.*

World Bank (2021). *Indonesia Economic Prospects-December 2021.*

B.8
疫情防控下马来西亚的政治与经济形势

金师波*

摘　要： 自新冠肺炎疫情暴发以来，马来西亚疫情经历了数次起伏，国内政治经济形势也呈现一系列新变化。执政仅一年半的穆希丁总理递交辞呈，伊斯迈尔成为第九任总理。马来西亚经济增速由负转正，呈现逐步复苏的迹象，经济转型和基础设施建设有所加快。2022年4月1日起，马来西亚宣布疫情进入地方性流行病过渡阶段，放宽了国内疫情防控政策，重新开放边境。在新的国内外形势下，马来西亚面临全国大选，各党派的角逐将重新上演。2022年，马来西亚将保持经济复苏的态势，但仍存在诸多不确定性。

关键词： 疫情防控　国内政局　经济复苏　马来西亚

在全球疫情下，马来西亚政局出现了波动，政府调整了疫情防控政策，国内经济逐步走向复苏。2022年，马来西亚政治、经济形势呈现新的变化，将面临全国大选，疫情防控政策转向后的疫情变化和经济走向引人关注。

一　马来西亚疫情防控形势

自疫情暴发以来，马来西亚疫情经历了数次起伏。2020年1月25日，

* 金师波，厦门大学国际关系学院/南洋研究院世界经济专业博士生。

马来西亚首次发现新冠肺炎确诊病例，到2月中下旬确诊病例保持零增长。但是，3月初马来西亚确诊病例迅速增加，该国民众大量回国和吉隆坡郊区的万人宗教集会引发了第二波疫情。2020年3月18日，马来西亚政府首次实施“行动管制令”（MCO），并多次延长管制期限。2020年9月，沙巴举行州选举引发了第三波疫情。截至2020年底，马来西亚累计确诊病例超过11.3万例，累计死亡病例471例。[①]

2021年上半年，马来西亚疫情迅速蔓延，确诊病例不断增加。2021年1月13日，马来西亚最高元首阿卜杜拉宣布，即日起至8月1日全国实行紧急状态令，以阻止疫情的蔓延。1月13日起，马来西亚部分州和联邦直辖区实施第二轮“行动管制令”（MCO），包括槟城、雪兰莪、吉隆坡、布城、纳闽、马六甲、柔佛和沙巴，后多个州也因病例增加而加入。3月4日，吉隆坡、雪兰莪、槟城和柔佛结束“行动管制令”，实施“有条件行动管制令”（CMCO），实施该管制令的还有森美兰、吉打、霹雳、吉兰丹和砂拉越，而马六甲、彭亨、登嘉楼、沙巴、布城和纳闽则实施“复苏行动管制令”（RMCO）。不过，随着国内疫情的再次蔓延，5月10日，政府宣布即日起至6月7日在全国范围内实施第三轮“行动管制令”（MCO），禁止所有人跨州跨县，禁止一切社交、运动和教育活动，雇主必须让所有雇员居家工作，只允许30%的行政人员返回公司上班，禁止开斋节期间相互走访，限定到清真寺做开斋节祈祷的人数。由于受到新一波疫情的冲击，5月28日马来西亚政府紧急宣布，6月1日起实行为期两周的全国封城，除必要经济和服务领域外，所有社交、经济活动全部停止，但此次管制令相比前两次较为宽松，必要经济和服务领域仍可如常营业，只是对营业时间做了规定。

2021年6月16日，马来西亚政府公布了“国家复苏计划”（NCR），取代疫情期间的行动管制令。该计划分为四个阶段，每阶段将以每日新增病例、加护病房床位和疫苗接种率等三项指标来决定是否进入管制更宽松的下个阶段。当时，马来西亚正处于第一阶段，禁止跨州活动，全国学校只能线

---

① WHO Coronavirus（COVID-19）Dashboard. https：//covid19. who. int/region/wpro/country/my.

上教学，一些关键行业可在规定时间内营业；进入第二阶段的标准是每日新增病例减至4000例以下、加护病床使用率恢复到中等水平、10%人口接种两剂新冠疫苗，该阶段经济活动将分阶段开放，允许80%的员工返回职场，但严格控制社会活动，不允许社交和跨州活动；进入第三阶段的标准是每日新增病例减至2000例以下、加护病房的使用率减至足以应付疫情、40%人口接种两剂疫苗，该阶段将开放所有经济领域，除了高风险或人群密集场所，包括举行大型会议或无法保持人身距离的场合，如酒吧、水疗馆和美容院，这些场所员工若均完成疫苗接种，可以考虑给予这些场所宽限；第四阶段的标准是每日新增病例减至500例以下、加护病房充足、60%人口接种两剂疫苗，该阶段尽可能恢复原本正常的生活。①

2022年1月，由于奥密克戎变种毒株的传染力更强，马来西亚确诊病例快速增加，国内疫情防控形势日益严重。虽然政府宣称不会再次实行全国、全州或全县封锁的行动管制令，但政府呼吁民众保持自律，践行检测、报告、隔离、告知和治疗的流程，采取更严格的边境管制措施，并重启多个大型疫苗接种中心，加快加强针的接种步伐。政府将疫情从大流行病转为地方性流行病的计划被打乱。2月13日，马来西亚累计确诊病例突破300万例。2月27日起，马来西亚单日新增确诊病例超过1万例，3月1日达到4.89万例的最高纪录。随后，国内新增确诊病例逐渐减少，但直到3月20日单日新增确诊病例仍超过2万例，3月22日累计确诊病例超过400万例，单日新增确诊病例超过1万例。截至2022年5月18日，马来西亚累计确诊病例超过448万例，累计死亡病例超过3.56万例。②

虽然马来西亚确诊病例激增，但受奥密克戎变异毒株感染的中重症患者仅占0.7%。2022年3月8日，马来西亚政府宣布调整疫情防控政策，大幅放宽防疫管制。4月1日起，马来西亚将从目前的大流行病阶段进入地方性流行病过渡阶段（Fasa Peralihan Endemik），而地方性流行病阶段只能由世

① "Guiding Malaysia Through the COVID－19 Pandemic Crisis Safely." https：//pelanpemulihannegara. gov. my/index-en. html.

② WHO Coronavirus（COVID-19）Dashboard. https：//covid19. who. int/region/wpro/country/my.

界卫生组织（WHO）来确定。马来西亚将重新开放边境，国内未接种疫苗者的行动不再受限制，该国民众无论是否接种疫苗或追加剂，一律获准跨州出行或自由进出公共场所，取消商家营业时间限制，穆斯林祈祷等宗教活动也无须保持社交距离，但仍将保留现有的一些防疫措施，如民众外出必须戴口罩等；完成疫苗接种者入境将不必隔离，但入境前两天须进行核酸检测，入境后 24 小时内进行抗原快速检测，入境外国人不必申请“我的跨境准证”（MyTravelPass，MTP），但仍需下载卫生部防疫手机应用“MySejahtera”，并填写相关资料。5 月 1 日起，马来西亚大幅放宽防疫措施，无论是否接种疫苗，民众均可自由进出公共场所，取消室内外社交距离，可选择不戴口罩，完成疫苗接种的旅客入境时不必进行核酸检测或抗原快速检测，疫情数据发布由每日一次改为每周一次。

为应对疫情的快速蔓延，马来西亚较早启动了疫苗接种计划。2021 年 2 月 16 日，马来西亚公布疫苗接种时间表，第一阶段（2 月 26 日至 3 月末）针对抗疫前线的约 50 万名人员，第二阶段（4 月至 8 月）针对约 940 万人的高风险群体，如 60 岁以上群体、有健康问题的弱势群体和残障人士；第三阶段（9 月至 2022 年 2 月）针对 18 岁以上的群体。政府希望 2021 年底前能为全国约八成人口（约 2650 万人）接种疫苗，以取得群体免疫之效。截至 2022 年 5 月 17 日，马来西亚新冠疫苗接种量达 7072.6 万剂，接种疫苗人口达 2790.8 万人，占人口比例的 85.15%；完成疫苗接种人口超过 2696 万人，占人口比例的 82.26%。[①] 目前，马来西亚较高的疫苗接种率，也是政府放宽防疫管制的重要条件。

二　2021年马来西亚政坛动向

自国民阵线失去执政地位后，近年来马来西亚政局出现了一系列动荡，三年时间更换了三位总理。2021 年，在失去下议院多数议员支持的情况下，

① “Live COVID-19 Vaccination Tracker.” https：//covidvax.live/location/mys.

任期仅一年半的总理穆希丁向最高元首阿卜杜拉递交辞呈，辞去总理职务。8月20日，马来西亚国家王宫宣布，经最高元首确认和各议员提名，伊斯迈尔·沙必里为新任总理，次日伊斯迈尔宣誓就职，成为马来西亚第九任总理。

1957年马来西亚独立以后，以马来民族统一机构（以下简称“巫统”）为首的执政党联盟国民阵线长期执政。2018年5月，马来西亚举行了全国大选。马来西亚前总理马哈蒂尔领导的反对党阵营希望联盟赢得国会超过半数的席位，终结了国民阵线连续执政61年的历史，首次出现了政党执政轮替的局面。不过，希望联盟政府执政不到两年，联盟内部党派纷争不断，导致马来西亚政坛出现了震荡。2020年2月24日马哈蒂尔总理提出辞职，2月29日土著团结党主席穆希丁成为马来西亚的第八任总理，国民联盟（Perikatan Nasional）政府宣告执政。由于土著团结党在国会是少数党，该党与巫统以及一些地方政党组建国民联盟政府，其在国会下议院仅有微弱优势，而执政联盟内部党派争斗和利益纠葛不断，土著团结党与巫统之间的裂痕日益加深，土著团结党曾提议国民联盟、国民阵线和砂拉越政党联盟组成政治大联盟。11月28日，马来西亚总理穆希丁表示疫情结束后马来西亚将举行全国大选，但严峻的疫情形势使得大选难以在短期内举行。

2021年8月3日，巫统主席扎希德宣布巫统派14名议员撤销对穆希丁政府的支持，这成为穆希丁辞职的导火索。马来西亚国会下议院原有222个议席，因国民联盟和希望联盟各有一名议员去世而剩下220席。根据联邦宪法，总理必须获得至少五成议员，即111人的支持。执政的国民联盟在国会下议院获得114名议员的支持，其中54人来自国民联盟和亲国民联盟政党、41人来自巫统、18人来自砂拉越政党联盟、1人来自沙巴立新党；希望联盟获得90名议员的支持，包括希望联盟四党89名议员（民主行动党42人、人民公正党35人、国家诚信党11人、沙巴民统党1人），以及1名支持希望联盟的独立议员，可见执政的国民联盟政府在国会只有3席的微弱优势。2021年8月16日，马来西亚最高元首阿卜杜拉宣布接受总理穆希丁呈辞和内阁总辞，但由于疫情严峻，不适合解散国会举行大选，阿卜杜拉委任穆希丁担任看守首相。8月20日，通过传召各党派领袖、全体议员提交法定声明，并召集马来统治者会议后，经最高元首确认和 114 名议员提名，伊斯迈尔·沙必里成为马来西亚新任总理。

伊斯迈尔是巫统副主席，也是马来西亚第一个非党魁总理，他为平民出身，曾在前总理阿卜杜拉和纳吉布时代出任内阁部长，包括青年及体育部长、国内贸易及消费人事务部长、乡区发展部长等，在巫统基层有一定的势力。2018 年大选，国民阵线成为反对党，他在巫统主席告假时曾出任国会反对党领袖。国民联盟政府上台后，他入阁当选国防部高级部长，之后升任副首相。在上任后第一次全国演说中，伊斯迈尔总理提出“马来西亚一家亲”的理念，马来西亚应是不分宗教、族群和民族的大家庭。他呼吁所有议员团结一致，搁置分歧，协作配合，为共同家庭凝聚共识。他指出政治稳定尤为重要，但离不开各方的配合，新政府邀请反对党加入国家复苏理事会和抗击新冠肺炎疫情委员会，纾解民困和恢复民众消费能力、协助企业恢复经济活力将是政府在经济领域努力实现的两大目标。

2021 年 9 月 13 日，经过多轮磋商，伊斯迈尔政府与反对派希望联盟达成合作共识，正式签署《政治转型与稳定谅解备忘录》，这是独立以来马来西亚政府首次与反对派达成合作协议。该备忘录旨在应对疫情和复苏国家经济，并通过跨党派合作方式恢复国家政治稳定，双方将共同促进政府行政管理转型，推进实施各项改革举措，特别是加强国会机构功能。现政府宣布将在国会提出限制总理任期的修宪案、反国会议员跳槽法案等，还承诺投票年龄将降至 18 岁，提出加强反对党领袖在国会的地位、国会特别遴选委员会成员将包括朝野议员、任何在国会提呈的新法案都要经朝野议员的讨论和同意、反对党议员将加入国家复苏理事会等一系列举措。其中，反跳槽法案主要针对各党派极力拉拢国会议员加入其党派以满足执政所需的国会议员支持现象，2018 年以来国会议员退党后又加入另一政党的跳槽现象非常突出，直接影响政局的稳定性。

2018 年大选结束后，马来西亚“一党独大”的选举模式宣告终结，建国后形成的以国民阵线为主的协和式政治联盟执政方式难以为继。2018 年之前的几十年，马来西亚国民阵线均以国会 2/3 议席的优势执政，而 2018

年大选胜出的希望联盟主要依靠反对党议员的跳槽，距离国会 2/3 议席优势还差 9 个议席，前执政联盟国民联盟在国会只有 3 席的微弱优势，穆希丁总理仅执政一年半。尽管现政府获得 114 名国会议员的支持，但伊斯迈尔仍是“弱势总理”。有分析认为，未来马来西亚大选将难以再现执政联盟取得国会绝对优势的情景，很可能只以微弱的优势上台。同时，现有执政联盟基础十分脆弱，原先执政联盟下代表不同族群或群体的政党只能依附于巫统这一主导政党来赢得议席，但巫统内部派系斗争与分裂导致其传统联盟模式趋于崩溃。由马哈蒂尔领导的希望联盟、穆希丁出任总理的国民联盟，执政联盟结构均十分复杂、派系林立，在缺乏强势领袖、主导政党和共同利益的情况下，执政联盟内部缺乏共同纲领，矛盾逐渐累积，加之外部反对党攻势不断，最终不得不走向瓦解。

三　2021年马来西亚经济走向复苏

2021 年，马来西亚经济增速由负转正，呈现逐步复苏的态势，制造业成为经济增长的重要驱动力，进出口贸易创历史新高。疫情期间，马来西亚实施短期援助配套措施和中期发展计划，加快数字经济和低碳产业发展，推进重点铁路、港口等基础设施的建设，并取得一定成效。

（一）马来西亚经济增速由负转正，逐步走向复苏

在全球疫情的冲击下，马来西亚经济增长急转直下，陷入严重的经济衰退。2020 年第二季度起，马来西亚连续四个季度经济同比负增长，国内消费与投资下降，生产与出口受挫，失业人数增加，民生问题凸显，全年经济增长率为-5.6%。2021 年第二季度，马来西亚经济增长出现转机，季度经济增速扭转了连续四个季度的负增长，但第三季度又重现负增长。同时，马来西亚经济已连续两个季度环比负增长，呈现技术性衰退的现象，而第四季度经济增速的反弹使其全年经济呈现正增长。2021 年第一季度至第四季度，马来西亚经济增长率分别为-0.5%、16.1%、-4.5%和 3.6%，全年为 3.1%。

为了应对国内疫情的冲击，马来西亚实施了扩张性财政政策和宽松的货币政策，保持了宏观经济的持续稳定。2021 年，国内消费者物价指数（CPI）为 2.5%，失业率为 4.6%，财政余额占 GDP 的比重为-0.6%，经常项目余额占 GDP 的比重为 3.5%，外债偿还率为 10.9%，年底外汇储备为 1174.9 亿美元。同时，各产业部门表现出恢复性增长。农业部门仍为负增长，但在上年基础上降幅缩小；工业部门年增长 6.0%，全球半导体供应的短缺使马来西亚电子电器生产与出口获益，石油、化工、橡胶、塑料、食品、饮料等产品的生产销售均大幅增长，制造业成为经济复苏的重要引擎；随着疫情防控措施的放宽，服务业年增长实现由负转正，其中批发和零售、饮食以及信息通信业率先复苏，电子商务收入突破 1 万亿林吉特大关，达 1.1 万亿林吉特，比上年增长 21.8%（见表 1）。

表 1　2017~2021 年马来西亚主要经济指标

单位：%

	2017 年	2018 年	2019 年	2020 年	2021 年
GDP 增长率	5.8	4.8	4.4	-5.6	3.1
农业	5.9	0.1	2.0	-2.2	-0.2
工业	4.8	3.2	2.3	-6.6	6.0
服务业	6.3	6.9	6.2	-5.5	1.9
商品出口	12.5	10.4	-4.1	-6.2	27.5
商品进口	12.9	11.4	-5.7	-9.1	28.2
消费者物价指数(CPI)	3.8	1.0	0.7	-1.1	2.5
经常项目余额/GDP	2.8	2.2	3.5	4.2	3.5
财政余额/GDP	-2.9	-3.7	-3.4	-3.5	-0.6
外债偿还率	13.6	11.3	12.8	14.2	10.9

注：外债偿还率指当年外债还本付息额占商品与服务出口收入的比重。

资料来源：根据 Monthly Statistical Bulletin Malaysia 有关月报编制。

2021 年 2 月以来，马来西亚进出口贸易连续 11 个月取得两位数增长。据统计，2021 年马来西亚进出口贸易创下历史新高，全年贸易额达到 2.227 万亿林吉特，首次突破 2 万亿林吉特大关。出口贸易为 1.24 万亿林吉特，增长26%，其中电子电器出口为4557.29亿林吉特，增长18%；石油产品出口为956.58亿林吉特，增长54.6%；棕榈油出口为758.12亿林吉特，增长44.9%；化学和化工产品出口为706.78亿林吉特，增长39.3%；橡胶产品出口为646.07亿林吉特，增长45.8%；金属制品出口为615.6亿林吉特，增长67.1%。同时，马来西亚十大出口市场均取得两位数增长，中国仍是马来西亚的最大贸易伙伴，且已经连续保续13年。①

马来西亚投资发展局（MIDA）统计，2021年马来西亚新批投资达3065亿林吉特（约732.3亿美元），其中外国直接投资（FDI）为2086亿林吉特（约498.8亿美元），占批准投资额的68.1%。关于投资领域，制造业的投资额为1951亿林吉特（约469.5亿美元），服务业的投资额为941亿林吉特（约225亿美元）；关于投资来源地，荷兰是当年最大的投资来源国，其投资额为186.5亿美元，其后依次为新加坡113.1亿美元、中国74.84亿美元、奥地利45.2亿美元、日本23.8亿美元；关于各州投资分布，槟城新批投资额为199.7亿美元，其后依次为吉打州163.3亿美元、吉隆坡90.2亿美元、雪兰莪州68.9亿美元、砂拉越州61.5亿美元。②

（二）实施短期经济振兴与援助配套措施，确立跨入高收入国家的中期目标

马来西亚连续出台经济振兴与援助配套计划，增加政府财政支出，旨在加强疫情防控、扶持弱势群体和恢复经济。2021年1月，政府宣布了新的经济振兴与援助配套，总值150亿林吉特，这是疫情暴发后马来西亚政府推出的第五个救市配套，通过22项具体计划加以落实。配套中的10亿林吉特作为应对疫情的额外拨款，重点为医护人员提供额外检测和防护装备；扶持受疫情影响的失业者，失业民众可以根据就业保险计划获得原本薪资三成的

① MITI. "Trade Performance for Year 2021." https://www.miti.gov.my/miti/resources/Trade%20Performance%20Media/Trade_ Performance_ Press_ Release_ 2021_ and_ Dec_ 2021.pdf.

② MITI. "Approved Private Investments in Various Economic Sectors, 2021/2020." https://www.mida.gov.my/why-malaysia/investment-statistics.

补贴，为期3个月，月薪4000林吉特以下者可获得600林吉特的薪金补贴；原先工资补贴计划只限每家企业200名员工，现扩大到最多500名员工可以提出申请。3月，政府再推出总值200亿林吉特的“经济与人民强化配套”（PEMERKASA），其中政府再投入110亿林吉特，通过这项配套专注推行20项计划。5月，政府宣布推出400亿林吉特的“经济与人民强化配套加强版”，由此疫情后政府共推出7个援助和刺激经济配套，总额达3800亿林吉特。6月，马来西亚政府宣布总值1500亿林吉特的第8个财政援助配套计划，其中政府再直接注入100亿林吉特的拨款，政府将向月收入2500林吉特以下的家庭提供500林吉特的额外补贴，月收入2501~5000林吉特的家庭可获得300林吉特的补贴，单身者可获得100林吉特的补贴，这笔援助金于6月底发放至受惠者。同时，内阁部长和副部长将从6月起不领薪3个月，扣除的薪金将纳入国家天灾信托户头。为解决疫情导致的民生困难，马来西亚政府将通过建立工人培训基金、创建更多培训中心提升工人技能等方式，创造更多就业机会。①

2021年10月，马来西亚通过了“第十二个马来西亚计划”，旨在重振受疫情影响的经济，增进社会福祉、安全和包容性，推动环境可持续发展，建设繁荣、包容、可持续的马来西亚。该计划将拨款4000亿林吉特，提出了五年发展目标：2021~2025年，年均国内生产总值（GDP）增长4.5%~5.5%，到2025年成为高收入与高科技国家，家庭月均收入达到约1万林吉特；到2030年，单位GDP的二氧化碳排放量比2005年降低45%。马来西亚总理伊斯迈尔称，这是一项“全面的五年发展计划”，目的不仅是创造国家财富，也是应对经济结构性挑战，包括创造就业、改善民生、减小地区发展差距等。为实现五年发展目标，马来西亚政府将打造新的增长源，促进航空航天、电气电子、智慧农业、创意产业等的发展，推动产业向自动化、机械化和高附加值转变，吸引更多高科技投资。

① “Malaysia Budget 2021.” https://www.malaysia.gov.my/portal/category/350.

（三）加快经济数字化转型，推动低碳和绿色产业发展

2021 年 2 月，马来西亚推出数字计划（My Digital）和数字经济蓝图（MDEB），提出到 2025 年吸引 700 亿林吉特的国内外数字领域投资，经营电子商务的中小微企业达 87.5 万家，初创企业为 5000 家，独角兽（unicorns）企业至少有两家，创造 50 万个数字经济就业机会，数字经济占 GDP 的比重达到 22.6%，2030 年达到 30%，其具体措施包括促进公共部门数字化转型、通过数字化提升经济竞争力、兴建数字基础设施、促进中小企业数字化转型、建设包容性的数字社会、营造安全保障的数字环境等。[①] 2021 年 3 月，马来西亚政府成立国家数码公司（DNB），并与爱立信公司签署合约，争取 2024 年将 5G 网络覆盖全国八成人口。2021 年 10 月，马来西亚推出“第十二个马来西亚计划”，提出为创造有利的数字经济增长环境，政府将与私营部门合作，投资 280 亿林吉特加强数字基础设施建设，政府还计划将数字技术纳入学校课程，培养数字人才，并帮助中小企业实现数字化转型。同时，马来西亚制定了国家物联网战略路线图，建立国家物联网产业生态系统，促进物联网技术创业和服务开发能力，使马来西亚成为区域物联网中心；实施国家电子商务战略蓝图（NESR），计划到 2025 年电子商务市场规模达 1.5 万亿林吉特；推出国家光纤化和连接计划（NFCP），创建国家大数据分析中心（NBDAC），吸引国外大数据运营商到当地开设数据中心；出台智慧城市框架（MSCF），以解决城市问题和应对未来挑战。此外，政府还拨付大量资金，着重支持 6 个欠发达州，用于建造基础设施、缩小“数字鸿沟”、改善教育和医疗等。

为了应对全球气候变化，马来西亚调整了国家自主贡献（NDC）承诺，在能源、工业、农业、交通运输等领域实现减排，提出到 2030 年单位 GDP 的二氧化碳排放量比 2005 年降低 45%，温室气体覆盖范围扩大到 7 种，到

---

① EPU（2021）. “Malaysia Digital Economy Blueprint.” https://www.epu.gov.my/sites/default/files/2021-02/Malaysia-digital-economy-blueprint.pdf.

2030年实现温室气体减排45%，2050年实现碳中和。[①] 马来西亚政府出台了国家能源政策，承诺停止新建燃煤发电厂，鼓励新能源产业的发展，通过西马多座天然气发电站逐步取代燃煤发电站。到2025年，新能源的装机容量将从目前的5%增至20%；太阳能、生物质能和生物气体等可再生能源的发电项目将占总发电量的31%，2035年增至40%。近年来，马来西亚积极发展光伏产业，减少碳排放，如雪邦发电厂是马来西亚最大的太阳能发电厂之一，每年可减少7.6万吨二氧化碳当量，相当于马来西亚境内约3.6万辆汽车的年排放量。马来西亚政府还发布了最新的国家汽车政策（NAP 3.0），该政策提出了2030年汽车工业的发展目标，鼓励和加快新能源汽车的发展。[②]

（四）推进重点铁路设施建设，实施港口扩建计划

尽管马来西亚的两大重点基础设施建设几经波折，但政府已确定继续推进新柔地铁、东海岸铁路这两个特大项目，预计均在2026年完工。2010年，马来西亚和新加坡两国领导人宣布兴建连接马来西亚柔佛州与新加坡两地的地铁系统，并在2018年1月正式签署双边协定，该工程原定2019年动工，2024年底启用。但是，由于马来西亚两度更换政府，加上疫情的冲击，该项目于2019年4月暂停，至2021年7月才宣布恢复。2021年11月，马来西亚新山的武吉查卡站动工，新加坡的兀兰北站则在2022年1月动工。另一大铁路项目是全长688公里的东海岸铁路，该项目是马来西亚2016年与中国签署的重大基础建设项目，原计划斥资约655亿林吉特，后经马来西亚与中方谈判，成本减少至约440亿林吉特。2021年9月，马来西亚政府批准恢复原规划的路线，成本增至约500亿林吉特。

作为拥有高度外向型经济和依赖海上贸易的国家，近年来马来西亚加快

① "Malaysia National Policy on Climate Change." https://www.malaysia.gov.my/portal/content/30921.

② MITI. "National Automotive Policy 2020 (NAP 2020)." https://www.miti.gov.my/index.php/pages/view/nap2020.

了港口基础设施的建设。2020 年，马来西亚是除中国外有两个及以上港口进入全球港口排行前 20 名的国家，其两大港口分别是丹绒柏勒巴斯港（Port of Tanjung Pelepas）和巴生港（Port Klang）。其中，丹绒柏勒巴斯港 2020 年的集装箱吞吐量为 985 万个标准箱（TEU），2021 年超过 1120 万个标准箱，增长 14%，成为马来西亚首个吞吐量超过 1000 万标准箱的港口，并晋升为全球排名前 15 的集装箱港口。目前，该港口已展开扩建计划，以提高运作效率，同时将开发依斯干达公主城地区约 33 公顷的土地，将其作为免税区，2022 年投入 7.5 亿林吉特，预计在 2023 年第二季度竣工。

（五）积极参与多边或双边自由贸易协定，CPTPP 仍未完成国内批准程序

近年来，马来西亚积极参与区域经济一体化进程，签署了多项多边或双边自由贸易协定。目前，马来西亚已签署了 16 个多边或双边自由贸易协定，其中包括新一代自由贸易协定。作为东盟成员国，马来西亚参与东盟、东盟—中国、东盟—韩国、东盟—日本、东盟—澳大利亚—新西兰、东盟—印度等的自由贸易协定；马来西亚与日本（2005 年 12 月签署，2006 年 7 月生效）、巴基斯坦（2007 年 11 月签署，2008 年 1 月生效）、新西兰（2009 年 10 月签署，2010 年 8 月生效）、智利（2010 年 11 月签署，2012 年 2 月生效）、印度（2011 年 2 月签署，2011 年 7 月生效）、澳大利亚（2012 年 3 月签署，2013 年 1 月生效）、土耳其（2014 年 4 月签署，2015 年 8 月生效）分别签署了双边自由贸易协定；2018 年 3 月马来西亚签署了《全面与进步跨太平洋伙伴关系协定》（CPTPP）；2020 年 12 月签署了《区域全面经济伙伴关系协定》（RCEP），2022 年 3 月生效。

不过，虽然马来西亚已签署 CPTPP 多年，但至今仍未完成国内批准程序，因此该协定尚未正式生效。近日，马来西亚贸易部长声称，CPTPP 的成本效益分析将很快提交内阁。值得一提的是，2010 年 10 月 5 日，马来西亚—欧盟自由贸易协定（MEUFTA）谈判正式启动，马来西亚成为继新加坡之后第二个与欧盟启动自贸谈判的东盟成员国。2010 年 12 月至 2012 年 9

月，双方共举行了8轮谈判，后谈判陷入僵局，双方同意将适时恢复谈判。2015年12月，马来西亚与欧盟签署了《伙伴关系与合作协定》（PCA）。

四 展望2022年马来西亚政治与经济形势

在经历了2018年大选以来的政坛乱象后，马来西亚产生了以伊斯迈尔为总理的新政府，政治乱局暂时告一段落。马来西亚最高元首阿卜杜拉指出，马来西亚正面临疫情造成的公共卫生和经济问题，人民不应再承受无休止的政治动荡，国会议员应团结一致，以民为先，为人民提供最好的服务。马来西亚新政府的当务之急，是缓解疫情对民生和经济的重创，朝野各党应暂时搁置斗争，确保政府部门能够顺利运转。

马来西亚的政局虽暂时趋于稳定，但多数人认为伊斯迈尔政府只是一个过渡政府，一旦疫情得到有效控制，马来西亚将举行大选，届时各党派才真正进入决战时刻。在2021年11月的马六甲州选举、2022年3月的柔佛州选举中，巫统相继取得压倒性胜利，以党主席扎希德为首的主流派主张尽快举行全国大选。当前，马来西亚政治改革面临两大问题，一是明确首相任期限制，二是确立政党政治原则，杜绝政党间议员跳槽的乱象，现政府已宣布将在国会提出限制总理任期的修宪案、反国会议员跳槽法案等。2022年4月，马来西亚新政府在国会下议院特别会议中提呈宪法修正案，提出限制国、州议员的结社权利，为制定反跳槽法案铺路，政府还将成立由朝野议员组成的特别委员会，负责研究反跳槽法案，然后在5月召开的另一次特别国会上正式提呈和通过反跳槽法案。根据拟议中的反跳槽法案，任何民选议员在赢得选举后退党成为独立议员或加入其他政党，或遭政党开除，或独立议员选后加入任何政党，均被视为跳槽。同月，马来西亚执政党巫统宣布，现任总理伊斯迈尔将是巫统第15届大选后的总理候选人。巫统还决定，政府与希望联盟签署的《政治转型与稳定谅解备忘录》2022年7月底期满后将不再延长，巫统将在国会中继续支持反跳槽法案。

马来西亚总理伊斯迈尔说，目前马来西亚经济出现复苏迹象，随着新的发展计划和2022年财政预算的实施，国内经济将实现更可持续的增长。2022年4月1日起，马来西亚宣布进入地方性流行病过渡阶段，放宽国内疫情防控措施，重新开放边境，这将有助于国内经济的恢复，政府预计全年经济增长率为5.3%~6.3%。不过，在全球疫情尚未消退的背景下，新变异毒株的频繁出现，使马来西亚经济复苏仍存在诸多不确定性。作为高度外向型经济，马来西亚经济增长在很大程度上取决于世界经济尤其是主要贸易伙伴的经济复苏，也有赖于全球价值链和产业链的恢复。例如，马来西亚已成为全球芯片测试和封装的主要中心之一，东南亚占全球封装测试市场的27%，而马来西亚就占其中的13%，全球知名的芯片企业均在当地投资设厂，但因疫情影响许多芯片企业不得不暂时关闭。此外，随着马来西亚放宽防疫措施，建筑业、农业、种植业、制造业和服务业等部门的劳工短缺问题日益凸显，政府宣布已完成疫苗接种的外国劳工入境后无须隔离，马来西亚已与印尼签署了引进印尼劳工的谅解备忘录，这些都有助于解决马来西亚目前面临的经济问题和劳工短缺问题。

参考文献

Abdur Rahman, A. F. Jasmin, A. Schmillen (2020). *The Vulnerability of Jobs to COVID-19: The Case of Malaysia*. ISEAS Economics Working Paper, Singapore: ISEAS Yusof Ishak Institute.

Economic Planning Unit, Prime Minister's Department (2021). *Malaysia Digital Economy Blueprint*. Kuala Lumpur: EPU.

Ministry of International Trade & Industry (2018). *Industry 4WRD: National Policy on Industry 4.0*. Kuala Lumpur: MITI.

Ministry of International Trade & Industry (2020). *National Automotive Policy 2020*. Kuala Lumpur: MITI.

Kuriakose, Smita, Tran, Trang (2020). *Impacts of COVID-19 on Firms in Malaysia: Results from the 1st and 2nd Round of COVID-19 Business Pulse Survey*. World Bank.

Kuriakose, Smita, Tran, Trang, Ting Kok Onn, Hebous, Sarah (2021). *Impacts of COVID-19 on Firms in Malaysia: Results from 2nd Round of COVID-19 Business Pulse

Survey. World Bank.

G. Raj-reichert (2019). "Global Value Chains, Contract Manufacturers and the Middle-Income Trap: The Electronics Industry in Malaysia." *The Journal of Development Studies*, Routledge, pp. 1-19.

World Bank (2020). *Malaysia Economic Monitor, June 2020: Surviving the Storm.* Washington, D. C.: World Bank.

World Bank (2021). *Malaysia Economic Monitor, June 2021: Weathering the Surge.* Washington, D. C.: World Bank.

World Bank (2021). *Malaysia Economic Monitor, December 2021: Staying Afloat.* Washington, D. C.: World Bank.

B.9

疫情防控下新加坡的政治与经济形势

许　鋆*

摘　要： 在全球疫情的背景下，新加坡政治与经济形势出现了一系列新变化。新加坡改组了政府内阁，原定总理接班人王瑞杰副总理请辞，至今总理接班人仍悬而未决；新加坡调整了疫情防控政策，由“病毒清零”向“与病毒共存”转变，对内实施差异化安全管理措施，对外逐步谨慎开放边境；2021 年新加坡经济逐渐走出疫情的阴影，呈现复苏态势，但要实现全面复苏仍有待时日。疫情前后，新加坡政府制定了未来经济社会发展的规划蓝图，展现了未来新加坡可持续发展的愿景。

关键词： 疫情防控　经济复苏　可持续发展　新加坡

在 2022 年新年献词中，新加坡总理李显龙说，新年伊始，全球与新冠肺炎疫情的斗争还未结束，当务之急不仅是与病毒对抗，还要在后疫情时代继续促进新的经济增长、创造新的就业机会，让国家繁荣发展。① 2021 年，在全球疫情蔓延的背景下，新加坡改组了政府内阁，调整了疫情防控政策，国内经济呈现复苏态势，并展现了新加坡可持续发展的前景。

---

* 许鋆，厦门大学管理学院博士研究生。

① 《李总理：经济正稳步复苏，政府将逐步恢复跨境旅游》，新加坡《联合早报》2022 年 1 月 1 日。

一 新加坡政府内阁的改组

2021 年 4 月 8 日，由第四代领导团队推举为领军人物的副总理兼经济政策统筹部长及财政部长王瑞杰，发函向李显龙总理请辞，希望让位给跑道更长的相对年轻人选。2018 年 11 月 23 日，新加坡执政的人民行动党正式推选王瑞杰出任第一助理秘书长，贸工部长陈振声则成为他的副手，担任第二助理秘书长。同一天，新加坡第四代领导团队发表声明，附议并支持王瑞杰和陈振声担任他们的领导。2019 年 5 月 1 日，王瑞杰出任新加坡副总理，一般认为他成为总理接班人已无悬念。

王瑞杰指出，由于疫情持续不断，待疫情结束时他将接近 65 岁，考虑到新加坡前三任总理上任的年龄，如果在 60 多岁成为下任总理，他的跑道就短了。新加坡所需要的领导人，不仅要负责在疫后重建新加坡，更要领导新加坡迈入下一个发展阶段。李显龙总理在回函中对王瑞杰的决定表示理解和尊重，他肯定王瑞杰担任财政部长时的卓越贡献，也对王瑞杰继续担任副总理和经济政策统筹部长的决定表示欣慰，并表示会与他和两位国务资政共同辅佐第四代领导团队，确保国家政治领导顺利交接。①

2021 年 4 月 22 日，李显龙总理宣布内阁大改组，财政、教育、交通、卫生等七大政府部门更换部长。其中，王瑞杰副总理卸下的财政部长职务由第四代领导团队核心成员黄循财出任。这项重要的职务调动也影响了其他部门的部署，16 个政府部门中有 7 个部门更换了部长。其中，黄循财（49 岁）从教育部长、财政部第二部长升任财政部长后，其教育部长一职由原贸工部长陈振声（52 岁）接任，贸工部改由主掌卫生部 10 年的颜金勇（62 岁）领导，卫生部长则由原交通部长王乙康（52 岁）转任，他和黄循财在去年大选后分别接管交通部、教育部，上届大选步

① 《王瑞杰请辞第四代团队领军者，李总理留任至有继任人选》，新加坡《联合早报》2021 年 4 月 9 日。

入政坛后入阁并兼任两个部门第二部长的陈诗龙（57 岁）将任人力部长，现任人力部长杨莉明（53 岁）将转任通讯及新闻部长，易华仁（59 岁）调任交通部长。李显龙总理公布新阁员名单时指出，这次的重组相当重要，但不是突然的决定，2020 年组阁时本想调动贸工部、卫生部和人力部的部长，但因疫情严峻而没有实施。他希望已累积不少经验的多位年轻部长，到新领域服务时能各尽所能、发挥所长，同心同德地治理好新加坡。① 继续担任副总理的王瑞杰在卸下财政部长职务后，将更专注于统筹国家的经济政策，推进一些重要议程，包括领导未来经济委员会。王瑞杰将继续掌管总理公署的政策策略署，同时担任国立研究基金会主席、新中双边合作联合委员会（JCBC）的联合主席。

2022 年 4 月 14 日，李显龙总理宣布，新加坡第四代领导班子领军人选敲定，49 岁的财政部长黄循财获得绝大多数内阁成员的支持，得到人民行动党议员的认可，被正式推举为第四代团队的领导。李显龙指出，接班人的决定对新加坡至关重要，因为这将确保新加坡领导层的延续和稳定，而这些都是新加坡政治制度的标志。随后，新加坡政府将调整内阁职务，按惯例获推举为领军人者会受委为副总理。② 黄循财早年曾获公共服务委员会海外优异奖学金，并留学美国，获威斯康星大学麦迪逊分校经济学学士、密歇根大学安娜堡分校经济学硕士，1997 年进入贸工部，1999～2003 年任财政部助理署长、副署长和主管，2004～2005 年任卫生部署长，2005～2008 年任李显龙总理首席私人秘书，2008～2011 年出掌能源市场管理局，2011 年当选西海岸集选区议员，任国防部兼教育部政务部长，2011～2016 年担任新加坡金融管理局董事，2012 年任新闻、通讯及艺术部长兼教育部高级政务部长，2012～2014 年任文化、社区及青年部长，2015 年任国家发展部长，2016 年兼任财政部第二部长，2020 年任教育部长兼财政部第二部长，2021 年任财

---

① 《内阁大改组，七部门 5 月中迎新部长》，新加坡《联合早报》2021 年 4 月 24 日。

② 《黄循财获推举为第四代团队领导，李总理将调整内阁职务》，新加坡《联合早报》2022 年 4 月 15 日。

政部长。[①] 关于新加坡总理的交接时间表，李显龙总理表示，何时交棒的关键考量是行动党下届大选竞选策略，下届大选最迟在 2025 年 11 月举行。[②]

二 新加坡疫情防控形势的变化

新加坡是较早暴发新冠肺炎疫情的国家之一，2020 年 1 月 23 日发现首例确诊病例，4 月疫情形势突变，一度成为东南亚首个确诊病例数破万例的国家。随后，新加坡国内疫情几经波折，疫情防控政策也由“病毒清零”向“与病毒共存”转变。2020 年底，新加坡累计确诊病例超过 5.8 万例，累计死亡病例 29 例。2021 年底，累计确诊病例超过 28 万例，累计死亡病例 829 例。截至 2022 年 5 月 18 日，累计确诊病例超过 124 万例，累计死亡病例超过 1360 例。新冠疫苗接种量达 1406.4 万剂，接种疫苗人口达 501.4 万人，占全部人口的 91.95%；完成疫苗接种人口超过 498.7 万人，占全部人口的 91.46%。[③]

早在疫情暴发初期，新加坡政府就成立了包括卫生部、教育部、人力部和交通部在内的跨部门抗疫小组，实施以“断路器”（Circuit Breaker）为名的系列限制措施。2020 年 4 月 7 日至 5 月 4 日，新加坡关闭了所有提供非必要服务的工作场所，员工在家办公，所有学生居家学习，加强对人员流动和聚集的限制，呼吁民众尽量减少外出，该措施后延长至 6 月 1 日，并强化了实施力度。同时，新加坡禁止所有邮轮停靠，禁止所有外籍短期旅客入境或过境，除从事医疗、运输等必要服务的人外，其他长期居留许可证持有者也不能入境，政府还实施居家通知和限制社交距离等措施，违者将被处以罚款或监禁。为缓解医疗资源紧张的局面，政府在全国医疗系统中实施分级诊

① 《政治生涯累积多元丰富经验》，新加坡《联合早报》2022 年 4 月 15 日。

② 《总理何时交棒，关键考量是行动党下届大选竞选策略》，新加坡《联合早报》2022 年 4 月 17 日。

③ WHO Coronavirus（COVID-19）Dashboard. https：//covid19. who. int/region/wpro/country/sg；Live COVID-19 Vaccination Tracker. https：//covidvax. live/location/sgp.

疗，重症患者在国家传染病中心治疗，轻症患者则分散到社区医院和私人医院等，病情好转和尚未康复的患者则在隔离中心暂住，以减轻公共医院的负担，提高医疗体系运转效率。

2020 年，新加坡连续推出了五个经济援助配套计划，纾困资金近千亿新元，政府扩大财政支出，财政赤字高达 649 亿新元，相当于国内生产总值的 13.9%，是其建国以来最大的财政赤字，其中政府动用了 520 亿新元国家储备金，相当于 1996~2019 年财政盈余的总额。同时，政府出台 80 亿新元的额外纾困计划，延长雇佣补贴计划 4~7 个月，各行业将按复苏情况获得不同程度的援助，受疫情重创的航空、航天及旅游业会获得较高的雇员补贴比率。为了确保有生存能力的企业特别是中小企业能够获得可负担的信贷，政府以较低利率向中小企业提供贷款。2021 年，新加坡已连续 2 年实施赤字预算政策，政府拨款 110 亿新元设立“应对冠病坚韧配套”，用于保障公共卫生安全、支持企业生存和员工就业、援助指定行业等；拨款 240 亿新元帮助企业和员工转型，包括扶持高增长型企业、中小微和大型成熟企业，创建三个创新平台，帮助员工就业，减少对外籍工人的依赖等；发放消费券和现金补助，包括 9 亿新元的家庭援助配套，超过 2 亿新元的强化就业收入补贴、就业技能支援计划、渐进式薪金模式以及关怀员工计划等；提出“建设绿色家园”预算，包括鼓励购买电动汽车、设立 6000 万新元的农业食品业转型基金、发展绿色金融和发行绿色债券等。

随着国内疫情趋于稳定，疫苗接种率不断提升，新加坡政府开始调整疫情防控政策。2021 年 6 月 24 日，贸工部长颜金勇、财政部长黄循财和卫生部长王乙康三位抗疫跨部门工作小组联合主席联名发表文章，宣布启动“与病毒共处、如常生活”的全面计划。但是，由于裕廊渔港突发德尔塔病毒引发的疫情，该计划搁浅。8 月中旬，新加坡国内疫情逐渐得到控制，加上近八成人口完成疫苗接种，8 月 19 日该计划重新启动，这标志着新加坡进入“与病毒共存”的防疫阶段。不过，新加坡的“与病毒共存”策略并非完全放任自流，而是政府随机应变积极应对，对内实施差异化安全管理措施，对外逐步谨慎地开放边境，在不收紧防疫措施的条件下，在保护生命与保障生计之间寻取平衡。

2021 年 9 月初，新加坡疫情加速蔓延，确诊病例数急剧增加，政府采取快速的行动，以减缓病毒传播的速度。9 月 13 日起，在高风险行业服务（餐饮、个人护理和健身业）的员工，病毒检测的频率将从两周一次增至每周一次；政府还将扩大强制检测的范围，包括零售商场和超市员工、送货员和送餐员、出租车司机、公共交通员工等；非定期检测行业的员工，将获得政府提供的抗原快速检测仪，自行检测；曾接触确诊病例者将获得健康风险警告或健康风险警戒，必须进行检测，减少社区活动；禁止人们在工作场所进行社交聚会，呼吁公众减少非必要的聚会。由于超过 98%的确诊病例没有出现症状或只有轻微症状，8 月 30 日起新加坡启动居家康复试点计划，允许 12~50 岁患者居家康复，9 月 15 日起将患者年龄上限提高至 69 岁，9 月 18 日起居家康复成为患者的默认护理模式。9 月 24 日，政府再度禁止两人以上的社交活动，并将居家办公定为既定工作模式，疫苗接种的年龄范围向下放宽。随着疫情形势的好转，11 月 22 日起部分防疫措施进一步放宽，社交聚会人数放宽至 5 人，同桌堂食的 5 人只需完成疫苗接种，不必同住一户，小贩中心和咖啡店逐步允许一桌 5 人共餐，医院和护理机构恢复探病，完成疫苗接种的年长者可参加乐龄活动，婚礼婚宴的举办限制也将有所放宽。不过，居家办公仍是既定工作模式，未接种疫苗者将面对更多限制。

新加坡采取循序渐进的方式开放边境，政府出台了“疫苗接种者旅游走廊”（Vaccinated Travel Lane，VTL）计划，规定往返两国的旅客只需出示疫苗接种证件，在离境前与入境后检测呈阴性者无须居家或隔离。2021 年 9 月 8 日，新加坡首先启动了面向文莱、德国的“疫苗接种者旅游走廊”计划，两国均非新加坡的主要旅游对象国，新加坡先后对 20 多个国家实施“疫苗接种者旅游走廊”计划，包括德国、文莱、加拿大、丹麦、法国、意大利、荷兰、西班牙、英国、美国、澳大利亚、瑞士、韩国、芬兰、瑞典、马来西亚、印度、印尼、卡塔尔、阿联酋、沙特阿拉伯、柬埔寨、斐济、马尔代夫、斯里兰卡、泰国和土耳其等。

2022 年初，奥密克戎变异毒株引发的疫情在新加坡快速传播，确诊病例大幅增加，仅3个月时间新增确诊病例就超过80万例，2022年3月20日累计确诊病例突破100万例。不过，多数感染奥密克戎病毒的患者症状轻微，重症或死亡的病例比重较低，新加坡扩大实施第二套医疗方案，即让家庭医生通过抗原快速检测（ART）诊断轻症病患，ART呈阳性者可居家康复，无须住院。同时，政府宣布了多项防疫和解封措施，包括优化边境防疫措施，入境隔离期统一改为7天，已完成疫苗接种且通过“疫苗接种者旅游走廊”的入境游客可自由行动，密接者观察期从7天减至5天，多数行业的员工无须进行定期检测，对宗教、婚礼等活动的人数和分区限制解除，体育活动人数放宽至最多30人，员工回到公司上班要戴口罩，但无须保持安全距离，等等。

2022年3月24日，新加坡总理李显龙发表全国讲话，宣布新加坡疫情防控已进入重要转折点，将果断地迈向“与病毒共存”。3月29日起，新加坡开始放宽疫情防控措施，将聚会人数限制从5人增至10人；允许75%的居家办公者重返工作场所上班；放宽大型活动场所的容量限制，参加人数超过1000人时，最高限制容量提升至75%；人们在户外时可选择不戴口罩，但在室内须佩戴口罩；一米安全距离规定暂不改变。与此同时，新加坡将大幅度放宽跨境旅游限制，简化旅客检测和隔离的相关规定，简化后的“疫苗接种者旅游框架”将更方便国人出国，让已完成疫苗接种的旅客在入境时更方便，这将让新加坡重新和世界各地连接起来，但这不等于全面放宽所有限制。新加坡将等待一段时间，若疫情稳定将再次放宽限制。李显龙总理强调，病毒会继续变异，如果传染性更强、更危险的变种毒株出现时，新加坡可能需要倒退，再次收紧防疫措施。他还提醒不要彻底放松警惕，每个人必须各尽其责，继续遵守调整后的安全管理措施，继续对自己和社会负责任，保护自己，也保护他人的健康，避免加重医护人员的负担。①

2022年4月26日起，新加坡下调疾病暴发应对系统（Disease Outbreak Response System Condition，DORSCON）警戒级别，将其从橙色下调至黄色。2020年2月7日，政府将DORSCON警戒级别从黄色调高至橙色，仅次于最

---

① 《李显龙：迈入对抗冠病的新阶段》，新加坡《联合早报》2022年3月25日。

高的红色级别。同时，大幅度放宽防疫安全管理措施，除室内佩戴口罩的规定不变外，几乎所有防疫措施都将解除，社交聚会、堂食和家庭访客人数不再设限，民众在室内或户外都不必保持安全距离，所有雇员可返回工作场所上班，超过千人的大型活动不再限制场地容量，但夜间娱乐场所人数仍限制在场地容量的75%以内，完成疫苗接种的入境者无须做行前检测，5月1日起新马跨境公共交通和出租车服务恢复。①

全球疫情暴发以来，新加坡的疫情防控模式一直引起海内外的普遍关注。新加坡卫生部长王乙康表示，新加坡疫情防控是世界上独一无二的，它选择了“中庸之道”，既非“病毒清零”政策，也非纯粹“与病毒共存”路线。② 当前，新加坡疫情防控的政策转变主要是由其高度外向型的国情所决定的，该国生产和生活资源大多依赖国外，一些产业部门也需要大量的外国劳工，长时间管控和封闭将严重阻碍国内经济发展。同时，新加坡具备先进的卫生医疗体系，新冠疫苗接种率高，病例死亡率低。更为重要的是，新加坡由“病毒清零”向“与病毒共存”的政策转变，并非完全放任自流，而是政府随机应变积极应对，寻求保护生命与保障生计之间的平衡点。

三　新加坡经济呈现复苏态势

在疫情防控的背景下，2021年新加坡经济出现强劲反弹，经济增速由负转正，呈现复苏迹象。各产业部门均实现不同程度的增长，制造业成为经济复苏的主要动力，进出口贸易快速增长。同时，新加坡积极实施疫情防控和恢复经济的双重政策，继续推进产业转型和创新驱动计划，为后疫情时代经济发展奠定基础。2022年，新加坡经济预计能保持复苏态势，但由于国内外疫情尚未消退，国内经济增长仍存在不确定性。

---

① 《我国DORSCON疾病应对级别下调至黄色，4月26日起大部分防疫措施解除》，新加坡《联合早报》2022年4月3日。

② 《王乙康：没贸然开放也没封闭，新加坡防疫走中庸路线》，新加坡《联合早报》2021年8月21日。

（一）2021年新加坡经济强劲反弹

在全球疫情的冲击下，新加坡陷入建国以来最严重的经济衰退，2020年经济增长萎缩4.1%。2021年，新加坡经济强劲反弹，呈现复苏的态势，第一季度至第四季度经济增长率分别为2%、15.8%、7.5%和6.1%，全年为7.6%，当年GDP为5334亿新元（约3971.7亿美元），人均GDP为86015新元（约64046.8美元），消费者物价指数（CPI）为2.3%，失业率为2.6%。

从需求角度看，2021年国外需求增长6.8%，国内需求增长8.8%，其中私人消费和公共消费均增长4.5%，固定资本形成增长19.6%，其中公共部门和私人部门分别增长18.8%和19.7%。国外需求增长归因于商品和服务出口的扩张，主要是机械和运输设备出口增加，而服务出口上升得益于其他商业服务业的恢复；国内需求的增长主要源于消费支出和固定资本形成的增长，私人消费支出的增加集中在杂项商品及服务、娱乐与文化领域，公共消费增长较上年有所放缓。国内固定资本形成中，公共部门的建筑工程增长18.3%，交通设施增长30.8%，机械设备增长43.5%，房地产增长7.7%；私人部门的建筑工程增长34.4%，交通设施增长25.4%，机械设备增长17.1%，房地产增长11.3%。同时，国内外需求部分对总需求的贡献分别为：国外需求贡献5个百分点，国内需求贡献2.4个百分点，消费支出贡献0.8个百分点，其中公共消费和私人消费分别贡献0.8个百分点和0.6个百分点，固定资本形成贡献1.7个百分点，库存变化贡献-0.1个百分点。①

从供给角度看，各产业部门增加值均实现同比增长。其中，制造业全年增长13.2%，高于2020年的7.5%；建筑业增长20.1%，上年为-38.4%；服务业增长5.6%，上年为-5.1%。信息通信业增长12.2%，房地产业增长10.7%，零售业增长10.2%，金融与保险业增长7.4%，其他服务业增长5.2%，交通与仓储业增长5.0%，专业服务业增长4.4%，批发业增长3.9%，食品饮料服

① Ministry of Trade and Industry (2022). Economic Survey of Singapore 2021. pp. 9-10.

务业增长 3.0%，酒店住宿业增长 1.7%。同时，各产业部门对 GDP 增长的贡献分别为：制造业贡献 2.6 个百分点，金融与保险业贡献 1.1 个百分点，批发业贡献 0.7 个百分点，信息通信业贡献 0.6 个百分点，其他服务业贡献 0.5 个百分点，建筑业贡献 0.5 个百分点，房地产业、交通与仓储业、专业服务业分别贡献 0.3 个百分点，零售业贡献 0.1 个百分点。

2021 年，新加坡的进出口贸易保持了较快的增长势头，货物进出口额达 1.16 万亿新元（约 8637.4 亿美元），增长 19.7%。其中，出口额为 6140 亿新元（约 4571.8 亿美元），增长 19.1%；进口额为 5460 亿新元（约 4065.5 亿美元），增长 20.4%。在出口结构中，非石油国产品出口额为 1930 亿新元，增长 12.1%；石油国产品出口额为 860 亿新元，增长 38%；再出口额为 3350 亿新元，增长 19.2%。非石油国产品出口额增长最快的国家和地区是中国内地、中国台湾、韩国、印尼、中国香港、马来西亚、泰国、欧盟、日本和美国等；非石油国产品再出口额增长最快的国家和地区是中国香港、中国内地、越南、印尼、马来西亚、中国台湾、欧盟、美国、日本和韩国等。与此同期，服务贸易进出口额为 6090 亿新元（约 4534.6 亿美元），增长 6.8%，其中出口额为 3090 亿新元（增长 6.7%），进口额为 3000 亿新元（增长 6.8%）。

（二）新加坡加快实施产业转型与创新驱动计划

2016 年 3 月，新加坡推出了面向“工业 4.0”的产业转型计划，以提高企业生产力及投资技能、推动创新和走向国际化为目标。2017 年 2 月，新加坡未来经济委员会提出了未来 10 年新加坡经济发展策略，试图通过三大途径和七大策略推动经济发展，并将产业转型和创新驱动计划纳入国家中长期发展战略。同时，新加坡相继出台科技创新、人工智能、中小企业数字化的相关措施，并取得一定的成效。

在推进产业转型与创新驱动的过程中，新加坡根据产业关联性和实施便利度，将 23 个行业分成 6 个产业转型组团，涉及制造业和服务业，制造业包括能源和化工、精密工程、海事工程、航空、电子等，服务业包括贸易、交通运输、房地产、医疗保健、金融、教育、食品制造与服务等，这些行业的产值共占 GDP 的 80%。2021 年 4 月，新加坡政府提出将制订“2025 年产业转型蓝图”（ITM 2025），更新原有的 23 个产业转型蓝图，以加快产业数字化转型。另外，新加坡实施了科技创新五年规划，2020 年，新加坡出台了“第七个科技创新计划（2021—2025 年）”，未来五年政府拟投入 250 亿新元，重点资助制造业、贸易和互联互通，健康，城市解决方案和可持续发展，以及智慧国家和数字经济。同时，加强核心研究能力，培育科研人才，提升创新与创业平台的能力。[①] 2017 年 5 月，新加坡推出“国家人工智能”计划（AI. SG），旨在凝聚政府、科研机构与产业界三大领域的力量，促进人工智能的发展和应用，计划在未来 5 年投资 1.5 亿新元用于资助相关研究。新加坡国立研究基金会（NRF）推出“大学—企业研究室”（Corporate Laboratory@ University）计划，旨在吸引国内外企业与当地大学进行合作研发。此外，政府还制定了中小企业数字化计划（SMEs Go Digital Programme），以协助中小企业了解与采用合适的数字科技，由此增加盈利、开发新市场和提高生产力。

近年来，新加坡的产业转型初见成效，产业结构不断优化。新加坡产业结构分为生产部门和生产性服务业部门，前者包括制造业、建筑业、公用事业和其他生产部门，后者包括批发业、零售业、交通与仓储业、酒店住宿业、食品饮料服务业、信息通信业、金融与保险业、房地产业、专业服务业、行政服务业和其他服务业。据统计，2021 年新加坡生产部门增加值占 GDP 的 26.4%，生产性服务业部门增加值占 GDP 的 69.8%。其中，制造业增加值占 GDP 的 22.3%，建筑业占 2.9%，公用事业占 1.2%，批发业占 17.9%，零售业占 1.4%，交通与仓储业占 6.1%，酒店住宿业占 0.5%，食品饮料服务业占 0.9%，信息通信业占 5.6%，金融与保险业占 14.6%，房地产业占 2.9%，专业服务业占 5.8%，行政服务业占 3.6%，其他服务业占

① National Research Foundation（NRF）. “Prime Minister's Office of Singapore（2020）.” *Research Innovation and Enterprise 2025 Plan*. https：//www. nrf. gov. sg/rie2025.

10.5%。多年来，新加坡一直重视制造业的发展，政府制定了制造业占 GDP 的比重保持在 20%~25%的目标。2021 年新加坡制造业占 GDP 的比重超过 20%，制造业的主要行业包括电子（占制造业增加值比重的 40.7%）、化工（占 16.6%）、生物医药（占 14.7%）、精密工程（占 13.4%）、运输工程（占 6.9%）和其他制造行业（占 7.7%）。①

（三）2022年新加坡经济展望

随着世界经济的逐渐复苏，2022 年新加坡经济也将保持复苏的势头。据统计，2022 年第一季度，新加坡经济增长率为 3.4%。其中，生产部门增长 5.3%，包括制造业增长 6%，建筑业增长 1.8%；生产性服务业部门增长 3.9%，包括批发零售业增长 3.2%，信息通信业、金融与保险业和专业服务业增长 6.6%，酒店住宿业、食品饮料服务业、房地产业、行政服务业和其他服务业增长 1.6%。② 新加坡政府预计全年经济增长率为 3%~5%。

2022 年 2 月，新加坡推出 2022 年财政预算案，政府将继续促进就业，扶持企业，推动经济复苏，其中包括 5 亿新元的就业与企业援助配套，为受疫情影响的中小企业提供复苏津贴；20 亿新元的渐进式加薪补贴计划，为低收入员工提供加薪补贴；2 亿新元的数字化和绿色转型计划，鼓励企业采用机器人、物联网、人工智能和云端科技等技术。延长原有的补助计划，包括招聘奖励、临时过渡性贷款等。另外，政府将分阶段上调消费税率，2023 年 1 月起上调至 8%，2024 年 1 月起上调至 9%；提高高收入阶层的个人所得税，应缴税收入为 32 万~50 万新元的个人所得税边际税率保持在 22%，50 万~100 万新元的税率从 22%调高至 23%，100 万新元以上的税率从 22%调高至 24%；大幅调整房产税，非自住屋的屋主应缴纳的房地产税从 10%~20%调高至 12%~36%，自住屋年值在 3 万新元以上部分的房地产税率从 4%~16%调高至 6%~32%；再次调高就业准证 EP 和 S 准证等的薪水门槛，调整建

① Ministry of Trade and Industry（2022）. *Economic Survey of Singapore 2021*. p. 56.

② "Singapore's GDP Grew by 3.4% in the First Quarter of 2022." https://www.singstat.gov.sg/-/media/files/news/advgdp1q2022.ashx.

筑业和制造业的工作准证政策，外国劳工比率顶限将从 1∶7 调低至 1∶5；分阶段上调碳税，从每排放一吨温室气体缴纳 5 新元增至 2024 年的每吨 25 新元，并最迟在 2030 年增至每吨 50~80 新元。①

为抑制通货膨胀，新加坡金融管理局进一步收紧货币政策，推动新元加速升值，将新元名义有效汇率（S＄NEER）可波动范围的中心轴调整至现行水平，同时略微调高汇率可波动范围的坡度，以继续抑制国内通货膨胀。地缘政治局势紧张，引发美元汇率走强，而新元走低，2021 年 10 月中旬以来新元名义有效汇率已上升 0.97%，接近政策区间的上限。新加坡金融管理局预测，2022 年新加坡的核心通胀率将由 2%~3%升高至 2.5%~3.5%，整体通胀率升高至 4.5%~5.5%。②

在全球疫情仍未消退的背景下，世界经济开始出现恢复性增长，但也存在下行的风险。新冠变异毒株可能会对全球经济复苏构成威胁，疫情使全球产业链和供应链中断，全球工业生产受限制的时间可能更长，俄乌冲突导致地缘政治局势紧张，引发能源价格和大宗商品价格的飙升，加大全球通货膨胀的压力，而西方国家的紧缩货币政策导致大规模资本外流，加剧金融风险。作为高度外向型的经济体，新加坡对外依存度高，进出口贸易占 GDP 的比重达 207.2%（2020 年数字），其经济全面复苏有赖于全球经济的恢复，尤其是主要贸易伙伴的经济复苏。世界市场的供需关系和供应链的变化，也将直接影响新加坡经济增长。

随着国内新冠疫苗接种率的不断提高，新加坡渐进式的国内解封和边境开放，将促进面向消费者部门的复苏，缓解一些部门的劳工短缺问题，“疫苗接种者旅游走廊”计划将带动航空业和旅游业的复苏。但是，各产业部门的发展依然不平衡。全球经济的复苏将带动外向型制造业和进出口贸易的强劲增长，尤其是全球半导体及其零部件的生产和出口规模将继续扩大；航

---

① “Budget Statement for Budget 2022.” https://www.mof.gov.sg/singaporebudget/budget-2022/budget-statemen.

② “MAS Monetary Policy Statement-April 2022.” https://www.mas.gov.sg/news/monetary-policy-statements/2022/mas-monetary-policy-statement-14apr22.

空运输和旅游业可能需要一段时间才能恢复，酒店业作为隔离区设施受到影响；面向消费者的零售、食品饮料部门将逐渐复苏，但餐饮增值服务和依赖旅游业的零售业难以恢复到疫情前的水平；建筑和近海工程业预计将继续复苏，但劳工短缺可能会对这些行业产业影响。

四　面向2030年的新加坡可持续发展规划

进入 21 世纪，新加坡经济社会发展进入转型期。针对本国的具体国情，新加坡政府提出了一系列未来经济社会发展的规划蓝图，这些战略规划涉及中长期土地利用、产业转型、交通网络、科技创新、智慧城市、生态环境保护和宜居社区建设等，展现了新加坡面向 2030 年可持续发展的宏伟蓝图。

（一）永续新加坡发展蓝图

2014 年，新加坡环境及水资源部、国家发展部推出“2015 年永续新加坡发展蓝图”，它是 2009 年出台的“永续新加坡发展蓝图”的延续。在该蓝图中，政府提出了宜居而可爱的家（A Liveable and Endearing Home）、充满活力和可持续发展的城市（A Vibrant and Sustainable City）、活跃而亲切的社区（An Active and Gracious Community）三大主题，并确定了 2030 年可持续发展目标和具体措施。①

在构建宜居而可爱的家方面，50 多项新加坡政府组屋建设取得举世瞩目的成就。该蓝图提出，要设计和建造新一代可持续、智能和宜居的组屋，实现室内自然通风和采光，屋顶绿化，配置自动垃圾收集系统，利用太阳能供电，收集雨水用于非饮用水，为居民提供全面的社区套房设施；每家每户拥有更多的绿色和蓝色空间，每 10 个家庭中有 9 个家庭到公园的步行时间不超过 10 分钟；倡导绿色出行，每 10 个家庭中有 8 个家庭到地铁站的步行

① MEWR, MND (2014). “Sustainable Singapore Blueprint 2015: Our Home, Our Environment, Our Future.” pp. 108–109.

时间不超过10分钟，扩展巴士服务，延伸自行车道；在更多社区设立娱乐设施和小贩中心，使大多数家庭到运动或娱乐设施的步行时间都在10分钟内。

在建设充满活力和可持续发展的城市方面，新加坡政府继续通过综合土地规划，进一步优化区域布局，将工作地点从中央商务区分散到区域商业中心，探索地下空间和水资源的利用；90%以上的电力使用天然气，采取积极措施支持太阳能的利用；减少食物浪费，重视电子废弃物的回收利用，提高全国废弃物的回收率，努力建设“零废物国家”；加快绿色建筑的开发建设，提高达到BCA绿色标志认证等级的建筑的比重；制定新的、更高的车辆排放标准，鼓励使用更环保的车辆；推动发电站和炼油厂改进工艺以减少排放，兴建绿色工业园区；实施“新加坡海事绿色倡议”，鼓励船东采用节能船舶设计或洗涤器技术，鼓励远洋船舶减少污染物排放，资助本地海事公司开发和采用环保技术。

在构建活跃而亲切的社区方面，该蓝图提出新加坡将继续鼓励学校开展环境教育，通过各种绿色活动吸引社区参与，鼓励更多的绿色志愿者参加活动，更好地利用从社区中汲取创新理念的方法；鼓励企业评估其活动对环境的影响，促使企业树立保护环境的意识和责任，推动公共部门各机构为提高资源利用效率设定更宏伟的目标，并设计更好的组织流程；借鉴“建设宜居和可持续城市”的国际经验，国家发展部宜居城市中心（CLC）编制的“宜居框架”是很好的指南。另外，新加坡将积极参与双边和多边的环境协定，与国际社会共同应对环境挑战。

在该蓝图中，新加坡提出2030年可持续发展目标，这些预期目标集中在绿化和水空间、交通、资源优化（能源利用、水资源利用、废物回收）、空气质量（细颗粒物、可吸入颗粒物、二氧化硫、臭氧、二氧化氮和一氧化碳等物质的含量）、防范水涝、社区发展等六个方面，每个方面均有可量化的指标，便于对可持续发展绩效进行衡量。例如，2013~2030年，空中绿色植物面积从61公顷增至200公顷，公园面积从4040公顷增至每千人0.8公顷，水体面积从959公顷增至1039公顷，到公园步行时间小于10分钟的住户比例从80%增至90%；自行车道里程从230公里增至700公里，高峰时段居民乘坐公共交通出行比例从64%增至75%，铁路网从180公里增至360公里，到地铁站步行时间小于10分钟的家庭比例从58.5%增至80%；达到BCA绿色标志认证等级的建筑比例从21.9%增至80%，能源强度从22%增至35%，人均每日生活用水从151升降至140升，全国废物回收率从61%增至70%；细颗粒物（$PM_{2.5}$）年平均浓度从20μg/m^3降至12μg/m^3，可吸入颗粒物（PM_{10}）年平均浓度从31μg/m^3降至20μg/m^3；洪涝易发地区面积从36公顷减至21公顷；活跃的绿色志愿者人数从不足1000人增至5000人，花园社区的数量从不足700个增至2000个。

（二）2019年新加坡总体规划

2019年11月，新加坡市区重建局（URA）公布了“2019年新加坡总体规划”（Master Plan 2019）。该规划聚焦宜居和包容的社区（Liveable and Inclusive Communities）、本地枢纽和全球门户（Local Hubs，Global Gateways）、复兴熟悉的地方（Rejuvenating Familiar Places）、便捷和可持续的交通（Convenient & Sustainable Mobility）、可持续和韧性的未来城市（A Sustainable and Resilient City of the Future）等五大主题，规划未来10~15年土地使用和交通蓝图。①

（1）宜居和包容的社区

该规划提出为所有年龄段的居民提供高质量的生活环境和社区服务。新镇的规划和设计将更加注重智能化和可持续，从更接近大自然的登加到海滨的榜鹅，从中央地区边缘的皇后镇到尝试新住房概念的甘榜武吉士，政府将设计和推出新型住房类型，将一些住宅项目与城市绿化和屋顶花园相结合，以增加自行车道的方式鼓励慢行交通，整合社区中心多种服务设施，更好地满足居民的需要。

（2）本地枢纽和全球门户

该规划确定北部门户、东部门户、西部门户和中央地区等四大经济门

① URA（2016）．“Master Plan 2019.”https：//www.ura.gov.sg/Corporate/Planning/Master-Plan.

户，北部门户以农业技术和食品、数字技术和网络安全等为产业重点，打造以兀兰为中心的北部区域经济中心；东部门户以樟宜航空枢纽扩建为契机，增强与世界的连通，扩大航空业务和商业集群；西部门户由裕廊创新区及其周边的裕廊和大士工业区组成，是中央商务区以外最大的商业节点，也是高科技制造中心，该区域将加快大士码头建设，提升与全球海上的连通，促进世界一流大学建设；中央地区是新加坡充满活力的城市中心，将继续保持全球商业和金融中心的属性。

（3）复兴熟悉的地方

该规划提出保持新加坡的地域特色和家的感觉，保留更多熟悉地方的历史记忆。在过去几十年间，市区重建局和国家遗产委员会一直致力于协助保护历史文化遗产，传承国家精神和民族特性。同时，市建局与相关机构和群体合作，通过场所营造、社区故事板创作和遗产步道展示等公众参与的手段来传承历史的记忆。

（4）便捷和可持续的交通

该规划提出使轨道交通成为新加坡公共交通的支柱，随着新轨道线和车站的开通，将有更多的人享受到轨道通勤的便利，届时每 10 个家庭中有 8 个家庭去轨道站点的步行时间在 10 分钟以内。同时，提升公共交通的服务水平，开辟更多的步行和自行车专用道，为公共交通和慢行交通提供更多的空间。此外，重视货物运输系统建设，精心设计城市物流网络。

（5）可持续和韧性的未来城市

该规划提出新加坡必须准备好应对气候变化对城市生活的影响。到 2100 年，新加坡的平均气温预计将上升 1.4℃~4.6℃，海平面预计将上升 1 米，强对流气候的强度和频率也可能增加。新加坡要加快制定保护新加坡海岸的长期战略，并采取一系列有效的措施；为加强粮食安全和降低进口依赖，采取“促进本地种植”的一揽子计划，到 2030 年实现本地生产满足全国 30%的需求；探索闭合资源循环系统建设，减少资源消耗，确保供水多样化和可持续性；采用创新战略优化空间，制订新的地下空间详细控制方案；减少碳排放，转向可再生能源和更清洁的燃料。

（三）2030年绿色发展蓝图

2021 年 2 月，新加坡政府公布了“2030 年新加坡绿色发展蓝图”（Singapore Green Plan 2030），确立了城市绿化、可持续生活和绿色经济的发展目标。该蓝图由新加坡教育部、国家发展部、永续发展与环境部、贸工部和交通部联合制定，提出城市绿色发展的五大支柱，即自然之城（City in Nature）、能源策略（Energy Reset）、可持续生活（Sustainable Living）、绿色经济（Green Economy）和有韧性的未来（Resilient Future）。①

（1）自然之城

该蓝图提出，到 2030 年将新加坡建成绿色美丽的自然之城。政府将拨出约 200 公顷的土地兴建自然公园，使每家每户到自然公园的步行时间小于 10 分钟；计划在岛上再种 100 万多棵树，这些树可吸收 7.8 万吨二氧化碳，居民将享受更清新的空气和更凉爽的树荫；随着绿色空间的扩大和野生动物的增多，政府将与社区和非政府组织合作，采取措施让人类和野生动物和谐相处。

（2）能源策略

尽管新加坡的可再生能源利用受到较大的限制，但其仍将致力于使用更清洁的能源和提高能源效率。到 2030 年，太阳能的应用规模将增至现在的 5 倍，每年可为约 35 万户家庭提供电力，组屋镇的能源使用量将减少 15%，所有新注册的汽车均为清洁能源车型，电动汽车充电站从 2.8 万个增至 6 万个，2040 年逐步淘汰内燃机汽车，让所有汽车使用更清洁的能源；新加坡已拥有世界上最大的生物柴油工厂，且该工厂正在扩建中；到 2050 年，新加坡航空运输的燃油效率每年提高 2%，从 2020 年起实现碳中和增长，国际海运的温室气体排放比 2008 年减少 50%。

（3）可持续生活

倡导资源节约和循环利用的可持续生活方式，推进垃圾的循环化利用，

① “Introducing the Green Plan.” https://www.greenplan.gov.sg.

更好地进行垃圾分类，减少污染，到 2030 年垃圾量减少三成；节约用水，到 2030 年将每户用水量减少至每人每天 130 升；鼓励居民尽可能使用公共交通工具出行，到 2030 年公共交通网络覆盖范围可与伦敦和纽约等主要城市媲美；登加新镇将建成首个无车组屋镇中心，鼓励居民使用公共交通工具、步行和骑自行车出行，到 2030 年居民使用公共交通工具比例从 64%升至 75%，自行车道里程从 460 公里扩大到 1320 公里；通过使用绿色能源，建造绿色建筑，更重要的是通过宣传绿色生活方式和价值观，减少学校的碳排放，到 2030 年实现部分学校的碳中和。

（4）绿色经济

该蓝图提出新加坡要寻求绿色增长机会，创造新的就业机会，打造可持续的竞争优势。2019 年起，新加坡向企业开征碳税，并将其用于减少碳排放和绿色产业的投资项目；政府将制订新的企业可持续发展计划，以帮助企业尤其是中小企业提升绿色产业的开发能力；建设碳交易和服务中心，把新加坡建成亚洲乃至全球领先的绿色金融中心；吸引企业在新加坡开展脱碳技术、低碳氢、能效提高和循环经济的研发活动；推进裕廊岛的转型升级，使其转变为可持续的能源和化学产业园区。

（5）有韧性的未来

在全球气候变化的背景下，新加坡必须做好针对海平面上升和保障粮食安全的充分准备。由于新加坡是一个低洼的岛屿，针对海平面上升，政府正研究解决方案，将在东海岸、林厝港、双溪加株和裕廊岛等沿岸区域建立沿海防御基础设施。另外，为应对国家粮食安全问题，2019 年初政府出台了农产品的“30·30”愿景，即到 2030 年确保新加坡本地生产的农产品能够满足本国 30%的需求。

参考文献

ADB（2022）. *Asian Development Outlook 2022.* Manila：Asian Development Bank.

ASEAN Secretariat (2020). "Economic Impact of COVID-19 Outbreak on ASEAN." *ASEAN Policy Brief April 2020.*

Lim Mah-Hui, Michael Heng Siam-Heng (2022). *COVID-19 and the Structural Crises of Our Time.* Singapore: ISEAS-Yusof Ishak Institute.

MEWR, MND (2014). *Sustainable Singapore Blueprint 2015: Our Home, Our Environment, Our Future.*

Ministry of Trade and Industry (2021). *Economic Survey of Singapore Fourth Quarter 2021.*

Ministry of Trade and Industry (2022). *Economic Survey of Singapore 2021.*

Monetary Authority of Singapore (2021). *Macroeconomic Review Volume XX Issue 2 Oct 2021.*

Monetary Authority of Singapore (2021). *Recent Economic Developments in Singapore, August 2021.*

Monetary Authority of Singapore (2022). *Recent Economic Developments in Singapore, February 2022.*

Tilak K. Doshi (2015). *Singapore in a Post-Kyoto World: Energy, Environment and the Economy.* Singapore: ISEAS.

B.10

疫情防控下泰国的政治与经济形势

郑慕强*

摘　要： 经历了五波疫情的冲击，2021年泰国的政治经济形势出现了一系列变化，国内政局保持相对稳定，巴育政府赢得国会信任投票，经济呈现逐渐复苏的态势，国内外需求扩大，各产业部门出现恢复性增长，进出口贸易创近年新高，外商投资止跌回升。同时，泰国调整了疫情防控政策，实施一揽子经济刺激计划，推出“生物经济—循环经济—绿色经济”（BCG）发展模式，加快产业和企业数字化转型，出台新能源汽车优惠政策，以加快国内经济复苏。2022年是泰国政坛的重要年份，泰国现政府的任期将在2023年届满，国内政治势力将围绕新一轮大选提前布局，国内经济保持逐渐复苏的态势，但仍受到国内外诸多因素的制约。

关键词： 国内政局　疫情防控　经济复苏　泰国

在全球疫情蔓延的背景下，泰国经历了五波疫情的快速传播，对国内政治与经济格局造成较大的冲击。近期，泰国提出分阶段将疫情全面过渡为地方性流行病，政府制定了“十三五”规划，推动“生物经济—循环经济—绿色经济”（BCG）的发展模式，加快国内产业和企业数字化转型，该计划将对近中期泰国政治经济形势产生一系列重要影响。

* 郑慕强，经济学博士，汕头大学东南亚研究中心主任，教授。

一 泰国疫情防控形势的变化

自2020年1月以来，泰国经历了五波新冠肺炎疫情的冲击。为遏制国内疫情的蔓延，泰国从2020年3月26日起在全国范围内实施紧急状态法，并17次延长该法令，直至2022年5月底。2021年8月20日、2021年11月12日、2022年3月5日和2022年4月16日，泰国确诊病例分别突破100万例、200万例、300万例和400万例，确诊病例数全球排名第24位。2021年2月，泰国启动新冠疫苗接种计划，以实现70%的人口接种疫苗的目标。截至2022年5月18日，泰国累计确诊病例超过438.8万例，累计死亡病例2.9万例；新冠疫苗接种量达1.35万剂，接种疫苗人口达5632.2万人，占总人口的80.52%；完成疫苗接种人口超过5186万人，占总人口的74.14%。①

2020年1月22日，泰国首次发现2例新冠肺炎确诊病例，2月29日出现首例死亡病例，随后形成第一波疫情。3月26日起，泰国在全国范围内实施紧急状态法，采取了柔性“封城”措施，力图阻断疫情传播，政府号召全国商场暂停营业，禁止任何人群跨地区移动，曼谷市政府下令所有购物中心暂停营运22天，仅超市、药店和便利店等正常营业，关闭娱乐、体育场所等人员来往密集场所，到5月才放宽疫情防控措施。2020年上半年，泰国每日确诊病例均为两位数，6月份曾连续14天未发现本土新增病例。直到2020年底，泰国依旧是全球累计确诊病例数最少的国家之一，世界卫生组织还特别邀请泰国分享防疫经验。

2020年12月，泰国第二波疫情暴发。该轮疫情源于国内最大的海鲜批发市场——龙仔厝海鲜市场，主要感染者是缅甸、老挝和当地的从业人员，感染人数突破万人，12月19日该市场被勒令关闭。为控制疫情蔓延，泰国政府决定从2021年1月4日起对包括曼谷在内的全国28个府实施为期一个

① WHO Coronavirus（COVID-19）Dashboard. https：//covid19. who. int/region/wpro/country/tha；Live COVID-19 Vaccination Tracker. https：//covidvax. live/location/tha.

月的严格管制措施，包括限制商家营业时间、关闭高风险场所、开启线上教学、实行公务员居家办公和加快排查风险群体等。同时，泰国卫生部提出从2月14日起开展新冠疫苗接种，首批5万剂疫苗将于2月初运抵泰国，首批接种群体为曼谷、沙没沙空府等疫情较严重地区的一线医务工作者。泰国疫苗接种计划分三个阶段进行，第一阶段为2021年2月至4月，由于疫苗数量有限，将优先为医护人员、一线医疗志愿者和高风险人群接种；第二阶段为5月至12月，尽量为全国近半数民众安排接种；第三阶段为2022年初，争取让所有民众都能接种疫苗。

2021年4月，泰国通罗地区娱乐场所暴发疫情，后扩散到工厂、集市、建筑工地和人口稠密地区，形成了以阿尔法变异毒株为主的第三波疫情。这波疫情的确诊病例数远超之前两波疫情确诊病例数的总和，泰国几乎所有府都出现了确诊病例，首都曼谷、清迈等成为重灾区。当时，泰国总理巴育签署了关闭各地娱乐场所的命令，国内77个府中41个府的娱乐场所关闭至少14天，这41个府包括曼谷、大城、罗勇、春武里、清迈、清莱、春蓬、北碧府、碧差汶、普吉岛、素叻他尼等。同时，政府采取了严格的管控措施。根据疫情严重程度，泰国将全境分为红、黄、绿等不同区域，曼谷等20多个府为最高级别的红区，管控措施包括公众场所必须佩戴口罩、禁止饭店堂食、夜间实施宵禁、鼓励居家办公、延长学生假期等。入境隔离政策重新收紧，原规定的隔离7天全部调整为14天。自5月1日起，停止为印度、巴基斯坦、孟加拉国等国家的公民发放签证，自这些国家返泰的公民须隔离21天。

2021年6月，泰国第四波疫情暴发，此波疫情起源于工人营地，以德尔塔变异毒株为主，来势凶猛。泰国前三波疫情累计确诊病例为28.3万例，累计治愈22万例，累计死亡2226例，而此波疫情单日确诊病例和死亡病例一再创出新高。从6月28日起，政府进一步收紧曼谷及周边的佛统府、暖武里府、巴吞他尼府、北榄府、龙仔厝府，以及泰南四府（陶公府、北大年府、也拉府、宋卡府）的防疫措施。所采取的防疫措施包括暂停建筑工地施工30天，禁止工人流动；餐厅禁止堂食，只提供外卖；商场、购物中心仅营业至21时；酒店、展览中心、会议中心等可正常开放，但禁止举行会议、研讨会及宴会等；未经允许禁止举办超过 20 人的聚集性活动。各地方政府在发现群聚感染时可依法下令封锁、关闭辖区内的高风险社区或场所，相关部门设立检查站点，对进出泰南四府、曼谷及周边地区的人员进行至少 30 天的严格防疫筛查，尽可能实行居家办公，减少出行和人际接触，禁止在疫情严重地区举办聚集性社交活动。此外，政府部署军队封锁建筑工地和工人营地，防止工人流动。7 月和 8 月，泰国逐步扩大了“高度严格管控区”的范围，国内 77 个府无一是防疫“绿区”（不受疫情影响区）。

2021 年 12 月 6 日，泰国出现首例奥密克戎变异毒株确诊病例，成为世界上出现该变异毒株确诊病例的第 47 个国家。泰国奥密克戎变异毒株的传播从酒吧和餐厅开始，2022 年新年假期过后单日新增确诊病例暴涨，奥密克戎取代德尔塔成为主要毒株，泰国卫生部宣布第五波疫情已开始，并调整疫情防控措施。① 2022 年 1 月 9 日起，政府调整国内疫情风险等级划分，蓝色旅游试点区域不变，仍为 8 个全开放试点府和 18 个部分开放试点府/地区，橙色管控区包括 69 府（其中 51 个府为全管控区、18 个府为部分管控区）；增强对蓝色旅游试点区域的店内酒类消费管控，餐厅营业时间不变，酒类消费时间不能超过 21 时；延长居家办公时间至 1 月 31 日，但不能影响民众服务和机构运转；酒吧、夜店、KTV 等娱乐服务场所仍不能开放，但可以以餐厅的方式营业；升级入境管控措施，暂时停止泰国通行证（Test & Go）入境方式；提升疫情的应对水平，如严格监控病毒传播高风险活动，严格管控入境人员，做好医院、急救中心、方舱医院、隔离中心、隔离酒店等准备，同时推广居家隔离和社区隔离等政策，进一步扩大疫苗接种覆盖面。

2022 年 3 月，泰国政府提出分四阶段将疫情全面过渡为地方性流行病。泰国副总理兼公共卫生部长阿努廷表示，疫情向地方性流行病过渡将分为四个实施阶段：第一阶段（2022 年 3 月 12 日至 4 月初）为疫情战斗阶段，需要采取各种措施将确诊病例控制在当前水平，以降低传染强度，减小隔离

① 《疫管中心承认进入第五轮疫情高峰》，泰国《星暹日报》2022 年 1 月 10 日。

的范围；第二阶段（2022 年 4 月中旬至 5 月初）为疫情控制阶段，即在确诊病例不上升的情况下实现患者数量的逐渐减少；第三阶段（2022 年 5 月下旬至 6 月 30 日）为疫情下降阶段，将确诊病例减少到 1000~2000 例；第四阶段（2022 年 7 月 1 日起），解除新冠肺炎疫情大流行，使其全面过渡为地方性流行病。在新冠肺炎过渡为地方性流行病时，其死亡率不能超过 0.1%，而目前死亡率为 0.19%~0.2%。①

2022 年 4 月，泰国政府提出大幅放宽疫情防控措施，从 5 月 1 日起调整疫情防控区域，调整后的区域分别为黄色区域（高度管控区）65 个府，蓝色区域（旅游试点区）12 个府，取消暗红色区域（严格管控区）、红色区域（最高管控区）和橙色区域（管控区域），现蓝色区域包括曼谷、甲米府、北碧府、春武里府、清迈府、暖武里府、巴吞他尼府、攀牙府、碧武里府、普吉府、罗勇府和宋卡府，其余 65 府全为黄色区域。同时，放宽国际旅客入境条件，规定完成疫苗接种者可通过泰国通行证在线注册，入境时出示疫苗接种证明和购买保险证明；未接种疫苗或未完成疫苗接种者通过泰国通行证系统注册，入境时出示替代性自费隔离地点证明和保险证明；保险赔付限额或其他形式的保险限额为 1 万美元；完成疫苗接种者抵达时无须进行核酸检测，未接种疫苗或未完成疫苗接种者可在泰国通行证系统上进行登记，提交个人 72 小时核酸检测结果后方可入境。②

二　泰国国内政局动向

自 2019 年 6 月巴育再次当选总理以来，泰国政局保持了相对稳定。巴育政府在执政期间经历了三次国会的不信任投票，也面对过多次声势浩大的反政府示威游行，但巴育政府仍保持了其执政地位。2021 年，在国内疫情加速蔓延的背景下，巴育政府执政面临诸多障碍和难题，如反对党

① 《卫生部 7 月 1 日起将新冠定为地方病》，泰国《星暹日报》2022 年 3 月 10 日。

② 《泰国疫管中心大幅放宽新冠疫情防控措施》，泰国《星暹日报》2022 年 4 月 22 日。

联盟发起的不信任动议、执政联盟内部分裂倒戈，还有街头示威活动的卷土重来。

随着疫情的快速蔓延，泰国国内社会经济生活受到严重冲击，公共卫生系统风险扩大。根据2005年《公共行政紧急法令》，泰国宣布自2020年3月26日起全国进入紧急状态，并多次宣布延长紧急状态期限。疫情期间，泰国政府根据疫情的不同阶段特征，实施了一系列疫情管控措施，并适时加以调整；政府出台了应对疫情的一揽子经济刺激计划，扶持中小企业和弱势群体，促进国内经济复苏；政府鼓励和扶持数字经济的发展，大力兴建数字基础设施，促进中小企业数字化转型，数字经济呈现快速增长的态势；政府加大对基础设施的投入，加速东部经济走廊建设，部分地铁线路建成通车；政府推出了主要经济作物价格保障计划，将各类农产品的价格差价补助款发放给农民；出台了福利卡政策以扶持低收入群体。

在疫情蔓延的背景下，泰国经济遭受重创，社会生活受阻，民生问题加剧，街头示威活动再次暴发。2021年8月起，红衫军和反政府团体举行多次游行示威，几乎所有示威活动的诉求都指向巴育政府，要求巴育总理马上辞职，示威者指责巴育政府抗疫不力，导致泰国经济严重衰退，旅游业和服务业一蹶不振，中小企业和弱势群体生存问题日益凸显，还指责巴育政府选择不加入全球新冠疫苗获取机制（COVAX），以至于无法获得足够疫苗，拖累全国疫苗接种进度。曼谷一直都是泰国抗议示威活动的中心，但随着民众不满情绪持续扩散，示威活动也扩展至清迈等地。

2021年8月中旬，反对党联盟决定以巴育政府抗疫不力导致国计民生凋敝衰败为由，向巴育总理、阿努廷副总理兼公共卫生部长、农业与合作社部长、交通部长、劳工部长、数字经济与社会部长等6名内阁成员发起不信任动议。泰国国会针对反对党联盟提出的不信任动议展开了为期4天的辩论，9月4日进行投票表决，其中264名众议院议员对巴育及其内阁成员投下信任票，208名议员投了不信任票，3名议员投了弃权票，总理巴育及其内阁成员再次过关。泰国国会共有482个议席，反对党须取得242张票才能胜利。这是巴育自2019年出任民选总理以来第三次面对国会的不信任投票，前两次投票巴育都安然过关。有分析认为，目前泰国执政党联盟的第一大党是公民力量党，被视为巴育政府执政的根基。虽然巴育总理挺过不信任投票，但并不表示执政党派系之间的分歧得以化解，内部斗争将使下届大选充满变数。

多次民意调查显示巴育政府支持度低、声望不足，巴育对此表示，自己不为民意调查所困扰，并坚称政府在管理国家方面表现良好。[①] 总理府副发言人表示，2021年泰国民众对政府机构服务的满意度为84.81%，满意程度逐年提高。近年来，泰国在一些国际排名中得到提升。例如，2021年瑞士国际管理学院（IMD）的国际竞争力排名中，泰国的公共部门效率在64个国家中排名第20位，较上年上升3个名次，其中税收政策的排名居首位；世界银行的全球营商便利度排名中，泰国从2016年的第49名上升至2020年的第21名；在联合国经济和社会事务部的全球电子政府发展指数（EGDI）中，泰国从2016年的第77位升至第57位。[②]

三　泰国经济呈现逐渐复苏态势

2021年，经历了几波疫情的冲击后，泰国经济增速由负转正，呈现恢复性增长。宏观经济保持稳定，三次产业部门均由负增长转为正增长，制造业成为经济复苏的驱动力，进出口贸易创下近年新高，外商投资止跌回升，但总体经济和产业部门发展仍未恢复到疫情前的水平。

（一）泰国经济呈现恢复性增长

在疫情的冲击下，2020年泰国经济陷入严重衰退，全年经济增长率为-6.2%。2021年，泰国经济呈现恢复性增长。据泰国国家经济和社会发展委

① 《巴育不为民调困扰，坚称政府表现良好》，泰国《星暹日报》2022年3月30日。

② 《泰政府：民众对公共服务满意度提升》，泰国《星暹日报》2022年3月4日。

员会（NESDC）公布的数据，2021 年泰国国内生产总值（GDP）的增长率为 1.6%，高于政府 0.9%~1.4%的年度预测数，也高于 2021 年 10 月 1%的预测增速。从季度经济增长率看，疫情困扰下泰国经济有所波动，第一季度和第三季度经济增长率分别为-2.4%和-0.2%，第二季度和第四季度经济增长率分别为 7.7%和 1.9%。①

从需求侧来看，国内外需求增长均由负转正。2020 年，私人消费增长-1.0%，政府消费增长 1.4%，固定资本形成增长-4.8%，其中私人部门和政府部门分别增长-8.2%和 5.1%；商品与服务出口增长-19.7%，商品与服务进口增长-14.1%。2021 年，私人消费增长 0.3%，政府消费增长 3.2%，固定资本形成增长 3.4%，其中私人部门和政府部门分别增长 3.2%和 3.8%；商品与服务出口、进口分别增长 10.4%、17.9%，其中商品出口、进口分别增长 14.9%、18.3%，服务出口、进口分别增长-22.8%、16.2%。可见，国内私人消费和投资呈现恢复性增长，政府消费持续增长，而政府投资增速低于上年。同时，国外需求大幅增长，商品与服务进出口均保持两位数增长，其中商品进出口和服务进口出现较大的涨幅，服务出口从 2021 年第二季度开始扭转颓势，实现正增长（见表 1）。

表 1　2019~2021 年泰国经济增长率

单位：%

	2019 年	2020 年	2021 年				
			第一季度	第二季度	第三季度	第四季度	全年
私人消费	4.0	-1.0	-0.3	4.7	-3.2	0.3	0.3
政府消费	1.6	1.4	2.2	1.0	1.5	8.1	3.2
固定资本形成	2.0	-4.8	7.3	7.4	-0.4	-0.2	3.4
私人部门	2.6	-8.2	3.1	9.2	2.6	-0.9	3.2
政府部门	0.1	5.1	19.8	3.4	-6.2	1.7	3.8

① NESDC（2021）. "Thai Economic Performance in Q4 of 2021 and the Outlook for 2022." https://www.nesdc.go.th/nesdb_en/article_attach/article_file_20220228094737.pdf.

续表

	2019 年	2020 年	2021 年				
			第一季度	第二季度	第三季度	第四季度	全年
出口	-3.0	-19.7	-10.3	28.4	12.3	17.7	10.4
商品出口	-3.4	-5.8	2.9	30.8	12	16.6	14.9
服务出口	—	-61.3	-62.3	4.8	14.7	30.5	-22.8
进口	-5.2	-14.1	1.0	28.7	29.5	16.6	17.9
商品进口	-5.8	-10.6	4.6	29.9	28	14	18.3
服务进口	—	-27.8	-13.4	23.6	37.1	28.8	16.2
总计	2.2	-6.2	-2.4	7.7	-0.2	1.9	1.6

资料来源：根据 *Thai Economic Performance in Q4 of 2021 and the Outlook for 2022* 数据编制。

从供给侧来看，2021 年泰国的三大产业部门均实现正增长，其中农业增长 1.4%，工业增长 3.4%，服务业增长 0.7%。从季度部门增长率来看，除农业部门各季度均实现增长外，工业部门和服务业部门增长波动较大，工业部门第二季度和第四季度分别增长 14.2%和 2.6%，第一季度和第三季度则增长-0.3%和-1.7%；服务业部门第一季度为负增长，而第二季度、第三季度和第四季度分别增长 5.3%、0.3%和 1.6%。在三大部门增长率中，只有工业部门的增长率（3.4%）高于 GDP 增长率（1.6%），其中制造业增长率为 4.9%，远高于采矿业（-7.1%）、电力燃气供应业（-2.5%）和供水与排污业（1.5%）。2021 年泰国制造业生产指数的平均值为 98.1%，较 2020 年增长 6.6 个百分点。2021 年泰国制造业产能利用率的平均值为 63.7%，比 2020 年的 61.0%高出 2.7 个百分点。① 尽管 2021 年泰国制造业部门生产绩效高于 2020 年，但无论是生产指数还是产能利用率，依然没有恢复到 2019 年的水平，尤其是纺织业、皮革、鞋帽、食品等劳动密集型制造业。虽然服务业部门实现了正增长，但其增速仅为 0.7%，作为重要的支柱产业，其对经济的贡献显得微不足道。由于疫情持续蔓延，泰国旅游相关行业

① NESDC（2021）. "Thai Economic Performance in Q4 of 2021 and the Outlook for 2022." https：//www.nesdc.go.th/nesdb_en/article_attach/article_file_20220228094737.pdf.

依然受到限制，2021 年到访泰国的国际游客仅为疫情前的 0.5%，住宿餐饮业全年增长率为-14.4%，影响了整个服务业部门的增长率（见表 2）。

表 2　2019~2021 年泰国各产业部门增长率

单位：%

	2019 年	2020 年	2021 年				
			第一季度	第二季度	第三季度	第四季度	全年
农业	-0.9	-3.5	1.0	2.1	2.2	0.7	1.4
工业	-0.1	-5.9	-0.3	14.2	-1.7	2.6	3.4
采矿业	1.7	-8.9	-6.2	3.2	-11.4	-13.4	-7.1
制造业	-0.8	-5.6	1.1	17.0	-0.9	3.8	4.9
电力燃气供应业	4.5	-8.0	-9.1	1.0	-2.4	2.1	-2.5
供水与排污业	5.6	0.7	-3.5	3.6	2.4	2.8	1.5
服务业	3.8	-6.7	-3.8	5.3	0.3	1.6	0.7
建筑业	1.6	1.3	13.5	3.1	-4.2	-0.9	2.7
批发零售业;机车和个人家庭物品维修业	4.5	-3.2	-2.4	5.0	2.7	2.9	1.7
运输仓储业	2.8	-22.9	-16.9	10.3	-1.4	3.2	-2.9
住宿餐饮业	7.7	-37.5	-36.8	16.4	-19.0	-4.9	-14.4
信息通信业	11.4	1.1	4.5	5.6	6.8	5.9	5.7
金融保险服务业	1.9	5.1	6.4	5.9	6.1	4.4	5.7
房地产业	3.8	1.5	2.2	2.7	0.7	1.3	1.7
专业技术服务业	1.9	-4.9	-3.1	0.3	-4.6	-4.2	-2.9
行政后勤服务业	2.3	-22.0	-12.0	1.0	-2.4	-4.8	-5.0
公共管理和国防;社会基本保障	1.4	1.6	1.4	1.0	0.1	0.1	0.6
教育	1.2	1.3	0.7	0.5	0.5	0.8	0.6
卫生与社会工作	3.7	3.2	1.9	3.3	4.2	5.6	3.8
艺术娱乐	14.4	-13.0	-9.6	90.2	-10.3	-7.2	4.8
其他服务	2.7	-7.4	-3.1	0.4	-5.5	-0.4	-2.2
私人家庭服务	-0.6	2.8	-0.2	5.2	-0.3	-0.2	1.1
总计	2.2	-6.2	-2.4	7.7	-0.2	1.9	1.6

资料来源：根据 *Thai Economic Performance in Q4 of 2021 and the Outlook for 2022* 数据编制。

（二）宏观经济保持相对稳定

疫情期间，泰国政府实施了扩张性财政政策和宽松的货币政策，以保持宏观经济的持续稳定。2021 年，国内消费者物价指数（CPI）为 1.2%，失业率为 1.64%，公共债务为 9.64 万亿泰铢，占 GDP 的 59.6%，经常项目赤字为 109 亿美元，经常项目逆差占 GDP 的比重为-2.2%，年底外汇储备为 2460 亿美元。按现价计算，当年泰国 GDP 为 16.2 万亿泰铢（约为 5056 亿美元），人均 GDP 为 232176 泰铢（约为 7255.5 美元）。[①] 目前，泰国仍是东南亚第二大经济体，仅次于印尼。

由于全球疫情蔓延和地缘冲突的加剧，国际市场的能源和大宗商品价格上涨较快，泰国的物价水平呈现上升趋势。尽管泰国维持了较低的失业率，但失业和就业不足人数有所增加，失业人数从上年的 65.1 万人增至 74.8 万人，就业不足人数从 48.5 万人增至 58.4 万人。同时，泰国经济还面临持续增长的家庭债务和公共债务两大风险。经历了两年多疫情的影响，泰国家庭债务占 GDP 的比重升至 90%，公共债务占 GDP 的比重接近 60%，政府不得不将公共债务上限从 60% 调高到 70%，并放宽财政透支额，将其从 30% 提高至 35%。虽然疫情期间政府采取了非常规赤字预算，但从政府财政的长期稳定和平衡来看，这些都是无法长期持续的财政措施。[②]

（三）进出口贸易创近年新高，外商投资止跌回升

随着世界经济尤其是主要贸易伙伴的经济复苏，加上全球制造业快速扩张，2021 年泰国进出口贸易达 17.09 万亿泰铢，增长 25.1%，创下近年来新高。其中，出口贸易增长 18.9%，进口贸易增长 32.0%。而在 2020 年，泰国的出口贸易、进口贸易和进出口贸易均为负增长，分别为-5.8%、-12.8%和

① NESDC (2021). "Thai Economic Performance in Q4 of 2021 and the Outlook for 2022." https://www.nesdc.go.th/nesdb_en/article_attach/article_file_20220228094737.pdf.

② 《泰国财长指出经济面临两大内部风险，减支增税实现长期平衡》，泰国《中华日报》2022 年 2 月 6 日。

-9.3%（见表3）。2021年，中国继续保持泰国第一大贸易伙伴的地位，日本、美国、马来西亚、越南分别是泰国第二至第五大贸易伙伴。其中，泰国的十大出口国和地区包括美国、中国内地、日本、越南、马来西亚、中国香港、澳大利亚、新加坡、印尼、印度等，十大进口国和地区包括中国大陆、日本、美国、马来西亚、中国台湾、韩国、阿联酋、印尼、新加坡和越南等。

表3　2000~2021年泰国进出口贸易变化

单位：亿泰铢，%

年份	进出口贸易				进出口贸易增长			
	进出口	出口	进口	贸易平衡	进出口	出口	进口	贸易平衡
2000	52621.98	27680.65	24941.33	2739.32	27.7	25.0	30.8	-10.7
2005	91927.16	44386.91	47540.25	-3153.34	19.8	14.6	25.1	-534.2
2010	119699.27	61133.36	58565.91	2567.44	22.2	17.7	27.3	-56.7
2015	141318.01	72257.23	69060.78	3196.44	-4.0	-1.2	-6.7	444.4
2020	136598.35	71835.68	64762.68	7073.00	-9.3	-5.8	-12.8	248.9
2021	170911.85	85421.03	85490.82	-69.79	25.1	18.9	32.0	-101.0

资料来源：Ministry of Commerce（MOC）．"Foreign Trade Statistics of Thailand." https：//tradereport. moc. go. th/TradeEng. aspx.

近年来，泰国与自贸伙伴的贸易发展较快。2021年，泰国与18个签署自贸协定的国家和地区的进出口贸易达10.85万亿泰铢（约3420.5亿美元），增长24%。其中，出口贸易为5.26万亿泰铢（约1669.6亿美元），增长19%。目前，与泰国签署自贸协定的国家和地区有东盟其他9国、中国内地、日本、韩国、印度、澳大利亚、新西兰、秘鲁、智利和中国香港等。从进出口贸易增幅看，最高的是智利（70%），其后是印度（55%）、新西兰（51%）、韩国（38%）、秘鲁（33%）、中国内地（25%）、东盟9国（17%）、澳大利亚（11%）、日本（10%）和中国香港（3%）。同时，泰国对自贸伙伴国出口增幅最大的是农产品、畜牧和水产类，出口额达6028.26亿泰铢（约191.74亿美元），增长29%，这些农产品包括橡胶、生鲜及冷冻水果、木薯制品、调味料、草药、畜牧产品、水果罐头及制品，其出口占全国农产品出口的73.6%。[①]

为促进国内经济复苏，泰国积极调整外资政策，改善营商环境，包括拟在东部经济走廊区域的罗勇、春武里和北柳三府新增设6个特别经济开发区，允许外资企业拥有制造业和部分服务业企业100%的所有权，不设置本地化和出口要求及外汇限制，出台半导体制造业投资优惠政策，增加减免所得税年限，简化工作签证办理流程。2021年1~9月，泰国吸引的外国直接投资额已超过2020年全年投资总额。泰国投资促进委员会统计，2021年泰国吸引的外国直接投资额为4553.31亿泰铢，增长163%，其中日本投资额为807.33亿泰铢，中国投资额为385.67亿泰铢，新加坡投资额为296.69亿泰铢，主要投资领域分布在电子电器（1044.9亿泰铢）、医疗（621.7亿泰铢）、石油化工（484.1亿泰铢）、农业及食品加工（476.6亿泰铢）、汽车及零部件（245.7亿泰铢）等。[②]

四 疫情期间泰国经济政策的调整

为了应对国内疫情蔓延对经济的严重冲击，泰国政府积极调整经济政策，实施了一揽子经济刺激计划，扶持中小企业和弱势群体，推动BCG经济发展模式，加快产业和企业数字化转型，出台新能源汽车优惠政策，努力寻求疫情防控和经济复苏的平衡点，减缓疫情对经济和民生的冲击，以保持国内经济持续复苏的态势。

（一）实施应对疫情的一揽子经济刺激计划，促进国内经济复苏

2021年1月，泰国政府制定了受新一波疫情影响的企业和国民援助计划实施方案，作为应对第二波疫情影响的政策措施，该方案包括六项紧急援助措施：面向全民最基本的生计减负援助措施，对住宅类或小本经营类住

---

① 《泰国去年FTA贸易额突破10万亿泰铢大关》，泰国《中华日报》2022年2月3日。

② "BOI Investment Promotion Statistical Reports." https://www.boi.go.th/index.php?page=statistics_oversea_report_st.

户，实施为期两个月的水费降价10%和电费补贴措施；防疫物资采购援助措施，政府有关部门确保防疫物资供应充足，不在紧急情况下发生断供；为自筹搭建隔离区的工厂和单位提供全方位的协助，当地有关部门提供所有必要的帮助；调整“我们一起去旅行”项目规定，根据加入该项目的经营者需求做出适应性规则调整，特别是考虑近期疫情加剧后给出行带来的不便和阻碍等；商业银行流动性和债务人协助措施，由财政部协调中央银行为商业银行和债务人提供更灵活的流动性援助措施；劳工援助补充措施，劳工部加快落实新就业增长计划。① 同时，为了刺激国民消费和稳定国内市场，泰国政府联合国有储蓄银行、农业合作社银行、住房银行、中小企业发展银行、国家进出口银行、国有伊斯兰银行等启动了13项措施来拉动国内消费。②

2021年6月，泰国政府批准了总额达1400亿泰铢的一揽子经济刺激计划，旨在减轻疫情对国内经济的影响。该计划包括四项措施，通过发放现金、电子代金券或以共同支付形式进行，实施时间在下半年：（1）国家福利卡充值计划，为全国1365万持有福利卡者每月充值200泰铢，连续6个月，预算约160亿泰铢；（2）特殊弱势群体购买力增加计划，向全国250万老弱病残人士每月提供200泰铢，连发6个月的消费券，预算约30亿泰铢；（3）“一人一半”三期计划，每日补贴额上限为150泰铢，每人累计消费额不超过3000泰铢，按季度分批实施，惠及目标群体3100万人，预算约930亿泰铢；（4）“多买多得”增值税退税奖励计划，预算安排为280亿泰铢，目标是吸引400万人参与计划，单日最高退税金额不得超过3000泰铢，每人累计最高7000泰铢。③

（二）推动BCG经济发展模式，并将其上升为国家战略

2019年8月，泰国总理巴育首次提出“生物经济—循环经济—绿色经

---

① 《内阁启动6项新疫援助措施，目标是全面覆盖企业和民生》，泰国《中华日报》2021年1月12日。

② 《巴育政府启动的13项拉动内消措施》，泰国《中华日报》2021年1月7日。

③ 《内阁正式批准1400亿经济计划案》，泰国《中华日报》2021年6月1日。

济”（BCG）的经济发展新模式，2021 年 BCG 模式作为国家议程上升为继“泰国 4.0”之后的另一国家战略，政府确立了 BCG 模式的 4 个具有战略性的领域，即粮食和农业，医疗和健康，能源、材料和生物化学，旅游与创意经济，以实现粮食、卫生、能源、就业、自然资源和环境可持续发展等关键领域的全面安全保障。据计算，BCG 模式覆盖国内就业人口半数左右，该领域综合经济价值约 3.4 万亿泰铢，占 GDP 的 21%，未来 5 年将增至 4.4 万亿泰铢，约占 GDP 的 24%。①

为推动 BCG 模式的落地实施，泰国政府设立了两个 BCG 委员会，包括泰国总理领导的 BCG 政策理事会以及高等教育、科学、研究和创新部长任主席的 BCG 模式实施委员会。泰国政府将新能源汽车、医疗器械、机器人和自动化、生物产业、食品加工业作为工业发展的五大目标产业，到 2030 年每年生产 72.5 万辆电动汽车（占国内汽车产量的 30%），到 2027 年将泰国建成东盟医疗器械制造中心、东盟生物中心，以及东盟未来粮食生产中心。同时，政府制定了“平台经济驱动泰国迈向新时代 BCG 领军者”计划，在 BCG 的理念下通过创新、设计和品牌推广进行产品开发、在线营销，促进 2000 多家企业转型，创造超过 5 亿泰铢的价值，以提升泰国企业竞争力。

（三）加快产业和企业数字化转型，实施多种税务和非税务激励措施

在“泰国 4.0”战略框架下，政府确定了新一代汽车、智能电子、农业与生物技术、数字经济、工业机器人、未来食品加工、生物能源与生物化工、航空物流、高端旅游、医疗卫生产业等十大目标产业部门，推进五大传统优势产业转型和五大未来新兴产业发展，其中数字经济属于五大新兴产业之一。近年来，泰国鼓励和扶持数字经济的发展，大力兴建数字基础设施，推动数字产业化和产业数字化，促进中小企业数字化转型，数字经济呈现快

① 《当局计划加快发展 BCG 模式》，泰国《星暹日报》2021 年 1 月 18 日。

速增长势头。据预测，2021～2025 年泰国数字经济规模从 300 亿美元增至 570 亿美元，在东南亚地区仅次于印尼，排名第二，年增长率为 17%。到 2025 年，泰国数字经济占 GDP 的比重将升至 30%。①

为加快数字经济的发展，泰国政府向外商提供多种税务和非税务激励措施，涉及数字产业、智慧城市、创意产业、物流产业、专业服务等领域，其中数字产业包括软件、数字平台和数字内容开发，数字基础设施，数字园区，数据中心，创新孵化中心，创客空间或制造实验室，联合办公空间，云服务，等等。② 政府规定，数字化产业项目可享受最高 8 年的免税期；已运营的项目若通过数字化技术升级管理系统或生产技术并扩大了产能，可额外享受免缴 3 年企业所得税的优惠，且累计免税金额不超过为提高生产效率所投入资金的 50%。此外，数字产业的高端人才可以享受可续签的智慧签证，此类签证一次签发四年有效，且持有智慧签证的外国人无须再去办理工作证，免去跨国工作的复杂流程。

（四）出台新能源汽车优惠政策，打造区域新能源汽车制造中心

20 世纪 90 年代，泰国政府确立了出口导向型汽车工业的发展模式，大力引进西方跨国汽车公司的资本与技术，欧洲、美国和日本的汽车品牌企业纷纷在当地投资建厂，建立生产基地和研发中心，并将产品出口到国外市场。目前，泰国是东南亚最大的汽车生产国，也是世界上第十一大汽车生产国和第九大汽车出口国。2021 年，泰国汽车总产量为 172 万辆，其中出口 96 万辆。随着新能源汽车的兴起，泰国传统的汽车工业面临严峻的挑战，为此政府专门成立国家电动汽车政策委员会。2021 年 3 月，该委员会发布了总体规划，确定了促进电动汽车生产的指导方针和发展目标，提出到

① Google，TEMASEK，Bain & Company（2021）. “E-Conomy SEA Report 2021：Roaring 20s：The SEA Digital Decade.” https：//www. temasek. com. sg/en/news－and－resources/subscribe/google－temasek－e－conomy－sea－2021.

② BOI. “Digital，Creative Industries and High Value Services Investment Promotion Division.” https：//www. boi. go. th/upload/section4_ en_ wt_ link. pdf.

2030 年生产 72.5 万辆电动汽车，使电动汽车占汽车总产量的 30%，力争让泰国在未来 5 年内成为东南亚电动车制造中心。到 2035 年，泰国汽车工业重点围绕零排放汽车、新一代汽车技术、商业模式创新三大领域，掌握先进的核心技术，打造完整的电动车产业链。

2022 年 2 月，泰国政府批准国家电动汽车政策委员会提出的降低纯电动汽车、摩托车和皮卡车等的关税、消费税以及提供市场补贴等措施，这些措施于 2022 年 5 月正式生效。该项措施规定，根据电动汽车售价的不同档次，价格不超过 200 万泰铢的电动汽车整车进口关税降低 40%，价格在 200 万~700 万泰铢的电动汽车整车进口关税降低 20%，消费税均由 8% 调至 2%。同时，削减新能源汽车购置税，提供购车补贴，如电池容量低于 30 千瓦时的电动汽车可获 7 万泰铢补贴，电池容量为 30 千瓦时及以上的电动汽车可获 15 万泰铢补贴。

五 2022年泰国政经形势展望

2022 年是泰国政坛的重要年份，也是泰国的“亚太经济合作组织（APEC）年”。5 月，泰国将举行曼谷、芭堤雅地方议员和地方行政长官的选举，此次地方选举有多名候选人代表不同的政党前来参选，可以视为下届议会选举的“前哨战”，也是民众对巴育政府的一场“信任投票”。泰国现政府的任期将在 2023 年届满，2022 年 3 月泰国副总理巴逸透露，泰国可能会在 11 月举办亚太经济合作组织峰会后进行全国大选，他表示是否或何时解散国会将由巴育总理宣布，这也是现政府首次暗示大选的可能举行日期。为此，各大政治势力已经提前为新一轮的议会选举进行布局。同时，作为东道国，泰国将举办亚太经济合作组织第 33 次领导人会议，提出“开放、连接、平衡”的会议主题，力争将 APEC 打造为一个开放的平台，实现多维度连接，建立各方面的平衡，在疫情背景下创造一个可持续的未来。巴育总理希望，借此次 APEC 峰会之机推介泰国，并向国际社会介绍 BCG 模式。

2022年2月，泰国政府通过了第13个国民经济和社会发展规划（2023~2027年），它是落实20年国家战略发展总体规划的第2个五年规划，该规划预计将在2022年10月之前正式公布。该规划基于自给自足经济理念、自我修复能力、联合国可持续发展和BCG模式。泰国“十三五”规划总体目标是实现“经济高价值、社会可持续发展的新泰国”，推动从资源型经济向创新知识型、高价值和环境友好型经济转变；社会机会向面向所有人、所有地区且机会均等方面转变；生活方式从破坏环境向环保、安全和可持续转变；政府管理从低技能和落后向高水平与高效率转变。同时，该规划提出五年的13个具体发展目标，即建设农产品、食品高附加值加工的先进国家，构建高质量、可持续的旅游大国，兴建东南亚电动汽车制造基地，建成高质量医疗保健中心，打造区域经贸门户和物流战略中心，创建东盟智能制造和数字化服务基地，缩小大型企业与中小企业间的差距，缩小地区间贫富差距，增加阶层上升动力和减小收入差距，实现循环和低碳经济，降低自然灾害风险和提高应对能力，开发高水平、学习型和适应未来的人力资源，政府走向更高管理水平，等等。[①]

在全球疫情仍未消退的背景下，2022年泰国经济将保持复苏态势，预计全年经济增长率为2.5%~3.5%。泰国官方表示，泰国经济可能表现为“K”形复苏，即国内不同产业部门和领域涨跌互现，经济复苏形成分叉走势。[②] 泰国国内经济复苏的动因来自国内外需求的增长，尽管全球经济增速有所放缓，但经济复苏趋势仍将维持，泰国进出口贸易将延续上年的良好表现，旅游业虽短期内无法回归到疫情前水平，但全年接待的国际游客有望达到500万~1000万人次。同时，政府加大财政支出和公共投资，2022年政府投资预算约为9000亿泰铢，其中政府直接投资约为6000亿泰铢，国有企业及其控股企业约为3000亿泰铢。政府已公布多个大型基础设施建设项目，总额为451.6亿美元。例如，从邦巴因县至那空叻差是

① 《国民经济和社会发展十三五规划获通过》，泰国《星暹日报》2022年2月23日。

② 《泰国经济“K”形复苏面临的现实困惑》，泰国《中华日报》2021年4月25日。

玛全长196公里的M6高速公路，从换艾县至北碧府全长96公里的M81高速公路，从曼谷至那空叻差是玛全长253公里的铁路，从那空叻差是玛至廊开府全长356公里的铁路，连接廊曼国际机场与素万那普国际机场以及乌塔保国际机场的铁路，等等。

不过，2022年泰国经济增长仍存在复杂性和不确定性。除世界能源和大宗商品价格上涨、国际金融市场波动、全球供应链仍受疫情制约外，国内主要的影响因素有以下三点：一是国内疫情仍未得到完全控制，单日新增确诊病例还维持在高位，且多数确诊病例为无症状病例；二是劳工短缺问题，自疫情大流行后泰国各行业均出现劳动力短缺现象，经济逐步复苏后这一现象将更为突出；三是通货膨胀问题，由于国际油价和大宗商品价格上扬，引发国内物价上涨，官方将全年通货膨胀率预测数提高至4.5%~5.5%，中位数为5.0%。[①] 同时，泰国经济还面临持续增长的家庭债务和公共债务两大风险，疫情发生后政府采取了赤字预算，但持续的赤字政策将对宏观经济稳定性产生影响。此外，人口老龄化问题也将对泰国中长期经济发展造成负面影响。2021年，泰国出生率创50年来新低。到2025年，全国60岁以上老人将超过1450万人，占人口总数的20.7%，泰国将全面进入老龄化社会。泰国人口老龄化将使劳动力人数下降，从而导致生产力下降，劳动力价格上涨，国内需求结构变化，国内储蓄和投资减少，国家财政负担加重。[②]

参考文献

ADB（2022）. *Asian Development Outlook 2022：Mobilizing Taxes for Development*. Manila：Asian Development Bank.

Ariyapruchya，Kiatipong，Arvind Nair，Mahama Samir Bandaogo（2020）. "Thailand in

① 《泰国财政部将2022年经济增速降至3.5%》，泰国《中华日报》2022年4月27日。

② 《老龄化将给泰国经济带来四方面影响》，泰国《星暹日报》2022年2月17日。

the Time of COVID－19." *Thailand Economic Monitor*. June 2020, Washington, D. C.: The World Bank Group.

Moroz, Harry and Naddeo (2020). *Aging and the Labor Market in Thailand.* Washington, D. C.: World Bank.

Office of the National Economic and Social Development Board (2017). *The Twelfth National Economic and Social Development Plan (2017–2021)*.

OPM (Oxford Policy Management) and United Nations Thailand (2020). *Social Impact Assessment of COVID–19 in Thailand.* UK: Oxford.

Porphant Ouyyanont (2017). *A Regional Economic History of Thailand.* Singapore: ISEAS – Yusof Ishak Institute.

World Bank (2020). *Thailand Economic Monitor, June 2020: Thailand in the Time of COVID–19.* Washington, D. C.: World Bank.

World Bank (2021). *Thailand Economic Monitor, January 2021: Restoring Incomes, Recovering Jobs.* Washington, D. C.: World Bank.

World Bank (2021). *Thailand Economic Monitor, July 2021: The Road to Recovery*, Washington, D. C.: World Bank.

Judy Yang, Shiyao Wang, Birgit Hansl, Salman Zaidi, Peter Kjaer Milne (2020). *Taking the Pulse of Poverty and Inequality in Thailand.* Washington, D. C.: World Bank Group.

B.11
越共十三大后越南的政治与经济形势及对外关系

杨玉花*

摘　要： 2021年初，越南共产党召开了具有里程碑意义的第十三次全国代表大会，选出了越共十三届中央委员会委员，制定了中长期发展规划，确定了2025年、2030年建党100周年和2045年建国100周年的奋斗目标。在全球疫情蔓延的形势下，越南坚持疫情防控与经济恢复“两手抓”，国内经济社会持续稳定发展，但仍面临诸多不确定因素。越共十三大后，越南秉持独立自主的外交政策，积极开展多边和双边外交，并取得新的进展。

关键词： 疫情防控　经济复苏　对外关系　越南

在全球新冠肺炎疫情蔓延的背景下，2021年越南共产党召开了第十三次全国代表大会，最高领导层完成了更替，国内政局保持了稳定，疫情防控初见成效，经济呈现复苏态势，对外关系取得新进展。2022年是越南实施新的五年计划的第二年，面对国内外疫情变化，越南经济社会和对外关系发展总体向好，但仍存在不确定因素。

一　越共十三大：确立三阶段的奋斗目标

2021年1~2月，越南共产党举行第十三次全国代表大会，大会的主题

* 杨玉花，经济学博士，厦门大学图书馆副研究馆员。

为建设廉洁、强大的党和政治体系，激发国家发展的意志和决心，将民族大团结力量与时代力量相结合，继续全面同步推进革新事业，建设和牢牢保卫祖国，维护和平稳定环境，力争到21世纪中叶将越南建设成社会主义发达国家。此次大会回顾了越南改革35年和实施2011~2020年经济社会发展战略的成就，制定了2021~2025年五年规划的方向和任务，确定了2025年、2030年建党100周年和2045年建国100周年的奋斗目标，选出了越共十三届中央委员会委员，这是越共历史发展进程中具有里程碑意义的会议。

越共十三大回顾了过去五年不平凡的发展过程，面对各种困难与挑战，尤其是疫情和自然灾害带来的严重影响，全党全民全军发扬了爱国主义精神，团结一心，凝心聚力，坚定目标，勇于创新，努力奋斗，政治社会稳定，经济快速可持续发展，人民生活水平显著提高，人民对党、国家和社会主义制度的信心有所提升。五年来，越南经济保持了较高的年平均增速（5.9%），宏观经济持续稳定，通货膨胀控制在较低水平，全社会固定资产投资快速增长，资金利用效率明显提升，结构调整和增长模式转型同步进行，出口贸易大幅增加，贸易平衡得到改善，营商环境和国际竞争力持续提升，民生、卫生、教育培训、科学技术、环保、文化发展、人文建设等领域均发生了积极转变。同时，整党建党和政治体系建设全面、同步、高效推进，反腐败、反浪费的检查、监督和斗争不断走向深入，发挥了威慑作用。面对复杂多变的世界和地区形势，越南十分重视巩固和加强国防安全实力，主动处理突发事件，不断推进对外交往和融入国际社会的进程，赢得国际社会的支持和高度评价。

越共十三大总结了越南革新实践，尤其是越共十二大后的5年所吸取的宝贵经验，主要有以下5点。（1）继续坚定、创新运用和发展马列主义和胡志明思想，增强党的领导力和执政能力，将巩固和增强党内团结与政治体系的工作常态化，严格贯彻党建工作的原则，改进党的领导方式，建设廉洁、强大的党和政治体系，完善权力控制机制；（2）贯彻落实“以民为本”思想，真正信任、尊重和发挥人民当家作主的权利，坚持“民知、民议、民办、民检查、民监督、民享”的方针，进一步密切党与人民之间的联系，依靠人民进行党建工作，巩固与增进人民对党、国家和社会主义制度的信心；（3）在领导、指导、监督、组织实施等方面要有很大的决心并付出巨大努力，采取适合的措施，调动一切资源，激发动力，发挥社会主义的优越性，强化责任意识，并凝聚整个政治体系的力量；（4）优先建设配套的发展体制，确保坚定与革新，继承与发展，经济革新与政治、文化社会革新，遵循市场规律和确保社会主义方向，加强经济与文化、人文建设，解决社会问题，保护资源环境，加强国防安全建设，保障独立自主与国际融合的相互协调，重视发挥人文、教育培训和科学技术在国家发展中的作用；（5）主动研究、把握和预测国际形势，在坚决捍卫国家独立、主权、统一和领土完整的同时，维护有利于国家发展的和平、安全和稳定的环境，在独立自主和自立自强的基础上主动和积极地融入国际社会。①

在越共十三大会议上，越共主席阮富仲强调，全党、全民、全军的贯穿指导思想是创新运用和发展马列主义以及胡志明思想，坚定实施民族独立和社会主义目标，坚定实施党的革新路线图，贯彻党建工作的各项原则，本着国际法基本原则和平等互利合作原则确保国家的最高利益，致力于巩固和建设社会主义国家。这些具有原则性的问题，关乎越南政治制度的存亡，是越南共产党的坚固基础，谁都不得在理想信念上动摇。越南的总体发展战略是全面同步推进革新事业，实现国家快速可持续发展，确保同步开展各项任务。其中，以经济社会发展任务为中心，党建为核心，文化发展为精神基础，保障国防安全为关键。越共十三大决议提出，到2025年，使越南成为摆脱下中等收入、沿着现代工业道路迈进的发展中国家；到2030年越共建党100周年时，使越南成为具有现代工业的中高收入发展中国家；到2045年越南建国100周年时，使越南成为定向社会主义的发达国家。

越共主席阮富仲指出，要依靠全民族共同意志和力量以及“党意、民

① 《越共十三大开幕：全面、同步推进革新事业，实现国家快速可持续发展》，越通社，2021年1月26日。

心”的统一，有效落实越共十三大提出的各项任务，其中重点任务包括以下6点。（1）继续推进廉洁强大的整党建党、社会主义法治国家建设、政治体系建设工作；（2）全力有效推进增长方式转变和经济结构调整，依靠科学技术、革新创新和高素质人力资源，加快工业化和现代化进程，着力构建社会主义市场经济体制；（3）激发民众建设繁荣幸福的国家和强盛不衰的民族的意志与决心，在祖国建设事业中弘扬越南文化价值与人民力量；（4）奉行独立自主的理念，提升国防实力和安全保障能力，提高对外工作与融入世界的质效，捍卫国家独立、主权、统一以及领土、领海和领空完整，为国家发展创建和平安全环境；（5）凝聚全民族大团结和社会主义民主的力量，践行人民当家作主，加强法治建设，为社会发展提供纪律保障；（6）做好土地资源的合理利用和有效管理，加强环境保护，积极主动开展应对气候变化的工作。阮富仲指出，在落实上述重点任务的过程中，要完善发展体制，首先是社会主义市场经济体制，要完善配套、高质量的法律体系、机制和政策，营造便利、健康、平等、公正的营商环境，推进革新创新，调动各方面资源，特别是将土地和金融资源投入等放在优先地位；要推动人力资源，特别是高素质人力资源的开发，推动教育培训事业高质量、全方位发展，与人才选拔任用机制相结合，加大科研投入，加强科技成果转化，在祖国建设中大力弘扬越南文化价值与人民力量；要建设配套、先进的经济社会、环境、国防安全基础设施体系，优先发展国家部分重点交通、应对气候变化项目，重视并推动信息通信基础设施建设，为国家数字化转型夯实基础，从而逐步推进数字经济和数字社会的发展。①

越共十三大决议确定了2021~2025年经济社会发展计划，提出了经济、社会和环境的主要发展指标。在五年间，越南年均经济增长率达6.5%~7%，人均GDP达4700~5000美元，全要素生产率（TFP）对经济增长的贡献率约为45%，劳动生产率年均增长6.5%，城市化率达45%，加工制造业占GDP的比重大于25%，数字经济占GDP的比重达20%，农业就业人数占

① 《越共十三大：国家发展方向中突出的许多新问题》，越通社，2021年1月26日。

就业总人数的比重为25%，经过专业培训的劳动力比重为70%，2025年城市失业率小于4%，多维贫困率水平保持下降趋势，每年降低1%~1.5%，每万人拥有医生数达10名，每万人口医疗卫生机构床位数达30张，社会保障的参保率达95%，预期平均寿命达74.5岁，达到新农村建设标准的乡镇比例超过80%，城市居民清洁水源使用率达95%~100%，农村居民清洁水源使用率达93%~95%，达到标准的城市固体废物收集和处理比例为90%，拥有满足环保标准的污水集中处理系统的工业区和加工区比例达90%，被处理的对环境造成严重污染的单位比例达100%，森林覆盖率达42%。[①]

二　越南疫情防控形势

2020年1月23日，越南出现首例新冠肺炎确诊病例，此后越南经历了四波疫情的冲击。第一波疫情从2020年1月23日至7月24日，出现从疫情地区入境的该国居民确诊病例；第二波疫情出现在7月25日至2021年1月27日，岘港市和14个省市发现新冠肺炎确诊病例；2021年1月28日至4月26日，海阳省和12个省市发现新冠肺炎确诊病例，形成第三波疫情；从4月27日起，第四波疫情在全国迅速蔓延。据统计，2020年底，越南累计确诊病例仅1465例，累计死亡病例35例。2021年底，越南累计确诊病例超过135.5万例，累计死亡病例超过2.3万例。截至2022年5月18日，越南累计确诊病例超过1070万例，累计死亡病例4.3万例。[②]

在第一波疫情中，越南采取了比世界卫生组织（WHO）提出警告更早、更强有力的防控措施。越南出现首例确诊病例的当天，越南总理颁布“关于预防和打击新冠肺炎疫情的121/CD-TTg指示”。1月30日，越南总理签发“关于成立国家新冠肺炎疫情防控工作指导委员会170/QD-TTg决定书”。2月1日，越南总理签发“关于公布新冠肺炎疫情在越南发生的173/QD-

① 《越南未来几十年的国家发展目标》，越通社，2021年2月26日。

② WHO Coronavirus（COVID-19）Dashboard. https：//covid19. who. int/region/wpro/country/vn.

TTg 决定书”。2 月 7 日，越南中央卫生与流行病研究院宣布成功培育和分离新冠病毒毒株。2 月 13 日至 3 月 4 日，对出现 11 个确诊病例的永福省平川县山雷乡疫区进行隔离。3 月 1 日，规定乘坐飞机入境越南的乘客必须接受 14 日集中隔离。3 月 6 日，公布乘坐民航班机从英国飞往越南的患者为第 17 个病例，开启了新冠肺炎疫情防控阻击战。3 月 27 日，越南总理颁布“15/CT-TTg 指示”，要求坚持预防打击新冠肺炎疫情。4 月 1 日，越南总理签发“关于公布新冠肺炎疫情情况的 447/QD-TTg 决定书”。4 月 24 日，越南总理颁布“关于在新形势下继续坚持预防打击疫情的 19/CT-TTg 指示”。①

2020 年 6 月 5 日，越共中央政治局颁布“关于克服新冠肺炎疫情影响，恢复和促进国家经济发展的第 77-KL/TW 号结论”。越共中央认为，全球疫情形势依然复杂严峻，世界经济陷入了严重衰退，越南经济开放度较高，已深刻融入国际社会，因此经济社会各方面受到严重影响。在疫情继续扩散蔓延的情况下，越南应充分开发国内外市场，加强防疫工作，预防外来不稳定性因素输入，维护宏观经济稳定，控制通货膨胀，保障民生，确保劳动者、贫困群众和弱势群体的基本生活。同时，集中开发国内市场，调整公共投资计划，加快公共投资资金到位进度和各大项目施工进度，调整北南线路东部高速公路若干项目的投资模式，吸引国内外投资，协助企业的生产经营活动，力争实现 2020 年经济社会发展计划目标。②

在第二、第三波疫情中，新冠病毒新变异毒株传播速度更快且传播力更强，越南各地一律采取了强有力的防控措施，在政府的指导下有效实施快速追踪、快速划分疫点疫区、大范围采样检测、小范围封锁等战略，快速而及时地控制各地疫情扩散蔓延。2020 年 8 月，越南卫生部提出“佩戴口罩、消毒、保持社交距离、不聚众和健康申报”的“5K”原则。在有效控制疫情的条件下，政府提出既要有效防疫又要推动经济发展，同时确保社会民生的双

① 《新冠肺炎疫情防控阻击战：回顾过去一年和今后阶段的防控措施》，越通社，2021 年 3 月 24 日。

② 《越共中央政治局关于克服新冠肺炎疫情影响，恢复和促进国家经济发展的主张》，越通社，2020 年 6 月 6 日。

重目标，政府颁布了《关于延长2021年增值税、企业所得税、个人所得税和土地租赁费缴纳期限的第52号议定》《关于继续在疫情期间采取解决生产经营困难、推动落实公共投资资金、保障社会秩序和安全等任务与措施的第84号决议》《关于救助因疫遇困者的第42号决议》《关于支持因新冠肺炎疫情而面临困难的雇员和雇主的多项政策第68号决议》，并削减了多种行政手续。

2021年4月27日，越南第四波疫情暴发，由于德尔塔、奥密克戎变种毒株的传染力更强，国内接种疫苗的人口比例偏低，确诊病例快速增加，疫情防控形势急转直下。从7月起，越南政府要求河内、胡志明市的居民留在家中，除了紧急情况，非必要不得外出。2021年11月11日，越南累计确诊病例突破100万例。自2021年底出现首例奥密克戎变异毒株病例后，由奥密克戎病毒主导的疫情在2022年3月达到高峰。2022年1月15日和2月24日累计确诊病例分别超过200万例和300万例，3月5日、10日、14日、18日、21日、27日累计确诊病例分别超过400万例、500万例、600万例、700万例、800万例、900万例，仅3月份累计确诊病例就超过600万例。到4月7日，越南累计确诊病例超过1000万例，病例的死亡率为0.4%。

2021年7月，越南启动大规模的全国疫苗接种计划，为9800万人口免费接种疫苗，政府制定了全国疫苗接种的目标和时间表，力争在2022年第一季度完成18岁及以上人群的第3针疫苗接种，2022年3月完成12~17岁青少年人群的第2针疫苗接种，为5~11岁儿童接种工作做好准备，研究为5岁以下的儿童接种。截至2022年5月15日，越南疫苗接种量为2.17亿剂，接种疫苗人口达8302.7万人，占人口比例的84.58%；完成疫苗接种人口超过7871.7万人，占人口比例的80.19%。[①] 同时，除进口疫苗外，越南加快了国内疫苗研制，由越南研制的疫苗计划于2022年上市。由Nanogen生物技术制药公司研制的Nanocovax疫苗已于2021年2月26日开始进行二期人体临床试验，越南研制的第二种疫苗Covivac于3月15日开始一期人体临床试验工作。

① Live COVID-19 Vaccination Tracker. https：//covidvax.live/location/vnm.

2021 年 9 月，越南疫情防控政策开始酝酿调整和转向，由疫情暴发后一直实行的“社区零确诊”政策转向“与病毒共处”。越南政府疫情防控指导委员会开始讨论制订“安全适应、灵活和有效控制新冠肺炎疫情”计划，逐步放宽社交距离限制，尽可能降低患病率和死亡率，恢复与发展社会经济。① 2021 年 10 月 11 日，越南颁布“安全、灵活、有效控制新冠肺炎疫情的临时规定第 128/NQ-CP 号决议”，政府划分了全国 63 个省市的疫情风险等级，提出不采取大范围的社交距离限制，尽量不影响经济社会活动和人民的生活；继续防止疫情扩散，有效控制风险，降低重症病例数量，减少死亡病例人数，避免医疗系统处于超负荷状态；严控入境人员，防止新冠肺炎病毒入侵境内，确保高风险人群的安全；加快新冠疫苗接种力度，主动、积极开展国内疫苗自主研制，并与国外合作研制或购买新冠疫苗；放宽入境限制措施，从 3 月 15 日起已接种疫苗和检测合格的入境者，入境隔离 24 小时后就可自由通行。

2022 年 3 月，越南政府发布了《2022—2023 年新冠肺炎疫情防控计划》，旨在确保有效控制疫情，降低疫情在社区的蔓延速度，最大限度保护人民健康，将重症病例和死亡病例降至最低水平，恢复和发展社会经济。其具体任务和措施包括：实现疫苗接种覆盖率目标；根据疫情实际情况，研究将新冠肺炎疫情防治措施级别从甲类传染病调整为乙类；推动国内生产、加工疫苗及治疗药物；提高卫生系统服务能力和医疗防疫人员待遇；在疫苗基金基础上设立疫情防控基金等。各级政府须制订疫情防控方案，公民要严格遵守防疫措施，提高预防医学水平和基层医疗机构的医疗卫生能力，加大对医疗机构的医疗设备投入。该计划实施期限为两年，若疫情更早结束或延长到 2024 年，卫生部将对该计划进行审议和修改。②

2022 年 4 月 9 日，越南疫情防控工作指导委员会召开第 14 次全国会

① 《防控新冠肺炎疫情，适应促发展》，越通社，2021 年 9 月 20 日。

② 《越南政府颁布关于 2022—2023 年新冠肺炎疫情防控计划的决议》，越通社，2022 年 3 月 17 日。

议。该指导委员会报告称，疫情在全国范围内基本上得到控制，越南全国累计确诊病例超过1000万例，其中近850万病例已经康复。过去一周，社区感染病例减少36.9%，死亡病例减少26.1%，在医院就医病例减少26.7%，重症和危重症病例减少31.7%。死亡病例比上月下降28.6%。过去30天的病例死亡率从上月的0.13%降至0.03%。截至2022年4月初，越南已接收超过2.3亿剂新冠疫苗，接种剂量超过2.07亿剂。越南各省市共拨款超过80.6万亿越南盾来实施各项扶持政策，帮助72.83万名雇主和4921万名劳动者及其他对象。①

三　疫情防控下越南经济社会发展

在全球疫情蔓延的背景下，越南经济社会保持了稳定的发展态势，政府实施疫情防控和恢复经济的双重政策，国内经济呈现持续复苏态势，政府还密集出台了加快经济转型和结构调整的战略与政策，为疫情中和疫情后的经济转型与结构调整制定方略。2022年，在国内外疫情尚未消退的背景下，越南经济的持续复苏仍存在不确定性，既定的发展目标能否全面实现难以预测。

（一）2021年越南经济呈现复苏之势

自越南实行革新开放以来，国内经济加速发展，成为新兴国家经济发展的一个亮点。1986~1990年，越南年均经济增长率为4.4%，1991~1995年为8.2%，1996~2000年为7.6%，2001~2005年为7.34%，2016~2020年为5.9%。2020年，尽管受到全球疫情的严重冲击，越南经济仍保持了2.9%的正增长，也是当年世界各国少数经济正增长的国家之一。2020年越南国内生产总值达2684亿美元，人均收入为2750美元，进出口贸易额超过5400亿美元。

① 《越南政府总理：新冠肺炎疫情在全国范围内得到控制》，越通社，2022年4月9日。

越南制定了2021年经济增长6.5%的目标，但全球疫情迅速蔓延对越南经济造成较大的冲击，国内经济出现了较大的波动。越南统计总局统计，2021年第一、第二季度，越南经济增速分别为4.72%和6.57%，但由于国内第四波疫情的影响，第三季度越南经济增速降至-6.02%，出现了自越南计算并公布季度经济增速以来的最大降幅。第四季度，在越南政府加大疫情防控力度和恢复经济政策的作用下，国内经济增速出现反转，季度增长率达5.22%，全年GDP增速为2.58%，但远低于政府既定的目标（见表1）。

表1　2019~2021年越南国内生产总值及其增长速度

单位：十亿越南盾，%

	2019年	2020年	2021年			
			第一季度	第二季度	第三季度	第四季度
GDP	3738545.9	3847182.2	1195173.3	1250262.6	1202879.5	1467489.7
GDP增速	7.0	2.9	4.72	6.57	-6.02	5.22
产业增加值						
农业	510631.6	524325.9	127860.8	137009.4	156252.2	157234.4
工业	1353048.6	1406882.1	434945.1	479060.1	448697.6	547528.7
服务业	1453677.4	1487625.6	512296.2	514853.8	485149.8	634632.3
税收及补贴	421188.3	428348.6	120071.2	119339.3	112779.9	128094.4
产业增速						
农业	2.0	2.7	3.2	5.0	-3.8	3.2
工业	8.9	4.0	6.3	14.2	-26.3	5.6
服务业	7.3	2.3	3.3	5.3	-28.9	5.4
产业占比						
农业	13.7	13.6	10.70	10.96	12.99	10.71
工业	36.2	36.6	36.39	38.32	37.30	37.31
服务业	38.9	38.7	42.86	41.18	40.33	43.25
税收及补贴	11.3	11.1	10.05	9.55	9.38	8.73

资料来源：根据General Statistics Office Of Viet Nam相关数据编制。

从宏观经济看，越南国内经济稳步运行，通货膨胀率保持在合理区间，全年消费价格指数（CPI）增长1.84%，为2016年以来最低涨幅，平均核心通胀率仅上涨0.82%；财政赤字占GDP的比重控制在4%以下；农业是疫情中保障国家粮食安全和改善民生的重要基础，农林水产品出口创新高，68%的乡村达到新农村建设标准；加工制造业增长6.37%，对全国经济增长的贡献率为1.61个百分点，继续成为经济复苏的重要引擎；截至2021年12月24日，越南国内货币供应量增长8.93%，信贷机构资金筹集增长8.44%，信贷增长12.97%；越南股票市场的VN-Index指数突破1500点大关，股票市值增长45.5%，平均交易额增长257.5%；吸引外资超过290亿美元，进出口贸易额达6689亿美元，增长22.6%，其中出口增长19%，进口增长26.5%。连续6年实现贸易顺差，并跻身世界各国进出口贸易20强行列。①

2021年是越南加入世界贸易组织（WTO）的第15年，越南工贸部公布了入世15年越南融入世界经济的成就。2006~2020年，越南进出口总额从847亿美元增至5453亿美元，其中，出口额从398亿美元增至2826亿美元，进口额从449亿美元增至2627亿美元。越南贸易顺差明显改善，从2007年的142亿美元增至2020年的190亿美元。在世界五十大进出口贸易国中，越南从2009年的第39位升至2019年的第23位。同时，出口商品结构逐步优化，2016~2020年加工工业品占出口的比重从80.3%升至85.2%。出口额超过10亿美元的产品数量从28个增至31个，高附加值、深加工、高技术含量和环境友好型出口商品的比例显著提升。在出口贸易中，除个别年份外，外资企业所占比重均超过70%（见表2）。目前，越南已对外签署了15项自由贸易协定（FTA），年均使用原产地证书的出口占出口总额的比重为32%~34%。②

① 《2021年越南经济呈现复苏之势》，越通社，2022年2月11日。

② 《入世15年，越南凸显其在一体化道路上的地位》，越通社，2021年11月7日。

表 2　2017~2021 年越南对外贸易和引进外资情况

单位：百万美元

	2017 年	2018 年	2019 年	2020 年	2021 年
出口	215118.6	243697.3	264267.2	282628.9	336166.8
内资企业	62569.5	71930.4	85101.3	79769.7	91035.9
外资企业	152549.1	171766.9	179166.4	202859.3	245130.9
进口	213006.7	236868.9	253393.5	262690.7	332842.6
内资企业	85170.9	94929.9	108683.2	93676.7	114362.4
外资企业	127835.8	141939.0	144710.3	169013.9	218480.2
净出口	2111.9	6828.5	10873.7	19938.2	3324.3
外商直接投资额	35883.8	35465.6	38019.1	28530.1	31153.3
制造业	15876.0	16588.0	24561.8	13601.1	18120.9
外商直接投资项目数	2591	3046	3883	2523	1738
制造业	932	1065	1314	800	533

资料来源：根据 General Statistics Office Of Viet Nam 相关数据编制。

不过，2021 年越南政府设定的 12 个经济社会发展主要指标中，仍有 5 个指标尚未完成。宏观经济运行仍存在风险，通货膨胀的压力加大，金融、房地产和证券市场面临过热风险，银行金融机构的坏账率呈上升趋势，出口贸易过多依赖外商直接投资，部分供应链中断，企业购买力下滑，国有企业股份制改革进程缓慢，部分民众生活遇到困难。①

（二）越南加快经济结构和产业政策的调整

在疫情防控的背景下，越南政府密集出台了加快经济转型和结构调整的一系列战略与政策，既涉及短期的经济复苏计划，也涵盖面向“工业 4.0”的国家数字化转型与结构调整、农业与农村发展的中长期规划等，为疫情中和疫情后的经济转型与结构调整指明了方向。

1. 国家数字化转型计划

2021 年 1 月，越共十二大确定了数字化转型是国家经济发展的动力，

① 《越南成为新冠疫苗接种率最高的 6 个国家之一》，越通社，2022 年 1 月 5 日。

提出构建数字政府、数字经济和数字社会，并打造具有全球竞争力的数字企业。为此，政府成立了国家数字化转型委员会，国家30个部委、各行业及地方政府均制订了数字化转型的具体计划。① 越南颁布了“2021~2025年电子商务发展计划”，该计划提出了越南电子商务发展的目标：到2025年越南人口的55%参加在线购物，年人均购买金额达600美元，企业—消费者的电子商务收入年增长25%，达到350亿美元，占商品零售和服务营收额的10%。越南公布了《至2030年人工智能研发和应用的国家战略》，该战略提出到2030年力争跻身东南亚人工智能4强和世界50强，建立三个国家级大数据存储和高性能计算中心，实现数据中心系统与高性能计算中心的对接，创建大数据共享和人工智能计算服务网络。越南推出《2025—2030年越南银行业数字化转型规划和远景展望》，提出进一步完善银行电子支付系统，提供安全便捷的数字化产品和服务。出台《2021—2025年越南电子政务发展战略》，提出在各部委和行业建设服务于数字政府的数据中心、在线公共服务系统等，计划到2025年电子政务发展指数进入世界前50名。越南制订了中小企业数字化转型扶持计划，协助中小企业通过国内数字平台，根据不同行业和领域制订数字化转型方案。

2.《2030年第四次工业革命国家战略》

2021年1月，越南政府公布了《2030年第四次工业革命国家战略》，旨在实施和落实越共中央政治局关于主动参加第四次工业革命的决议。该战略的总体目标是主动、充分和高效地利用第四次工业革命带来的机遇，掌握各种先进技术并将其广泛应用于经济社会领域；逐步研发新技术，以加快经济增长方式转变和经济结构调整的进程，并将实施战略突破口与促进国家现代化紧密结合；以科技创新为驱动力，全力推动数字经济的快速发展。同时，明确提出该战略的发展目标：2030年越南跻身全球创新指数排名前40位、全球网络安全指数排名前30位、世界电子政务发展指数排名前

① 《越共中央政治局的第52号决议——推动国家数字化转型的钥匙》，越通社，2021年2月27日。

50 位，数字经济占 GDP 的比重达 30%，劳动生产率年均增长 7.5%，扩大光纤宽带服务和 5G 网络服务覆盖范围，完成电子政务建设，打造北部、中部和南部重点经济区的智慧城市产业链，等等。为此，政府必须提升机制体制运行质效和政策制定能力，深入推进基础设施互联互通，创建和使用数据库，推动人力资源高质量发展，建设电子政务，力争打造“数字政府”，增强国家创新能力，提升国际科学技术合作层次，进而主动参与第四次工业革命。①

3.《2021—2025年越南经济结构调整计划》

2021 年 11 月，越南通过《2021—2025 年越南经济结构调整计划》。该计划提出经济结构调整的五大重点任务和七项主要目标，其中五大重点任务包括完成公共投资、国家预算、信用机构和公立事业单位的重组；开拓国内外市场，提高资源分配和使用效率；发展企业力量，促进各经济领域企业的对接，发展集体经济和合作社；发展城市经济，加强区域互联互通、城乡互联互通，发挥重点经济区与大城市的作用；向现代化方向进行产业结构调整，发展绿色可持续经济，发挥最大潜力和优势。这一期间要实现的七项主要目标是：年均劳动生产率增长超过 6.5%，提高科技创新对增长的贡献程度，其中全要素生产率（TFP）达 45%，缩小与东盟其他国家在制度、基础设施和人力资源方面的差距；年平均财政赤字率为 3.7%，公共债务和政府债务的年度比例不超过 GDP 的 60%，其中公共债务安全门槛为 GDP 的 55%，政府债务安全门槛为 GDP 的 45%；社会投资资本占 GDP 的比重为 32%~34%，金融机构表内坏账率保持在 3%以下，逐步形成专业化且可持续发展的债务交易市场，所有商业银行均采用巴塞尔协议Ⅱ标准方法；大力开拓国内外市场，股票市值占 GDP 的 85%，债券市场债务余额占 GDP 的 47%，企业债券市场债务余额占 GDP 的 20%，科技支出占 GDP 的比重不低于 0.1%，实施技术创新的企业数年均增长 15%；全国企业数达 150 万家，其中大中型企业数为 6 万~7 万家，私营企业对 GDP 的贡献率约为 55%，全

① 《越南政府总理签发到 2030 年第四次工业革命国家战略》，越通社，2021 年 1 月 5 日。

少将 5~10 个国内产品打造成国际品牌；数字经济占 GDP 的比重达 20%，在各产业领域的比重达 10%；全国合作社数量达 3.5 万个，其中将高新技术应用于农产品生产和销售的合作社超过 3000 个，约 35%的农业合作社按价值链模式与企业合作。①

4.《2021—2030年、展望至2050年越南农业与农村可持续发展战略》

2022 年 2 月，越南发布了《2021—2030 年、展望至 2050 年越南农业与农村可持续发展战略》。该战略的总体目标是建设商品型农业经济，从农业生产转向农业经济，立足地方优势，建设高产优质、可持续和具有竞争力的现代化农业。要坚定保障国家粮食安全，为稳定社会经济、防治自然灾害和流行病、保护环境、应对气候变化、有效履行减少温室气体排放的国际承诺做出重要贡献；提高农业生产运营效率，提升农业价值链，使农业从单一产业转向多元融合的产业，从"单一价值"转向"融合价值"；积极推进农业产业数字化，发展绿色和环境友好型农业；提高农民收入水平和生活质量，创造非农就业岗位，发展多元化生计模式，减少农村贫困人口，确保区域间平衡发展。该战略提出，2021~2030 年越南农业产值年均增长 2.5%~3%，劳动生产率年均增长 5.5%~6%，农产品出口额年均增长 5%~6%。到 2030 年，农村居民收入比 2020 年提高 2.5~3 倍，农村多维标准贫困户数量平均每年下降 1%~1.5%，农业劳动力占社会劳动力的比重降至 20%以下，农业劳动力受训率超过 70%，全国至少 90%的乡村达到新农村标准，其中 50%的乡村达到升级版新农村建设标准，农村温室气体排放量比 2020 年减少 10%。到 2050 年，将越南建成世界上领先的农业国家。②

5. 2030年财政金融战略

2022 年 3 月，越南政府发布了《2030 年财政金融战略》，该战略的目标和任务是确保国家财政预算资源和国家金融的安全。该战略提出逐步减少国家财政预算赤字，严格管理公共债务，确保公共债务在安全范围内。

① 《第十五届国会第二次会议：通过 2021—2025 年经济结构调整计划的决议》，越通社，2021 年 11 月 12 日。

② 《越南公布农业与农村可持续发展战略》，越通社，2022 年 2 月 17 日。

2021~2025年，年度公共债务上限不超过GDP的60%，政府债务不超过GDP的50%，国家的外债不超过GDP的50%。到2030年，公共债务不超过GDP的60%，政府债务不超过GDP的50%，国家的外债不超过GDP的45%。另外，建设稳定、安全、高效运营和结构合理的证券市场，保持货币市场与资本市场、股票市场、债票市场和衍生品市场的平衡。2025年越南股票市值占GDP的比重达100%，债券市场债务余额占GDP的比重达47%；2030年越南股票市值占GDP的比重达120%，债券市场债务余额占GDP的比重达58%。2021~2025年保险业营业收入年均增长15%，到2025年保险市场规模将占GDP的3%~3.5%，2026~2030年年均增长10%，到2030年保险市场规模将占GDP的3.3%~3.5%。该财政金融战略的主要任务有以下几点：重组国家财政预算结构，创新国家财政预算分级管理和预算配置机制，确保中央财政预算的主导性和地方财政预算的主动性；进一步完善金融体制，建立现代化、透明和可持续的金融市场。[①]

6.《2022—2023年经济社会复苏和发展计划》

2022年3月，越南政府颁布《2022—2023年经济社会复苏和发展计划》，提出两年间向受疫情影响的民众和劳动者、企业、合作社、经营户以及为经济复苏发展创造动力的行业和部门提供支持。该计划提出了一系列政策措施，包括经济开放与提高医疗卫生、疫情防控能力相结合；确保社会民生和扶持就业，包括为务工人员提供3个月的住房租金支持（重返劳动力市场人员每月100万越南盾，已在企业务工人员每月50万越南盾，实施时间为2022年1~6月），落实好社会政策银行的各项优惠贷款政策；实施减免税收和金融支持政策，帮助企业、合作社和经营户恢复生产经营，2022年内对适用10%增值税税率的商品和服务经营企业减免2%的税率或减少营业额20%的税费，航空燃油环保税减半，减免30%的土地和水面租金，延期缴纳企业所得税、个人所得税、增值税、特别消费税和土地租金，提供每年2%的贷款贴息支持，下调0.5%~1%的贷款税率；大力兴建基础设施，

① 《越南〈至2030年金融战略〉获批》，越通社，2022年4月2日。

力争早日建成东线南北高速公路，连接北部山区、中部高原、东南部地区和湄公河三角洲地区的高速公路，跨区的海港、边境口岸、工业区交通互联基础设施，以及电信和互联网基础设施。①

（三）2022年越南经济社会发展前景

2022 年是越南实施五年发展计划的关键一年，政府确定了主要的发展目标和任务，提出以“安全、灵活适应，有效控制疫情”为方针，坚持防疫情、促发展两手抓，积极主动、凝心聚力地有效落实各项目标任务。但是，在国内外疫情尚未消退的背景下，越南能否保持经济持续复苏、实现政府既定的发展目标仍存在不确定性。

2022 年初，越南政府确定了 2022 年经济社会发展指标，主要包括：年度 GDP 增长率为 6%~6.5%，人均 GDP 达 3900 美元，平均 CPI 为 4%，劳动生产率平均增幅为 5.5%，加工制造业对 GDP 的贡献率为 25.5%~25.8%，接受职业技能培训的劳动力比例达 67%，接受过培训且拥有学位和证书的劳动力比例达 27%~27.5%，农业劳动力比例为 27.5%，城市失业率为 4%，参加医疗保险的人口比例达 92%，根据多维标准划定的贫困户数量下降 1%~1.5%，每百万人拥有医生数达 9.4 名，每百万人拥有病床数达 29.5 张，达到新农村建设标准的乡村占 73%，城市生活垃圾收集处理达标率为 89%，工业区和加工区污水集中处理系统达标率为 91%。②

越南政府提出落实 2022 年经济社会发展计划的 12 项主要任务，主要包括：采取灵活有效措施，实现疫情防控和恢复经济的目标；建立健全执法体制和组织机构，构建和完善现代化的国家行政机构；创新增长方式，推进经济结构调整，为数字经济和数字社会奠定基础；加快发展现代配套的基础设施体系，加快重点基础设施项目建设；提高教育培训质量，促进科学研究、技术应用和人力资源开发；推进地区、经济区与城市发展和经济发展联动，

① 《越南政府颁布关于 2022—2023 年新冠肺炎疫情防控计划的决议》，越通社，2022 年 3 月 17 日。

② 《2022 年越南主要经济社会发展指标》，越通社，2021 年 11 月 30 日。

加快各项规划的编制审批进度；发展文化事业，弘扬越南精神和越南文化价值；有效管理和利用土地资源，加强环境保护；提高国家治理的效率，完成国家行政机构重组；巩固和增强国防安全，确保政治安全、社会秩序稳定；主动、广泛、深入地融入国际社会，为提升越南在国际舞台的地位和威望做贡献；加强信息宣传，凝聚社会共识。

2022 年，越南第一季度 GDP 同比增长 5.03%，高于 2021 年第一季度的 4.72% 和 2020 年第一季度的 3.66%，但仍低于 2019 年第一季度的 6.85%。其中，农林水产业增长 2.45%，对 GDP 增长的贡献率为 5.76%；工业和建设业增长 6.38%，贡献率为 51.08%；服务业增长 4.58%，贡献率为 43.16%。在农林水产业中，农业增长 2.35%，对 GDP 增长的贡献率为 0.22 个百分点；林业增长 3.86%，贡献 0.02 个百分点；水产业增长 2.54%，贡献 0.05 个百分点。在工业和建设业中，工业增长 7.07%，贡献 2.42 个百分点；加工制造业增长 7.79%，贡献 2.05 个百分点；采矿业增长 1.23%，贡献 0.04 个百分点；建筑业增长 2.57%，贡献 0.16 个百分点。在服务业中，金融、银行和保险业增长 9.75%，贡献 0.54 个百分点；运输和仓储业增长 7.06%，贡献 0.43 个百分点；批发零售业增长 2.98%，贡献 0.31 个百分点；住宿和餐饮服务业下降 1.79%，贡献-0.04 个百分点。①

四　越共十三大后越南的外交政策

自 1986 年越共六大以来，越南全面实行开放与革新，外交领域取得显著的成效。1991 年，越南与中国恢复了外交关系，1995 年与美国实现关系正常化，1995 年加入东盟，1998 年参加亚太经济合作组织（APEC），2007 年加入世界贸易组织（WTO）。目前，越南已与世界上 196 个国家和地区建立了外交关系，其中战略伙伴和全面伙伴数量已增至 30 个，越共与 111 个国家和地区的 247 个政党建立了关系，国会与 140 多个国家和地区的国会或

① 《2022 年第一季度越南国内生产总值增长 5.03%》，越通社，2022 年 3 月 29 日。

议会建立了关系，民间友好组织与 1200 个外国民间组织和非政府组织建立了关系，越南成为 70 多个多边组织和论坛的成员。①

越共十三大决议提出，越南将秉持独立、自主、和平、合作、发展以及多元和多边的外交政策，将党际外交、国家外交和民间外交作为对外政策的三大支柱，深化双边关系，推动多边外交进一步发展。越南外交政策的目标是维持和平稳定的发展环境，为革新事业争取有利条件，促进经济社会发展，提升越南国际地位，为国际社会的共同目标做出贡献。越共十三大后，越南提出外交路线落地实施的四个优先任务，即进一步发展与深化同重要伙伴国的关系，尤其是同邻国、战略伙伴国、全面伙伴国和传统友好国家的关系；外交为国家发展服务，开展经济外交、政治外交、文化外交和侨务工作，并将着力点放在经济外交领域；开展多边外交，参与制定国际规则，完成 2021 年联合国安理会 4 月轮值主席职责，完成 2020~2021 年联合国安理会非常任理事国的角色；加强领事保护工作，增强与旅外越侨的沟通与联系。②

2021 年，越南与主要国家的关系取得新进展。1995 年加入东盟后，越南积极参与东盟事务，并将发展与东盟其他成员国的关系作为其对外关系的基石。2020 年越南担任东盟轮值主席国，引领和协调区域应对疫情的合作，推动东盟共同体的建设。2021 年 7 月和 8 月，美国国防部长奥斯汀、副总统哈里斯先后访问越南，两国强调要进一步深化越南与美国的全面伙伴关系，美国希望将与越南的关系升级为战略伙伴关系。2021 年，越美双边贸易突破 1000 亿美元大关，美国是越南最大的出口市场。越南与中国建交 70 多年，两国建立了全面战略伙伴关系，两国高层领导定期互访，经贸合作迅速发展，从 2004 年起中国一直是越南最大贸易伙伴、第一大进口来源地和第二大出口市场。2021 年 11 月，越南政府总理范明政访问日本，越南希望两国进一步推进纵深战略伙伴关系的发展，为维护地区和平、稳定、合作与发展做出积极贡献。2009 年越南与日本建立了战略伙伴关系，2011 年日本

---

① 《全国对外工作会议：发挥对外工作先锋作用，提升国家地位和威望》，越通社，2021 年 12 月 14 日。

② 《新任外交部长裴青山提出越南外交的四大优先事项》，越通社，2021 年 4 月 21 日。

承认越南的市场经济地位，2014 年两国建立了致力于亚洲和平与繁荣的纵深战略伙伴关系。2021 年 7 月 22 日，越南国家主席阮春福与俄罗斯总统普京通电话，就加强两国全面战略伙伴关系和疫情防控合作交换意见。阮春福主席强调，越南一向高度重视越俄的传统友谊与全面战略伙伴关系，希望进一步加强双方在所有领域的合作。

越南积极推行经济外交，扩大对外经贸合作规模，参与区域经济一体化进程，大大提升了国际竞争力。越南已与 230 多个国家和地区建立了贸易关系，71 个国家承认了越南的市场经济地位，已签署 15 个多边或双边自由贸易协定，其中包括新一代自由贸易协定。作为东盟成员国，越南参与东盟、东盟—中国、东盟—韩国、东盟—日本、东盟—澳大利亚和新西兰、东盟—中国香港、东盟—印度自由贸易协定。越南与日本（2009 年）、智利（2012 年）、韩国（2015 年）、欧亚经济联盟（2016 年）、欧盟（2020 年）、英国（2020 年）签署了双边自由贸易协定，2018 年越南签署了《全面与进步跨太平洋伙伴关系协定》（CPTPP），2020 年签署了《区域全面经济伙伴关系协定》（RCEP）。由此，因美国退出《跨太平洋伙伴关系协定》（TPP），越南基本上完成了与主要贸易伙伴（除美国外）签署自由贸易协定的目标。

2021 年 11 月，越南出席了《联合国气候变化框架公约》第 26 次缔约方会议（COP 26），作为世界上遭受气候变化影响最严重的 6 个国家之一，越南承诺到 2030 年将温室气体甲烷排放量减少 30%，到 2050 年落实净零排放。2021 年 12 月，越南成立了国家指导委员会，该跨部门的协调组织将履行越南就国际气候变化公约所做出的承诺。越南拟在 2022 年内制订总体计划，涵盖绿色能源和清洁能源转换，减少甲烷排放量，减少温室气体排放，减少化石燃料的使用，鼓励发展电动交通工具，开发吸收二氧化碳排放的森林，生产绿色建材和发展绿色城市，推动数字化转型，加大宣传力度。①2020 年，越南颁布了《环保法》和《关于减少温室气体排放和保护臭氧层的法令（草案）》。2025 年，越南将建成二氧化碳市场，并于 2028 年起试

① 《落实越南在 COP26 做出的各项承诺指导委员会首次会议召开》，越通社，2022 年 1 月 13 日。

运行。

在疫情加速蔓延后，由于国内新冠疫苗缺乏，越南通过外交渠道，竭尽全力在最短的时间内获得新冠疫苗，进而提高国内的疫苗接种率。越南政府成立疫苗外交工作组，强调加快实施疫苗外交战略，其中包括寻找疫苗供应来源、加快引进外国新冠疫苗生产技术等。同时，越南最高领导层先后与世界多国领导通电话，讨论疫苗供应问题。中国与越南开展了新冠疫苗合作，中国也是为越南提供疫苗最多的国家。越南国家主席阮春福分别致函美国总统拜登、俄罗斯总统普京，希望两国向越南提供有关疫苗供应的协助，建议双方加强新冠疫苗技术研究、生产与转让的合作；越南总理范明政分别与加拿大总理特鲁多、澳大利亚总理莫里森通电话，希望两国优先向越南提供疫苗；越南外交部长裴青山分别与美国国务卿、德国外交大臣、英国外交大臣通电话，感谢三国政府为越南获取新冠疫苗提供支持。此外，越南高层领导还直接会见各国、各大国际组织驻越南大使和首席代表，希望各国、各大国际组织直接协助越南获取新冠疫苗及合作转让新冠疫苗生产技术，以实现越南疫苗供应来源多元化。越南政府成立了新冠病毒疫苗基金会，接受国内外组织和个人提供的赞助、捐助以及其他合法来源资金，用于采购、进口疫苗和研制疫苗。

在全球疫情蔓延的形势下，越南政府推出了疫苗护照互认制度，入境越南的疫苗护照持有者，可享受与完成疫苗接种本地人相同的医疗制度。该疫苗护照被视为新冠疫苗接种证明或治愈证明，用于证明个人的疫苗接种情况和治愈史，不能代替护照、签证、旅行证件、通行证、居留证、常住证明和免签证明等其他有效出入境证件，越南政府正式认可或暂时认可的外国疫苗护照被视为有效的证明，可以在越南境内使用。截至 2022 年 3 月 17 日，越南已同美国、英国、日本、澳大利亚、白俄罗斯、印度、柬埔寨、菲律宾、马尔代夫、巴勒斯坦、土耳其、埃及、斯里兰卡、新西兰、新加坡、圣卢西亚和韩国等 17 个国家达成疫苗护照互认协议。[①]

① 《越南同 17 个国家达成疫苗护照互认协议》，越通社，2022 年 3 月 21 日。

参考文献

ADB (2020). *The Economic Impact of the COVID－19 Outbreak on Developing Asia.* Manila: Asian Development Bank.

ADB (2022). *Asian Development Outlook 2022: Mobilizing Taxes for Development.* Manila: Asian Development Bank.

Ha Hoang Hop (2013). *More Change Awaits Vietnam's Political Economy.* Singapore: ISEAS.

Khairulanwar Zaini (2022). *Building a Sailboat in a Storm: The Evolution of COVAX in 2021 and Its Impact on Supplies to Southeast Asia's Six Lower-Income Economies.* Singapore: ISEAS-Yusof Ishak Institute.

Lim Mah-Hui and Michael Heng Siam-Heng (2022). *COVID－19 and the Structural Crises of Our Time*. Singapore: ISEAS-Yusof Ishak Institute.

World Bank (2020). *What Will Be the New Normal for Vietnam? The Economic Impact of COVID－19*. Washington, D. C.: World Bank.

World Bank (2020). *Vibrant Vietnam: Forging the Foundation of a High-Income Economy*. Washington, D. C.: World Bank.

World Bank (2021). *Vietnam: Science, Technology, and Innovation Report 2020.* Washington, D. C.: World Bank.

B.12

柬埔寨、老挝、缅甸、东帝汶四国的政治与经济形势

那文鹏*

摘　要： 在全球疫情的背景下，柬埔寨、老挝、缅甸、东帝汶四国遭受疫情大流行的冲击，各国的政治与经济形势均呈现一系列新变化。缅甸从民选政府回归到军人掌权，老挝人民革命党选举产生了新的中央领导机构，东帝汶举行独立以来第五次总统选举，柬埔寨政局保持基本稳定。除缅甸外，柬埔寨、老挝、东帝汶经济呈现复苏的态势，国内外需求有所扩大，主要产业部门增速由负转正。由于国内政局动荡和疫情肆虐，缅甸经济出现严重下滑。近期，在联合国最不发达国家的三年审查中，柬埔寨、老挝、缅甸、东帝汶四国是否达到毕业标准、能否成功“摘帽”引发热议。

关键词： 最不发达国家　政局变化　经济复苏　东南亚

在东南亚地区，柬埔寨、老挝、缅甸和东帝汶四国人口共7970多万，占该地区人口总数的12%，人均国民收入均远低于该地区的平均水平。尽管四国均已脱离了世界银行的低收入国家行列，但仍被列在联合国公布的世界上最不发达国家（LDCs）名单之中。在全球疫情蔓延的背景下，四国的政治经济形势发生了一系列新变化，缅甸政局尚未稳定，各国经济逐渐复苏，这些国家要脱离最不发达国家行列仍需时日。

* 那文鹏，厦门大学国际关系学院/南洋研究院世界经济专业博士生。

一 四国的疫情防控形势

跨入二十一世纪的第三个十年，突如其来的新冠肺炎疫情席卷东南亚，对最不发达国家造成巨大冲击。不过，与该地区其他国家相比，四国的疫情形势相对平缓。据统计，截至 2022 年 5 月底，四国新冠肺炎累计确诊病例超过 98.23 万例，累计死亡病例为 23379 例。其中，柬埔寨累计确诊病例超过 13.62 万例，累计死亡病例为 3056 例；老挝累计确诊病例超过 20.99 万例，累计死亡病例为 758 例；缅甸累计确诊病例超过 61.33 万例，累计死亡病例为 19434 例；东帝汶累计确诊病例超过 2.29 万例，累计死亡病例为 131 例。[①]

2020 年 1 月 27 日，柬埔寨发现首例新冠肺炎确诊病例，此后该国相继出现了 4 波疫情。2020 年 1 月底至 3 月中旬，由于柬埔寨政府对初始病例反应迅速，柬埔寨国内仅出现少量输入型病例。但自 2020 年 3 月 16 日开始，确诊病例数呈现跃升态势，3 月 29 日累计确诊病例数破百。为遏制疫情蔓延，柬埔寨于 4 月 7 日起发布多项紧急命令，如暂停跨省交通和民众跨省流动，取消为期 4 天的柬埔寨新年公休假，关闭国内的按摩院和水疗中心。受益于严格的防疫政策，柬埔寨的疫情得到有效控制，此后数月未出现严重的感染事件。直至 11 月 29 日，柬埔寨报告首例社区感染病例，确诊病例在短期内有所增加，半个月内新增确诊病例 54 例，形成第二波疫情高峰，最终在 2020 年底回归平稳。进入 2021 年，柬埔寨的疫情形势趋于恶化，2 月 20 日起暴发第三波疫情，不仅出现大规模社区传播现象，还于 3 月 11 日首次报告死亡病例。自此以后，柬埔寨的确诊病例数量急剧增加，于 7 月 1 日达到 1130 例的峰值，此后略微下降，但于 9～10 月再次增多。至 2021 年底，柬埔寨累计确诊病例已超过 12.04 万例，累计死亡病例为 3012 例。在疫情肆虐期间，柬埔寨不断强化防疫政策，包括 4 月初开始在金边和其他地

① WHO Coronavirus（COVID-19）Dashboard，https：//covid19.who.int/region/wpro/country.

区实施宵禁，停止所有非必要的旅行和商业活动，加强各边境口岸的疫情防控和人员检测等。2022 年初，由于奥密克戎变异毒株的快速传播，柬埔寨出现第四波疫情，单日新增确诊病例于 2 月 6 日破百，并于 2 月 23 日达到 598 例的峰值，此后疫情形势逐渐好转，5 月 9 日至截稿未报告新增确诊病例。①

2020 年 3 月 24 日，老挝首次出现 2 例确诊病例，成为东南亚最后报告新冠肺炎确诊病例的国家。为阻断疫情传播，老挝政府成立了新冠疫情防控委员会，制定了具有针对性的防疫措施，主要包括允许非必要的政府人员居家工作、禁止人员前往有感染风险的地区、禁止举办超过 10 人的集会活动、关闭海关和地方性边境口岸、设置移民隔离中心、关闭娱乐场所和工厂项目、控制口罩价格以确保广泛使用等。在各项政策的影响下，老挝防疫成果显著，4 月中旬后长期保持稳定，5 月起开始放松部分防控措施，至 2020 年年底累计确诊病例仅为 41 例，且未出现死亡病例。2021 年 4 月中旬开始，老挝确诊病例数持续攀升，单日新增确诊病例于 11 月 4 日破千。疫情肆虐期间，老挝延续并加强了此前的疫情防控力度，具体措施包括下令首都万象封城 14 天、其他省份同步加强疫情防控力度、限制人员流动和经营活动、关闭学校和禁止各类体育活动、加速接种疫苗、暂停向一般外国游客发放签证等。由于新增病例数长期居高不下，老挝的疫情防控期多次延长，每次延长 15 天。截至 2021 年底，老挝累计确诊病例已超过 11 万例，累计死亡病例 360 例。进入 2022 年，奥密克戎变异毒株再次引发疫情高峰，3 月 23 日单日确诊病例首次突破 2000 例，4 月 18 日累计确诊病例超过 20 万例。但在此之后，老挝疫情趋于好转，新增确诊病例已于 5 月下旬降至百例以内。

2020 年 3 月 23 日，缅甸发现首例新冠肺炎确诊病例，此后该国遭受了四波疫情冲击。疫情发生后，时任国务资政、新冠肺炎防控中央委员会主席昂山素季，在电视讲话中呼吁全体人民与政府共同防控疫情。为此，缅甸政府成立了疫情防控与紧急应对委员会，并先后制定了多项抗疫举措，包括封

① WHO Coronavirus（COVID-19）Dashboard，https：//covid19. who. int/region/wpro/country/kh.

锁出现疫情的村庄，禁止国际商业客运航班降落所有缅甸机场，停止所有车辆进出曼德勒市，敦促仰光民众在节假期间不要外出，呼吁国际社会提供医疗救援。由此缅甸疫情基本得到有效控制，截至8月15日累计确诊病例仅为374例，其中6例为死亡病例。然而，自8月16日起，若开邦实兑的疫情迅速蔓延，形成国内第二波疫情。为应对确诊病例激增的局面，缅甸政府于9月初封锁仰光，禁止所有非必要旅行，并关闭了基本业务以外的所有企业。但疫情并未显露出缓和迹象，至9月28日累计确诊病例超过1万例，至12月8日超过10万例。2021年2月缅甸政变后，医疗卫生活动受到冲击，感染率被低估，实际情况仍不断恶化。2021年6月起，缅甸暴发了第三波疫情，这波疫情传播速度快，确诊病例和死亡人数均明显高于前两波疫情，到2021年7月12日累计确诊病例超过20万例。作为应对措施，缅甸政府规定除医疗和必要民生部门外，全国于7月17日至25日放假9天，全国基础教育学校于7月26日至8月8日停课，此后全国假期延长至8月15日，并将疫情严重的地区确认为居家隔离区。之后，缅甸累计确诊病例数量快速攀升，至11月1日超过50万例。进入2022年，奥密克戎变异毒株引发第四波疫情，至3月8日累计确诊病例超过60万例、累计死亡病例超过1.93万例，直至4月疫情形势才趋于平缓。

2020年3月21日，东帝汶发现首例新冠肺炎确诊病例。为应对新冠肺炎疫情的冲击，3月28日，东帝汶开始实施为期30天的国家紧急状态，宣布禁止外国公民入境，入境人员必须接受至少14天的隔离，对新冠肺炎感染者进行强制隔离，禁止5人以上的会议和文体活动，暂停公共交通和线下教学活动，政府部门仅保留必要服务人员。2020年，东帝汶连续实施了8轮国家紧急状态，有效阻断了疫情输入与传播，至年底累计确诊病例仅为44例，未出现死亡病例。① 2021年3月起，东帝汶确诊病例开始持续增加，至7月16日累计确诊病例首次突破1万例，单日新增确诊病例于8月24日达到532例的峰值，同时累计死亡病例超过50例。在此期间，东帝汶陆续实行了11轮国家

① WHO. Timor-Leste Situation. https：//covid19. who. int/region/searo/country/tl.

紧急状态，具体措施包括对首都帝力等城市进行短期封锁，临时关闭机场、港口和陆地口岸，加强外国入境人员管控，强化密切接触者的核酸检测，等等。11 月 29 日，东帝汶的疫情形势显著好转，政府宣布解除国家紧急状态，此时累计确诊病例超过 1.98 万例，累计死亡病例为 122 例。2022 年 1 月下旬，东帝汶疫情出现反弹，确诊病例数量显著上升，到 2 月 1 日累计确诊病例超过 2 万例，但此后单日确诊病例数量趋于下降，并出现单日零新增的现象。

2020 年底开始，四国陆续出台新冠疫苗接种计划，并于 2021 年正式付诸实践。其中，缅甸于 2021 年 1 月 27 日起在全国范围内启动接种服务，政府计划年底前为 50%的国民完成接种；柬埔寨于 2 月 10 日启动了全国疫苗接种运动，目标为年内实现 1000 万人的接种；老挝于 4 月 2 日在首都万象开展大规模疫苗接种工作，计划年底疫苗接种率超过 70%；东帝汶于 4 月 7 日开始全国疫苗接种工作，计划年底前为所有国民完成接种。由于缺少新冠疫苗研发和生产能力，四国均加入了全球“新冠肺炎疫苗实施计划”（COVAX），并从国际组织和其他国家获得疫苗援助与捐赠。在疫苗接种过程中，各国均优先为一线医护人员、老年人和并发症患者等高风险群体接种疫苗，然后再逐渐扩展到其他群体。受国内政治、经济环境和医疗卫生条件等差异因素影响，四国新冠疫苗接种率相差较大，其中柬埔寨新冠疫苗接种率最高，随后为老挝、东帝汶和缅甸。据统计，截至 2022 年 5 月底，柬埔寨已有 1501.77 万人完成疫苗接种，占该国总人口的 89.85%；老挝已有 580.97 万人完成疫苗接种，占该国总人口的 79.9%；缅甸已有 3134.55 万人完成疫苗接种，占该国总人口的 57.6%；东帝汶已有 80.74 万人完成疫苗接种，占该国总人口的 61.2%。[①]

随着疫情形势趋于缓解，四国开始调整疫情防控政策。2021 年 11 月，柬埔寨正式实施“与新冠病毒共存”战略，首相洪森发布《新冠肺炎疫情下朝向新常态生活战略》，宣布已有 80%以上的人口完成疫苗接种，疫情已基本得到控制，但病毒无法完全消除，因此柬埔寨需要适应新常态，推动疫

① Live COVID-19 Vaccination Tracker. https：//covidvax. live/location.

情下的经济复苏。由此，柬埔寨宣布从 11 月 15 日起，已接种两剂新冠疫苗的国内外民众可免隔离入境柬埔寨，入境者只需进行快速检测。2022 年 5 月 8 日起，老挝新冠疫情防控委员会修订准入措施，宣布恢复开放所有出入境国际口岸，已接种疫苗的国内外人员入境时无须进行核酸检测，未接种疫苗人员须持 48 小时内核酸检测阴性结果入境。2022 年 4 月 17 日起，缅甸取消防疫聚集限制令，恢复国际航班入境通行，入境者须在抵达缅甸前 14 天完成缅甸卫生部批准的新冠疫苗接种，抵达机场后进行快速诊断测试，若得到阴性结果即可自行离开机场。2022 年 4 月 6 日起，东帝汶调整了入境政策，所有入境旅客不再需要提前完成核酸检测，取消入境时须出示核酸检测阴性证明的要求，所有入境者须出示疫苗接种证书，未完成疫苗接种者须接受 14 天集中隔离。

二 疫情下四国政局变化

在疫情蔓延的背景下，四国的政局出现了新的变化。2021 年 1 月，缅甸军政府夺取政权，缅甸又从民选政府回归到军人掌权；老挝人民革命党召开第十一次全国代表大会，选举产生了新一届中央领导机构；东帝汶举行独立以来的第五次总统选举，奥尔塔宣誓就任东帝汶新总统；2018 年 7 月洪森首相执政以来，柬埔寨致力于政治与行政改革、维护国家安全、促进经济发展和社会稳定。

2020 年 11 月缅甸举行了大选，全国民主联盟（以下简称“民盟”）在大选中再获全胜，昂山素季领导的民盟取得继续执政地位。2021 年 2 月 1 日，缅甸新一届联邦议会人民院（下院）原定于当天举行首次会议，但缅甸军方拘押了国务资政昂山素季和总统温敏等政府高层，宣布将国家权力移交军方，全国进入为期一年的紧急状态。当时，军方承诺会在两年内即最迟 2023 年 2 月重新举行大选，把政权交给民选政府。2021 年 8 月，缅甸军政府最高领导人敏昂莱宣布将紧急状态延长至 2023 年 8 月，到时将重新举行大选。缅甸军政府曾多次试图与各政党对话，但一些政党并未出席。同时，国内民众的政治参与形式呈现和平与暴力手段交织的状况，支持军方者多次上街声援，而反对者以抗议、罢工、罢市和罢课等方式向军方施压，致使抗议局势时常失控，多地频发武装冲突，加剧了政治、社会乱局。2021 年政局突变后，缅甸外交陷入困境，与美国等西方国家以及东盟其他国家的关系恶化。2021 年，并期举行的第 38 届和第 39 届东盟峰会并没有邀请敏昂莱出席，理由是缅甸军方自 4 月与东盟就推动缅甸和平进程达成五点共识后，迟迟未取得任何进展。在通过下次大选产生新政府前，缅甸与西方国家关系恶化的局面恐难发生实质性改变，同时缅甸与东盟关系的倒退将加剧缅甸的外交困局。缅甸能否实现与东盟关系的转圜，主要取决于缅甸和平与和解进程能否令东盟满意，以及未来缅甸大选能否得到国际认可。

2021 年 1 月，老挝人民革命党召开第十一次全国代表大会，大会系统回顾了 5 年来老挝执行十大决议的主要成就，总结了社会主义建设的成功经验，审议并修改了党章，选举产生了新一届中央领导机构，通伦·西苏里当选老挝人民革命党中央委员会总书记。老挝人民革命党的十一大指出，老挝仍处在为迈入社会主义奠定基本要素的阶段，提出了新时期完善人民民主制度的主要方针与核心目标，制定了第九个国家社会经济发展五年计划及其发展目标，即保持国民经济高质、稳定和可持续发展，未来五年经济年均增长率达到 4%以上，到 2025 年人均收入达到 2887 美元；开发可以满足发展需要、具备研究和运用科技能力的高素质人才资源，提升生产和服务的效率与附加值；逐步提高人民物质和精神生活水平；保护环境，维护生态平衡，降低自然灾害风险；强化基础设施建设，利用国家地理优势和发展机遇，积极融入地区和国际，加强合作与互联互通；严格按照法治国家建设方针，实现国家高效治理，确保社会公平公正。2021 年 3 月，老挝第九届国会第一次会议召开，会议选举老挝人民革命党中央委员会总书记通伦·西苏里为国家主席，人民革命党中央政治局委员赛宋蓬·丰威汉为国会主席，人民革命党中央政治局委员潘坎·维帕万为政府总理。

2017 年以来，东帝汶政坛频繁发生变动，严重影响了国家治理和经济发展。2020 年 5 月，东帝汶完成政府改组，东帝汶独立革命阵线（FRETILIN）、人民解放党（PLP）和人民团结繁荣党（KHUNTO）形成执政联盟，全国大会党（CNRT）成为反对党，保留了塔乌尔·马坦·鲁瓦克（Taur Matan Ruak）的总理职务。2022 年 3 月，东帝汶举行独立以来的第五次总统选举，竞选主要在现任总统卢奥洛和前总统奥尔塔之间展开。根据东帝汶选举法，总统由全民直接选举产生，任期 5 年，可连任一届。在 3 月 19 日的首轮投票中，东帝汶的 86 万名合格选民中有超过 77%的选民参与了投票，奥尔塔和卢奥洛的得票率分别为 46.6%和 22.1%。由于没有选举人的得票率超过 50%，4 月 19 日举行第二轮投票，最终奥尔塔以 62.1%的得票率当选总统。5 月 20 日，奥尔塔宣誓就职东帝汶总统，表示将执行和捍卫东帝汶宪法和法律，呼吁不同党派和政治派别之间保持团结，他承诺要大力推动国内粮食安全，消除营养不良问题和降低贫困，提高母婴卫生服务水平。同时，东帝汶将致力于推动区域和世界和平，加强与邻国的关系，奥尔塔期待在其任内东帝汶能够加入东盟。

2018 年 7 月以来，柬埔寨首相洪森领导的人民党再次获得 5 年任期，宣布将致力于行政系统改革、维护国家安全、促进经济发展和社会稳定。2019 年 11 月，柬埔寨王国政府公布了《2019—2023 年国家发展战略计划》，指明了未来的发展方向。在政治上，2021 年 10 月柬埔寨国会通过了宪法修正案，禁止包括首相在内的该国最高领导人拥有双重国籍，旨在防止外国干涉本国内政以及对外的国际政策。在经济上，柬埔寨王国政府于 2021 年 6 月和 2022 年 2 月，分别发布了《2021—2035 年数字经济和数字社会政策框架》以及《2022—2035 年柬埔寨数字政府政策》，确立了国家数字化转型的战略目标和方向；国会通过了一系列有关经济的法律法规，如《劳工法》修正案草案，确定法定节假日和周末重叠将不再补假；通过《公共私人伙伴关系法》草案，旨在改善公共领域投资环境，鼓励私人企业参与；批准加入《区域全面经济伙伴关系协定》（RCEP）、《柬埔寨—中国自由贸易协定》、《柬埔寨—韩国自由贸易协定》等。在外交上，2021 年 1 月柬埔寨启动为期 3 年的经济外交战略（2021～2023 年），并设定了 4 个侧重目标，即促进国际贸易、吸引外国直接投资（FDI）、促进旅游业发展以及推广饮食文化；2022 年，柬埔寨将担任东盟轮值主席国，这是 1999 年柬埔寨加入东盟后第三次担任东盟轮值主席国，洪森首相表示柬埔寨将尽最大努力应对该地区的共同挑战，继续加快东盟共同体建设进程。

三　疫情下四国的经济形势

2021 年，除缅甸外，其他三国经济呈现复苏的态势。柬埔寨国内外需求有所扩大，三次产业部门增速均为正；老挝国内经济出现恢复性增长，进出口贸易创下近年新高；东帝汶经济增速由负转正，商品和服务出口两位数增长；缅甸国内政局动荡、疫情肆虐，导致经济出现严重下滑。

（一）柬埔寨经济呈现复苏态势

在全球疫情的冲击下，2020 年柬埔寨经济陷入严重衰退，经济增长率为-3.15%，达到 1995 年以来的最低值。2021 年，柬埔寨经济出现复苏迹象，但旅游业和投资领域仍不容乐观。据统计，2021 年柬埔寨的 GDP 约为 269.86 亿美元，增长 3.92%；人均 GDP 约为 1647.57 美元，增长 2.60%。产业结构方面，除作为支柱产业的旅游业外，农业、工业（主要是纺织服装业、建筑业）、服务业的增长率均由负转正，其中农业增长 1.4%（种植业增长 1.9%、畜牧养殖业增长 0.8%、渔业增长 1.1%、林业下降 1.4%），工业增长 5.7%（制衣业增长 4.6%、建筑业增长 1.4%），服务业增长 0.3%（酒店和餐饮业增长-31.2%、交通运输业增长 5.2%）。对外贸易方面，柬埔寨 2021 年进出口贸易总额为 402 亿美元，其中出口总额（不含黄金）为 174.4 亿美元，增长 22.8%，主要产品为服装、自行车、家具、橡胶、毛皮、电子及电子零件、水果等；进口总额（不含黄金）为 227.6 亿美元，增长 25.9%，主要产品为纺织用品、建材、石油等。旅游业方面，2021 年国际旅客总计 19.6 万人次，下降 85%；旅游业收入为 1.84 亿美元，下降 82.01%。[①]

① Ministry of Economy and Finance. Socio-Economic Trends-Annual 2021. https：//mef.gov.kh/download-counter？post=7860.

为了刺激经济复苏，2020 年 2 月至 2021 年 10 月，柬埔寨先后发布 10 轮应对疫情冲击的经济政策。2020 年，柬埔寨共发布了 7 轮经济政策，主要措施包括：第一，延缓或减免相关税费，包括 2 年内免征食品增值税、豁免航空公司的最低纳税额、免征旅游区内酒店和旅行社等机构的各类税务、降低企业存款利息预扣税等；第二，提供优惠贷款以扶持中小企业，8 月宣布推出总值 6 亿美元的融资计划，通过农业和乡村发展银行（ARDB）发放 5000 万美元，通过中小型企业银行（SME Bank）与商业金融机构联合推出 1 亿美元融资计划，设立信用担保（Credit Guarantee）并计划分两个阶段分别发放 2 亿和 3 亿美元融资；第三，救助贫困家庭和脆弱群体，自 2020 年 6 月 25 日开始发放纾困金，最终累计发放约 3.82 亿美元，共有 65.8 万户家庭从中受益。2021 年柬埔寨仍将刺激经济作为重要工作，2021 年 3 月 25 日推出第 8 轮经济政策，延长成衣、制鞋、旅行用品、旅游业和民航业的税务减免优惠时间和失业工人补助金发放时间；2021 年 6 月 30 日推出第 9 轮经济政策，首次援助运输和物流业，为其豁免 2 年的报关代理执照费；2021 年 10 月 28 日推出第 10 轮经济政策，基本延续了此前的政策内容，并持续至年底。①

在实行 10 轮经济救助政策后，柬埔寨政府于 2021 年 12 月 22 日推出了《新常态下与新冠共存的经济复苏战略框架和计划（2021—2023 年）》，以此作为中长期调节社会经济增长的方针。根据此方案，柬埔寨政府将继续施行此前设定的税收减免措施，给予旅游业和航空业额外支持，延续针对贫困和弱势家庭的纾困金计划，划拨 2.5 亿美元用于中小型企业银行以及农业和乡村发展银行的优惠贷款。在货币金融政策方面，柬埔寨国家银行于 2022 年 1 月推出 10 项政策，以支持国民经济快速恢复，主要措施包括稳定汇率、推动使用法定货币瑞尔、实施精准扶贫措施、改善金融环境、提高现金管理服务水平、利用新的金融技术、加强业务可持续发展、打击洗钱和恐怖主义融资、支持减缓气候变化的活动、促进银行支付系统整合和区域货币使用

① World Bank（2021）. Cambodia Economic Update：Road to Recovery. p25.

等。2022 年 5 月，柬埔寨启动了“旅游复苏联合融资计划”，预计将投入 1.5 亿美元扶助旅游业企业，向其提供年利率 6.5%的低息贷款，最高额度可达 40 万美元。

（二）老挝经济出现恢复性增长

2010 年以来，老挝经济持续稳定增长，2010~2018 年经济增长率为 6%~8%。2019 年，老挝的经济增长率降至 5.46%的低点，2020 年受到疫情冲击再次降至 3.28%，其中受影响最大的部门是与全球价值链和产业链密切相关的劳动密集型行业。2021 年，老挝经济呈现恢复性增长，全年 GDP 为 184.98 万亿基普（约合 189.82 亿美元），经济增速略升至 3.50%；人均 GDP 为 2595 美元，降低 1.77%。在老挝的产业结构中，2021 年农业占 GDP 的比重为 15.04%，年增长率为 2.45%，其中养殖业和渔业的增速较快；工业占 GDP 的比重为 43.07%，年增长率为 6.10%，其中电力和建筑业发展较快，而纺织、服装和制鞋业略有衰退；服务业占 GDP 比重为 41.88%，年增长率为 1.37%，其中信息通信业增速较快，而住宿和餐饮业增长-25.40%。在对外贸易方面，2021 年老挝货物贸易总额为 135.14 亿美元，增长 16.2%，其中出口货物贸易总额为 76.27 亿美元，增长 23.9%，主要产品为矿产、贵金属、植物产品、纸制品；进口货物贸易总额为 58.87 亿美元，增长 20.4%，主要产品为机械和电气设备、矿物产品、汽车、加工食品和饮料。服务贸易总额为 2.63 亿美元，下降 66.87%；出口服务贸易总额为 0.87 亿美元，下降 74.96%；进口服务贸易总额为 1.76 亿美元，下降 60.59%。

受疫情对经济发展的影响，老挝面临较为严重的债务危机。根据世界银行的报告，2019~2021 年老挝的公共债务由 125 亿美元增至 145 亿美元，占 GDP 的比重由 68%升至 88%。从债务结构来看，老挝的大部分债务来自能源行业的外债，其中老挝电力公司（EDL）的债务占总量的 30%以上。同时，老挝的偿债能力较为有限，截至 2021 年底老挝外汇储备为 13 亿美元，基本与每年需要偿还的外债总额持平。2021 年，老挝政府发行了约 9 万亿基普的国内债券，约占 GDP 的 5%，作为与公共投资项目相关的国内还款。

老挝债务负担严重、外汇储备难以支付到期外债，国际货币基金组织（IMF）警告老挝“可能面临债务危机”。2022 年 6 月，国际评级机构穆迪将老挝的信用评级下调至 Caa3。此次老挝债务危机的形成因素颇为复杂，包括美联储激进加息导致老挝货币贬值，基普兑美元在一年中下跌 36%，国内通货膨胀居高不下；为发展陆路交通通道，兴建使老挝成为“东南亚电池”的水电项目，在大型基础设施中投入的公共支出持续走高；疫情期间经济增长趋于下滑，政府财政收入不如预期；等等。

为促进国内经济复苏，老挝政府制定了多项经济刺激政策。在 2021 年 1 月公布的第九个五年计划中，老挝提出加强宏观经济管理，实现可持续发展；打击奢侈浪费，控制麻醉品滥用；运用现代工具管理预算收支，探索城市财产税和环境税；通过公私合作伙伴关系（PPP）改善国有企业状况；实施稳健的货币和汇率政策，减少外币使用；建立国内资本调动机制，为公共基础设施建设积累资金；增加国内产品使用，刺激出口以减少贸易逆差。在此基础上，老挝政府实施了一系列针对性举措，主要包括减免税费，将标准增值税税率由 10%降至 7%，对电力进出口和矿产出口等活动免征增值税；调整燃油价格结构，授权 4 家公司代理燃油进口；促进天然木制品出口，建立控制和监控木材进出口的制度；推动国有企业重组或改革，成立 2 个委员会监督改革进程，主要对象为老挝电力公司、老挝国家燃料企业、老挝航空公司、老挝进出口贸易公司；在疫苗接种率较高的“绿区”，重新开放旅游业；授权 6 家公司交易和开采加密货币，作为偿还债务的资金来源。

（三）缅甸的政局动荡与经济增长

2021 年 2 月初，缅甸军方接管政权，国内暴发大规模抵抗运动，同时缅甸遭受美国等西方国家的经济制裁，使正常的经济与社会活动受到严重冲击，加上国内疫情肆虐，导致农业生产停滞，工业产出下降，进出口贸易减少，本国货币大幅贬值，外资不断撤离，国内经济受到较大的影响。2020～2021 年，缅甸经济增长率分别为 3.2%和-17.9%。2022 年 1 月世界银行的报告显示，2020～2021 财年（2020 年 10 月至 2021 年 9 月）缅甸 GDP 增长率为-18%。其中，农业部门增长-12.5%，工业部门增长-20.3%，服务业部门增长-18.9%，消费价格指数（CPI）为 3.6%，经常项目逆差占 GDP 的比重为-2.7%，财政赤字占 GDP 的比重为-8.8%。2021~2022 财年（2021 年 10 月至 2022 年 9 月）缅甸 GDP 增长率为 1%。其中，农业部门增长-3.2%，工业部门增长 3.3%，服务业部门增长 1%，消费价格指数（CPI）为 8.7%，经常项目余额占 GDP 的比重为 0.7%，财政赤字占 GDP 的比重为-9%。①

面对国内政局的动荡，缅甸军政府将维持稳定作为首要目标，但也开始着手恢复经济。2021 年 9 月 30 日，缅甸国家管委会出台第 26 号法规，将 2021 年 10 月至 2022 年 3 月设为财政过渡期，计划该财政年度经济增长率达到 3.8%，农业增加值占 GDP 的比重由 24.0%下降到 23.6%，工业增加值占 GDP 的比重由 37.2%提高到 38.2%，服务业增加值占 GDP 的比重由 38.8%下降到 38.2%；国家投资达到 4.56 万亿缅元，出口贸易额达到 82 亿美元，进口贸易额达到 88 亿美元。为了促进农业发展，缅甸军政府将向各省邦投放 4083.3 万尾鱼苗，种植 250 万英亩（约 1518 万亩）夏季稻，加强农产品出口贸易。同时，缅甸国家投资委员会于 2021 年 11 月批准了 13 个新投资项目，总额达 2.05 亿美元，可创造 2972 个就业岗位，2022 年 3 月批准了 7 个新投资项目，总额达 850 万美元，可创造 3553 个就业岗位。此外，由于国内货币快速贬值，缅甸央行不断向市场投放美元以稳定汇率。虽然缅甸军政府采取了诸多举措，但未来缅甸经济走势仍难有起色。

（四）东帝汶经济增速由负转正

近年来，东帝汶经济增长一直处于低迷状态。2017~2019 年，东帝汶经济增长率分别为-3.1%、-0.7%和 2.1%。2020 年，在新冠肺炎疫情的冲击下，东帝汶经济陷入严重衰退，非油气 GDP 的增长率为-8.6%。其中，总消费支出仅增长 0.9%，固定资本形成下降 33.9%，非油气出口贸易下降

① World Bank（2022）. *Myanmar Economic Monitor*：*Contending with Constraints*. p57.

51.1%，非油气进口贸易下降8.5%，消费价格指数（CPI）为0.5%，政府财政赤字占GDP的比重为26.2%。[①] 2021年，东帝汶经济逐渐呈现复苏态势。据东帝汶政府初步统计，2021年GDP增长率为4.4%，其中油气GDP增长率为8.3%，驱动GDP增长3.5%；非油气GDP增长率为1.5%，驱动GDP增长0.9%。在需求结构中，私人消费支出增长2.4%，公共消费支出下降6.2%，私人投资下降15.4%，公共投资下降16.1%，商品和服务出口增长26.0%（商品出口增长60.3%，服务出口下降29.7%），商品和服务进口下降10.5%（商品进口增长7.4%，服务进口下降40.7%）。[②]

2020年8月，东帝汶政府公布了经济恢复规划，并将分两个阶段实施。其中，第一阶段从8月份至2020年底，重点是保就业和保民生，为陷入困境的企业和家庭提供经济支持；第二阶段于2021～2023年实施，着眼于中长期发展，重点支持农业、教育、清洁水和卫生等领域的发展，共推出71项中长期措施。2021年9月，东帝汶部长理事会批准了复工复产和维持经济活动的政令，适用于包括个体户在内的各类市场主体。根据相关规定，凡是参加国内社保缴费、在税务系统注册登记、出现营业额或收入损失，并有恢复或维持业务活动意愿的市场主体，每月均可申请免除部分社保费和获取补贴，该补贴每月发放一次，至政令生效后第四个月；除航空公司和旅行社等无法向社会提供服务的市场主体外，其他获得补贴和部分社保费免除的受益市场主体，须向公众开放并提供正常服务；企业雇主须在法令生效前参缴社保，个体工商户、自由职业者和国内服务业人员在法令生效之后参缴社保的，仍可获得补助，但须在最后一次获取补贴后继续缴纳社保3个月。

四　四国何时脱离最不发达国家行列

随着各国经济的快速发展，东南亚地区的后进国家相继摆脱低收入国家

① 2019年8月，东帝汶与澳大利亚签署海上边界协议，导致油气产业性质发生变化，因此2019年和2020年东帝汶的GDP增长率跃升为19.5%和10.4%，但不具有同期可比性。

② Statistics Timor-Leste. Timor-Leste: Preliminary GDP 2021. https: //www.statistics.gov.tl/wp-content/uploads/2022/03/Preliminary-GDP-2021_english-20220405_Publication.pdf.

行列。按照世界银行的标准，东帝汶、老挝、缅甸和柬埔寨分别于 2007 年、2010 年、2014 年和 2015 年脱离低收入国家行列，跻身下中等收入国家行列。不过，依据联合国的标准，柬埔寨、老挝、缅甸和东帝汶仍属于最不发达国家。因此，四国何时脱离最不发达国家行列引人关注。

1971 年，联合国根据人均 GDP、成人识字率和制造业占 GDP 的比重等指标，首次确立了最不发达国家类别，初步划定了 25 个最不发达国家。1991 年，联合国修订了最不发达国家的评判指标体系，根据人均 GDP、身体质量指数（APQL）和经济多样化指数，确定了 52 个最不发达国家。随后，最不发达国家标准历经多次修订更新，2017~2020 年，发展政策委员会对最不发达国家标准进行了修订，并在 2021 年 2 月的三年期审查中应用，其退出标准为：第一，收入标准，依据世界银行低收入国家毕业门槛；第二，经济脆弱性指数（EVI），包括经济脆弱性指数和环境脆弱性指数；第三，人力资本指数（HAI），包括健康指数和教育指数。① 每隔 3 年，联合国经济及社会理事会（ECOSOC）下属的发展政策委员会，会对最不发达国家进行一次审查，提交加入或退出最不发达国家的名单，1991 年至今已有 6 个国家脱离最不发达国家行列。

近 20 年来，四国对标联合国标准，致力于摆脱最不发达国家行列，并取得了明显的进展和成效。据联合国贸发会议（UNCTAD）统计，2000~2020 年，柬埔寨人均国民收入从 294 美元增至 1254 美元，人力资本指数从 30 升至 68，经济脆弱性指数从 44 降至 31，5 岁以下儿童死亡率从 118‰降至 28‰，孕产妇死亡率从 490/10 万降至 160/10 万，中学总入学率从 18%升至 45%，发育不良率从 54%降至 32%，成人识字率从 67%升至 81%；老挝人均国民收入从 370 美元增至 2265 美元，人力资本指数从 37 升至 72，经济脆弱性指数从 37 降至 27，5 岁以下儿童死亡率从 115‰降至 47‰，孕产妇死亡率从 561/10 万降至 185/10 万，中学总入学率从 29%升至 67%，发育

① United Nations. Creation of the LDC Category and Timeline of Changes to LDC Membership and Criteria. https：//www. un. org/development/desa/dpad/least - developed - country - category/creation-of-the-ldc-category-and-timeline-of-changes-to-ldc-membership-and-criteria. html.

不良率从 49%降至 33%，成人识字率从 66%升至 85%；缅甸人均国民收入从 180 美元增至 1257 美元，人力资本指数从 55 升至 72，经济脆弱性指数从 32 降至 26，5 岁以下儿童死亡率从 94‰降至 46‰，孕产妇死亡率从 340/10 万降至 250/10 万，中学总入学率从 32%升至 64%，发育不良率从 51%降至 29%，成人识字率从 89%降至 76%；东帝汶人均国民收入从 743 美元增至 1998 美元，人力资本指数从 33 升至 68，经济脆弱性指数从 30 升至 40，5 岁以下儿童死亡率从 120‰降至 46‰，孕产妇死亡率从 715/10 万降至 142/10 万，中学总入学率从 35%升至 84%，发育不良率从 56%降至 52%，成人识字率从 34%升至 68%。①

在联合国对最不发达国家名单的三年审议期中，一国要从最不发达国家队伍中“毕业”，须在连续两次审议中至少满足以下三项指标中的两项。根据 2021 年联合国指定的“毕业”门槛，一国人均国民收入必须达到 1230 美元或以上，经济脆弱性指数要低于 32，人力资本指数在 66 以上。若以这三大标准为 100 分，分别衡量四国的得分，在人均国民收入方面，柬埔寨得分为 102 分、老挝为 184 分、缅甸为 102 分、东帝汶为 162 分；在经济脆弱性指数方面，柬埔寨得分为 95 分、老挝为 83 分、缅甸为 80 分、东帝汶为 125 分；在人力资本指数方面，柬埔寨得分为 102 分、老挝为 109 分、缅甸为 109 分、东帝汶为 103 分。② 可见，四国在人均国民收入和人力资本指数上表现较好，但在经济脆弱性指数上表现欠佳。

在 2021 年三年期审查中，老挝、缅甸符合最不发达国家“毕业”标准，东帝汶曾在 2018 年达到“毕业”标准。联合国经济及社会理事会下属发展政策委员会只建议老挝从最不发达国家行列中退出。但由于全球疫情大流行，该委员会建议延长准备期，仔细监测和分析疫情的影响，并提供具体的过渡支持。同时，该委员会决定将对缅甸和东帝汶的审查推迟到 2024 年。此外，柬埔寨首次达到三项最不发达国家“毕业”标准，并将在 2024 年再

① UNCTAD（2021）. *The Least Developed Countries 2021*: *In the Post-COVID*. p. 17.

② UNCTAD（2021）. *The Least Developed Countries 2021*: *In the Post-COVID*. p. 16.

次接受审查。[①] 由此可见，今后几年将是四国摆脱最不发达国家行列的重要窗口期，老挝能否率先成功“摘帽”最值得期待。

参考文献

LNCCI（2020）. *Survey Report on Impact of COVID-19 on Businesses.* Vientiane：Lao National Chamber of Commerce and Industry.

UNCTAD（2020）. *The Least Developed Countries 2020：Productive Capacities for the New Decade.* New York：UNCTAD

UNCTAD（2021）. *The Least Developed Countries 2021：In the Post-COVID.* New York：UNCTAD

World Bank（2020）. *Cambodia Economic Update，November 2020.* Washington，D. C.：World Bank.

World Bank（2021）. *Cambodia Economic Update*：Road to Recovery. Washington，D. C.：World Bank.

World Bank（2020）. *Lao PDR Economic Monitor：Lao PDR in the time of COVID-19.* Washington，D. C.：World Bank.

World Bank（2022）. *Myanmar Economic Monitor：Contending with Constraints.* Washington，D. C.：World Bank.

World Bank（2021）. *Myanmar Economic Monitor：Progress Threatened；Resilience Tested.* Washington，D. C.：World Bank.

World Bank（2020）. Timor-Leste Economic Report：Towards a Sustained Recovery. Washington，D. C.：World Bank.

World Bank（2021）. *Timor-Leste Economic Report：Steadying the Ship.* Washington，D. C.：World Bank.

① UNCTAD（2021）. *The Least Developed Countries 2021：In the Post-COVID.* p. XI

专题篇

Special Reports

B.13

东南亚跨入数字时代：现状与前景

王　勤*

摘　要： 近年，东南亚推出数字经济总体规划及其行动计划，加快区域数字经济发展，致力于构建数字共同体。东南亚国家大力推进数字经济发展，是以全球跨入数字时代为国际背景，是打造面向“工业4.0”经济增长和产业转型新引擎的迫切需要，也是实现区域互联互通的重要技术支撑。跨入数字时代，东南亚各国在数字基础设施、电子商务、数字金融、电子政务领域取得了明显的进展，并展现了广阔的发展前景。

关键词： 数字时代　数字化转型　数字共同体　东南亚

2021年1月，东盟数字部长会议发布了“东盟：数字共同体”声明，推

---

* 王勤，经济学博士，厦门大学国际关系学院/南洋研究院教授，博士生导师。

出《东盟数字总体规划 2025》，提出将东盟建成由安全和变革性的数字服务、技术和生态系统所驱动的数字共同体。近年来，东南亚数字经济的快速发展，使东南亚各国的数字化转型进程加快，区域数字一体化程度不断加深。

一　东南亚数字经济发展的背景

进入 21 世纪，随着新一代信息技术的突飞猛进，数据成为驱动经济发展的关键生产要素，催生全新的数字时代。在第四次工业革命的浪潮中，数字经济是“工业 4.0”的本质特征，数字化技术促进产业数字化和数字产业化，数字基础设施塑造新型的基础设施，数字经济成为国民经济新的重要增长点。在全球跨入数字时代的国际背景下，东南亚国家大力发展数字经济，数字经济是面向“工业 4.0”经济增长和产业转型的新引擎，也是打造区域互联互通的重要基础。

（一）东南亚数字经济发展以全球跨入数字时代为国际背景

当今世界，数字经济快速发展，它以数字化信息数据作为关键生产要素，以数字技术为核心驱动力，依托全球高速信息网络，通过数字技术与实体经济的深度融合，对全球经济增长产生日益重要的影响。数字经济催生了对数字基础设施和数字服务平台的投资需求，带动投资增长；数字经济形成了新的商业模式，促进新的消费增长；数字经济形成了新的数字政务设施和数字政务平台，提高了政府服务效率。①

跨入数字经济时代，发达国家和新兴经济体纷纷制定数字经济发展战略与政策，美国先后发布了《数字经济议程》《在数字经济中实现增长与创新》《美国国家网络战略》等，德国制定了《德国 ICT 战略：数字德国 2015》《“工业 4.0”战略》《数字议程（2014—2017）》等，英国出台了

① UNCTAD（2019）. *Digital Economy Report 2019*：*Value Creation and Capture*：*Implications for Developing Countries*.

《数字英国》《数字经济战略（2015—2018）》《英国数字战略》等，日本、法国、韩国、中国、印度、巴西等也陆续出台了数字经济相关规划和措施，为打造世界领先的数字经济和推进数字化转型进行战略部署。各国围绕数据价值化、数字产业化、产业数字化、数字化治理等关键领域，强化数据要素战略布局，推动数据开发利用，建设数据要素市场；全球人工智能产业快速发展，技术创新迭代，应用场景迸发；工业互联网引发制造业系统性变革，推动传统产业新兴裂变和升级演进；金融科技领域异军突起，传统金融向数字金融转型；各国强化网络安全部署，网络安全产业发展进入“快车道”。全球数字经济的迅速发展和数字化转型势必对高度外向型的东南亚国家经济产生不同程度的冲击，从而迫使这些国家必须应对数字经济时代所带来的机遇与挑战。

（二）数字经济是未来东南亚经济增长的新引擎

伴随着数字经济的浪潮，数字技术推进传统产业转型和新兴产业发展，新技术、新产品、新服务和新业态纷纷涌现。数字基础设施投资引发经济增长的乘数效应，由此数字经济成为驱动经济发展的新引擎。近年来，东南亚国家的数字经济呈现快速增长势头，菲律宾和越南的数字经济增速均超过20%。2021~2025年，印尼数字经济规模预计将从700亿美元增至1460亿美元，年增长率约为20%；马来西亚从210亿美元增至350亿美元，年增长率约为14%；菲律宾从170亿美元增至400亿美元，年增长率约为24%；新加坡从150亿美元增至270亿美元，年增长率约为16%；泰国从300亿美元增至570亿美元，年增长率约为17%；越南从210亿美元增至570亿美元，年增长率约为29%。到2025年，东南亚国家数字经济规模预计将超过3600亿美元，2030年将达到1万亿美元。[①] 其中，到2025年印尼数字经济规模将占GDP的19%，马来西亚将占GDP的25.5%，泰国将占GDP的30%。

① Google，TEMASEK，Bain & Company（2021）．“E-Conomy SEA Report 2021：Roaring 20s：The SEA Digital Decade.” https：//www.temasek.com.sg/en/news-and-resources/subscribe/google-temasek-e-conomy-sea-2021.

越南政府提出，到2025年数字经济规模将占GDP的20%以上，到2030年达到30%以上。

在全球疫情下，2020年东南亚国家经济增速急转直下，陷入自亚洲金融危机以来最严重的衰退。在疫情防控中，各国的数字经济悄然兴起，并成为促进经济复苏的新动力。2020年11月，第37届东盟峰会通过了《东盟全面复苏框架》及其实施计划，该框架提出了促进经济复苏的五大战略领域及其优先措施，包括完善卫生系统、强化人类安全、开发东盟内部市场和经济一体化潜力、加快包容性数字化转型、迈向更可持续和更具韧性的未来，其中第四大战略领域就是加快包容性数字化转型，其优先方向是发展电子商务和数字经济，提升电子政务服务、数字互联互通和信息通信技术水平，推进中小微企业数字化转型，保障数据和网络安全。[①] 自新冠肺炎疫情暴发以来，东南亚国家的线上购物、食品外卖、数字支付等数字服务消费大幅增长，企业数字化转型加速，促进了国内经济的复苏。

（三）各国试图以数字化转型推进产业结构升级

20世纪50年代末，东南亚国家相继开始了工业化进程。随着各国工业化的加速发展，新加坡率先成为新兴工业化经济体，当马来西亚、泰国等已处于工业化中期阶段时，其他国家大多还处在工业化初期阶段。跨入数字经济时代，东南亚国家可以利用后发优势，引进数字技术，通过数字技术改造传统产业，加快传统产业的转型升级。同时，催生新兴的数字产业，形成数字产业链和产业集群，进而融入全球数字价值链。印尼总统佐科·维多多指出，印尼必须进行数字化转型，这是实现经济转型和数字民主的前提，其中面向"工业4.0"的产业数字化转型和中小企业数字化转型尤为重要。[②] 泰国政府制订了近中期数字经济发展规划，加大了数字基础设施建设力度，致力于建成区域数字产业中心。新加坡2016年开始实施产业转型蓝图，之后

① ASEAN Secretariat (2020). "ASEAN Comprehensive Recovery Framework and Its Implementation Plan." https://asean.org/asean-comprehensive-recovery- framework-implementation-Plan.

② 《总统府称印尼须数字化转型》，印尼《国际日报》2020年9月1日。

又制定了“2025年产业转型蓝图”（ITM 2025），更新原有的23个产业转型蓝图，加快产业数字化转型。①

近年来，东南亚国家尚未完成工业化却出现了“去工业化”现象，主要表现为工业部门尤其是制造业发展减速或停滞，工业部门和制造业的增加值占比趋于下降。据世界银行统计，1995~2019年，印尼的工业部门增加值占GDP的比重从41.8%降至38.9%，马来西亚从41.4%降至37.4%，菲律宾从32.1%降至30.2%，新加坡从31.5%降至24.5%，泰国从37.3%降至33.4%。其中，制造业增加值占GDP的比重也出现了先升后降的现象。印尼制造业增加值占GDP比重从24.1%降至19.7%，马来西亚从26.4%降至21.5%，菲律宾从22.8%降至18.5%，新加坡从24%降至19.8%，泰国从26.2%降至25.3%。② 同时，除新加坡等少数国家外，东南亚国家服务业占GDP的比重低于同等收入国家的平均水平，现代服务业发展更是相对滞后。因此，东南亚国家希望能及时把握数字经济带来的机遇，促进传统产业的转型，推动新兴产业的发展，提升现代服务业水平，以此扭转或延缓“去工业化”的进程。

（四）数字经济是打造区域互联互通的重要基础

早在2010年10月，东盟就公布了《东盟互联互通总体规划2010》。2016年9月，东盟又出台了《东盟互联互通总体规划2025》。东盟实施的区域互联互通战略，包括基础设施互联互通（Physical Connectivity）、机制互联互通（Institutional Connectivity）和民间互联互通（People-to-people Connectivity）三大领域。其中，基础设施互联互通主要包括交通和运输基础设施的建设与完善，信息通信技术和网络的建设与发展，以及能源安全问题的解决；机制互联互通是通过各种国际性或区域性协定，以促进商品、投资

① 《制定2025年产业转型蓝图　未来经济委员会为未来五年发展规划新道路》，新加坡《联合早报》2021年5月1日。

② World Bank. “World Development Indicators: Structure of Output.” http://wdi.worldbank.org/table/4.2.

和服务跨国界流动的自由化和便利化；民间互联互通涵盖教育和文化的互动与合作、旅游业的发展和东盟意识的培养。①

在东盟区域一体化进程中，东盟将实现区域互联互通作为共同体建设的先行战略，而区域数字一体化又是推进互联互通的技术基础。在区域互联互通的三大领域，不论是交通、信息、能源和智慧城市等基础设施的现代化，抑或“单一窗口”、原产地自主认证（AWSC）和海关跨境系统等的制度性建设，还是教育文化互动、旅游合作和民间交流，均需要以数字化为技术支撑，离不开区域数字一体化。因此，在互联互通总体规划中，东盟提出可持续基础设施（Sustainable Infrastructure）、数字创新（Digital Innovation）、无缝衔接的物流（Seamless Logistics）、卓越管理（Regulatory Excellence）、人员往来（People Mobility）五大战略目标，其中将数字创新作为第二大优先战略领域。②

二 东盟的数字经济发展规划

在数字经济时代，作为东南亚区域组织，东盟制定了面向数字经济的发展战略，提出了构建数字共同体是东盟共同体的重要基础和技术支撑，将数字化建设作为东盟共同体建设的优先领域，并大力推进数字化转型的政策措施。其中，《东盟数字一体化框架》《东盟数字总体规划 2025》《东盟第四次工业革命的综合战略》是数字共同体建设的纲领性文件。

（一）《东盟数字一体化框架》及其行动计划

2018 年，东盟颁布了《东盟数字一体化框架》，作为指导区域数字经济发展的纲领性文件。该框架确定六大中期优先领域，即通过基础设施建设、便利贸易政策和促进“无缝物流”等，推进区域无缝贸易；制定个人数据保护框架、数字信息治理框架，各成员国出台相关政策，支持数字贸易和创新；

① ASEAN Secretariat (2011). *Master Plan on ASEAN Connectivity*. Jakarta: ASEAN Secretariat.

② ASEAN Secretariat (2016). *Master Plan on ASEAN Connectivity 2025*. Jakarta: ASEAN Secretariat.

实现无缝的数字支付，促进数字金融服务，实施相互兼容的框架；与金融机构合作开发包容和开放的应用程序接口标准与路线图；对现有国家数字系统进行升级，实现用户身份的实时安全验证；培养数字人才，支持中小微企业采用新技术，提高从业人员技能；培养创业精神，打造良好的商业生态系统，帮助初创的数字中小微企业发展；协调行动，指定东盟电子商务协调委员会作为协调机构，其他东盟机构予以支持。①

2019年，东盟制定了《〈东盟数字一体化框架〉行动计划2019—2025》，根据六大中期优先领域，确定具体行动、预期成果、完成时间和实施机构。在促进无缝贸易方面，全面实施东盟单一窗口，推行东盟全覆盖的自认证，各国核准《东盟电子商务协定》使其生效，实施“经认证的经营者”（AEO）互认安排，全地区宽带基础设施覆盖，制定《东盟电商服务平台服务商责任与义务指南》，提供国内电子商务法律法规的信息，审议电子商务配送和退货的最低门槛与退税程序，简化电子商务中陆运或空运货物的海关程序，提供电子商务相关海关手续、税收和关税信息，推进企业和消费者数字身份应用；在数字贸易和创新方面，推动各国国内数据保护政策一致化，制定《东盟数据分类框架》《东盟跨境数据流动机制》，举办东盟数字创新论坛、东盟数据保护和隐私论坛，制定《东盟数字数据治理框架》，建立东盟各国网络安全主管机构之间的协调机制和信息分享平台；在实现无缝数字支付方面，创新区域内跨境零售支付方式，制定和实施《〈东盟关于跨境实时零售支付的支付政策框架〉的政策指南》；在培养数字人才方面，帮助中小微企业进行识别技术和数字技能需求的自我诊断，制定《应对第四次工业革命的熟练工人/专业服务的指南》，启动人力资源开发项目，制定政府各部门的能力建设路线图，向企业、公众提供教材和项目，制定《东盟消费者保护高级别原则》《东盟在线交易行为准则》，制定“东盟消费者赋权指数”，提高消费者网上消费权益意识，建立包含网上争端解决（ODR）机制的东盟替代性争端解决（ADR）机制，制定《东盟跨境B2C投诉指南》和跨境消费者保护的合作框架；在培养创业精神方面，制定《东盟微型企业数字

① ASEAN Secretariat（2018）. *ASEAN Digital Integration Framework*. Jakarta：ASEAN Secretariat.

化的政策指南》和《东盟通过能力建设项目促进中小微企业数字化行动计划》，建立和发展东盟“数字服务中心”，开展中小微企业参与电商平台的能力建设项目；在协调行动方面，定期审议行动计划的进展，制定“东盟数字经济监测指数”。①

（二）《东盟智慧城市框架》

2018 年 4 月，东盟构建智慧城市网络（ASCN），旨在促进各国在智慧城市发展中的合作，帮助可融资项目获得私营企业投资，并确保该计划能够获得东盟以外伙伴国家的资金和支持。同年 5 月，东盟推出《促进智慧城市发展的特定城市行动计划》，选定 26 个试点城市，包括新加坡、马尼拉、宿务、达沃、斯里巴加湾、曼谷、春武里府、普吉、外南梦、雅加达、望加锡、马德望、金边、暹粒、新山、亚庇、吉隆坡、古晋、琅勃拉邦、万象、曼德勒、内比都、仰光、河内、胡志明市和岘港。同年 11 月，第 33 届东盟峰会通过了《东盟智慧城市框架》，提出东盟智慧城市建设应在有竞争力的经济、稳定的环境、高质量的生活 3 个相互依存的目标之间实现平衡。为实现智慧城市的战略目标，东盟将制订长期计划和蓝图，确保智慧城市建设与政策监管框架保持一致，促进城市的可持续发展；实行动态和高适应性的有效城市治理，让公民、政府和企业等多主体参与城市规划、决策、管理和监督，并探索多种合作模式。同时，聚焦公民和社会（Civic and Social）、健康和幸福（Health and Well-being）、安全（Safety and Security）、环境质量（Quality Environment）、基础设施建设（Built Infrastructure）、工业和创新（Industry and Innovation）六大反映城市和公民需求的重点领域，推进智慧城市建设项目。②

（三）《东盟电子商务协定》

2019 年 1 月，东盟签署《东盟电子商务协定》，这是东盟发展电子商务

① ASEAN Secretariat（2019）. *ASEAN Digital Integration Framework Action Plan*（*2019 – 2025*）. Jakarta：ASEAN Secretariat.

② ASEAN Secretariat（2018）. *ASEAN Smart Cities Framework*. Jakarta：ASEAN Secretariat.

的第一份协定，也是全球为数不多的电子商务区域性协定。该协定涵盖电子商务各领域，包括信息通信技术（ICT）基础设施、教育和技术能力、网上消费者保护、电子商务法律和监管、电子交易安全、电子支付和结算、贸易便利化、知识产权、竞争、网络安全和物流等。同时，各成员国还将开展其他三大领域的合作，包括分享信息和经验，传递最佳实践；向成员国提供援助项目，加强国内电子商务发展的监管框架，促进电子商务的广泛应用；在各国主管部门之间建立合作机制，以便迅速调查和解决与电子商务交易有关的欺诈事件等。①

（四）《东盟数字总体规划2025》

2021 年 1 月，东盟出台《东盟数字总体规划 2025》，旨在推动 2021～2025 年东盟区域数字发展与合作，将东盟建设成一个由数字服务、技术和生态系统驱动的领先数字共同体。该规划设定了 8 项预期目标，即加速东盟从疫情中恢复的优先行动；提升固定和移动宽带基础设施质量和覆盖率；提供可信赖的数字服务，防止对消费者造成伤害；为数字服务建立可持续、有竞争力的市场；提升电子政务的质量，扩大其运用范围；促进产业对接和跨境贸易的数字服务；提升业界和民众参与数字经济的能力；构建具有数字包容性的东盟共同体。同时，每项成果辅以若干项赋能行动和时间表，其中有 17 项重要行动计划，包括建立农村数字联通卓越中心，扩大网络安全技术的使用范围，协调各国数字法规以促进跨境数据流动，完善数据保护的法律监管措施，促进区域网络应急事件的协调、应对与合作，提升电子商务消费者权益保护，提升区域内贸易数字化程度，促进电子文件无缝高效流动，制定数字初创企业发展框架，确保公民和企业拥有使用数字服务的技能和动力，等等。②

2021 年 10 月，东盟发表关于促进区域数字化转型的宣言，指出东盟国

① ASEAN Secretariat（2019）. *ASEAN Agreement on Electronic Commerce*. Jakarta：ASEAN Secretariat.

② ASEAN Secretariat（2021）. *ASEAN Digital Masterplan 2025*. Jakarta：ASEAN Secretariat.

家需加强东盟区域合作，全面推进数字化转型，加速后疫情时期的复苏进程。东盟必须建立领先和有竞争力的数字经济，以提高区域内数字连接的质量、可及性和可负担性，启动东盟数字技术经济框架协议的谈判，推动区域一体化和数字化转型，加强各国数字生态系统的合作；在东盟网络安全协调委员会的指导下，加强网络安全合作和能力建设，促进安全、灵活、兼容和基于规则的网络空间的可持续发展，加强东盟在区域网络安全架构中的中心地位；开展各种活动，提升所有群体尤其是中小微企业和弱势群体的数字能力，致力于建设全面的数字社会；通过东盟主导的机制、国际组织、私营部门和行业协会，促进与区域外伙伴的合作，以推动东盟的数字化转型。①

（五）《东盟第四次工业革命的综合战略》

2021 年 10 月，东盟推出《东盟第四次工业革命的综合战略》，提出东盟数字共同体的愿景。该战略通过数字基础设施、能力建设、制度与治理、资源配置、合作与协同以及有效监管，实现技术治理与网络安全、数字经济和社会数字化转型三大目标。其中，数字经济确定了三个战略重点领域，即数字贸易、先进制造业和新兴服务业。数字贸易方面，大力发展数字商品与服务、商品与服务数字化配送、数字贸易交易方式和新兴数字化技术等；先进制造业方面，采用人工智能、工业物联网、云计算、工业大数据、机器人、增材制造、工业网络安全等工业 4.0 技术，通过科技创新，打造先进制造业，提升价值链竞争力；新兴服务业方面，在卫生服务、金融、物流、教育、旅游和其他专业服务中引入工业 4.0 技术，创新服务系统和管理方式。此外，该综合战略还关注智能农业和中小微企业数字化转型等。②

---

① "ASEAN Leaders' Statement on Advancing Digital Transformation in ASEAN." https://asean.org/asean-leaders-statement-on-advancing-digital-transformation-in-asean/.

② ASEAN Secretariat (2021). "Consolidated Strategy on the Fourth Industrial Revolution for ASEAN." https://asean.org/book/consolidated-strategy-on-the-fourth-industrial-revolution-for-asean.

三　东南亚各国推进数字化转型的计划

在数字经济的浪潮中，东南亚国家推出数字化转型计划要早于东盟区域组织，各国从多层面和宽领域出台了一系列数字化转型计划。例如，国家层面有马来西亚数字计划和数字经济蓝图、新加坡“智慧国家”十年计划、越南国家数字化转型计划、柬埔寨数字经济和数字社会政策框架等，产业层面有马来西亚数字贸易计划、新加坡产业转型计划等，企业层面有新加坡中小企业数字化计划、越南中小企业数字化转型扶持计划等。

2018 年 4 月，印尼政府公布了“工业 4.0”路线图，确定了在“工业 4.0”框架下数字经济发展的战略目标、重点产业和优先步骤，将电子、汽车、纺织服装、食品和饮料以及石化工业作为数字建设的五大重点发展产业，提出了改善物流供应、重新设计工业区、提高工业生产能力、发挥中小微企业的作用、构建数字化基础设施、引进外资和转让技术、提高人力资源素质、建设创新发展生态系统、提供技术投资和转让等措施，以及统一规则和政策的十项优先步骤。2019 年，印尼政府发布的《未来数字化经济与城市转型包容性》白皮书指出，印尼是东盟互联网使用人数最多的国家，也是数字经济增长最快的国家。到 2030 年，印尼有望成为全球第 9 大数字经济国。① 2021 年，印尼出台了《2021—2024 年印尼数字路线图》，提出数字化转型的四个战略领域，即数字基础设施、数字政府、数字经济和数字社会，确立了十大重点领域，即数字交通与旅游、数字贸易、数字金融服务、数字媒体与娱乐、数字农业与渔业、数字房地产与城市、数字教育、数字健康、数字工业、数字政府。推出六个战略方向，即建设包容、安全、可靠和提供高质量服务的数字化互联互通基础设施；建立开放协调的数字政府和公共服务；加大对具有国家战略价值的各种平台、产品和系统的投资；通过协调立法和增加投入来促进创新；提升重点领域的数字化能力，增强区域竞争

① 《政府发布数字经济白皮书》，印尼《国际日报》2019 年 12 月 26 日。

力，促进高质量增长；构建数字文化体系，利用人口红利，提升数字开发的能力。①

继 2018 年 10 月出台“工业 4.0 国家政策”后，2021 年 2 月马来西亚推出“马来西亚数字计划”（My Digital）和“数字经济蓝图”（MDEB），提出到 2025 年吸引 700 亿林吉特的国内外数字领域投资，电子商务中小微企业达 87.5 万家，初创企业达 5000 家，独角兽企业至少 2 家，创造 50 万个数字经济就业机会，数字经济占 GDP 的比重达 22.6%，2030 年达到 30%。具体措施包括促进公共部门数字化转型、通过数字化提升经济竞争力、兴建数字基础设施、促进中小企业数字化转型、建设包容性的数字社会、营造安全和有保障的数字环境等。② 2021 年 3 月，马来西亚政府成立国家数码公司（DNB），该公司与爱立信公司签署合约，争取到 2024 年将 5G 网络覆盖全国 80%的人口。同时，马来西亚制定了“国家物联网战略路线图”，建立国家物联网产业生态系统，提高物联网技术创业和服务开发能力，使马来西亚成为区域物联网中心，到 2025 年物联网产业为国民收入贡献 425 亿林吉特；③ 实施国家电子商务战略蓝图（NESR），提出到 2025 年电子商务市场规模达 1.5 万亿林吉特；推出国家光纤和连接计划（NFCP），创建国家大数据分析中心（NBDAC），吸引国外大数据运营商到当地开设数据中心；规划国家机器人技术路线图（NRR），旨在将机器人的使用强度从 2019 年每万名工人 55 台机器人增至 2030 年的 195 台；出台马来西亚智慧城市框架（MSCF），解决城市问题和应对未来挑战，构建智能经济、智慧生活、智能环境、智慧政府、智慧数字基础设施等，以实现竞争性经济、可持续环境，

① Kompas (2021). “Menkominfo Paparkan Roadmap Indonesia Digital 2021-2024.” https://nasional.kompas.com/read/2021/12/07/10402261/menkominfo-paparkan-roadmap-indonesia-digital-2021-2024?page=all.

② EPU (2021). “Malaysia Digital Economy Blueprint.” https://www.epu.gov.my/sites/default/files/2021-02/Malaysia-digital-economy-blueprint.pdf.

③ “National Internet of Things (IoT) Strategic Roadmap.” https://www.malaysia.gov.my/portal/content/30611.

提高生活质量。①

新加坡以实施“智慧国家”和产业转型计划为核心，提出实现国家数字化转型的三大支柱，即数字经济、数字社会和数字政府。在数字经济方面，该计划提出以数字基础设施、政策规则与标准、研究与创新、人才为重点，将促进产业数字化、培育数字生态系统、打造新一代数字产业的增长引擎作为优先领域，构建世界领先的数字经济体；② 在数字政府方面，该计划提出“以数字为核心，用心服务”的理念，重塑政务信息化管理架构、业务架构、技术架构，通过构建大数据驱动的政务新机制、新平台和新渠道，提升政府履职能力，形成现代化治理模式，以新型政府运行模式为社会、市场和民众提供更好的公共服务；③ 在数字社会方面，该计划旨在增强全社会的数字包容性，确保所有公民都有机会接触到数字技术，帮助他们学习和使用数字技能，通过从数字社会中获得更多的机会来改善生活，为此政府将对提升公民数字获得、数字素养和数字参与予以支持。④ 2016 年 3 月，新加坡推出产业转型计划，为 23 个工商领域制定转型蓝图，以提高企业生产力及投资技能、推动创新和走向国际化为目标。2017 年 3 月，新加坡政府出台中小企业数字化计划（SMEs Go Digital Programme），以协助中小企业了解与采用合适的数字科技，增加盈利、开发新市场和提高生产力。政府设立中小企业数字技术中心，为各行业领域制定产业数字化蓝图，实施新的数字科技方案。

泰国在 2016 年推出了“泰国 4.0”战略，确定了十大目标产业部门，即新一代汽车制造、智能电子、农业和生物技术、数字经济、工业机器

① “Malaysia Smart City Framework (MSCF).” https://www.malaysia.gov.my/portal/content/30947.

② IMDA. “Digital Economy Framework for Action.” https://www.imda.gov.sg/infocomm-media-landscape/SGDigital/Digital-Economy-Framework-for-Action.

③ SNDGO. “Digital Government Blueprint.” https://www.smartnation.gov.sg/files/publications/dgb-public-document_30dec20.pdf.

④ MCI. “Digital Readiness Blueprint.” https://www.mci.gov.sg/en/portfolios/digital-readiness/digital-readiness-Blueprint.

人、未来食品加工、生物能源与生物化工、航空物流、高端旅游以及医疗卫生产业，政府采取产业倾斜政策，促使生产要素转向核心技术、基础设施、目标产业、企业创新和数字人才，推进五大传统优势产业转型和五大未来新兴产业发展，其中数字经济属于五大新兴产业之一。泰国政府成立了国家 5G 网络发展委员会，制定了国家 5G 网络建设和发展蓝图，对 5G 网络三期建设进行了规划，提出打造东部经济走廊（EEC）和各府建成智慧城市的目标，推出 5G 网络基础设施共享的鼓励措施，建立数字农业化、智能医院和公共卫生服务试点，计划到 2027 年实现 5G 网络全覆盖。此外，泰国政府对中小企业数字化转型升级提供税收优惠。2017 年起，中小企业购买计算机程序可享受 200%的税收减免；2020 年起，中小企业购买智能设备、数字服务、机器人以及物联网设备和软件也将享有 200%的税收减免。①

2020 年 6 月，越南正式出台《2025 年国家数字化转型计划及 2030 年发展方向》，旨在构建数字政府、数字经济和数字社会，并打造具有全球竞争力的数字企业。2021 年，越共十三大确定了数字转型是国家经济发展的动力，政府成立了国家数字化转型委员会，并设定了 2022 ~ 2025 年面向数字政府、数字经济和数字社会的 53 项指标。在数字政府方面，提高各部门、省级、县级和乡级政府在线审批事项的比例，完善国家数据库，涉及住宅、土地、商业登记、金融、保险等，实现全国范围内信息共享，逐步对外开放国家机关的数据，力争越南电子政务发展指数（EGDI）跻身世界前 70；在数字经济方面，2025 年前数字经济占 GDP 的比重将达到 20%，信息化发展指数（IDI）排名世界前 50，全球竞争力指数（GCI）排名世界前 50，全球创新指数（GII）排名世界第 35 位；在数字社会方面，到 2030 年普及光纤宽带和 5G 移动网络服务，拥有电子支付帐户的人口比例超过 80%，全球网络安全指数跻身世界前30。② 为此，越南各部委、

① 《中小企业数字化升级可享减税 200%》，泰国《星暹日报》2019 年 8 月 16 日。

② 《越南国家数字化转型计划获批》，越通社，2020 年 6 月 7 日。

行业和地方已制订数字化转型具体计划。政府启动了中小企业数字化转型扶持计划，协助不同行业和领域的中小型企业通过国内数字平台制定数字化转型方案。①

2018年，柬埔寨政府提出建设数字经济的目标。2019年11月，柬埔寨政府颁布《电子商务法》，该法涵盖电子签名、契约、结算、产品和服务质量标准等电子商务领域，规范境内和跨境电子商务交易流程。2021年6月，柬埔寨政府公布《数字经济和数字社会政策框架（2021—2035）》，提出了发展数字基础设施、建立数字信任和信心、培养数字公民、建设数字政府、促进数字商业的五大发展目标，并勾画了实现数字化转型的路线图。同时，柬埔寨政府帮助中小微企业进行数字化转型，其商业部推出了中小微企业贸易电商平台。

四　东南亚国家数字化转型的进展

近年来，东南亚国家纷纷推出数字化转型战略与政策，各国均注重数字基础设施的建设，推进移动互联网建设与普及，加快引进第五代移动通信技术（5G），兴建大数据中心，规划人工智能方案，创建智慧城市，推广电子商务、数字金融和电子政务，致力于构建数字经济、数字社会和数字政府，已取得明显的成效。

（一）东南亚数字经济初具规模，但各国数字化转型程度不均衡

近年来，东南亚国家的数字经济规模整体呈现两位数增长，印尼、越南、菲律宾的增速均在20%以上。2021年，东南亚主要国家（印尼、马来西亚、菲律宾、新加坡、泰国和越南）的互联网普及率达75%，用户总数约4.4亿人，数字经济规模达1700亿美元。其中，电子商务、交

① 《中小型企业数字化转型扶持计划正式启动》，越通社，2021年1月29日。

通与食品、在线旅游、在线媒体和数字金融是数字经济增长的重要领域。[①] 目前，东南亚国家估值超过 10 亿美元的科技企业有 23 家，其中 11 家受益于电子商务和数字金融服务，并跻身独角兽企业行列。在东南亚国家，印尼、泰国是两大数字经济体。印尼 2020 年数字经济增加值约为 440 亿美元，对该国 GDP 的贡献率为 4%，互联网用户 1.712 亿人，约 2600 万家中小企业上线，现有独角兽企业（资产超过 10 亿美元的网上企业）4 家，十角兽企业（资产超过 100 亿美元的网上企业）1 家。[②] 近年来，泰国的数字经济年均增速超过 10%，是国内经济增速的 5 倍，2018 年数字经济对 GDP 的贡献率为 17%。[③]

2021 年 8 月，在东盟电子商务协调委员会的协调下，美国国际开发署、美国—东盟互联互通机构联合发布了《东盟数字一体化指数（ADII）》，这是首个全面测试东盟国家数字化发展的研究报告。该指数由数字贸易和物流、数据保护与网络安全、数字支付与身份识别、数字技能与人才、创新与企业家精神、制度和基础设施准备等六大指数构成，每个指标由 5 个分指标组成，六大指数加总得分为 100 分，涵盖东盟 10 国。2021 年，在东盟数字一体化指数各项得分中，数字贸易和物流为 55.27 分、数据保护与网络安全为 62.81 分、数字支付与身份识别为 58.84 分、数字技能与人才为 48.21 分、创新与企业家精神为 49.32 分、制度和基础设施准备为 62.85 分。其中，新加坡的数字支付与身份识别、数字技能与人才、创新与企业家精神、制度和基础设施准备 4 项指数均居首位，泰国的数字贸易和物流指数、马来西亚的数据保护与网络安全指数均排名第 1，其他国家在数字化转型方面仍相对滞后（见表 1）。

---

① Google, TEMASEK, Bain & Company (2021). "E-Conomy SEA Report 2021: Roaring 20s: The SEA Digital Decade." https://www.temasek.com.sg/en/news-and-resources/subscribe/google-temasek-e-conomy-sea-2021.

② 《2030 年印尼有望成为全球第九大数字经济国》，印尼《国际日报》2020 年 2 月 17 日；《印尼数字经济能增长 8 倍》，印尼《国际日报》2021 年 6 月 12 日。

③ 《数字经济与社会部部长：2030 年泰国数字经济占 GDP 的 30%》，泰国《星暹日报》2021 年 11 月 18 日。

表 1 2021 年东盟国家数字一体化指数（ADII）

	数字贸易和物流	数据保护与网络安全	数字支付与身份识别	数字技能与人才	创新与企业家精神	制度和基础设施准备
文莱	54.97	67.46	87.56	53.31	42.99	71.42
柬埔寨	33.91	24.76	41.20	36.56	38.19	50.97
印尼	49.67	78.43	59.73	45.64	48.81	62.44
老挝	23.22	32.58	44.53	43.89	36.91	38.27
马来西亚	67.35	91.27	79.20	57.85	59.22	82.18
缅甸	18.51	20.41	32.93	19.58	44.65	44.60
菲律宾	60.61	72.49	31.89	53.13	46.93	58.89
新加坡	82.64	89.70	86.60	63.79	71.08	90.36
泰国	83.34	87.91	69.73	43.76	56.09	62.61
越南	78.50	63.05	58.33	38.38	44.55	60.72
东盟	55.27	62.81	58.84	48.21	49.32	62.85

注：各项总得分为 100 分。

资料来源：根据 *ASEAN Digital Integration Index Report 2021* 编制。

（二）东南亚数字基础设施建设方兴未艾

数字基础设施是指以数字经济为特征的新一代信息基础设施建设，涵盖 5G、数据中心、人工智能、工业互联网等数字化基础设施及其配套设施，也包括通过数字化和智能化改造的传统基础设施，如智慧城市。近年来，东盟国家推出数字基础设施建设规划，大力兴建数字基础设施，并取得较快进展。

随着 5G 技术迅速发展，东盟国家 5G 用户市场潜力巨大。菲律宾是较早开通 5G 网络的东南亚国家，其国内环球电信（Globe）和菲律宾长途电信公司（PLDT）两大电信运营商均使用华为技术，菲律宾第三大电信运营商 DITO 与华为等公司合作启动 5G 基站项目的建设；2020 年 3 月，泰国率先发布 5G 业务，泰国电信运营商分别与华为、中兴通讯公司合作开展 5G 业务；2020 年 6 月，新加坡颁发 2 个全国 5G 许可证，新加坡电信公司选择爱立信、星和（StarHub）与第一通（M1）两家电信公司选择诺基亚，合作建立 5G 基站，计划到2022年底和2025年底5G网络分别覆盖国土面积的一半和全部；2021年3月，马来西亚政府成立国家数码公司（DNB），与爱立信公司签署合约，争取2024年将5G网络覆盖全国八成人口；2021年5月，印尼国有移动运营商Telkomsel公司推出5G服务，计划到2022年底将5G网络扩展到爪哇岛的6个省会城市、5个优先旅游目的地和1个工业区；越南主要与爱立信和诺基亚2家公司合作建设5G网络，分别在河内和胡志明市建设5G基站。

东南亚国家大力兴建大数据中心，以应对数字化转型的迫切需求。高纬环球（Cushman & Wakefield）的《2019年数据中心研究报告》预测，2019~2024年，东南亚国家主机托管数据中心市场年均增长率为12.9%，新加坡是仅次于冰岛和挪威的世界最具竞争力的数据中心市场。[①] 2015年，新加坡电信公司出资2.85亿美元打造该国最大的数据中心，以巩固其在区域云计算和云创新的中心地位；马来西亚制订了国家光纤与连接计划（NFCP），吸引国外大数据运营商到当地开设数据中心，如新加坡吉宝、中国阿里云、微软、AIMS、Vertiv、PCCW和G3 Global等；印尼最大的国有电信网络运营商Telkom及其子公司在国内建设和运营11个数据中心，普林斯顿数字集团收购XLAxiata印尼数据中心的多数股权，亚马逊网络服务公司在印尼开通运营云计算，中国阿里云2018年首次在印尼设立数据中心并进行了大规模扩建。[②]

各国纷纷制订和实施人工智能发展规划，兴建人工智能产业园。2017年和2019年，新加坡两度发布人工智能战略，推进智能市镇及邻里、交通物流、教育、医疗保健以及安全与保安领域采用人工智能科技。2020年，印尼公布了2020~2045年人工智能发展蓝图，将发展人工智能的重点聚焦在教育与研究、医疗服务、行政体制改革、粮食安全、机动性和智慧城市等领域。2022年，

---

① 《报告：我国连续第三年是亚洲最具竞争力数据中心》，新加坡《联合早报》2019年8月19日。

② "ResearchAndMarkets. Indonesia Data Center Colocation Services Market Report 2020." https://www.globenewswire.com/news-release/2021/01/04/2152452/0/en/Indonesia-Data-Center-Colocation-Services-Market-Report-2020.

马来西亚出台国家机器人技术路线图（NRR），旨在将机器人的使用强度从2019年每万名工人55台机器人增至2030年的195台。越南公布了《至2030年人工智能研发和应用的国家战略》，将人工智能作为推动国家数字化转型的关键技术之一。此外，马来西亚G3 Global公司与中国港湾公司共建马来西亚的首个人工智能产业园，泰国投资100亿泰铢建设泰国首个数字创新园。

经过三年时间，东南亚智慧城市规划与建设均取得较快的进展。新加坡的第一个“智慧国家”十年计划既定目标均提前实现，第二个十年计划进展顺利。泰国制定20年内建设100个智慧城市的目标，政府成立了国家智慧城市委员会，泰国曼谷、普吉岛、清迈和孔敬的智慧城市建设已全面展开。2018年8月，越南政府公布了2018~2025年越南发展可持续智慧城市总体规划以及2030年发展方向，2025年前推进智慧城市试点，到2030年在河内、胡志明市、岘港和芹苴建成智慧城市网络中心。2019年10月，由越南BRG集团与日本住友集团合作的河内市首个智慧城市项目在东英县正式动工，这是越南最大的智慧城市项目，预计到2028年全部竣工。

（三）新冠肺炎疫情下电子商务蓬勃发展

近年来，东南亚国家选择网上购货的人数骤增，尤其是新冠肺炎疫情加速了电子商务的发展，消费者通过不同电商平台交叉购物，对不同品牌持开放态度，更好的商品质量、更优惠的价格、更快的配送服务是引发网络消费的三大要素。电子钱包受欢迎程度逐步提升，其他支付方式则开始走下坡路。目前，东南亚各国电商企业星罗棋布，但总体处于起步阶段，市场占有情况也较为分散。2020年，东南亚主要国家新增的互联网用户高达4000万人，总用户突破4亿人，电商规模达620亿美元，增长63%。2021年，这些国家电商规模均超过1740亿美元，增长49%。到2025年，东南亚国家电子商务交易额将超过3630亿美元。[①]

---

① Google，TEMASEK，Bain & Company（2020）.“E-Conomy SEA Report 2020”；Google，TEMASEK，Bain & Company（2021）.“*E-Conomy SEA Report 2021*”.

2021 年，印尼电子商务交易额为 401 万亿盾（增长 31.2%），数字银行交易额达 39841.4 万亿盾（增长 45.64%），2022 年预计分别达 526 万亿盾和 49733.8 万亿盾。[①] 到 2025 年，印尼数字经济的增加值将达 1700 万亿盾，到 2030 年数字经济规模将增至 4531 万亿盾。其中，电子商务预计为 1900 万亿盾，企业对企业预计为 763 万亿盾，在线旅游预计为 575 万亿盾，卫生技术预计为 471.6 万亿盾，网约服务和金融科技预计均为 401 万亿盾。[②]

2020 年，越南电子商务交易额达到 118 亿美元，增长 18%。目前，越南的互联网用户总数为 6817 万人，相当于越南总人口的 70%，其中 50%的越南消费者进行网上购物，53%的网购使用电子钱包和网上支付方式。[③] 越南政府提出，到 2025 年，在线购物的人口达 55%，每人年均在线购物和在线服务价值达 600 美元，企业与消费者间的商务模式营业收入达 350 亿美元，电商服务中无现金支付占 50%，物流配送费用占 10%，80%的电商网站设有在线订购功能，50%的中小企业参加电子商务平台上的经营活动，40%的企业参与移动应用程序电商活动，70%的公用服务供应商与消费者签订电子合同。[④]

（四）东南亚逐渐步入数字金融时代

2019 年 8 月，新加坡金融管理局宣布正式开放数字银行执照申请，发放了 5 张数字银行执照，其中包括 2 张全面数字银行执照和 3 张批发数字银行执照。2020 年 12 月，新加坡金融管理局宣布 Grab-Singtel 财团和 SEA 集团获得全面数字银行执照，蚂蚁金服和绿地金融获得批发数字银行执照，这标志着新加坡步入数字金融时代。继新加坡之后，马来西亚政府将颁发 5 个数字银行执照，由此成为第二个设立数字银行的东盟国家。2019 年 3 月，马来西亚中央银行首次发布了数字银行框架，次年 3 月又发布了数字银行框架的更新版征求意见稿。2019 年 10 月 25 日，马来西亚首家数字银行——中国建设银

① 《今年电子商务交易额或达 526 万亿盾》，印尼《国际日报》2022 年 1 月 29 日。

② 《贸长称我国数字经济潜能巨大》，印尼《国际日报》2021 年 6 月 12 日。

③ 《越南电子商务交易额预计远超去年 118 亿美元的大关》，越通社，2021 年 11 月 7 日。

④ 《越南电子商务发展计划（2021—2025 年）》，越通社，2021 年 8 月 6 日。

行纳闽分行在马来西亚纳闽开业，该分行获得了马来西亚首张数字银行执照。同时，马来西亚大力推广电子钱包，并于 2019 年底宣布实施 e-Tunai Rakyat 计划，旨在促进国内消费者和企业对电子钱包和数字支付的使用。政府主权财富基金国库控股选择了 GrabPay、Boost 和 Touch'n Go eWallet 三大电子钱包服务提供商共同为该计划构建支付平台，该支付平台于 2020 年 1 月正式启动。2021 年 10 月，印尼金融服务管理局（OJK）推出银行业数字化转型蓝图，提供数据、技术、风险管理、协作和制度安排 5 个方面的指导方针。2022 年 1 月，越南政府出台了《2025 年越南银行业数字化转型规划及 2030 年远景展望》，提出进一步完善银行间电子支付系统，提供安全便捷的数字化产品和服务。

（五）东盟国家电子政务建设初见成效

2020 年，联合国经济和社会事务部发布电子政务调查报告，通过电子政务发展指数（EGDI）评估世界各国电子政务的发展状况。电子政务发展指数通过在线服务（Online Service）、电信基础设施（Telecommunications Infrastructure）和人力资本（Human Capital）三大分指数对 193 个国家的电子政务发展水平进行调查评估。该报告数据显示，新加坡电子政务发展指数列世界第 11 位，马来西亚列第 47 位，泰国列第 57 位，文莱列第 60 位，菲律宾列第 77 位，越南列第 86 位，印尼列第 88 位，柬埔寨、东帝汶、缅甸和老挝分别列第 124、第 134、第 146 和第 167 位（见表 2）。其中，新加坡电子政务发展水平处于全球领先地位，2018 年新加坡制定了数字政府蓝图，实现了跨部门的一站式电子政务服务，并为公民创建了数字服务平台；越南公布了 2021~2025 年电子政务发展战略，提出完善法律环境、发展数字基础设施、发展数字平台和国家数据系统、发展国家应用程序和服务以及保障国家网络安全五大核心任务，在各部委和行业建设服务于数字政府的数据中心、在线公共服务等，计划到 2025 年电子政务发展指数进入世界前 50 名。①

① 《2021—2025 年走向数字政府的电子政务发展战略》，越通社，2021 年 7 月 3 日。

2021年12月，越南国家公共服务网正式开通，可向全国63个省市提供5项服务。2022年3月，泰国政府批准中央政务云计划，2023~2025年3年预算支出达62.16亿泰铢。

表2　2020年东南亚国家电子政务发展指数排名及其分指数

	电子政务发展指数世界排名	电子政务发展指数	在线服务指数	电信基础设施指数	人力资本指数
文莱	60	0.7389	0.6353	0.8209	0.7605
柬埔寨	124	0.5113	0.4529	0.5466	0.5344
印尼	88	0.6612	0.6824	0.5669	0.7342
老挝	167	0.3288	0.1941	0.2383	0.5539
马来西亚	47	0.7892	0.8529	0.7634	0.7513
缅甸	146	0.4316	0.2588	0.5234	0.5125
菲律宾	77	0.6892	0.7294	0.5838	0.7544
新加坡	11	0.915	0.9647	0.8899	0.8904
泰国	57	0.7565	0.7941	0.7004	0.7751
东帝汶	134	0.4649	0.4412	0.3935	0.5599
越南	86	0.6667	0.6529	0.6694	0.6779

资料来源：根据 *2020 UN E-Government Survey* 数据编制。

结　语

在新的工业革命浪潮中，数字经济是“工业4.0”的本质特征，数字技术促进产业数字化和数字产业化。东南亚国家高度重视数字化转型，推出了数字一体化的总体规划及其行动计划，致力于构建数字共同体，实现区域数字一体化。跨入数字经济时代，数字经济是东南亚后疫情时期复苏和未来经济增长的新引擎，数字化将推动面向“工业4.0”的产业转型，也是实现区域互联互通和构建东盟共同体三大支柱的技术支撑。

近年来，东南亚国家纷纷推出数字化转型战略与政策，《东盟数字一体化框架》《东盟数字总体规划2025》《东盟第四次工业革命的综合战略》是区域数字化转型的纲领性文件，各国在此基础上辅以其他具体行动计划。与之相应，各国也相继出台了国家、产业和企业层面的数字化转型规划与政策，如马来西亚数字计划和数字经济蓝图、新加坡“智慧国家”十年计划、越南国家数字化转型计划、柬埔寨数字经济和数字社会政策框架、马来西亚数字贸易计划、新加坡产业转型计划、新加坡中小企业数字化计划、越南中小企业数字化转型扶持计划等。各国注重数字基础设施的建设，推广电子商务、数字金融和电子政务，致力于构建数字经济、数字社会和数字政府。尽管东南亚各国数字经济发展取得了一定的成效，但各国仍面临数字基础设施相对落后、技术条件准备不足、科技投入较少、专业人才匮乏、数字鸿沟加深等诸多问题。

东南亚是我国最重要的周边地区之一，也是共建“一带一路”的优先方向，东南亚数字经济的发展为中国与东盟数字合作提供了广阔的空间。目前，中国与东南亚数字领域的合作方兴未艾。2020 年是“中国—东盟数字经济合作年”，双方发布了《中国—东盟关于建立数字经济合作伙伴关系的倡议》。2021 年，中国提出加快制订《关于落实中国—东盟数字经济合作伙伴关系的行动计划（2021—2025）》。因此，在中国—东盟数字合作框架下，我国必须促进双边数字化转型的战略对接，健全现有数字合作的机制与平台；进一步拓展数字基础设施、电子商务、数字金融、电子政务、数字人才等领域的合作，积极参与东盟智慧城市网络建设，扩大网络安全和数字治理的务实合作；加强区域数字连通性，培育新的数字合作增长点，支持中小微企业数字能力建设，缩小区域内“数字鸿沟”，为区域持续发展与合作注入新活力。

参考文献

ASEAN Secretariat（2018）. *ASEAN Digital Integration Framework*. Jakarta：ASEAN Secretariat.

ASEAN Secretariat (2018). *ASEAN Smart Cities Framework*. Jakarta: ASEAN Secretariat.

ASEAN Secretariat (2019). *ASEAN Agreement on Electronic Commerce*. Jakarta: ASEAN Secretariat.

ASEAN Secretariat (2021). *ASEAN Digital Masterplan 2025*. Jakarta: ASEAN Secretariat.

Cassey Lee, Elleen Lee (2021). *E-Commerce, Competition and ASEAN Economic Integration*. Jakarta: ASEAN Secretariat.

ERIA (2019). *Study on MSMEs Participation in the Digital Economy in ASEAN: Nurturing ASEAN MSMEs to Embrace Digital Adoption*. Jakarta: Economic Research Institute for ASEAN and East Asia.

ERIA (2020). *E-Commerce Connectivity in ASEAN*. Jakarta: Economic Research Institute for ASEAN and East Asia.

Lurong Chen and Fukunari Kimura (2019). *Developing the Digital Economy in ASEAN*. Routledge.

UNCTAD (2019). *Digital Economy Report 2019: Value Creation and Capture: Implications for Developing Countries*. New York: UNCTAD.

UNCTAD (2021). *Digital Economy Report 2021: Cross-border Data Flows and Development: For Whom the Data Flow*. New York: UNCTAD.

UNCTAD (2022). *Digital MNEs are Growing at Breakneck Speed*. Investment Trends Monitor, 2022, April.

UNDESA (2020). *E-Government Survey 2020: Digital Government in the Decade of Action for Sustainable Development*. New York: UNCTAD.

USAID, US-ASEAN Connect (2021). *ASEAN Digital Integration Index Report 2021*. https://asean.org/book/asean-digital-integration-index-report-2021.

B.14
东南亚数字基础设施建设方兴未艾

王 岩　张雅冬*

摘　要： 数字化时代，东南亚国家纷纷制定数字化转型战略，数字基础设施建设方兴未艾。各国均将数字基础设施建设作为国家数字化转型的战略焦点。数字基础设施建设以政府为主导，吸引私营部门和外资参与，强调区域合作。近年来，东南亚数字基础设施建设取得明显的进展，推动数字经济的快速发展，使其成为拉动经济增长和促进产业升级的新引擎，并展现出广阔的发展前景。

关键词： 数字基础设施　数字化转型　智慧城市　东南亚

在全球数字化的时代浪潮中，世界各国加快了数字化转型的进程，数字基础设施建设全面展开，数字基础设施的完善成为国家数字化转型的先决条件，也是国家核心竞争力提升的重要标志。近年来，作为迅速崛起的新兴经济体，东南亚国家积极实施数字化转型战略，大力兴建数字基础设施，取得了明显的进展，展现广阔的前景。

一　数字基础设施建设的动因

所谓数字基础设施，是指以数字经济为特征的新一代信息基础设施，涵

* 王岩，经济学博士，厦门大学国际关系学院/南洋研究院教授，博士生导师；张雅冬，中国中金公司财富证券有限公司天津分公司高级投资经理。

盖 5G 互联网、大数据中心、人工智能、工业互联网等数字化基础设施及其配套设施，也包括通过数字化和智能化改造的传统基础设施。当前，发达国家和新兴经济体大力推进数字基础设施建设，美国将基础设施重建计划的重点置于数字基础设施的建设，欧盟提出高速、可靠和强大的数字基础设施是数字化的关键基石，德国的数字化战略将建设数字化基础设施作为五大行动之一，日本的“数字日本创新计划”旨在建立世界领先的数字基础设施，中国、印度、俄罗斯、巴西等国家也加入数字基础设施建设的浪潮中。

在这一国际背景下，东南亚国家纷纷制定数字发展战略，将数字基础设施建设作为战略重点，实施产业倾斜政策，大力兴建数字基础设施。2018 年 4 月，印尼政府公布了“工业 4.0”路线图，确定了在“工业 4.0”框架下数字经济发展的战略目标、重点产业和优先步骤，将扩大数字基础设施建设作为首要任务，并加快国家数据中心的整合。马来西亚政府推出数字计划（My Digital）和数字经济蓝图，提出兴建数字基础设施，建设包容性的数字社会，营造具有安全保障的数字环境。2021~2025 年，马来西亚政府将与私营部门合作，投资 280 亿林吉特以加强数字基础设施建设，拨款 216 亿林吉特落实国家光纤与连接计划（NFCP）。泰国政府成立了国家 5G 网络发展委员会，制定国家 5G 网络建设蓝图，对 5G 网络三期建设进行了规划，提出打造东部经济走廊（EEC）和各府建成智慧城市的目标，推出 5G 网络基础设施共享的鼓励措施，计划到 2027 年实现 5G 网络全覆盖。越南政府出台了《2025 年国家数字化转型计划及 2030 年发展方向》，将数字基础设施作为国家数字化转型的关键。该计划提出加强宽带基础设施建设，升级 4G 网络，推出 5G 网络，扩展国内互联网连接，发展物联网基础设施，到 2025 年光纤网络基础设施覆盖全国 80%以上的家庭和 100%的社区。

近年来，东南亚数字基础设施建设推动了数字经济的快速发展，成为拉动东南亚国家经济增长的新引擎。各国数字基础设施建设带动 5G、大数据、人工智能、工业互联网等新一代信息技术的创新发展，为数字供应链、创新链和产业链建设提供更有效的服务供给，带动新材料、新器件、新工艺和新技术的研发应用，为新技术、新产业和新业态的商业化提供支撑。此外，数字基础设施和传统产业的融合，促进了制造业、农业和服务业的技术改造与设备更新，推动传统产业的技术升级，并引导公共服务设施的数字化转型。世界银行的研究报告显示，发达国家宽带普及率每增加 10%，GDP 就会增长 1.21 个百分点，宽带普及率对低收入和中等收入国家的 GDP 影响更大，约为 1.38 个百分点。① 2021 年，东南亚主要国家（印尼、马来西亚、菲律宾、新加坡、泰国和越南）的互联网普及率达 75%，用户总数约 4.4 亿人，其数字经济规模达 1700 亿美元。到 2025 年，东南亚国家数字经济规模预计将超过 3600 亿美元，2030 年将达到 1 万亿美元。② 其中，到 2025 年印尼数字经济规模预计将占 GDP 的 19%，马来西亚将占 25.5%，泰国将占 30%，越南将占 20%。

在全球疫情的背景下，东南亚国家普遍陷入严重的经济衰退，但各国的数字经济悄然兴起，并成为促进经济复苏的新动力。东南亚国家陆续建成的数字基础设施发挥了强大的功能，推动线上购物、食品外卖、数字支付等数字服务消费大幅增长，企业数字化转型加速，助力国内经济的复苏。2021 年，东南亚主要国家新增互联网用户 4000 万人，互联网用户达 4.4 亿人，已有 75%的人口接入互联网，疫情后新增了 6000 万数字消费者。2020 年东南亚电商规模为 620 亿美元，增长 63%；2022 年电商规模达 1740 亿美元，增长 49%。③

二　东南亚数字基础设施的特点

尽管东南亚国家资源禀赋不同，原有基础设施水平差距大，数字化转型进展不一，但各国在数字基础设施建设方面面临的内外形势、制订的战略目

① World Bank（2009）. *Information and Communications for Development 2009*: *Extending Reach and Increasing Impact*. Washington, D. C.: World Bank. p. 45.

② Google, TEMASEK, Bain & Company（2021）. "E-Conomy SEA Report 2021: Roaring 20s: The SEA Digital Decade." https://www.temasek.com.sg/en/news-and-resources/subscribe/google-temasek-e-conomy-sea-2021.

③ Google, TEMASEK, Bain & Company（2021）. "E-Conomy SEA Report 2021: Roaring 20s: The SEA Digital Decade." https://www.temasek.com.sg/en/news-and-resources/subscribe/google-temasek-e-conomy-sea-2021.

标、参与主体和区域环境相近，因而各国建设进程呈现共同的特点。各国均将数字基础设施作为国家数字化转型的战略焦点，数字基础设施建设以政府为主导，吸引私营部门和外资参与，强调数字基础设施建设的区域合作。

（一）数字基础设施是东南亚数字化转型的战略焦点

在全球工业革命的浪潮中，各国加速推进数字化转型，从零散的数字解决方案过渡到整体的数字基础设施建设规划，数字基础设施建设成为数字化转型的核心，进而促进经济与社会领域的普遍数字化。当今世界，数字基础设施的完善成为国家数字化转型的先决条件，是构建数字经济、数字社会和数字政府的重要支撑，数字基础设施的建设水平成为衡量国家核心竞争力的重要标志。

长期以来，东南亚国家（除新加坡等少数国家）整体基础设施建设相对滞后，且相互之间差距较大，尤其是信息通信基础设施。2017 年，国际电信联盟（ITU）发布了世界各国和地区信息通信发展指数（ICT Development Index）排名，该排名根据信息通信（ICT）接入指数、ICT 使用指数和 ICT 技能指数三大指数及 11 个细分指标计算。在参与排名的 176 个国家和地区中，东南亚仅有 4 国位列前 100，其中新加坡排名第 18 位，文莱排名第 53 位，马来西亚排名第 63 位，泰国排名第 78 位，菲律宾排名第 101 位，越南排名第 108 位，印尼排名第 111 位，东帝汶排名第 122 位，柬埔寨排名第 128 位，缅甸排名第 135 位，老挝排名第 144 位。① 东南亚国家信息通信基础设施相对落后且差距甚大，严重阻碍了东南亚国家的数字基础设施建设和数字化转型。

作为东南亚区域组织，东盟提出卓越的电信基础设施是所有数字化转型的核心，但基于各国发展水平的差异，东盟期望所有成员国以相同级别投资于联通性改进是不现实的。因此，东盟提出了关于数字基础设施建设的九项行动，涵盖基础设施的投资、建设、应用全流程，鼓励信息通信技术领域的

① International Telecommunication Union (2017). *Measuring the Information Society Report 2017*. Geneva: ITU. p. 31.

外来投资，扩大数字基础设施覆盖范围，提升固定和移动宽带基础设施质量。[①] 同时，东南亚各国加快了国家数字化转型的步伐，将数字基础设施建设置于重要的战略地位。2021 年，马来西亚推出第十二个五年计划，提出为了创造有利的数字经济增长环境，政府将与私营部门合作，加强数字基础设施建设；新加坡提出以数字基础设施的政策规则与标准、研究与创新、人才培养为重点，打造新一代数字产业的增长引擎，构建世界领先的数字经济体；2020 年，越南出台国家数字化转型计划，越共十三大确定了数字化转型是国家经济发展的动力，该国政府成立了国家数字化转型委员会，提出到 2030 年越南普及光纤宽带和 5G 移动网络服务，使越南数字化转型程度跻身东南亚前 3 名和世界前 50 名。[②]

（二）数字基础设施建设以政府为主导，吸引私人部门参与

数字基础设施是以数字技术为主要应用的新型基础设施，涵盖 5G 互联网、数据中心、人工智能、工业互联网等领域，具有科技含量高、资金投入大、建设周期长、技术更新快、投资风险高等特点。在数字基础设施建设的初期，以政府部门的投入为主，私营部门较少参与。随着技术开发的相对成熟、应用场景的相对明确，私营部门的投入会逐渐加大。

长期以来，东南亚基础设施投资相对不足，虽然许多国家认同将基础设施的政府支出设定为占 GDP 比重的 5%，但不少国家远未达到这一指标，甚至仅占 GDP 比重的 1%~2%。[③] 在数字化转型的起步阶段，东南亚国家政府承担了数字基础设施建设的主要职能，许多国家制订了数字基础设施建设规划，加大数字基础设施项目的投入，提高政府的支出比重。2020~2024 年，印尼的数字基础设施投资预计为 6445 万亿盾，其中政府承担 2385 万亿盾（占 37%），国有企业承担 1353 万亿盾（占 21%），私营部门承担 2706 万亿

① ASEAN Secretariat（2021）. *ASEAN Digital Masterplan 2025*. Jakarta：ASEAN Secretariat.

② 《越南数字化转型愿景》，越通社，2022 年 2 月 6 日。

③ ASEAN. “An Intelligence Report.” *Infrastructure Investor*, April 2013（PEI Ltd.）, p5.

盾（占42%）;[①] 马来西亚出台了数字计划（My Digital）和数字经济蓝图，提出到2025年吸引700亿林吉特的国内外数字领域投资；2017年，菲律宾推出了“大建特建”基础设施建设计划，6年间投资8.4万亿比索，政府的目标是将公共基础设施支出占GDP的比重从2012年的2%提高到2017年的5.3%，到2022年升至7.4%。[②]

在数字基础设施建设中，东南亚国家国有信息通信运营商占有重要的地位。印尼最大的移动运营商Telkomsel，政府持股51.19%，该公司于2021年5月推出了商用5G移动服务；2021年3月，马来西亚政府成立国家数码公司，采用单一批发网络的方式，独立负责5G网络的基础建设，后来政府允许6家公司（明讯、U Mobile、Celcom Axiata、数码网络、杨忠礼通讯和马电讯）经营5G服务，并持有国家数码公司70%的股权；新加坡电信公司（SingTel）是新加坡国内最大的电信运营商，也是新加坡政府控股的全资公司，该公司是新加坡两个独立的5G运营商之一，其从2021年起推出独立5G电信网络；越南军队电信集团（Viettel）是越南规模最大的信息通信集团，也是全球十五大电信运营商之一，其掌控着越南终端设备、接入网和核心网等电信网络基础设施的研发，在越南信息通信产业中起到引领作用。

（三）引进外资促进数字基础设施建设

由于东南亚信息通信产业发展滞后，当地企业缺乏产业核心技术，各国数字基础设施建设大多依靠外资，利用信息通信跨国公司的资本与技术，通过BOT（建设—经营—转让）、TOT（移交—经营—移交）模式引进外资，与当地国有企业或私营企业共同进行数字基础设施建设。目前，东南亚5G基站、大数据中心、人工智能、智慧城市等数字基础设施建设项目均与外资密切相关。

东南亚国家的5G基础设施、大数据中心等绝大多数依靠非本国跨国公司的资本与技术进行营运。菲律宾两大电信运营商环球电信和PLDT公司均

① 《印尼基础设施建设需6445万亿盾》，印尼《国际日报》2021年3月25日。

② 《菲律宾78%基建项目由政府出资》，《菲律宾商报》2018年2月15日。

使用华为公司提供的核心设备和5G商用网络服务，同时菲律宾第三大电信运营商DITO与华为等公司共同启动5G基站项目的建设；泰国是东南亚较早开展5G业务的国家，其国内的电信运营商主要与中国的华为、中兴通讯公司合作；新加坡将瑞典爱立信（Ericsson）、芬兰诺基亚公司（Nokia）作为合作方，建立5G基础架构，新加坡国内的大型云服务商和托管业务发展商主要是世界著名的跨国公司，如亚马逊、阿里、微软和谷歌等；马来西亚国家数码公司与瑞典爱立信公司合作，委托该公司负责设计、建设与营运5G网络的基础设施，除此之外，微软、AIMS Data Centre、Vertiv、PCCW和G3 Global等公司在马来西亚数据中心市场占有重要地位；印尼国有移动运营商Telkomsel与中兴通讯公司签署5G商业合作谅解备忘录，推出5G服务；越南主要与爱立信和诺基亚两家公司共同进行5G网络建设，其中爱立信、诺基亚公司分别在河内和胡志明市建设5G基站。

此外，在东南亚智慧城市网络建设中，多数国家主要通过引进外资开展城市的信息化和智能化建设。目前，日本大约有200多家企业参与东南亚国家26个城市的智慧城市建设项目，包括越南的河内和岘港、缅甸的曼德勒、马来西亚的亚庇、印尼的雅加达、菲律宾的新克拉克城等城市。其中，越南最大的智慧城市项目由日本住友集团与越南BRG集团合作开发，总投资达42亿美元，占地272公顷，于2019年10月动工，计划2028年全部竣工。

（四）加强数字基础设施建设的区域合作

东盟高度重视区域基础设施互联互通，制定和实施区域基础设施互联互通战略规划，其中将数字基础设施建设作为重点领域。东盟相继颁布了《东盟信息通信总体规划》《东盟数字一体化框架》《东盟数字总体规划2025》《东盟基础设施生产力提升框架》《东盟智慧城市框架》等中长期规划，这些规划均将数字基础设施建设置于优先发展的位置。

2011年1月和2016年6月，东盟分别公布了《2015年东盟信息通信总体规划》和《2020年东盟信息通信总体规划》，确定了未来10年东盟信息通信发展的战略目标、实现路径和时间表，前者提出到2020年信息通信要成为东盟区域经济增长的引擎，东盟要成为全球信息通信的技术枢纽，为提升各国人民生活质量、推进区域一体化做出贡献；[①] 后者提出到2025年要建成东盟信息通信单一市场，推动安全、可持续和变革性的数字经济发展，以建立创新、包容和一体化的共同体。《2020年东盟信息通信总体规划》提出未来5年信息通信的八大重点战略领域，具体实施措施包括：促进信息通信产业的投资，降低区域语音、短信和数据漫游费用，协调电信规则，制定区内频谱管理合作准则，促进信息通信设备和产品市场开放，加速信息通信产品与服务的区内自由流动。[②]

2018年，东盟颁布了《东盟数字一体化框架》，该框架确定了6个中期重点领域，其中第一大领域就是通过加强基础设施建设、推出便利的贸易政策、促进“无缝物流”等推动无缝贸易。[③] 2019年，东盟制定了《〈东盟数字一体化框架〉行动计划2019—2025》，根据《东盟数字一体化框架》的六大重点领域，确定具体行动计划的预期目标、完成时间和实施机构。在数字基础设施方面，该行动计划提出全面实施东盟单一窗口系统，推动东盟全覆盖的自认证，安排“经认证的经营者”（AEO）互认，实现全地区宽带基础设施覆盖，简化电子商务陆运或空运货物的海关程序，等等。[④]

2020年，东盟制定了《东盟基础设施生产力提升框架》，旨在提升区域基础设施生产力，推动建立更具竞争力、更有韧性和更紧密互联的共同体。该框架提出东盟基础设施生产力提升的十大趋势，包括基础设施的建设步伐加快，基础设施建设对数据依赖的增加，政府在基础设施规划中发挥主导作用，技术带来机会和风险，采用替代性融资结构，引入私人投资，提高现有资产的收益，避免过度支出，增强基础设施投资的韧性和灵活性，重大项目监管日趋成熟，等等。同时，该框架规定了项目确定、准

① ASEAN Secretariat（2011）. *ASEAN ICT Masterplan 2015*. Jakarta：ASEAN Secretariat.

② ASEAN Secretariat（2016）. *ASEAN ICT Masterplan 2020*. Jakarta：ASEAN Secretariat.

③ ASEAN Secretariat（2018）. *ASEAN Digital Integration Framework*. Jakarta：ASEAN Secretariat.

④ ASEAN Secretariat（2019）. *ASEAN Digital Integration Framework Action Plan*（*2019 - 2025*）. Jakarta：ASEAN Secretariat.

备、采购、建设和运作等阶段的 7 项工作流程，并提供了帮助该框架实施的两个工具包。①

2021 年 1 月，东盟推出《东盟数字总体规划 2025》，该规划指导东盟数字化发展的纲领性文件。规划明确提出将东盟建设成一个由数字服务、技术和生态系统驱动的先进数字共同体，并设定 8 项预期目标。其中包括提升固定和移动宽带基础设施的质量和覆盖率，具体措施涵盖通信基础设施的投资、建设、应用全流程；提出鼓励外来投资投向数字和信息通信技术领域；扩大基础设施覆盖范围，实现农村的数字联通；建设先进的国际光纤连接，确保高效的国际互联网连接；等等。②

目前，东南亚数字基础设施的区域合作相继展开。2018 年初，“东盟单一窗口”（ASW）正式运行，该系统整合了区域内不同国家的单一窗口系统，实现成员国之间贸易相关文件的电子交换，包括使用 ATIGA 电子原产地证书（ATIGA e-Form D）和交换东盟海关申报单。2020 年 11 月，东盟海关跨境系统（ACTS）开始营运，通过该系统贸易商只需办理一次海关申报手续就可实现在成员国之间自由运输货物。2020 年 11 月，东盟智慧物流网络（ASLN）正式启动，该网络首个项目——越南永福省集装箱堆场（ICD）物流中心项目动工。

三　东南亚数字基础设施建设的进展

在全球数字化时代，东南亚国家纷纷推出数字化转型战略与政策，各国均注重数字基础设施的建设，推进移动互联网建设与普及，加快引进 5G 技术，兴建大数据中心，规划人工智能方案，创建智慧城市，并取得不同的进展。

（一）第五代移动通信技术

“5G”（第五代移动通信技术）是移动通信技术发展的里程碑，也是社

① ASEAN Secretariat（2020）. *Framework for Improving ASEAN Infrastructure Productivity*. Jakarta：ASEAN Secretariat.

② ASEAN Secretariat（2021）. *ASEAN Digital Masterplan 2025*. Jakarta：ASEAN Secretariat.

会经济数字化转型的关键基础设施。A. T. Kearney 的报告分析，东南亚国家 5G 用户综合市场的发展潜力巨大，到 2025 年 5G 在该地区主要国家的渗透率将达到 25%~40%，5G 用户数量将超过 2 亿人。[①] 在东南亚国家中，菲律宾、泰国、新加坡、印尼、马来西亚和越南的 5G 发展较快。

菲律宾是较早开通 5G 网络的东南亚国家，国内两大电信运营商环球电信（Globe）和 PLDT 公司均使用华为技术，由华为公司为其提供核心设备和 5G 商用网络服务。2019 年 9 月，菲律宾第三大电信运营商 DITO 与中国华为等公司合作启动 5G 基站项目的建设，5G 基站分布于马尼拉首都区和北吕宋地区。2019 年 12 月该项目首座基站基础通过施工验收，2020 年 1 月首个绿地站完成铁塔组立，项目计划在菲律宾全境建设 1.2 万个基站，随后每年保持 2000~3000 个的基站建设量。

2020 年 3 月，泰国率先推出 5G 业务，由泰国国内电信运营商和华为泰国公司合作探索 5G 在行业内的应用。泰国国内最大移动运营商 AIS 通信公司投资 450 亿泰铢，用于东部经济走廊（EEC）5G 服务的建立，并计划投资 35~40 亿泰铢用于数字基础设施的建设和应用。2020 年，泰国第二大电信运营商 True 通信公司与中兴通讯公司签署 5G 商用合同，将采用中兴通讯 5G 全系列产品与服务，在泰国建设 5G 商用网络。近期，泰国国家 5G 网络建设的试点成果包括建立数字农业化试点、智能医院试点和公共卫生服务试点。[②]

2020 年 6 月，新加坡信息通信媒体发展管理局（IMDA）颁发了两个全国性 5G 许可证，其中新加坡电信公司（SingTel）选择爱立信作为合作方，星和（StarHub）与第一通（M1）两家电信公司选择与诺基亚合作建立 5G 基础架构，分别开始 5G 网络的全面部署，目标是到 2022 年底 5G 网络覆盖国土面积的一半，到 2025 年底覆盖整个国家。新加坡政府为此提供 4000 万新元的资金，并通过展示移动设施、智能房产和海上基站等 5G 案例推动 5G

---

① A. T. Kearney（2019）. *5G in ASEAN：Reigniting Growth in Enterprise and Consumer Markets.*

② 《总理主持会议敲定泰国 5G 网络发展大计》，泰国《星暹日报》2020 年 8 月 17 日。

的开发与应用。

2021 年 5 月，印尼国有移动运营商 Telkomsel 公司推出了 5G 服务，Telkomsel 和 Indosat 两家移动运营商使用不同频率，在雅加达、泗水、梭罗和锡江等城市提供 5G 网络服务，XL Axiata 等其他运营商也已获得运营证书，但尚未推出相关服务。2022 年，印尼通信与资讯部公布了 5G 网络的发展目标，计划到 2022 年底将 5G 网络扩展到爪哇岛的 6 个省会城市、5 个优先旅游目的地（北苏门答腊的多巴湖、中爪哇的婆罗浮屠、西努省的曼达利卡、东努省的拉布安巴佐和北苏拉威西的利库邦）和 1 个工业区。①

马来西亚提出将大力开发 5G 网络，并成为 5G 发展领域的先进国家。2020 年，马来西亚政府公布数字基础设施建设计划，拟分为 3 个阶段推进 5G 服务应用和基站建设，第一阶段为优先考虑升级宽带和 4G 网络时期，第二阶段为向 5G 过渡时期，第三阶段为从 2022 年开始进入 5G 建设时代。② 2021 年 2 月，马来西亚政府表示，将提前一年即于 2021 年底推出 5G 服务，并将在未来 10 年投资 150 亿林吉特用于 5G 网络建设。2021 年 7 月，马来西亚国家数码公司宣布，将与瑞典爱立信公司签署总额 110 亿林吉特的合约，委托爱立信负责设计、建设与营运 5G 网络的基础设施，争取在 2024 年将 5G 网络覆盖全国 80%的人口。

越南主要是与爱立信和诺基亚两家公司合作进行 5G 网络建设，其中爱立信在河内建设 5G 基站，而诺基亚在胡志明市建设 5G 基站。2021 年，越南拥有 7090 万个移动宽带用户和 1879 万个固定宽带用户。虽然越南 Viettel 公司已自主研发 5G 设备，但事实上其 5G 系统是从爱立信和诺基亚等公司引入核心系统及相关部件后，再进行组装的系统，与掌握核心技术的公司相比，该公司能够提供的设备和通信技术服务依然处于行业较低水平。

---

① 《通信与资讯部年内开放 5G 计划与目标》，印尼《国际日报》2022 年 1 月 18 日。

② "Malaysia pushes 5G back to 2022." https：//www. lightreading. com/asia/malaysia-pushes-5g-back-to-2022/d/d-id/763698.

（二）大数据中心

东南亚国家积极建设大数据中心，将其作为数字基础设施建设的重点领域，新加坡、泰国、马来西亚、印尼等已纷纷开展大数据中心建设。高纬环球（Cushman & Wakefield）的《2019 年数据中心研究报告》预测，2019~2024 年，东南亚国家主机托管（colocation）数据中心市场的年均增长率为 12.9%，高于其他市场。在世界最具竞争力的数据中心市场中，新加坡仅次于冰岛和挪威，居第 3 位，在亚洲居首位。①

由于具有地理优势和人才优势，且政局稳定、基础设施完善，新加坡在东南亚数据中心市场占有主导地位。2015 年，新加坡电信公司计划出资 2.85 亿美元打造该国最大的数据中心。该数据中心旨在满足金融服务业、政府机构以及云服务与网络服务供应商对托管的关键性需求，并吸引国际一流的云供应商，进一步巩固新加坡在云计算和云创新方面的中心地位。当前，新加坡拥有的大型云服务商主要包括亚马逊、阿里云、微软和谷歌等公司，托管业务的发展商有 Global Switch、Equinix、STT、Keppel、SingTel、AirTrunk、Telstra 和 NTT 等公司。2019 年 7 月中国移动国际有限公司（CMI）启动在新加坡自建自营的数据中心，2020 年 8 月 Zoom Video Communications 公司开设其在东南亚的首个数据中心，2020 年 12 月澳大利亚数据中心运营商 AirTrunk 公司开设新数据中心“SGP1”。

马来西亚的大数据中心建设进展较快，2019~2025 年该国数据中心市场预计将以年增长率 8%的速度增长，到 2025 年数据中心市场规模达 8 亿美元，数据中心市场累计投资额达 10 亿美元。② 目前，新加坡吉宝公司在柔佛州建立了数据中心，中国阿里云公司也在吉隆坡建设运营其数据中心，微软、AIMS Data Centre、Vertiv、PCCW 和 G3 Global 公司在马来西亚数据中心市场的投资与运营均取得新进展。2020 年 10 月，马来西亚 G3 Global

---

① 《新加坡连续第三年是亚洲最具竞争力数据中心》，新加坡《联合早报》2019 年 8 月 19 日。

② Arizton Advisory & Intelligence（2020）. *Malaysia Data Center Market-Investment Analysis and Growth Opportunities 2020-2025*.

Berhad 公司宣布将建设本国最大的超大规模数据中心，并与腾讯云公司签署了为期 10 年的协议。

印尼的数据中心市场颇具发展潜力，2019～2025 年印尼数据中心市场年增长率预计为 11%。目前，印尼最大的国有电信网络运营商 Telkom 及其子公司 PT Sigma Cipta Caraka 在当地建设和运营 11 个数据中心，其他运营商有 Telkomsigma、Equinix、XL Axiata、DCI Indonesia 等公司。同时，普林斯顿数字集团（Princeton Digital Group）收购 XL Axiata 印尼数据中心的多数股权，亚马逊网络服务（AWS）在印尼开通运营云计算中心，中国阿里云公司于 2018 年首次在该国设立数据中心后，现正对其数据中心进行大规模扩建。①

（三）人工智能

2017 年 5 月，新加坡发布了人工智能战略（AI Singapore），计划投资 1.5 亿美元，以增强人工智能的技术实力。2019 年 11 月，新加坡再次发布国家人工智能战略，政府拨款 3.7 亿美元，在智能市镇及邻里、交通物流、教育、医疗保健以及安全与保安五大领域，采用人工智能科技，促进经济转型和人民生活改善。在智能市镇及邻里领域，推出人工智能聊天机器人，引导居民正确反映社区问题；在交通物流领域，建立数据调度平台，规划和调度货车运输的最佳路线，优化物流流程，同时通过人工智能应用优化港口货运流程，到 2030 年扩展至空运和陆运业务；在教育领域，通过建设适应式学习系统，减轻教师大量、重复的劳动负担，使教师有更多时间和精力为学生提供个人化教育；在医疗保健领域，2022 年全面采用眼部病变分析仪，检测糖尿病患者常见眼疾，到 2025 年通过人工智能技术扫描糖尿病、高血压和高血脂患者的视网膜照片；在安全与保安领域，边境保安中采用人工智

① Research and Markets. “Indonesia Data Center Colocation Services Market Report 2020.” https://www.globenewswire.com/news-release/2021/01/04/2152452/0/en/Indonesia-Data-Center-Colocation-Services-Market-Report-2020.

能技术，并在2025年前建成全自动通关系统。[①] 目前，新加坡参与人工智能计划的企业超过300家，启动了60多个人工智能实验项目，还推出了人工智能“创客空间”。[②]

印尼、马来西亚和泰国纷纷制订了人工智能的发展规划，创建人工智能产业园。2020年8月，印尼政府公布了《2020—2045年人工智能发展蓝图》，除物联网、工业机器人、现实增强技术和增材制造外，人工智能是印尼重点关注的五大领域之一。人工智能聚焦于教育与研究、医疗服务、行政体制改革、粮食安全、机动性和智慧城市等领域。2022年2月，马来西亚出台“国家机器人技术路线图”（NRR），旨在将机器人的使用强度从2019年每万名工人55台机器人增至2030年的195台，以减少对外国劳工的依赖，提高国家生产力。此外，马来西亚G3 Global公司与中国港湾公司共建马来西亚首个人工智能产业园，泰国投资100亿泰铢建设首个“数字创新园”，打造泰国人工智能的聚集地。

2021年2月，越南政府公布了2030年人工智能研发和应用的国家战略，将人工智能作为推动国家数字化转型的关键技术之一。该战略提出力争到2030年跻身东南亚人工智能4强和世界50强，建立3个国家级大数据存储和高性能计算中心，实现数据中心系统与高性能计算中心对接，以创建一个大数据共享和人工智能计算服务网络。[③] 由此，Viettel、FPT、VNPT等越南大型企业纷纷进入人工智能的研发和应用领域。

（四）智慧城市

2018年，东南亚国家推出“智慧城市网络（ASCN）建设规划”，选定了包括新加坡、马尼拉、宿务、达沃、斯里巴加湾、曼谷、春武里府、普

---

① 《促进经济转型改善生活，我国在五大领域推动采用人工智能》，新加坡《联合早报》2019年11月14日。

② National Research Foundation. “Smart Nation and Digital Economy.” https://www.nrf.gov.sg/rie2025-plan/smart-nation-and-digital-economy.

③ 《越南关于人工智能的研发和应用国家战略出台》，越通社，2021年1月28日。

吉、外南梦、雅加达、望加锡、马德望、金边、暹粒、新山、亚庇、吉隆坡、古晋、琅勃拉邦、万象、曼德勒、内比都、仰光、河内、胡志明市和岘港在内的26个试点城市。

新加坡最早提出智慧城市建设的规划。2006年，新加坡颁布了“智慧国家2015”计划，提出到2015年通信行业价值实现翻番，达到260亿新元，该行业出口收入增长3倍，达到600亿新元，增加8万个工作岗位，使90%的家庭使用宽带，学龄儿童家庭电脑拥有率达到100%，这些目标均已提前实现。[①] 2014年，新加坡又公布了“智慧国家2025”10年计划，旨在实现新加坡的数字化转型，包括卫生、交通、教育、城市发展、金融等领域的变革，以适应数字化时代的发展。

泰国数字经济促进局（DEPA）制定了20年内建设100个智慧城市的目标，政府成立了国家智慧城市委员会。根据该计划，智慧城市包括经济、交通、能源、生活、人员、治理和环境七大指标。目前，曼谷、普吉岛、清迈和孔敬等城市已经开始了智慧城市建设进程。截至2020年5月，有意加入该计划的城市共有39个，获批的城市可以使用“泰国智慧城市”（Smart City Thailand）徽标，并可向政府投资促进委员会（BOI）申请优惠投资政策。2022年3月，政府通过了东部经济走廊（EEC）“智慧新城计划”，预计10年投资1.34万亿泰铢。[②]

2018年8月，越南政府公布了智慧城市总体规划，计划2025年前推进智慧城市试点工作，到2030年在河内、胡志明市、岘港和芹苴建成智慧城市网络中心。2019年10月，由越南BRG集团与日本住友集团合作的河内市东英县首个智慧城市项目正式动工，这是越南最大的智慧城市项目，该项目共分五期建设，预计于2028年全部竣工。该智慧城市将汇聚最先进的数字技术，承担首都河内市的经济、社会、交通、能源、教育和环境等城市管理与服务。[③]

---

① IDA. iN. *2015 Masterplan*. http://www.ida.gov.sg/Infocomm-Landscape/iN2015-Masterplan.aspx.

② 《泰国内阁批准EEC智慧新城项目》，泰国《中华日报》2022年3月23日。

③ 《智慧城市项目正式开工，政府总理阮春福出席》，越通社，2019年10月6日。

四 东南亚数字基础设施建设的前景

近年来，东南亚数字经济快速发展，该地区已成为世界上颇具规模和潜力的数字市场之一。2020 年，东南亚人口超过 6.6 亿，经济规模接近 3 万亿美元，进出口贸易额为 2.6 万亿美元，引进外国直接投资（FDI）为 1373 亿美元，是世界第四大进出口贸易地区，也是发展中国家吸引外资的热点地区。东南亚多数国家属于年轻型人口结构，数字经济的未来消费市场庞大，这为数字基础设施建设与应用提供了广阔的发展空间。

伴随着东南亚迈向数字时代，各国数字基础设施建设推动数字产业化和产业数字化，数字基础设施投资引发的乘数效应，使之成为驱动经济增长和产业转型的新引擎，而数字经济的快速发展又为数字基础设施建设与应用创造了巨大的市场需求。主要表现为：各国数字基础设施建设涵盖了 5G 互联网、数据中心、人工智能和工业互联网等多个领域，催生对数字基础设施和数字服务平台的投资需求，形成新的产业链和产业集群；数字技术推进传统产业转型升级，为各国工业、农业、交通、能源和服务等部门行业的转型升级赋予新动能，激发智能制造、新能源汽车、电子商务、数字金融、智慧旅游等领域的发展潜力；各国数字基础设施的建设促成新的商业模式和消费方式，各国运用数字技术手段，加速对商品生产、流通与销售过程的升级改造，构建数字化商品流通体系，形成新业态和新模式，促进新型消费蓬勃发展；东南亚智慧城市网络规划将带动数字基础设施建设，该规划涉及 26 个试点城市，为数字技术在城市规划与管理领域的应用提供了广阔的空间；东南亚国家大力推进政府数字化转型，建立国家数字数据中心，推行电子政务系统跨部门一站式服务，创建数字公共服务平台，公共部门对数字基础设施需求有所增加。

不过，由于数字基础设施以新一代信息通信技术为基础，资金投入大、科技含量高、建设周期长、技术更新迭代快、市场不确定因素多，东南亚数字基础设施建设仍面临资金、技术、标准、人才和数字鸿沟等一系列问题。

例如，数字基础设施建设初期，主要以政府部门的投入为主，但政府资金有限，而私营部门又缺乏投资意愿，使得数字基础设施建设资金匮乏；多数国家信息通信技术较为落后，主要依靠国外跨国公司的核心技术，自主研发和应用能力不足；数字基础设施建设技术更迭较快，国际上缺乏统一的技术标准，存在区域推广的难题；东南亚国家多数属于新兴国家，柬埔寨、老挝和缅甸仍是最不发达国家，这些国家的数字基础设施建设领域的中高端技术人才严重不足；各国发展水平差距大，城市化进程不一，区域内“数字鸿沟”较深，这也阻碍了数字基础设施建设的区域合作。

参考文献

ASEAN Secretariat (2011). *The ASEAN ICT Masterplan 2015*. Jakarta: ASEAN Secretariat.

ASEAN Secretariat (2016). *The ASEAN ICT Masterplan 2020*. Jakarta: ASEAN Secretariat.

ASEAN Secretariat (2018). *ASEAN Smart Cities Framework*. Jakarta: ASEAN Secretariat.

ASEAN Secretariat (2020). *Framework for Improving ASEAN Infrastructure Productivity*. Jakarta: ASEAN Secretariat.

ASEAN Secretariat (2021). *ASEAN Digital Masterplan 2025*. Jakarta: ASEAN Secretariat.

A. T. Kearney and Axiata (2015). "The ASEAN Digital Revolution." https://www.atkearney.com/documents/10192/7567195/ASEAN+Digital+Revolution.pdf.

Lurong Chen and Fukunari Kimura (2019). *Developing the Digital Economy in ASEAN*. Routledge.

MAS (2018). "The Promise of Digital Transformation in ASEAN." *MAS Macroeconomic Review*, April. 2018.

International Telecommunication Union (2017). *Measuring the Information Society Report 2017*.

World Bank (2009). *Information and Communications for Development 2009: Extending Reach and Increasing Impact*. Washington, D. C.: World Bank.

B.15 数字化对东盟国家参与全球价值链的影响

赵立斌　邢 楠*

摘　要： 全球跨入数字时代，数字经济逐渐成为世界经济增长的重要驱动力，数字化不仅推动了国际产业转移格局的深刻调整，也使基于产品内分工的全球价值链加速重构。研究显示，数字化对东盟国家制造业的前向参与度、位置指数具有显著正向影响，对后向参与度具有显著负向影响；数字化对低技术制造业前向参与度的正向影响最小，对中技术制造业影响次之，对高技术制造业的正向影响最大；数字化对低技术制造业后向参与度的负向影响最大，对高技术制造业影响次之，对中技术制造业影响不显著；数字化对低技术制造业位置指数的正向影响最大，对高技术制造业影响次之，对中技术制造业的正向影响不显著。

关键词： 东盟国家　数字化　全球价值链　产业转移

随着全球数字经济的迅速发展，国际产业分工格局发生了一系列变革，以跨国公司为主导的全球价值链正在加速重构。在新的国际政治经济形势下，作为全球价值链和区域生产网络的重要节点，东盟国家加快

* 赵立斌，经济学博士，河北大学经济学院副教授；邢楠，河北大学经济学院国际贸易学专业硕士研究生。

数字化转型的进程，试图通过数字化转型改变其在全球价值链中的地位。

一　引言

在新的国际经济和地缘政治背景下，全球价值链面临调整和重构，新冠肺炎疫情蔓延和数字经济发展的叠加效应，使全球价值链重构面临新的机遇和风险。跨国公司将加快调整全球经营战略和价值链分工格局，基于产品内分工的全球价值链正发生深刻变革，数字化将推动全球价值链向纵深方向发展，影响一国承接产业转移的层次。近年来，东盟国家数字经济迅速发展，各国试图通过数字化转型摆脱全球价值链分工的“低端锁定”，努力提升其在全球价值链中的分工地位。

目前，关于数字化对东盟国家参与全球价值链影响的研究较为匮乏，现有研究主要集中于数字化对全球价值链的正向影响和负向影响两个方面。关于正向影响的研究，从微观层面上看，新一轮工业革命正处于由导入期向拓展期演进的关键阶段，数字化、智能化作为技术革新的基础，不仅为经济发展提供契机，也在不断重塑企业价值链。① 邵婧婷对企业内部形成的生产网络进行了分析，详细阐述了数字化对企业内部生产网络的影响机制。② 沈玉良和金晓梅提出数字化会使更多产品、服务和群体嵌入生产网络，数字产品正在颠覆生产网络的分布体系和全球贸易利益分配格局，使全球生产网络更加错综复杂。③ 从宏观层面上看，田珍和葛顺奇提出数字技术的进步不仅使资本集中度进一步提升，还催生出更多新的生产方式与消费方式。④ 金晓梅

① Perez, Carlota (2010). “Technological Revolutions and Techno-economic Paradigms.” *Cambridge Journal of Economics*, No. 1, pp. 185-202.

② 邵婧婷：《数字化、智能化技术对企业价值链的重塑研究》，《经济纵横》2019年第9期。

③ 沈玉良、金晓梅：《数字产品、全球价值链与国际贸易规则》，《上海师范大学学报》（哲学社会科学版）2017年第1期。

④ 田珍、葛顺奇：《全球价值链背景下的数字经济与投资政策》，《国际经济合作》2017年第6期。

认为，随着数字产品成为国际贸易标的，传统制造业和服务业数字化程度进一步提高，全球价值链的运行效率也随之提升。[①] 韩剑等通过对经济合作与发展组织（OECD）中 57 个国家的相关经济指标进行统计分析发现，数字经济推动分工走向高度精细化，使各国参与全球价值链分工的程度加深，也拉近了生产端与服务端的距离，对各国全球价值链分工地位的提升产生了显著影响。[②]

关于负向影响的研究，裘莹和郭周明指出，中小企业由于难以负担参与高端生产网络的成本以及缺乏核心技术等，很难实现全球价值链地位的攀升，从而在价值链数字化过程中再次陷入低端困境。[③] 孙志燕和郑江淮发现，在微观层面，中小企业面临攀升困局，领先企业的垄断态势越发明显；在区域层面，生产网络数字化导致区域间功能分工碎片化加剧，生产网络的主导者可以在更大空间范围内细化生产网络分工，打造低成本和高收益的分工组合；在国家层面，发达国家所拥有的技术优势在生产网络数字化中逐步强化，“数字鸿沟”逐渐加深。[④] 徐金海和夏杰长指出，当前以欧美国家、日本等为代表的发达国家，为了进一步巩固和强化其在全球价值链中的主导权，采用众多举措提升其数字经济发展的战略定位。[⑤]

在新冠肺炎疫情冲击和数字化发展的双重影响下，全球价值链正在进行深刻调整与变革。崔日明和李丹认为，疫情过后各国会重新审视和布局各自的生产网络，缩短产业链和供应链，全球生产网络会呈现区域化、本土化的趋势，在此趋势的影响下，发达国家极有可能独立构建一个以数字、科技为核心的生

---

① 金晓梅：《数字产品、全球价值链与国际贸易规则》，《上海师范大学学报》（哲学社会科学版）2017 年第 1 期。

② 韩剑、冯帆、姜晓运：《互联网发展与全球价值链嵌入——基于 GVC 指数的跨国经验研究》，《南开经济研究》2018 年第 4 期。

③ 裘莹、郭周明：《数字经济推进中国中小企业价值链攀升的机制与政策研究》，《国际贸易》2019 年第 11 期。

④ 孙志燕、郑江淮：《全球价值链数字化转型与“功能分工陷阱”的跨越》，《改革》2020 年第 10 期。

⑤ 徐金海、夏杰长：《全球价值链视角的数字贸易发展：战略定位与中国路径》，《改革》2020 年第 5 期。

产网络，减少对其他地区生产网络的过度依赖。[①] 黄鹏和陈靓认为，全球价值链形态的改变必然会导致其布局的改变，但由于数字技术仍在快速更新、迭代和发展，而且不同技术的影响方向也不尽相同，因此全球价值链的演进态势目前尚不明朗。[②] 阳镇等认为，数字经济时代的全球价值链面临突出风险，全球生产网络分工环节的失衡与“数字鸿沟”会加剧世界经济不平等。[③]

现有研究主要集中于数字化对各国参与全球价值链影响的定性研究，且大多数研究从数字化促进一国制造业降低成本、提高效率和价值创新等角度入手，解释数字化对不同经济主体参与全球价值链的不均衡影响。作为迅速发展的数字经济体，东盟国家数字经济发展与其参与全球价值链的相关研究仍显不足，目前学界更缺乏关于数字化对东盟国家参与全球价值链分工模式、分工程度及分工地位的影响的定量研究。

二　数字化对东盟国家参与价值链的影响

随着新一代数字技术的迅猛发展，数字因素逐渐渗透社会经济各个领域，推动产品内分工不断细化，进而深刻影响各国参与全球价值链的分工模式和分工地位。全球价值链的延展和深化对国家之间的生产活动与中间产品贸易产生深刻影响，不仅使发达国家与发展中国家之间的经贸联系更加密切，同时为广大新兴国家融入全球经济提供了更多机遇，有效融入全球价值链逐渐成为发展中国家实现动能转换与经济转型的关键。[④] 与此同时，数字化水平的提高使复杂产品的跨国生产活动更为高效，也使各生产要素在全球

---

① 崔日明、李丹：《后疫情时代中国—东盟区域价值链的构建研究》，《广西大学学报》（哲学社会科学版）2020 年第 5 期。

② 黄鹏、陈靓：《数字经济全球化下的世界经济运行机制与规则构建：基于要素流动理论的视角》，《世界经济研究》2021 年第 3 期。

③ 阳镇、陈劲、李纪珍：《数字经济时代下的全球价值链：趋势、风险与应对》，《经济学家》2022 年第 2 期。

④ Gereffi Gary，Karina Fernandez Stark （2011）. “Global Value Chain Analysis：A Primer.” *Mimeo*，*Centeron Globalization*，*Governance and Competitiveness*，Duke University.

范围内的流动性进一步增强。产品的生产被拆分成研发、生产、加工、组装、销售等多个环节，由各国根据自身要素禀赋和比较优势进行分工生产，各国参与产品生产的环节朝着差异化方向发展。这种差异构成了国际产业转移的基础。在产业频繁互动的全球经济中，数字经济和数字技术的发展进一步加深了产品生产的碎片化程度，影响国际产业的转移流向和空间布局，同时深刻影响了新兴国家参与全球生产网络的程度与模式。①

（一）影响机制

首先，东盟国家制造业数字化水平的提高，一方面有助于高效把控产品生产过程和环节，降低生产协调与控制成本，如交易成本、谈判成本、合同成本、通关成本和物流成本等，促使跨国公司为实现资源优化配置在当地布局更多生产环节。另一方面，节省下来的资金成本不仅可以用于扩大生产规模、改善生产基础设施，也可以为承接核心零部件及半成品等中间产品的生产环节创造良好条件，进而减少对最终需求驱动型产业转移的承接，增加更多中间需求和出口需求驱动型产业转移的承接，增强东盟国家制造业生产能力，进而提升东盟国家制造业在全球价值链中的前向参与度，促进其分工地位的进一步提升。

其次，数字技术的应用使数字化、智能化、精准化生产成为可能，不但促进全球价值链分工向更加精细化的方向发展，而且会使生产协作方式更加高效，促进资源配置效率的提升。② 一方面，数字技术可以提高跨国公司对庞杂市场信息的筛选和获取能力，通过数字化技术甄选、挖掘市场信息，能够更加精准及时地了解市场需求；通过充分挖掘生产环节中大量数据的深层价值，对整个生产过程和环节进行持续优化和再造，提高生产效率。另一方面，东盟国家数字化水平的提升有助于打破区域内原有的资源流动平衡。新的、高效的资源配置机制得以重新建立，资源配置效率不断提升，各国制造

① ASEAN-Japan Centre（2018）. *Global Value Chains in ASEAN A Regional Perspective*. Japan：AJC.

② McKinsey Global Institute（2016）. “Digital Globalization：The New Era of Global Flows.” p. 97.

业核心零部件及半成品工序环节生产能力不断增强，进而促进东盟国家承接更多核心零部件和半成品等中间产品生产工序，减少对加工组装环节的承接。进口中间产品减少，有助于降低东盟国家制造业在全球价值链中的后向参与度，提高其分工地位（见图 1）。

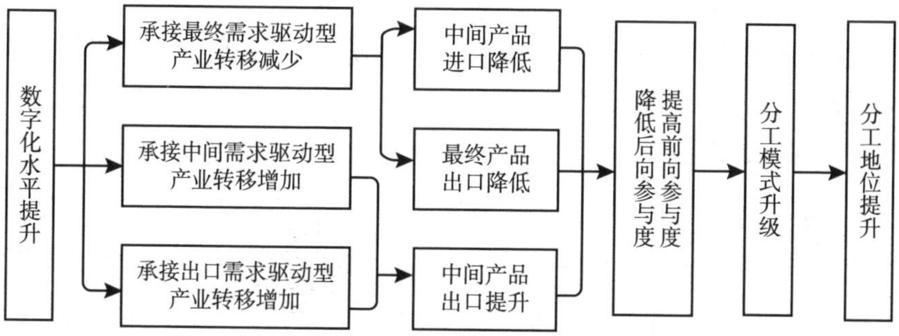

图 1　数字化对东盟国家参与价值链的影响机制

最后，数字化带来的竞争效应、示范效应和产业关联效应促进企业不断学习新知识、研发新技术、开发新市场。数字技术使企业对前沿技术的模仿和学习更加便捷高效，企业的工作重心不断向产品创新转移，产品附加价值有所提高。与此同时，东盟国家在承接产业转移过程中可获得先进的技术和管理经验，有利于提高中间产品生产能力，增加对核心零部件及半成品等中间产品生产工序的承接，减少对加工组装环节的承接，提升东盟国家制造业在全球价值链中的分工地位。

在数字技术高速发展的今天，数字化通过降低生产成本、提高资源配置效率、促进产品创新和提高市场竞争力等方式影响产业转移，使东盟国家增加对中间需求和出口需求驱动型产业转移的承接，降低对最终需求驱动型产业转移的承接，从而提高东盟国家的前向参与度，降低其后向参与度，带动东盟国家分工模式升级、分工地位提升。基于此，本报告提出以下总假设：

总假设 1：数字化能够提升东盟国家前向参与度，降低其后向参与度，提高其分工地位；

总假设 2：数字化通过促进东盟国家对中间需求和出口需求驱动型产业转移的承接，降低最终需求驱动型产业转移的承接，提高其分工地位。

（二）影响的异质性

由于东盟国家不同技术密集型制造业的规模、分工细化程度存在差异，数字化对东盟国家不同技术密集型制造业参与全球价值链分工模式和分工地位的影响也会存在异质性。

1. 低技术制造业

与高技术制造业相比，低技术制造业参与分工程度与生产工序的复杂程度均较低，需要跨境生产的环节较少，数字化水平较低，数字化基础较为薄弱。因此，数字化对东盟低技术制造业中间产品生产与出口的促进作用和对前向参与度的提升作用较小。但是，考虑到东盟国家低技术制造业规模较大，被数字产品和数字技术渗透的低技术制造业规模也较大，数字化发展空间和潜力较大，经过数字化改造后，生产能力得以提升，加工组装环节承接减少，从而降低东盟国家低技术制造业在全球生产网络中的后向参与度，提高其分工地位。本报告认为数字化水平的提升对东盟国家低技术制造业前向参与度的提升作用最小，对后向参与度的降低作用最大，对分工地位的提升作用最大。据此提出分假设 1：数字化对提升东盟国家低技术制造业前向参与度的提升作用最小，对后向参与度的降低作用最大，对分工地位的提升作用也最大。

2. 高技术制造业

高技术制造业本身的技术条件和水平均优于中低技术制造业，数字化程度较高，数字化基础良好。随着数字化水平的提升，高技术制造业中高端零部件和半成品生产的能力显著增强，得以承接更多关键零部件的生产环节，减少加工组装环节承接，促进全球生产网络分工模式不断升级。但是，东盟国家高技术制造业规模远小于中低技术制造业，数字化在提升东盟国家高技术制造业前向参与度的过程中发挥的作用最大，在降低其后向参与度的过程中发挥着较大的作用，在分工地位的提升中发挥着较大作用。据此提出分假设 2：数字化对东盟国家高技术制造业在全球价值链中的前向参与度促进作用最大，对其后向参与度降低作用较大，对分工地位的提升作用较大。

3. 中技术制造业

中技术制造业大多属于流程型制造业，如炼油、化学品及化工产品制造，生产工艺顺序固定不变，生产过程具有连续性，不能轻易中断。因此中技术制造业参与生产网络分工的程度较低，生产链条较短。同时，与低技术制造业相比，中技术制造业虽然数字化基础较好，但是其数字化水平对前、后向参与度影响的边际效应较弱；与高技术制造业相比，中技术制造业数字化基础较差，但其数字化水平对前、后向参与度影响的边际效应较大。综合考虑，数字化对东盟国家中技术制造业参与全球价值链的影响大小不确定，有待进一步检验。据此提出分假设 3：数字化对东盟中技术制造业参与全球价值链的影响大小不确定。

三　实证设计与结果分析

本部分主要采用以下三种方法对假设进行检验：一是数字化对东盟国家制造业参与全球价值链影响的基准回归检验；二是采用分样本检验、双边缩尾处理以及工具变量法进行的稳健性检验；三是中介机制检验。

（一）变量选取与处理

1. 解释变量

解释变量为东盟国家数字化发展水平（*DT*），考虑到数据完整性与方法的可操作性，本部分采用因子分析法构建东盟六国（印尼、马来西亚、菲律宾、新加坡、泰国和越南）数字化发展水平指标体系。通过 STATA. 16 软件对东盟六国数字基础设施、数字服务贸易以及电子政务发展指数的 7 个二级指标进行提取，将特征值大于 1、累计方差贡献率超过 70% 的主成分提取出来，并计算主成分得分和综合得分，最终用东盟六国的综合得分衡量东盟六国总体数字化发展水平（见表 1）。

表 1　东盟六国数字化发展水平指标体系

一级指标	二级指标	变量描述	数据来源
数字基础设施	互联网普及率	一国互联网使用人数占总人口的比重	ITU 数据库
	加密服务器数量	公开授信的 TLS/SSL 证书的数量	
数字服务贸易	数字服务贸易进口份额	数字服务贸易进口额占总进口额的比重	UNCTAD 数据库
	数字服务贸易出口份额	数字服务贸易出口额占总出口额的比重	
电子政务发展指数	OSI	联合国在线服务调查表定量调查的点数得分	UNDESA 数据库
	HCI	成人识字率、预期受教育年限、平均受教育年限以及初等、中等和高等教育综合毛入学率的加权平均综合指数	
	TII	每百名居民中移动电话、无线宽带、固定宽带用户数的算术平均综合指数	

资料来源：UNCTAD（2017）. *World Investment Report 2017*：*Investment and Digital Economy*.

2. 被解释变量

全球价值链前向参与度（GVC Forward Participation）反映一国出口中国内间接增加值占总出口的比重，数值越大，说明前向参与度越高；全球价值链后向参与度（GVC Backward Participation）反映一国出口中国外增加值占总出口的比重，数值越大，说明后向参与度越高。当一国前向参与度高于后向参与度时，说明该国参与全球生产网络的模式以前向参与为主。全球价值链位置指数（GVC Position）是指一国出口中国内间接增加值占总出口比重的对数与国外增加值占总出口比重的对数的差值，国内间接增加值比重越大，国外增加值比重越小，该国在全球价值链中的地位就越高。

本部分变量均基于 WWZ 贸易分解框架，根据 ADB-MRIO（2021）数据库最新数据得来，由于缅甸数据完全缺失，而文莱、柬埔寨、老挝三国出口值大部分为 0，考虑到数据的连续性及完整性，剔除上述四国及 2000 年的数据，最终得到东盟六国 14 个制造业部门 2007～2019 年在全球价值链中的前、后向参与度和位置指数指标。①

3. 控制变量

综合多方面因素，并考虑借鉴已有学者的研究，本部分选取了外商直接投资、行业规模、研发投入及行业要素密集度四个控制变量，其中对行业规模和研发投入数据进行了归一化处理，各变量具体含义及数据来源如表 2 所示。

表 2　各变量具体含义及数据来源

	变量	指标	数据来源
被解释变量	全球价值链前向参与度 *GVC fp*	一国出口中国内间接增加值占总出口的比重	原始数据来源于 ADB-MRIO 数据库，最终数据经过本报告计算得出
	全球价值链后向参与度 *GVC bp*	一国出口中国外增加值占总出口的比重	
	全球价值链位置指数 *GVC p*	一国出口中国内间接增加值占总出口比重的对数与国外增加值占总出口比重的对数的差值	
解释变量	数字化发展水平 *DT*	采用因子分析法对东盟六国数字基础设施、数字服务贸易以及电子政务发展指数的 7 个二级指标进行提取，构建东盟六国 2005～2020 年数字化发展水平指标体系	见表 1
控制变量	外商直接投资 *FDI*	FDI 占国内生产总值的比重	World Bank 数据库
	行业规模 *Scale*	制造业增加值	
	研发投入 *RDI*	专利申请量	
	行业要素密集度 *FI*	年固定资本存量与年就业人数之比	PWT 数据库

资料来源：WTO，IDE-JETRO，OECD，UIBE，World Bank（2021）. *Global Value Chain Development Report 2021：Beyond Production.*

4. 中介变量

一国出口贸易可以根据贸易品价值来源、最终吸收地和吸收渠道的不同，分解为 16 种不同路径，而产业转移经过一定累积会促进生产地域分工的形成和区域间贸易的发生，即使两个地区间没有直接的产业迁移活动，但

① Z. Wang，S. Wei，K. Zhu（2018）. “Quantifying International Production Sharing at the Bilateral and Sector Levels.” NBER Working Paper No. 19677.

一个地区需求增加导致另一个地区产业增加，也应当被视为产业转移的发生，因此产值或贸易的变化可以在一定程度上反映区域间的产业转移。考虑到产业间投入产出的关系，参考刘红光、王恕立等提出的相关理论，构建产业转移净值指标，对东盟国家承接产业转移的情况进行具体衡量。①

由总需求=（国内中间需求+国外中间需求）+（国内最终需求+国外最终需求）可得：

$$X_d = (A_{dd}X_d + A_{df}X_f) + (Y_{dd} + Y_{df}) \tag{1}$$

其中 d 代表本国，f 代表外国，X_d 和 X_f 是 $n\times1$ 产出向量，分别代表本国与外国 n 个可贸易部门的总产出。Y_{dd} 和 Y_{df} 为最终消费向量，分别代表本国最终消费量和对外国的出口量。A 代表 $n\times n$ 直接消耗系数矩阵，其中 A_{dd} 代表本国总产出中消耗本国产品的直接消耗系数矩阵，A_{df} 代表外国产出中消耗本国产品的直接消耗系数矩阵，上述公式可表示为里昂惕夫逆矩阵：

$$X = (I - A)^{-}Y = BY \tag{2}$$

假设 W_d 代表 $1\times n$ 的国内直接增加值率（1 减去所有进口中间投入比重）向量，E_{d*} 代表 $n\times1$ 的出口向量，则有：

$$W_d = u(I - \Sigma_f A_{fd}) \tag{3}$$

$$E_{d*} = \Sigma_{f\neq d}E_{df} = \Sigma_f(A_{df}X + Y_{df}) \tag{4}$$

将出口增加值流向进一步细化后，出口产品总价值可表示为：

$$\begin{aligned} E_{df} = {} & W_d B_{dd}\Sigma_{f\neq d}Y_{df} + W_d B_{dd}\Sigma_{f\neq d}A_{df}X_{ff}W_d B_{dd}\Sigma_{f\neq d}\Sigma_{s\neq d,f}A_{df}X_{fs} \\ & + W_d B_{dd}\Sigma_{f\neq d}A_{df}X_{fd} + FV_d \end{aligned} \tag{5}$$

其中，$FV_d = V_f B_{fd} E_{d*} = V_f B_{fd}\Sigma_f(A_{df}X_f + Y_{df})$。

在具体测算中，由于过程和方向不同，将被进口国又出口回本国的国内

① 刘红光、刘卫东、刘志高：《区域间产业转移定量测度研究——基于区域间投入产出表分析》，《中国工业经济》2011 年第 6 期；王恕立、吴永亮：《全球价值链模式下的国际产业转移——基于贸易增加值的实证分析》，《国际贸易问题》2017 年第 5 期。

增加值和出口中隐含的国外增加值部分予以剔除，得到产业转移净值的测算公式：

$$\begin{aligned} NX_{df} &= E_{df} - W_d B_{dd} \Sigma_{f \neq d} A_{df} X_{fd} - FV_d \\ &= W_d B_{dd} \Sigma_{f \neq d} Y_{df} + W_d B_{dd} \Sigma_{f \neq d} A_{df} X_{ff} + W_d B_{dd} \Sigma_{f \neq d} \Sigma_{s \neq d,f} A_{df} X_{fs} \end{aligned} \tag{6}$$

在［t，$t+1$］时期，总产业转移可表示为 $\Delta NX = NX_{df}^{t+1} - NX_{df}^{t}$，$\Delta W_d B_{dd} \Sigma_{f \neq d} Y_{df}$为最终需求驱动的产业转移，$\Delta W_d B_{dd} \Sigma_{f \neq d} A_{df} X_{ff}$为中间需求驱动的产业转移，$\Delta W_d B_{dd} \Sigma_{f \neq d} \Sigma_{s \neq d,f} A_{df} X_{fs}$为出口需求驱动的产业转移。

（二）模型设定

为全面了解数字化对东盟国家参与全球价值链的影响，本部分分别将全球价值链前向参与度（*GVC fp*）、全球价值链后向参与度（*GVC bp*）、全球价值链位置指数（*GVC p*）作为被解释变量，将东盟国家的数字化发展水平（*DT*）作为解释变量，建立如下模型：

$$GVC\ fp_{cit} = a_1 + b_1 DT_{cit} + c_1 Z_{cit} + \varphi_{1c} + \theta_{1i} + \eta_{1t} + \varepsilon_{1cit} \tag{7}$$

$$GVC\ bp_{cit} = a_2 + b_2 DT_{cit} + c_2 Z_{cit} + \varphi_{2c} + \theta_{2i} + \eta_{2t} + \varepsilon_{2cit} \tag{8}$$

$$GVC\ p_{cit} = a_3 + b_3 DT_{cit} + c_3 Z_{cit} + \varphi_{3c} + \theta_{3i} + \eta_{3t} + \varepsilon_{3cit} \tag{9}$$

其中，c 代表国家，i 代表行业，t 代表时间，ε_{cit}为随机扰动项，a 为常数项。$GVC\ fp_{cit}$、$GVC\ bp_{cit}$、$GVC\ p_{cit}$分别为东盟 c 国 i 行业 t 时期的全球价值链前向参与度、后向参与度和位置指数，DT_{cit}为东盟 c 国 i 行业 t 时期的数字化发展水平，Z_{cit}为控制变量，b 和 c 为待估参数。此外，为控制国家和行业异质性，分别加入了国家固定效应 φ_c和行业固定效应 θ_i；为控制样本期内可能存在的其他外生事件，加入了年份固定效应 η_t。

（三）基准回归结果分析

从表 3 可以看出，*DT* 对制造业 *GVC fp* 具有显著正向影响，*DT* 的估计系数为 0.0083，说明东盟国家数字化发展水平对其全球价值链前向参与度起到了显著的促进作用。*DT* 对制造业 *GVC bp* 具有显著负向影响，即东盟国家数字化发展水平越高，其制造业全球价值链后向参与度越低，这可能是因为随着东盟国家数字化水平的不断提升，其承接的全球加工组装环节逐渐减少，导致出口最终产品不断减少。承接更多的是核心零部件与半成品等中间产品的生产环节，从而出口更多中间产品。因此数字化水平的提升，对东盟国家制造业 *GVC bp* 起到了显著抑制作用。*DT* 对制造业 *GVC p* 具有显著正向影响，说明东盟国家数字化发展水平对全球价值链位置指数的提升具有促进作用。

与预期相符，*FDI* 对制造业 *GVC fp* 具有显著负向影响，一方面可能是因为东盟国家吸引外资主要基于其劳动力成本比较优势，所吸引的 *FDT* 更多集中于劳动密集型产业，在技术和管理层面并未对制造业发展产生实质性作用。另一方面，当跨国公司凭借其雄厚资本以及技术垄断优势进入东盟国家市场时，本土企业将会丧失竞争力，因此 *FDI* 对东盟国家制造业全球价值链前向参与度的提升起到抑制作用。*FDI* 对制造业 *GVC bp* 具有显著正向影响，说明外商投资对东盟国家制造业全球价值链后向参与度的提升起到了显著的促进作用。这也可以说明东盟制造业吸引的 *FDI* 仍主要集中于加工组装环节，吸引的 *FDI* 越多，进口中间产品与出口最终产品就越多，导致其全球价值链后向参与度不断提升。*FDI* 对制造业 *GVC p* 具有显著负向影响，这是因为 *FDI* 对前向参与度具有显著负向影响，对后向参与度具有显著正向影响，自然会对分工地位产生显著负向影响。这也说明东盟国家吸引的 *FDI* 虽有助于促进就业及经济增长，但并未从实质上带动东盟国家制造业向全球价值链高端攀升。

表 3　基准回归结果

	GVC fp	*GVC bp*	*GVC p*
DT	0.0083***	-0.0407***	0.0465***
	(-0.0031)	(-0.0062)	(-0.0082)
FDI	-0.0024***	0.0061***	-0.0084***
	(-0.0004)	(-0.0008)	(-0.0010)
Scale	-0.0521**	0.0239	-0.0396
	(-0.0109)	(-0.0207)	(-0.0285)

续表

	GVC fp	GVC bp	GVC p
RDI	-0.0201*** (-0.0046)	0.0837*** (-0.0095)	-0.1042*** (-0.0131)
FI	0.0596*** (-0.0110)	-0.1086*** (-0.0230)	0.1605*** (-0.0317)
_cons	-0.1095** (-0.0478)	0.7925*** (-0.1000)	-0.9553*** (-0.1342)
固定 N	YES 1092	YES 1092	YES 1092

注：*、**、***分别表示变量在10%、5%、1%的水平下显著，括号内为标准误。

Scale 对制造业 *GVC fp* 具有显著负向影响，与预期不符。一般而言，行业规模的扩大会使产品分工进一步细化和标准化，产生规模经济效应，从而进一步完善本国产业链，促使本国企业向全球价值链高端攀升。随着东盟国家制造业规模的不断扩大，其可能会承接更多加工组装环节，出口更多的最终产品而不是中间产品，因而制造业规模对前向参与度具有显著负向影响。*Scale* 对制造业 *GVC bp* 具有不显著正向影响，说明东盟制造业规模扩张与其后向参与度没有太大的关联。*Scale* 对制造业 *GVC p* 的负向影响并不显著，同制造业规模与后向参与度没太大关联一致，说明东盟国家在全球价值链中的地位并没有随着东盟国家制造业规模的增长而同步提升。

RDI 对制造业 *GVC fp* 具有显著负向影响，一方面可能是因为除新加坡外，东盟其他国家的研发投入并不高，这与这些国家经济发展水平和综合实力息息相关。另一方面，可能是因为东盟国家研发成果转化率低，研发投入并未产生大量实质效果，仍需进口更多高技术高附加值的零部件与半成品，经加工组装后出口最终产品，而不是出口更多中间产品。*RDI* 对制造业 *GVC bp* 具有显著正向影响，说明研发投入对东盟国家制造业 *GVC bp* 的提升起到正向促进作用，这可能是因为东盟国家经济发展水平普遍不高，研发投入与其他国家相比处于低位，不能独立完成研发、生产环节，随着其研发投入的不断提高，会进口更多高技术的中间产品，因此 *RDI* 回归系数显著为正。

RDI 对制造业 *GVC p* 具有显著负向影响，这与 *RDI* 对前向参与度具有显著负向影响、对后向参与度具有显著正向影响的结果高度一致。东盟国家研发投入相对不足，有限的研发投入对制造业创新及向全球价值链高端攀升并没有产生实质推动作用，进而造成研发投入对 *GVC p* 具有显著负向影响。

FI 对制造业 *GVC fp* 具有显著正向影响，这与预期相符。一般而言，行业人均资本越高，越有助于这一行业进行技术水平更复杂的生产活动，出口更多的中间产品，进而提升其前向参与度。*FI* 对制造业 *GVC bp* 具有显著负向影响，行业人均资本越高，意味着该行业在生产过程中所占用的资本要素越多，东盟国家制造业人均资本提升有助于其进行更复杂中间产品的生产活动，减少对中间产品的进口依赖，从而降低其制造业后向参与度；*FI* 对制造业 *GVC p* 具有显著正向影响，这与 *FI* 对前向参与度具有显著正向影响、对后向参与度具有显著负向影响的结果相符，说明东盟国家制造业人均资本增加有助于出口更多中间产品，从而减少中间产品进口，促进东盟国家全球生产网络分工地位的提升。

（四）稳健性检验结果分析

为进一步研究数字化发展水平对不同技术密集型行业的影响，也为了验证前文实证结果是否稳健，本报告在参考刘怡等学者研究理论的基础上，根据技术水平差异将制造业分为低、中、高三种不同技术密集型制造业，进行分样本检验。①

1. 前向参与度

由表 4 可以看出，解释变量 *DT* 对三种不同技术密集型制造业 *GVC fp* 均具有显著正向影响，数字化水平每提升 1%，低技术制造业 *GVC fp* 提升 0.0118%，中技术制造业 *CVC fp* 提升 0.0134%，高技术制造业 *GVC fp* 提升 0.0176%，说明 *DT* 对高技术密集型制造业前向参与度影响最大，对中技术

① 刘怡、李智慧、耿志祥：《婚姻匹配、代际流动与家庭模式的个税改革》，《管理世界》2017 年第 9 期。

密集型制造业影响次之，对低技术密集型制造业影响最小，这可能是由于高技术制造业本身数字化水平较高，与中、低技术制造业相比，数字化基础更好，随着数字化水平的进一步提高，高端零部件和半成品的出口随之增多，故数字化对其前向参与度提升的效果也更明显。

与预期相同，*FDI* 对三种不同技术密集型制造业前向参与度均具有负向影响，这说明东盟国家吸引的更多是效率需求型 *FDI*，*FDI* 看重的是劳动力成本优势，所以东盟国家承接了更多的加工组装环节，特别是承接更多中、高技术制造业的加工组装环节，从而需要更多的国外附加值以及进口更多的中间产品，导致 *FDI* 对中、高技术制造业前向参与度具有显著负向影响。而 *FDI* 对低技术制造业的负向影响不显著，可能是因为随着 *FDI* 的增加，技术外溢效应逐渐显现，在一定程度上会促进低技术制造业中间产品的出口与前向参与度的提升，故对其产生的负向影响不显著。

Scale 对三种不同技术密集型制造业的前向参与度均具有负向影响，说明制造业规模的增加不仅未能促进东盟国家出口更多中间产品，反而使其进口增加。同时，*Scale* 对高技术制造业的负向影响不显著，可能是因为随着高技术制造业规模的扩大，在一定程度上也会促进更多中间产品出口，提升东盟国家的前向参与度，故 *Scale* 对高技术制造业产生的负向影响不显著。

表 4　数字化对制造业分行业前向参与度的回归结果

	低技术	中技术	高技术
DT	0.0118 ***	0.0134 *	0.0176 ***
	(0.0033)	(0.0074)	(0.0062)
FDI	−0.0005	−0.0053 ***	−0.0027 ***
	(0.0004)	(0.0009)	(0.0008)
Scale	−0.0254 **	−0.1283 ***	−0.0128
	(0.0117)	(0.0264)	(0.0220)
RDI	−0.0160 ***	−0.0314 ***	−0.0144
	(0.0050)	(0.0113)	(0.0094)
FI	0.0519 ***	0.1050 ***	0.0170
	(0.0119)	(0.0268)	(0.0223)

续表

	低技术	中技术	高技术
_cons	-0.1200** (0.0516)	-0.2636** (0.1161)	0.0480 (0.0967)
固定	YES	YES	YES
N	546	312	234

注：*、**、***分别表示变量在10%、5%、1%的水平下显著，括号内为标准误。

RDI 对中、低技术制造业 *GVC fp* 均具有显著负向影响，可能是因为东盟国家中低技术制造业研发投入规模较小，且该行业对研发投入并不敏感，研发投入所带来的产出效率不高，因此负向影响显著；而研发投入的增加，在一定程度上也会促进高技术制造业出口更多高技术中间产品，因而对其产生的负向影响不显著。

FI 对中、低技术制造业 *GVC fp* 均具有显著正向影响，可能是因为生产过程中资本投入的增加，有助于该行业进行技术水平更复杂的生产活动，出口更多中间产品，从而促进前向参与度的提升；*FI* 对高技术制造业 *GVC fp* 的正向影响并不显著，可能是因为高技术制造业要素密集度未达到明显提升 *GVC fp* 的门槛水平，导致其技术创新水平相对不足，复杂中间产品仍然依赖进口，故 *FI* 对其前向参与度的正向影响并不显著。

2. 后向参与度

由表5可以看出，*DT* 对三种不同技术密集型制造业的回归结果均为负，但数字化对中技术制造业后向参与度的影响未通过显著性检验，这说明与中技术制造业相比，其他两种技术密集型制造业对数字化发展更加敏感。

FDI 对不同技术密集型制造业 *GVC bp* 均具有正向影响，*FDI* 每增加1%，低、中、高技术制造业 *GVC bp* 分别上升0.0050%、0.0107%、0.0022%，说明外资对东盟国家中、低技术制造业后向参与度的提升起到了显著促进作用，这可能是因为外资更看重东盟国家的劳动力资源禀赋，将东盟区域作为代工厂，随着 *FDI* 的增加，*GVC bp* 不断上升；但 *FDI* 对高技术制造业 *GVC bp* 影响并不显著，可能是因为 *FDI* 的技术外溢效应在高技术制

造业表现得更为明显，在一定程度上会促进高技术制造业中间产品的出口，降低中间产品的进口，所以对其后向参与度的正向影响不显著。

Scale 对不同技术密集型制造业 *GVC bp* 均具有正向影响，但高技术制造业结果未通过显著性检验，说明随着东盟国家中、低技术制造业规模的扩大，中间产品进口也在不断提升，其 *GVC bp* 也随之提升。在高技术行业，可能是规模效应的进一步发挥促进了其技术的进步，使其可以增加一部分中间产品的出口，故 *Scale* 对其后向参与度的正向影响不显著。

RDI 对不同技术密集型制造业 *GVC bp* 均具有显著正向影响，且其对中、高技术密集型制造业的促进作用大于低技术制造业。说明东盟国家研发投入的增加，促进了更多中间产品的进口，所以对后向参与度具有显著正向影响。但在低技术制造业，研发投入的增加可能会促进其中间产品的出口，故 *RDI* 对其后向参与度的影响较小。

FI 对东盟制造业 *GVC bp* 的提升起到了负向作用，但对高技术制造业的影响不显著，说明东盟国家人均资本量越高，资本投入量越多，越有助于东盟制造业进行技术水平更高的生产活动，降低中间投入品的进口依赖，从而降低后向参与度。而人均资本的提升对降低高技术、高附加值中间投入品进口的影响不明显，故在高技术制造业，人均资本对后向参与度表现为不显著的负向影响。

表 5　数字化对制造业分行业后向参与度的回归结果

	低技术	中技术	高技术
DT	−0.0786***	−0.0194	−0.0356***
	(0.0080)	(0.0131)	(0.0122)
FDI	0.0050***	0.0107***	0.0022
	(0.0010)	(0.0016)	(0.0015)
Scale	0.0606**	0.1876***	0.0677
	(0.0284)	(0.0469)	(0.0437)
RDI	0.0583***	0.0838***	0.0678***
	(0.0121)	(0.0199)	(0.0186)

续表

	低技术	中技术	高技术
FI	-0.0753*** (0.0288)	-0.2566*** (0.0475)	-0.0648 (0.0443)
_cons	0.5992*** (0.1247)	1.3947*** (0.2058)	0.6273*** (0.1918)
固定	YES	YES	YES
N	546	312	234

注：*、**、***分别表示变量在10%、5%、1%的水平下显著，括号内为标准误。

3. 位置指数

由表6可知，*DT* 对不同技术密集型制造业 *GVC p* 均具有正向影响，说明东盟国家数字化发展水平的提升有助于其制造业全球价值链地位的攀升。这是因为数字化发展会降低东盟制造业的生产成本，提高其生产能力，同时数字技术的应用也会增加其中间产品生产能力，降低对国外中间产品的需求，因此其在全球生产网络中的地位会随之攀升。可以看出，数字化水平对低技术制造业位置指数的提升作用更强，可能是因为东盟国家低技术制造业规模较大，经过数字化改造提升后发展速度更快，提升作用也更明显。另外，中技术制造业回归结果并不显著，与前面数字化对中技术制造业前、后向参与度影响的显著性弱于高技术和低技术制造业一致，这可能是因为中技术制造业与高技术制造业相比数字化基础较弱，与低技术制造业相比数字化的边际效应也较弱，导致数字化对中技术制造业 *GVC p* 的影响并不显著。

FDI 对低、中、高技术制造业 *GVC p* 均具有显著负向影响，这可能是因为跨国公司本身遵循利益最大化原则，在全球范围内进行资源的优化配置，而东盟国家制造业处于全球价值链低端环节，跨国公司很有可能利用东盟国家廉价的劳动力，把更多的加工组装环节转移到东盟区域，在提高其后向参与度的同时降低其前向参与度，阻碍东盟国家全球价值链地位的攀升，故呈现显著负向影响。

Scale 对低、中、高技术制造业均具有负向影响，其中对中、低技术制造业具有显著负向影响，这说明行业规模的扩大并不一定会提升制造业的全球价值链地位，特别是中、低技术制造业行业规模越大，说明其具有更大的代工生产能力，从而会承接更多的加工组装环节，容易被锁定在全球价值链低端。而随着高技术制造业规模的扩大，规模效应不断显现，效率不断提升，该行业对高技术、高附加值中间产品的进口依赖逐渐降低，可能会在一定程度上有助于其全球价值链地位的提升，所以 *Scale* 对其负向影响并不显著。

RDI 对三种不同技术密集型制造业 *GVC p* 的提升均具有显著负向影响，这与东盟国家经济发展水平相关，研发投入不足导致其研发周期漫长，成果转化率相对较低，因而对其制造业全球价值链位置指数的提升产生负向影响。

FI 对不同技术密集型行业 *GVC p* 均具有正向影响，这说明人均资本对东盟国家不同技术密集型制造业 *GVC p* 的提升均起到促进作用。高技术制造业未通过显著性检验，这可能是因为高技术制造业对资金的需求量更大，而东盟国家受经济发展水平限制，对高技术制造业的投入相对不足。

表 6　数字化对制造业分行业位置指数的回归结果

	低技术	中技术	高技术
DT	0. 0884 *** (0. 0097)	0. 0288 (0. 0199)	0. 0505 *** (0. 0177)
FDI	−0. 0055 *** (0. 0012)	−0. 0159 *** (0. 0024)	−0. 0050 ** (0. 0022)
Scale	−0. 0765 ** (0. 0347)	−0. 3058 *** (0. 0709)	−0. 0782 (0. 0633)
RDI	−0. 0684 *** (0. 0148)	−0. 1080 *** (0. 0302)	−0. 0790 *** (0. 0269)
FI	0. 1237 *** (0. 0351)	0. 3588 *** (0. 0719)	0. 0862 (0. 0641)
_cons	−0. 7088 *** (0. 1524)	−1. 6507 *** (0. 3115)	−0. 6032 ** (0. 2780)
固定	YES	YES	YES
N	546	312	234

注：*、**、***分别表示变量在 10%、5%、1%的水平下显著，括号内为标准误。

除分样本检验外，本报告还采用替换变量检验、双边缩尾处理以及工具变量检验对基准回归结果进行了稳健性检验，解释变量 *DT* 的方向未发生变化，并且均通过了显著性水平检验，证明前文基准回归结果较为稳健。

（五）中介效应检验结果分析

通过分析数字化发展水平对东盟国家 *GVC fp*、*GVC bp* 和 *GVC p* 的回归结果可以发现，数字化发展水平确实对东盟国家全球价值链地位攀升产生了不同程度的影响，但这种影响是否都是直接的？还是存在某些间接效应的传导？为解决这一问题，本部分引入产业转移这一中介变量，构建如下三个递归方程：

$$GVC_{cit} = \alpha_0 + \alpha_1 DT_{cit} + \alpha_2 Z_{cit} + \varphi_{4c} + \theta_{4i} + \eta_{4t} + \varepsilon_{4cit} \quad (11)$$

$$NX_{cit} = \beta_0 + \beta_1 DT_{cit} + \beta_2 Z_{cit} + \varphi_{5c} + \theta_{5i} + \eta_{5t} + \varepsilon_{5cit} \quad (12)$$

$$GVC_{cit} = \gamma_0 + \gamma_1 DT_{cit} + \gamma_2 NX_{cit} + \gamma_3 Z_{cit} + \varphi_{6c} + \theta_{6i} + \eta_{6t} + \varepsilon_{6cit} \quad (13)$$

其中，c 代表国家，i 代表行业，t 代表年份，ε_{cit} 为随机扰动项。φ_c、θ_i 和 η_t 分别为国家固定效应、行业固定效应和年份固定效应，Z_{cit} 为控制变量。此外，α_1 代表数字化发展水平对东盟国家参与全球价值链影响的总效应；β_1 为数字化对东盟国家承接产业转移的影响；γ_2 为控制数字化影响后，产业转移对东盟参与全球价值链影响的间接效应；γ_1 为控制产业转移影响后，数字化发展水平对东盟参与全球价值链影响的直接效应；$\beta_1\gamma_2$ 为中介效应。

中介效应检验涉及的被解释变量分别为东盟国家制造业的 *GVC fp*、*GVC bp* 和 *GVC p*；解释变量和控制变量分别为 *DT*、*FDI*、*Scale*、*RDI*、*FI*。此外，在式（12）中还引入了与产业转移密切相关的变量劳动力成本（*labor*）作为控制变量。

本部分延续前述观点，在机制分析和基准回归的基础上进行中介效应检验，由于中技术制造业在分行业回归中结果不显著，因此接下来的中介检验并不包含中技术制造业。

1. 总样本检验

表 7 报告了总样本中介效应检验结果。数字化发展水平对东盟国家承接

全球产业转移的影响 β_1 为 0.0259，说明数字化促进了东盟国家承接全球制造业转移。控制产业转移变量后，数字化发展水平对前向参与度、后向参与度和位置指数的直接效应 γ_1 分别为 0.0096、-0.0419 和 0.0468；控制数字化影响后，产业转移对前向参与度影响并不显著，对后向参与度及位置指数的间接效应 γ_2 分别为-0.0069、0.0240、-0.0306。从实证结果来看，产业转移对前向参与度的中介效应不显著，经过 Bootstrap 检验，间接效应仍不存在；产业转移对后向参与度与位置指数的中介效应显著，但 $\beta_1\gamma_2$ 与 γ_1 异号，说明存在部分遮掩效应，解释变量对被解释变量的影响效果被中介变量遮掩了，即间接效应遮掩了部分直接效应，属于广义中介效应，中介效应分别为 0.0148 和 0.0169。

表 7　总样本中介效应检验结果

	(1)	(2)	(3)
	GVC fp	*NX*	*GVC fp*
DT	0.0083*** (0.0031)	0.0259* (0.0140)	0.0096** (0.0041)
NX			-0.0069 (0.0062)
	GVC bp	*NX*	*GVC bp*
DT	-0.0407*** (0.0062)	0.0259* (0.0140)	-0.0419*** (0.0084)
NX			0.0240* (0.0126)
DT	0.0465*** (0.0082)	0.0259* (0.0140)	0.0468*** (0.0116)
NX			-0.0306* (0.0174)
控制	YES	YES	YES
固定	YES	YES	YES

注：*、**、***分别表示变量在 10%、5%、1%的水平下显著，括号内为标准误。

2. 低技术制造业

数字化发展水平对东盟国家承接全球低技术制造业转移的影响为 0.0620，

但结果并不显著。控制产业转移变量后，数字化发展水平对前向参与度、后向参与度和位置指数的直接效应 γ_1 分别为 0.0191、-0.0636 和 0.0951；控制数字化发展水平影响后，产业转移对前向参与度、后向参与度及位置指数的间接效应 γ_2 分别为-0.0150、0.0198、-0.0366，结果均不显著。使用 Bootstrap 法检验 $\beta_1\gamma_2$，结果也不显著，说明低技术制造业间接效应并不存在。综上，低技术制造业总效应和直接效应显著，而间接效应并不显著（见表 8）。

表 8　低技术制造业中介效应检验结果

	(1)	(2)	(3)
	GVC fp	*NX*	*GVC fp*
DT	0.0118*** (0.0033)	0.0620 (0.0476)	0.0191* (0.0104)
NX			-0.0150 (0.0096)
	GVC bp	*NX*	*GVC bp*
DT	-0.0786*** (0.0080)	0.0620 (0.0476)	-0.0636*** (0.0266)
NX			0.0198 (0.0208)
DT	0.0884*** (0.0097)	0.0620 (0.0476)	0.0951*** (0.0279)
NX			-0.0366 (0.0257)
控制	YES	YES	YES
固定	YES	YES	YES

注：*、**、***分别表示变量在 10%、5%、1%的水平下显著，括号内为标准误。

3. 高技术制造业

数字化发展水平对东盟国家承接全球高技术制造业转移的影响 β_1 为 0.0712，说明数字化促进了东盟国家承接全球高技术制造业的转移；控制产业转移变量后，数字化发展水平对前向参与度、后向参与度和位置指数的直接效应 γ_1 分别为 0.0179、-0.0363 和 0.0515；控制数字化发展水平影响后，产业转移对前向参与度、后向参与度及位置指数的间接效应 γ_2 分别为 -0.0222、0.0415、-0.0612。从实证结果来看，高技术制造业的中介效应总体显著，但前向参与度、后向参与度和位置指数的间接效应 $\beta_1\gamma_2$ 与直接效应 γ_1 异号，间接效应遮掩了部分直接效应，这同样属于部分遮掩情况，即高技术制造业产业转移间接效应遮掩了数字化发展水平对东盟国家参与全球生产网络影响的直接效应，中介效应的检验结果分别为 0.0883、0.0197 和 0.0204（见表 9）。

表 9　高技术制造业中介效应检验结果

	(1)	(2)	(3)
	GVC fp	*NX*	*GVC fp*
DT	0.0176*** (0.0062)	0.0712** (0.0344)	0.0179*** (0.0058)
NX			-0.0222* (0.0123)
DT	-0.0356*** (0.0122)	0.0712** (0.0344)	-0.0363*** (0.0110)
NX			0.0415* (0.0234)
	GVC p	*NX*	*GVC p*
DT	0.0505*** (0.0177)	0.0712** (0.0344)	0.0515*** (0.0161)
NX			-0.0612* (0.0343)
控制	YES	YES	YES
固定	YES	YES	YES

注：*、**、***分别表示变量在 10%、5%、1%的水平下显著，括号内为标准误。

4. 产业转移中介机制的进一步分析

根据 Baron 关于中介效应的观点及前文出现的遮掩效应，研究问题需要从“数字化发展水平如何影响东盟国家在全球价值链中的地位”转为“在产业转移存在的情况下，数字化为何部分导致东盟国家在全球价值链中的地位下降?”。[①]

根据前文中介检验结果，低技术制造业产业转移的中介效应并不显著，总样本和高技术制造业产业转移中介效应显著，但出现部分遮掩结果，为进一步探究低技术制造业中介效应不显著、高技术制造业产业转移出现部分遮掩的原因，将东盟国家承接的全球产业转移进一步细分为最终需求驱动产业转移 *NXf*、中间需求驱动产业转移 *NXm* 和出口需求驱动产业转移 *NXe*，剔除金融危机及中美贸易摩擦影响，最终选取 2011~2017 年东盟国家承接全球不同类型产业转移的数据进行回归分析。

第一，低技术制造业。数字化发展水平对低技术制造业分工地位具有显著正向影响，这与基准回归结果相一致。与前文总假设 2 中 *NXf* 减少不符，实证结果表明，东盟国家数字化发展水平对 *NXf* 同样为正向影响，可能是由于东盟国家本身低技术制造业规模较大，经数字化提升改造后生产效率有所提高，促使东盟国家承接了更多低技术制造业加工组装环节的转移。控制数字化影响后，*NXf* 显著降低分工地位，*NXe* 对分工地位具有显著正向影响，*NXm* 对分工地位的正向影响并不显著。根据实证结果，虽然 *NXe* 对分工地位的正向影响略大于 *NXf* 对分工地位的负向影响，但由于低技术制造业承接 *NXf* 的规模大于 *NXe*，因此低技术制造业的中介效应并不显著（见表 10）。

表 10　低技术制造业不同类型产业转移中介效应检验结果

	(1)	(2)	(3)
	GVC p	*NXf*	*GVC p*
DT	0.0635*** (0.0109)	2.0080** (0.8307)	0.0751*** (0.0095)
NXf			−0.0020** (0.0008)
		NXm	

① R. M. Baron and D. A. Kenny (1986). “The Moderator-mediator Variable Distinction Insocial Psychological Research: Conceptual, Strategic, and Statistical Considerations.” *Journal of Personality and Social Psychology*, Vol. 55, pp. 1173-1182.

续表

	(1)	(2)	(3)
DT	0. 0635 *** (0. 0109)	1. 4111 ** (0. 5715)	0. 0043 (0. 0091)
NXm			0. 0025 (0. 0025)
		NXe	
DT	0. 0635 *** (0. 0109)	0. 8671 ** (0. 3631)	0. 0154 * (0. 0088)
NXe			0. 0029 ** (0. 0014)
控制	YES	YES	YES
固定	YES	YES	YES

注：*、**、***分别表示变量在 10%、5%、1%的水平下显著，括号内为标准误。

第二，高技术制造业。数字化发展水平对高技术制造业分工地位具有显著正向影响，对 NXf 和 NXe 均具有显著正向影响，对 NXm 影响不显著，这与总假设 2 中 NXf 减少同样不相符。究其原因，可能是因为高技术制造业本身技术水平较高，加工组装环节技术含量并不低，因此数字化水平提升的同时带动东盟国家承接高技术制造业更多中间产品生产与加工组装环节的转移。控制数字化发展水平影响后，NXf 显著降低分工地位，而 NXe 显著提升分工地位，由于高技术制造业 NXf 规模较大，且 NXf 对分工地位的负向传导作用更大，因此前文高技术制造业转移对分工地位的影响最终呈现部分负向效应，出现了遮掩的结果（见表 11）。

表 11　高技术制造业不同类型产业转移中介效应检验结果

	(1)	(2)	(3)
	GVC p	NXf	GVC p
DT	0. 0269 *** (0. 0147)	1. 3099 * (0. 7732)	0. 0549 *** (0. 0112)
NXf			−0. 0176 ** (0. 0003)

续表

	(1)	(2)	(3)
		NXm	
DT	0.0269 *** (0.0147)	1.2804 (1.2077)	0.0253 * (0.0113)
NXm			0.0009 (0.0022)
		NXe	
DT	0.0269 *** (0.0147)	1.4666 * (0.8132)	0.0152 * (0.0016)
NXe			0.0049 * (0.0003)
控制 固定	YES YES	YES YES	YES YES

注：*、**、***分别表示变量在10%、5%、1%的水平下显著，括号内为标准误。

四　结论与启示

通过上述实证分析可得出以下主要结论：（1）总体影响。数字化发展水平对东盟国家制造业前向参与度、位置指数具有显著正向影响，对后向参与度具有显著负向影响。（2）异质性影响。数字化发展水平对低技术制造业前向参与度的正向影响最小，对中技术制造业的影响次之，对高技术制造业的正向影响最大；数字化发展水平对低技术制造业后向参与度的负向影响最大，对高技术制造业的影响次之，对中技术制造业的影响不显著；数字化发展水平对低技术制造业位置指数的正向影响最大，对高技术制造业的影响次之，对中技术制造业的正向影响不显著。（3）不同类型产业转移中介效应存在差异。一是低技术制造业中介效应并不显著。最终需求驱动产业转移对分工地位的负向影响小于出口需求驱动产业转移对分工地位的正向影响，但最终需求驱动产业转移规模大于出口需求驱动产业转移，中间需求驱动产业转移中介效应不显著，导致产业转移中介效应不显著；二是高技术制造业产业转移中介效应显著。最终需求驱动产业转移对分工地位的负向传导作用更大，且最终需求驱动产业转移规模较大，中间需求驱动产业转移中介效应不显著，导致产业转移对分工地位的影响最终呈现负向效应，遮掩了部分直接效应。

在数字经济时代，中国与东盟国家在数字领域具有广阔的合作空间，各国在数字技术和数字产业上具有较强的互补性，双方数字经济发展的战略方向、产业重点、发展政策也有诸多契合点。近年来，中国与东盟国家的数字领域合作方兴未艾，越来越多的中国科技企业进入当地，促进了区域数字经济发展与合作。因此，必须根据各国数字经济发展状况，制订数字发展与合作规划，逐步实现数字发展战略的对接，加强数字基础设施共建，推动数字产业合作，促进数字产业化和产业数字化。同时，鼓励双方合作兴建数字产业园区或数字服务园区，推动数字核心企业到东盟国家投资设厂，创建数字研发中心，深化跨境电商合作，培育当地的数字辅助工业，增强与当地企业的前向联系和后向联系，逐步构建以中国企业为主导的区域数字产业链和供应链。

参考文献

ASEAN-Japan Centre（2018）. *Global Value Chains in ASEAN A Regional Perspective.* Japan：AJC，2018.

R. M. Baron and D. A. Kenny（1986）. "The Moderator-mediator Variable Distinction Insocial Psychological Research：Conceptual，Strategic，and Statistical Considerations." *Journal of Personality and Social Psychology*，Vol 55，pp. 1173-1182.

Gereffi Gary，Karina Fernandez Stark（2011）. "Global Value Chain Analysis：A Primer." *Mimeo*，*Centeron Globalization*，*Governance and Competitiveness*，Duke University.

Z. Wang，S. Wei，K. Zhu（2018）. "Quantifying International Production Sharing at the Bilateral and Sector Levels." *NBER Working Paper* No. 19677.

UNCTAD（2017）. *World Investment Report 2017*：*Investment and Digital Economy.* New York：UNCTAD.

WTO，IDE-JETRO，OECD，UIBE，World Bank（2021）. *Global Value Chain Development Report* 2021：*Beyond Production.*

B.16
泰国数字经济发展的规划与进展

金 岩 陈聪华*

摘 要： 近年来，泰国高度重视国家数字化转型，推动数字经济的快速发展。泰国数字经济的发展以全球跨入数字时代为国际背景，是泰国摆脱“中等收入陷阱”、推进产业结构转型升级、应对全球价值链重构和打造区域生产与物流中心的重要路径。泰国政府制定了数字发展中长期规划，将数字化转型上升为国家战略，建立实施数字化转型的专门机构，健全与完善相关法律法规，出台了一系列数字化转型的政策措施，致力于构建数字经济、数字社会和数字政府，取得了明显的成效，并展现出广阔的发展前景。

关键词： 数字时代 数字经济 数字化转型 泰国

早在2015年2月，泰国就提出了“数字泰国”的理念，随后出台了“数字泰国”发展计划，是最早聚焦国家数字化转型和数字经济发展的东盟国家之一。近年来，泰国高度重视国家数字化转型，国内数字经济快速发展，数字产业在国民经济和社会发展中的地位与作用不断提高和增强，使泰国迅速成为东盟国家第二大数字经济体。

---

* 金岩，经济学博士，厦门大学南洋研究院教授，博士生导师；陈聪华，厦门大学信息学院通信专业硕士研究生。

一　泰国数字经济发展的动因

随着新一代信息技术的更新迭代，数字化技术推动产业数字化和数字产业化进程，数字化对全球经济的渗透率逐渐上升，数字经济成为国民经济发展新的驱动力，也成为全球新一轮产业竞争的制高点。近年来，在全球跨入数字时代的国际背景下，泰国大力发展数字经济，这是摆脱“中等收入陷阱”、迈向高收入国家的重要战略步骤，也是推进产业结构转型升级、应对全球价值链重构、打造区域生产与物流中心的重要路径。

（一）数字化转型是泰国摆脱“中等收入陷阱”的战略步骤

早在1988年，泰国的人均国民收入（GNI）就达到1000美元，1994年已接近上中等收入国家水平，直至2010年泰国才成为上中等收入国家，2021年泰国GNI约为7300美元，仍远低于高收入国家水平。虽然泰国现有经济总量仍居东盟国家第2位，但其他国家大有后来居上的态势。2015年2月，泰国首次提出“数字泰国”发展计划，2016年4月政府内阁批准了该计划。这一为期20年的发展计划分为四个阶段，从数字化基础设施建设起步，到跨入数字经济和社会，再到全面实现数字化，最终利用数字技术推动泰国迈向发达国家。2018年10月，泰国颁布首部国家长期发展规划——《泰国国家战略（2018—2037年）》，提出力争到2037年跻身发达国家行列，成为稳定、富裕和可持续发展的国家。[①] 因此，数字化转型是泰国摆脱“中等收入陷阱”、迈向高收入国家的重要战略步骤。

疫情暴发后，泰国经济增速急转直下，陷入自亚洲金融危机以来最严重的经济衰退。2020年，泰国经济增长率为-6.1%。在疫情防控中，泰国的数字经济悄然兴起，并成为促进经济复苏的新动力。疫情暴发以

① National Strategy Committee (2018). *Thailand National Strategy (2018 - 2037)*. Bangkok: NSC.

来，泰国的线上购物、食品外卖、数字支付等数字服务消费大幅增长，企业数字化转型加速。据统计，自 2020 年初疫情暴发到 2021 年 6 月，泰国新增 900 万数字消费用户，数字消费普及率在东盟国家居第二位，90%以上的互联网用户消费数字服务。2021 年，泰国电子商务交易额为 210 亿美元，在线媒体交易额为 45 亿美元，在线旅游交易额为 28 亿美元，交通和食品交易额为 20 亿美元。[①] 泰国数字经济领域的快速发展，减缓了以旅游业为主的服务业衰退带来的影响，成为推动国内经济复苏的重要驱动力。2020 年泰国数字经济总值（GMV）约为 5400 亿泰铢，同比增长 7%。2021~2025 年，泰国数字经济规模预计将从 300 亿美元增至 570 亿美元，到 2025 年泰国数字经济将占 GDP 的 30%。

（二）通过数字化转型推进产业结构转型升级

20 世纪 50 年代末，泰国开始了工业化进程，历经了从农业主导的“泰国 1.0”到以轻工业为主的“泰国 2.0”，再到重视重化工业发展的“泰国 3.0”，“泰国 4.0”旨在推进国内经济转型与产业升级，实现从传统农业到智能农场、从传统中小企业到智能企业、从传统服务业到高附加值服务业的转变。泰国实施“工业 4.0”战略，数字经济是其主要驱动力，泰国利用后发优势，引进数字技术，加大研发和人力资源投入，通过数字技术改造传统产业，加快传统产业的转型升级。同时，数字技术发展催生新兴的数字产业，形成数字产业链和产业集群，促进数字基础设施、智能制造、数字服务业的发展，助力泰国融入全球数字价值链。

近年来，泰国尚未完成工业化却出现了“去工业化”现象，主要表现为工业部门尤其是制造业发展减速或停滞，工业部门和制造业的增加值所占比重趋于下降。世界银行统计，2010~2020 年，泰国的工业部门增加值占国内生产总值（GDP）的比重从 39.9%降至 33.1%，制造业增加值占 GDP 的

---

① Google，TEMASEK，Bain & Company（2021）.“E-Conomy SEA report 2021：Roaring 20s：The SEA Digital Decade.”https：//www.temasek.com.sg/en/news-and-resources/subscribe/google-temasek-e-conomy-sea-2021.

比重从30.9%降至25.2%。[①] 同时，泰国服务业占GDP的比重低于同等收入国家的平均水平，现代服务业发展更是相对滞后。因此，泰国希望能及时把握数字经济时代所带来的机遇，促进传统产业的转型，推动新兴产业的发展，提升现代服务业水平，以此延缓或扭转“去工业化”的进程。

（三）加快数字化转型以应对全球价值链重构

跨入数字经济时代，世界经济的数字化变革迅速推进，全球价值链的数字化水平不断提升，全球价值链的分工形态加速调整，改变了要素参与价值创造的方式，加快全球价值链的重构，引发新的国际产业的转移，使数字化背景下的全球价值链分工更具灵活性。数字化促使全球价值链的分工环节更加专业化、模块化和标准化，打破时空的界限，为企业参与价值链分工创造了有利条件。同时，产业数字化转型在一定程度上打破了大型企业对价值链环节的垄断地位，数字技术的发展与应用使中小企业能够实现产品和服务的差异化，为中小企业嵌入价值链分工环节提供更多机会。因此，数字化转型进一步拓展了全球价值链分工的深度和广度，有助于不同经济体融入价值链分工体系。

当前，世界经济处于深度调整期，全球价值链也进入重构与调整阶段，而数字技术开发与应用将对全球价值链的产业分工产生深刻影响。泰国较早融入全球价值链和区域生产网络，制造业支柱行业深度嵌入全球价值链的生产与流通环节，汽车工业、电子电器高度依赖跨国公司主导的价值链和供应链。泰国是世界第二大硬盘生产国和出口国，也是世界第十一大汽车生产国和第九大汽车出口国。目前，泰国汽车工业共有2400多家企业，其中14家汽车制造商为跨国公司子公司，690多家一级汽车零部件供应商中超过半数为外资控股，其余二、三级汽车零部件供应商由当地企业组成。[②] 电子电器

① World Bank. “World Development Indicators: Structure of Output.” http://wdi.worldbank.org/table/4.2.

② P. Intarakumnerd (2017). “Upgrading in Global Value Chains: The Cases of High, Mid and Low Technology Sectors in Thailand.” *Asian Journal of Innovation and Oolicy*, No. 6.

制造业共有2100多家企业，当地中小企业占85%。在全球汽车、电子价值链中，泰国企业一直处于价值链的中低端，价值链升级进程缓慢。全球价值链重构和数字经济兴起的叠加效应，将为泰国制造业的两大支柱行业带来难得的发展机遇，为此泰国政府调整了汽车工业政策，加大电动汽车的生产比重，大力发展数字贸易，加快中小企业数字化转型。

（四）数字经济是打造区域生产与物流中心的重要路径

从地理位置上看，泰国地处东盟十国的中心，位于中南半岛的中部，与柬埔寨、老挝和缅甸接壤，东南临泰国湾，西南濒安达曼海，且海岸线狭长，具有构建区域性生产中心和货物集散枢纽的区位优势。近年来，泰国利用重要的战略性区位优势，力争打造区域生产与物流中心。泰国《第十二个国民经济和社会发展规划（2017—2021年）》提出，通过兴建海陆空基础设施，连接周边经济走廊，与周边国家合作开发边境经济区，实现次区域和东盟区域互联互通，构建区域经济中心。[①] 2018年10月，泰国公布了《泰国国家战略（2018—2037年）》，接下来将公布《第十三个国民经济和社会发展规划（2023—2027年）》。泰国政府强调要建设农产品和食品高附加值加工的先进国家，建设智能制造和数字化服务基地，建立东盟电动汽车制造基地，建成高质量和可持续的旅游大国，兴建高质量医疗保健中心，打造区域经贸门户和物流战略中心。[②]

在数字经济时代，泰国试图构建区域生产基地与物流中心，使其在推进大湄公河次区域和东盟区域互联互通中发挥主干作用，数字化转型是非常重要的技术基础。在区域生产基地建设中，高附加值农业和食品加工业、电动汽车工业需倚重数字技术，高质量旅游业和医疗保健中心均需以数字化转型为技术支撑；在区域物流中心建设中，先进的交通运输基础设施与数字产业技术密切相关，贸易便利化和物流绩效的提升也离不开数字技术与管理的创

① National Economic and Social Development Board (2017). *The Twelfth National Economic and Social Development Plan* (*2017-2021*).

② 《国民经济和社会发展十三五规划获通过》，泰国《星暹日报》2022年2月23日。

新。例如，“国家单一窗口”（NSW）、原产地自主认证（AWSC）和海关跨境系统等制度性建设均需创建相应的大数据平台，港口数字化建设与转型将大大降低物流成本和货运成本，提升区域物流绩效和竞争力。

二　泰国数字化转型的战略与政策

在全球数字经济的浪潮中，泰国是较早聚焦数字化转型的新兴国家，政府制定了数字发展中长期规划，将数字化转型上升为国家战略，建立实施数字化转型的专门机构，健全与完善相关法律法规，从多层面和宽领域出台了一系列数字化转型的政策措施，加快迈向数字经济新时代。

（一）制定数字发展中长期规划，将数字化转型上升为国家战略

2016 年 4 月，泰国政府内阁批准了“数字泰国”发展计划，提出 20 年共四个阶段的数字化转型发展目标和战略领域：第一阶段是建设数字化基础设施，通过各领域共同参与朝着数字化经济社会迈进；第二阶段是步入数字经济社会；第三阶段是全面实现数字化；第四阶段是利用数字技术推动泰国迈向发达国家。在第一阶段发展计划中，泰国将聚焦基础设施、经济、社会、政府、人力资源开发和公众信心等六大领域，其目标是在全国建设高效的数字化基础设施，使用数字化技术推动经济发展、提高社会素质，构建“数字政府”，为数字经济和数字社会时代的到来储备人力资源，并使公众建立起对数字化技术的信心。

2016 年，泰国政府推出了“泰国 4.0”战略，提出以创新为驱动，运用新技术，促进产业结构的转型升级，提升国际竞争力，以摆脱“中等收入陷阱”。为此，政府确定了“泰国 4.0”十大目标产业部门，即新一代汽车制造、智能电子、农业和生物技术、数字经济、工业机器人、未来食品加工、生物能源与生物化工、航空物流、高端旅游和医疗卫生产业，政府采取产业倾斜政策，促使生产要素转向核心技术、基础设施、目标产业、企业创新和数字人才，推进五大传统优势产业转型和五大未来新兴产业发展，其中

数字经济属于五大新兴产业之一。同时，政府推出了“泰国 4.0”的战略性项目，即东部经济走廊（EEC）和南部经济走廊（SEC）建设项目，两大战略性项目的核心在于促进数字产业集聚，完善数字基础设施，打造区域数字经济的“增长极”。

在泰国《第十二个国民经济和社会发展规划（2017—2021 年）》中，政府确定了数字经济发展的主要任务，即实现高速宽带网络覆盖全国，建设连接东盟国家的国际海底电缆、卫星和地面网络；鼓励企业向数字化转型，创建农业、制造业、商业等领域的数字商业和电子商务平台，扶持数字初创企业、数字中小企业和数字社区企业；加强数字工业和空间技术的创新与研究，促进数字技术的发展与应用；重视人力资源开发，以满足未来数字产业的劳动力需求；建立网络安全委员会，健全和完善国家信息通信和数字经济的法律法规等。①

（二）建立实施数字化转型的专门机构，健全与完善相关法律法规

为了加快国家数字化转型，泰国调整了立法机构和行政机构的设置，建立数字化转型的专门机构。泰国设立了国家数字经济和社会委员会（The National Commission for Digital Economy and Society），由泰国总理担任主席，负责数字经济的政策制定、数字产业园区和数字社区等项目的规划。该委员会下设数字基础设施委员会（Digital Infrastructure Commission）以及数字经济与社会促进委员会（Digital Economy and Society Development Commission），还设立了数字经济和社会发展基金管理委员会（Digital Economy and Society Development Fund Management Commission），由副总理担任主席，负责管理数字经济与社会发展基金。2016 年 9 月，泰国政府成立数字经济和社会部（Ministry of Digital Economy and Society），取代原先的信息与通信技术部，除了国家灾难预警中心转至内政部管辖外，其余均划归新部门管理，该部门主要职责是促进泰国卫星工业和数字工业的创新性变革，推进“工业 4.0”战

① National Economic and Social Development Board（2017）. *The Twelfth National Economic and Social Development Plan（2017-2021）*. pp188-190.

略的实施。同时，泰国还设立了由政府部门牵头、私人部门等各方参与的专业机构，如泰国电子商务委员会由商业部牵头，国际贸易促进厅、商业发展厅、国际贸易谈判厅、贸易政策与战略办公室、商业部次长办公室、国家数字与社会发展协会、泰国银行、工业联合会、泰国电商企业家协会等 30 多家机构参与，共同制定泰国电子商务发展方向。

泰国加快制定和完善与数字经济相关的法律法规，以创造数字经济社会健康发展的法制环境。2017 年，泰国颁布了《数字经济与社会发展法案》，该法案规定了有关数字经济发展的政策和相关规划，确定国家数字经济和社会发展委员会的权力与职责，成立数字经济与社会发展专项基金，以促进数字经济的发展。① 2019 年，泰国通过了《个人数据保护法案》和《网络安全法案》，旨在强化个人数据的收集、储存、使用和管理，以加强网络空间的法律保障，确保国家安全，并保护个人数据私隐。同时，《个人数据保护法案》具有域外适用性，将对泰国境内外旨在收集和使用个人数据或监测泰国自然人行为的企业产生重大影响。② 此外，泰国还通过了《电子交易法》（2001 年），适用于使用数据信息包括信息生成、发送、接收、存储或通过电子手段如电子数据交换（EDI）、电子邮件、电报、电传或传真等处理的所有民事和商业交易。③

（三）制定数字化转型的部门计划，实施鼓励数字产业的优惠政策

为了加快数字经济发展和产业转型升级，泰国设立国家层面的专业委员会，针对各部门和领域的实际情况，制定和实施促进数字经济发展的部门计

① "Development of Digitality for Economy and Society Act (2017)." https://www.mdes.go.th/law/detail/3621-DEVELOPMENT-OFDIGITALITY-FOR-ECONOMY-AND-SOCIETY-ACT-B-E-2560-2017.

② "Personal Data Protection Act (2019)." https://www.mdes.go.th/law/detail/3577-Personal-Data-Protection-Act-BE—2562—2019; Cybersecurity Act (2019). https://www.mdes.go.th/law/detail/3572-Cybersecurity-Act-B-E-2562—2019.

③ "Electronic Transactions Act (2001)." https://www.mdes.go.th/law/detail/3616-ELECTRONIC-TRANSACTIONS-ACT—B-E-2544—2001.

划。例如，泰国数字经济与社会促进委员会发布了泰国数字发展路线图，推动泰国数字化转型。该路线图包括建设数字科技人才库，发展数字经济，推动社区数字能力建设，通过智慧城市、大数据和网络安全建设数字创新生态体系。泰国政府成立了国家 5G 网络发展委员会，制定国家 5G 网络建设和发展蓝图，对 5G 网络三期建设进行了规划，提出东部经济走廊和各府建成智慧城市的目标，推出 5G 网络基础设施共享的鼓励措施，建立数字农业化、智能医院和公共卫生服务试点，计划到 2027 年实现全国 5G 网络全覆盖。泰国政府还成立了电子商务委员会，出台了国家电子商务发展行动计划。2021 年 8 月，泰国批准了“国家电子商务发展第一阶段行动计划（2021—2022 年）”，计划到 2022 年电子商务收入超过 5.35 万亿泰铢，中小企业电商年收入至少增长 5%，跨境电商年收入增长 5%，并加强泰国本土电商平台建设，减少对国外平台的依赖。2022 年 4 月，泰国政府批准“国家电子商务发展第二阶段行动计划（2023—2027 年）”，计划到 2027 年电子商务收入超过 7.1 万亿泰铢，年均增长 10%。该行动计划聚焦电子商务的人力资源开发，支持电子商务发展环境和体系建设，增强电子商务交易信心和安全度，打造国内和跨境的电子商务平台。

针对数字经济发展的目标产业，泰国促进投资委员会（BOI）制定了鼓励采用数字技术、加大数字产业投资等一系列政策措施。例如，针对生物技术、纳米技术、先进材料技术和数字技术，给予 11~13 年免征企业所得税的税收优惠。若在人均收入较低的 20 个府（包括加拉信、猜也奔、那空帕农、楠、汶甘、武里喃、帕、马哈沙拉堪、莫拉限、夜丰颂、益梭通、黎逸、四色菊、沙功那空、沙缴、素可泰、素辇、廊磨南蒲、乌汶和安纳乍能）投资设厂，可享受为期 10 年的运输费、水电费按照成本两倍扣除的额外优惠待遇，公共便利设施的安装或建设费按投资额的 25%在成本中扣除，并享受 13 年免征企业所得税。此外，政府也对中小企业数字化转型升级提供税收优惠。① 2017 年起，中

① “Current Investment Promotion Policy.” https://www.boi.go.th/upload/content/Thailand,%20Taking%20off%20to%20new%20heights%20@%20belgium_ 5ab4f8113a385.pdf.

小企业购买计算机程序可申请至少2倍的抵税额度。2020年起，中小企业购买智能设备、数字服务、机器人和物联网设备及软件也可申请至少2倍的抵税额度，但最高上限不超过10万泰铢。①

三　泰国数字化转型的新进展

近年来，泰国推出了数字化转型战略与政策，注重数字基础设施的建设，推进移动互联网建设与普及，加快引进第五代移动通信技术（5G），开发数字平台，兴建数字园区，创建智慧城市，推广电子商务、数字金融和电子政务，致力于构建数字经济、数字社会和数字政府，并取得明显的成效。

（一）泰国数字经济初具规模，但数字化转型不均衡

在全球进入数字时代的背景下，泰国的数字经济快速增长，远超国内经济平均增速，泰国已成为东盟国家仅次于印尼的第二大数字经济体。2021~2025年，泰国数字经济规模（GMV）将从300亿美元增至570亿美元，年平均增长率为17%。其中，电子商务交易额将从210亿美元增至350亿美元，年平均增长14%；交通与食品交易额将从20亿美元增至52亿美元，年平均增长26%；在线旅游交易额将从28亿美元增至85亿美元，年平均增长32%；在线媒体交易额将从45亿美元增至79亿美元，年平均增长16%。② 2018年，泰国数字经济规模占GDP的17%，到2027年和2030年将分别达到25%和30%。③

泰国虽然数字经济发展迅速，但数字化转型诸多领域发展仍不均衡。2021年8月，“东盟数字一体化指数”（ADII）首次发布，该指数由数字贸易与物流、数据保护与网络安全、数字支付与身份识别、数字技能与人才、

① 《泰国中小企业数字化升级可享减税200%》，泰国《星暹日报》2019年8月16日。

② Google，TEMASEK，Bain & Company（2021）．“E-Conomy SEA Report 2021：Roaring 20s：The SEA Digital Decade.” https：//www.temasek.com.sg/en/news-and-resources/subscribe/google-temasek-e-conomy-sea-2021.

③ 《数字经济与社会部部长：2030年泰国数字经济占GDP的30%》，泰国《星暹日报》2021年11月18日。

创新与企业家精神、制度和基础设施准备等六大指数构成，每个指数由五个分指标组成，六大指数加总得分为 100 分。在东盟数字一体化指数各项得分中，泰国数字贸易与物流为 83.34 分、数据保护与网络安全为 87.91 分、数字支付与身份识别为 69.73 分、数字技能与人才为 43.76 分、创新与企业家精神为 56.09 分、制度和基础设施准备为 62.61 分。其中，泰国的数字贸易与物流指数得分在东盟国家中排名第一，数据保护与网络安全指数得分排名第三（仅次于马来西亚和新加坡），数字支付与身份识别指数得分排名第四（次于文莱、新加坡和马来西亚），数字技能与人才指数得分排名第七（次于新加坡、马来西亚、文莱、菲律宾、印尼和老挝），创新与企业家精神指数排名第三（仅次于新加坡和马来西亚），制度和基础设施准备指数排名第四（次于新加坡、马来西亚和文莱）。①

（二）泰国的数字基础设施建设方兴未艾

泰国是较早开通 5G 网络的东盟国家，5G 用户市场发展潜力较大。2020 年 3 月，泰国率先发布 5G 业务，泰国国内电信运营商和华为泰国公司合作探索 5G 在行业内的应用。泰国国内最大移动运营商 AIS 通信公司投资 450 亿泰铢，为东部经济走廊建立 5G 服务，并计划投资 35 亿~40 亿泰铢用于数字基础设施的建设和应用。2020 年，泰国第二大电信运营商 True 通信公司与中兴通讯公司签署 5G 商用合同，采用中兴通讯 5G 全系列产品与服务，在泰国建设 5G 商用网络。近年来，泰国国家 5G 网络建设的试点成果包括建立数字农业化试点、智能医院试点和公共卫生服务试点。②

2018 年 3 月，泰国政府投资 100 亿泰铢，兴建泰国首个数字园区（Digital Park Thailand），由泰国数字经济和社会部主导、多个部门协作建设，泰国电信公司负责园区的数字基础设施，工业产权局为入园企业提供一

① USAID，US-ASEAN Connect（2021）. *ASEAN Digital Integration Index Report 2021.*

② 《总理主持会议敲定泰国 5G 网络发展大计》，泰国《星暹日报》2020 年 8 月 17 日。

站式服务。该园区位于春武里府拉差县，占地 1.328 平方公里，重点发展机器人、航空物流、数字业务、生物燃料和生物化学等产业，打造泰国数字产业集聚地。整个园区由数字创新中心、研发中心和居住区三大功能板块组成，数字创新中心云集国内外软、硬件企业，重点围绕物联网、人工智能、机械自动化、云计算和新型传感系统等领域进行研发。园区位于东部经济走廊内，基础设施完备，拥有深海港口、机场、铁路、高速公路和海底电缆，投资潜力巨大。同时，入园企业将享受特别税收优惠，包括 8 年免缴企业所得税，另加 5 年企业所得税减半，同时豁免机器设备进口关税。

（三）疫情下电子商务蓬勃发展，数字金融逐渐进入快车道

在疫情蔓延的背景下，泰国的电子商务发展迅速，选择网上购货的人数骤增，消费者通过不同电商平台交叉购物。2020~2021 年，泰国电子商务收入分别为 3.78 万亿泰铢和 4.01 万亿泰铢。2021 年，泰国有 1220 万人通过在线平台订购外卖，在线外卖订单总价值达到 4 亿美元；3680 万人参与数字支付，支付交易总额为 193 亿美元；3660 万人通过互联网购买消费品，总支出达 190 亿美元。2021 年第三季度全球市场研究公司 GWI 调查显示，泰国约 68.3%的人每周在网上购买产品或服务，约 45.8%的人通过网上商店订购食品，约 31.4%的人每月使用银行、投资、保险网站或应用程序，约 36.2%的人使用移动支付服务，约 20.1%的人拥有某种形式的加密货币。截至 2022 年 1 月，泰国有 5450 万互联网用户，约占总人口的 77.8%。截至 2022 年初，Facebook 在泰国拥有 5005 万用户，YouTube 拥有 4280 万用户，Instagram 拥有 1850 万用户，TikTok 拥有 3580 万用户，Facebook Messenger 拥有 3570 万用户，LinkedIn 拥有 330 万用户，Snapchat 拥有 27.75 万用户，Twitter 拥有 1145 万用户。①

随着电子商务的迅速发展，泰国的数字金融逐渐进入快车道，国内手机银行、网上银行的账户数快速增长，网上银行账户从 3600 多万个增至 1.21

① *Datareportal Digital 2022*：*Thailand*. https：//datareportal.com/reports/digital-2022-thailand.

亿个，转账金额增长 18 倍。与以往各大银行竞相开设分行相比，五年内有 1400 多家银行分行关闭。[①] 泰国的电子支付市场发展潜力大，现有电子支付端口包括本土的 Prompt Pay、Ascend Money、Shopee Pay、LINE Pay 和境外电子支付软件等十余种。2020 年通过电子货币（包括电子钱包）进行的货款和服务费转账交易额超过 2800 亿泰铢。同时，东盟国家数字银行（Digital Bank）相继出现，新加坡、马来西亚等中央银行陆续发放了数字银行经营许可证，泰国中央银行计划在 2022 年 6 月前发布发展数字银行业务的指导计划，并可能向现有和新增机构发放数字银行牌照。

（四）泰国智慧城市进入建设实施阶段

新加坡是东盟国家中最早提出智慧城市建设规划的国家，2006 年新加坡颁布了“智慧国家 2015”计划，2014 年政府又公布了“智慧国家 2025”十年计划。2018 年 4 月，东盟出台智慧城市网络（ASCN）计划，旨在促进各国在智慧城市发展方面的合作，帮助可融资项目获得私营企业投资，并确保该计划能够获得东盟外伙伴国家的资金和支持。同年 5 月，东盟推出《促进智慧城市发展的特定城市行动计划》，选定 26 个试点城市，其中包括泰国的曼谷、春武里府和普吉。同年 11 月，东盟通过了《东盟智慧城市框架》，提出东盟智慧城市建设应在有竞争力的经济、稳定的环境、高质量的生活三个相互依存的目标之间实现平衡。[②]

泰国数字经济促进局（DEPA）制定了 20 年内建设 100 个智慧城市的目标，政府成立了国家智慧城市委员会。根据该计划，智慧城市的特征可用经济、交通、能源、生活、人员、治理和环境等七大方面的指标进行衡量。各地申请智慧城市必须满足五个标准，即有发展智慧城市的明确范围和清晰目标，有基础设施投资和发展计划，有开放和安全的城市数据平台设计，能够提供智慧城市解决方案，并拥有可持续的管理模式。截至

① 《五年内泰国网银账户激增至 1.21 亿个》，泰国《星暹日报》2022 年 2 月 7 日。

② ASEAN Secretariat（2018）. *ASEAN Smart Cities Framework*. *Jakarta*：*ASEAN Secretariat*.

2020 年 5 月，有意加入该计划的城市共有 39 个，获批的城市可以使用“泰国智慧城市”（Smart City Thailand）徽标，并可向促进投资委员会（BOI）申请优惠投资政策。目前，泰国首都曼谷、普吉岛、清迈和孔敬等城市已经开始了智慧城市建设进程。2022 年 3 月，泰国政府通过东部经济走廊的智慧新城计划，该城区建设预计将在 10 年内投资 1.34 万亿泰铢。①

（五）泰国电子政务建设初见成效

2017 年，泰国制定了“数字政府发展计划（2017—2021 年）”，确立了数字化政府的建设目标和时间表，设立了数字政府办公室（DGA），提出到 2021 年泰国政务全面实现数字化，公务部门间信息互联共享，提升公务服务水平。2022 年，泰国将继续实施数字政府五年发展计划，包括中小企业计划服务平台、国家福利计划信息平台、数字成绩单、农业数据开发、法律门户、健康和医疗服务平台等六大重点项目，2022 财年拨款 24 亿泰铢。2022 年 3 月，政府批准“建设中央政务云计划”，2023~2025 年三年预算支出达 62.16 亿泰铢。

泰国实施数字政府计划，对提升政府服务效率和水平起到了重要作用。2020 年，联合国经济和社会事务部发布电子政务调查报告，通过电子政务发展指数（EGDI）评估世界各国电子政务的发展状况。该指数从在线服务（Online Service）、电信基础设施（Telecommunications Infrastructure）和人力资本（Human Capital）三个方面对 193 个国家的电子政务发展水平进行调查评估。该报告数据显示，泰国电子政务发展指数列世界第 57 位，在东盟国家中排名第 3 位。其他东盟国家中，新加坡列世界第 11 位，马来西亚列第 47 位，文莱列第 60 位，菲律宾列第 77 位，越南列第 86 位，印尼列第 88 位，柬埔寨、东帝汶、缅甸和老挝处于第 124~167 位。②

---

① 《泰国内阁批准 EEC 智慧新城项目》，泰国《中华日报》2022 年 3 月 23 日。

② UNDESA（2020）. *E-Government Survey 2020: Digital Government in the Decade of Action for Sustainable Development.*

结 语

跨入数字时代，泰国数字经济快速发展，数字产业在国内经济的地位不断提高，作用不断增强，泰国已成为东盟国家第二大数字经济体。2020 年，泰国人口超过 6812.8 万，经济规模超过 5015.4 亿美元，人均 GDP 为 7361.8 美元，进出口贸易额为 3620.8 亿美元，是东盟第二大经济体和第四大进出口贸易国家，人口和人均收入均居东盟国家第 4 位。未来泰国数字经济发展颇具潜力，数字产业具有广阔的拓展空间。

从中长期看，泰国数字经济仍将保持快速发展的势头，数字产业将成为驱动经济增长和产业转型的新引擎。数字技术推进传统产业转型升级，对国内产业结构的转型升级赋予新动能，促进智能制造、新能源汽车、电子商务、数字金融、智慧旅游等新兴产业的发展；数字基础设施建设涵盖 5G 互联网、数据中心、人工智能和工业互联网等的建设，将极大地激发国内投资活力；数字产业发展催生新的商业模式和消费方式，加速数字化商品流通体系的构建，形成新业态和新模式，促进新型消费蓬勃发展。泰国国内 100 个智慧城市的规划建设，为数字技术在城市规划与管理领域的应用提供了广阔的空间。泰国政府大力推进政府数字化转型，建立国家数据中心，推行电子政务系统跨部门一站式服务，创建数字公共服务平台，增加了国内数字市场的公共部门需求。不过，泰国数字经济发展仍面临数字基础设施相对落后、技术条件准备不足、科技投入不足、专业人才匮乏、“数字鸿沟”加深等诸多问题。例如，由于数字经济资金投入大、科技含量高和建设周期长，数字基础设施建设面临资金短缺、技术匮乏和达标困难等障碍；泰国数字技术相对落后，主要依靠国外跨国公司的核心技术，自主研发和应用能力不足；泰国逐步进入老龄化社会，数字产业的高端技术人才相对较少，熟练劳动力也明显不足；泰国国内区域发展水平差距大，地区间的“数字鸿沟”将进一步加深。

泰国是我国重要的周边国家，中泰两国数字经济具有广阔的合作空间。

目前，中泰两国领导人在加强数字领域合作方面达成了共识，建立了数字合作部级对话机制，在5G通信、现代物流、人工智能、智慧交通、智慧旅游和智慧医院等领域展开广泛合作。2022年是中泰建立全面战略合作伙伴关系10周年，两国均高度重视国家数字化转型，大力推进数字经济发展。在未来数字经济合作过程中，要努力寻求数字发展规划的战略对接，完善数字合作机制和平台建设，立足双方数字需求，推动数字基础设施、新能源汽车、跨境电商、智能物流、智慧旅游、数字金融、数字医疗、电子政务、智慧城市、数字人才培养等领域的合作，助力中泰两国经贸合作提质增效和互利共赢。

参考文献

ASEAN Secretariat（2018）. *ASEAN Smart Cities Framework*. Jakarta：ASEAN Secretariat.

ASEAN Secretariat（2021）. *ASEAN Digital Masterplan 2025*. Jakarta：ASEAN Secretariat.

ERIA（2020）. *E-Commerce Connectivity in ASEAN*. Jakarta：Economic Research Institute for ASEANand East Asia.

Google，TEMASEK，Bain & Company（2021）. "E-Conomy SEA Report 2021." https：//www. bain. com/insights/e-conomy-sea-2021.

A. Le Mare，B. Promphaking，J. Rigg（2015）. "Returning Home：The Middle-Income Trap and Gendered Norms in Thailand." *Journal of International Development*，Vol. 27，No. 2.

Paul T. L. Louangrath（2017）. *Thailand 4.0 Readiness*. Social Science Electronic Publishing.

Lurong Chen，Fukunari Kimura（2019）. *Developing the Digital Economy in ASEAN*. Routledge.

Office of the National Economic and Social Development Board（2017）. *The Twelfth National Economic and Social Development Plan（2017-2021）*.

OECD（2017）. *Opportunities and Policy Challenges of Digitalization in Southeast Asia*. Paris：OECD.

UNCTAD（2021）. *Digital Economy Report 2021：Cross-border Data Flows and Development*、*For Whom the Data Flow*. New York：UNCTAD.

UNDESA（2020）. *E-Government Survey 2020：Digital Government in the Decade of Action for Sustainable Development*. New York：UNCTAD.

附　　录

Appendices

B.17

附录1　东南亚发展统计*

表1　2020年东南亚10国的国土、人口与经济规模

	面积（平方公里）	人口（千人）	国内生产总值（百万美元）	人均国内生产总值（美元）
文莱	5765.0	453.6	12000.4	25885.3
柬埔寨	181035.0	16338.1	25376.7	1528.5
印尼	1916862.2	270203.9	1059146.1	3928.5
老挝	236800.0	7261.2	19061.5	2636.0
马来西亚	329131.3	32583.8	337286.9	10328.1
缅甸	676577.2	54817.9	701176.7	1285.8
菲律宾	300000.0	108772.0	361519.2	3323.6
新加坡	728.0	5685.8	339924.6	59784.8
泰国	513139.5	68127.8	501542.7	7361.8
越南	331236.0	97582.7	271798.9	2785.3
总计	4491274.2	661826.8	3628833.7	118847.7

资料来源：根据 *ASEAN Statistical Leaflet 2021* 数据编制。

* 此部分由厦门大学图书馆经济分馆杨玉花副研究馆员整理。

表 2 2011~2020 年东南亚 10 国人口变化

单位：千人

	2011 年	2012 年	2013 年	2014 年	2015 年
文莱	393. 4	399. 8	406. 2	411. 9	412. 4
柬埔寨	14521. 3	14741. 4	14676. 6	14932. 3	15191. 7
印尼	241990. 7	245425. 2	248818. 1	252164. 8	255587. 9
老挝	6385. 1	6514. 4	6644. 0	6809. 1	6671. 7
马来西亚	29062. 0	29510. 0	30213. 7	30708. 5	31186. 1
缅甸	50149. 0	50667. 0	51184. 0	51991. 0	52450. 0
菲律宾	94823. 8	96510. 9	98196. 5	99880. 3	101562. 3
新加坡	5183. 7	5312. 4	5399. 2	5469. 7	5535. 0
泰国	66214. 0	66491. 7	66754. 6	67002. 6	67236. 0
越南	88145. 8	89202. 9	90191. 4	91203. 8	92228. 6
总计	596868. 8	604775. 7	612484. 3	620574. 0	628061. 7
	2016 年	2017 年	2018 年	2019 年	2020 年
文莱	417. 3	421. 3	442. 4	459. 5	453. 6
柬埔寨	15453. 9	15717. 7	15981. 8	16078. 7	16338. 1
印尼	258496. 5	261355. 5	264161. 6	266911. 9	270203. 9
老挝	6787. 0	6900. 8	7013. 0	7123. 1	7261. 2
马来西亚	31633. 5	32022. 5	32382. 2	32523. 0	32583. 8
缅甸	52917. 0	53388. 0	53863. 0	54340. 0	54817. 9
菲律宾	103242. 9	104921. 4	105755. 2	107288. 2	108772. 0
新加坡	5607. 3	5612. 3	5638. 7	5703. 6	5685. 8
泰国	67454. 7	67653. 2	67831. 6	67989. 8	68127. 8
越南	93250. 7	94286. 0	95385. 2	96484. 0	97582. 7
总计	635260. 8	642278. 7	648454. 7	654901. 8	661826. 8

资料来源：根据 *ASEAN Statistical Yearbook 2021* 数据编制。

表 3 2011~2020 年东南亚 10 国国内生产总值（GDP）

单位：百万美元

	2011 年	2012 年	2013 年	2014 年	2015 年
文莱	18534. 2	19049. 6	18100. 5	17102. 6	12789. 9
柬埔寨	12803. 9	14010. 9	15442. 9	16763. 6	11575. 2
印尼	846522. 6	874638. 9	904691. 9	889384. 6	854953. 1

续表

	2011 年	2012 年	2013 年	2014 年	2015 年
老挝	8060. 6	10192. 5	11955. 3	13274. 1	14420. 1
马来西亚	298141. 8	314895. 1	322159. 3	337455. 7	298716. 0
缅甸	56502. 0	60281. 7	61862. 6	66331. 1	59795. 3
菲律宾	234227. 9	262284. 0	280771. 9	297831. 8	306465. 0
新加坡	279328. 6	295083. 8	307578. 0	314849. 5	309083. 3
泰国	370932. 8	397764. 0	420616. 2	407303. 5	401269. 4
越南	135541. 1	155820. 0	171219. 3	186223. 6	193628. 4
总计	2260595. 5	2404020. 5	2514397. 9	2546520. 1	2462695. 7
	2016 年	2017 年	2018 年	2019 年	2020 年
文莱	11411. 4	12136. 0	13556. 0	13511. 0	12000. 4
柬埔寨	19426. 6	22251. 8	24609. 2	27103. 7	25376. 7
印尼	930536. 7	1014090. 4	1040051. 4	1121139. 1	1059146. 1
老挝	15893. 3	16952. 8	18095. 7	18828. 8	19061. 5
马来西亚	298970. 8	321384. 1	358356. 4	364616. 1	337286. 9
缅甸	64632. 3	67268. 3	76330. 5	66499. 8	70176. 7
菲律宾	318643. 5	328831. 2	344886. 5	376792. 7	361519. 2
新加坡	319110. 3	343561. 7	375647. 3	375542. 5	339924. 6
泰国	413324. 0	456354. 3	506614. 4	544221. 8	501542. 7
越南	205521. 4	224042. 9	241156. 6	261779. 2	271798. 9
总计	2597470. 3	2806873. 5	2999304. 0	3170034. 7	2997833. 7

注：国内生产总值（GDP）按当前市场价计算。

资料来源：根据 *ASEAN Statistical Yearbook 2021* 数据编制。

表 4　2011～2020 年东南亚 10 国经济增长率

单位：%

	2011 年	2012 年	2013 年	2014 年	2015 年
文莱	3. 7	0. 9	-2. 1	-2. 5	-0. 4
柬埔寨	7. 1	7. 3	7. 5	7. 1	9. 0
印尼	6. 5	6. 3	5. 6	5. 0	4. 9
老挝	8. 0	7. 9	8. 0	7. 6	7. 3
马来西亚	5. 3	5. 5	4. 7	6. 0	5. 0

续表

	2011 年	2012 年	2013 年	2014 年	2015 年
缅甸	5.6	7.3	8.4	8.0	7.0
菲律宾	3.9	6.9	6.8	6.3	6.3
新加坡	6.4	4.1	5.1	3.9	2.2
泰国	0.8	7.2	2.7	1.0	3.1
越南	6.2	5.2	5.4	6.0	6.7
	2016 年	2017 年	2018 年	2019 年	2020 年
文莱	-2.5	1.3	0.1	3.9	1.1
柬埔寨	6.9	7.0	7.5	7.1	-3.1
印尼	5.0	5.1	5.2	5.0	-2.1
老挝	7.0	6.9	6.3	5.5	3.3
马来西亚	4.4	5.8	4.7	4.6	-5.6
缅甸	5.9	6.8	6.8	6.2	3.2
菲律宾	7.1	6.9	6.3	6.1	-9.6
新加坡	3.3	4.5	3.5	1.7	-5.4
泰国	3.4	4.2	4.3	2.3	-6.1
越南	6.2	6.8	7.1	7.0	2.9

资料来源：根据 *ASEAN Statistical Yearbook 2021* 数据编制。

表 5　2011～2020 年东南亚 10 国人均国内生产总值（GDP）

单位：美元

	2011 年	2012 年	2013 年	2014 年	2015 年
文莱	47116.2	47647.8	44560.5	41521.3	31013.4
柬埔寨	881.7	950.4	1052.2	1122.6	1190.9
印尼	3498.2	3563.8	3636.0	3527.0	3345.0
老挝	1262.4	1564.6	1799.4	1949.5	2161.4
马来西亚	10258.8	10670.8	10662.7	10989.0	9578.5
缅甸	1126.7	1189.8	1208.6	1275.8	1140.0
菲律宾	2470.1	2717.7	2859.3	2981.9	3017.5
新加坡	53886.0	55546.2	56967.3	57562.5	55841.6
泰国	5602.0	5982.2	6300.9	6078.9	5968.1
越南	1537.7	1746.8	1898.4	2041.8	2102.7
总体	3787.4	3975.1	4105.2	4103.5	3931.6

续表

	2016 年	2017 年	2018 年	2019 年	2020 年
文莱	27348.7	28806.1	30642.1	29403.7	25885.3
柬埔寨	1257.1	1415.7	1539.8	1663.9	1528.5
印尼	3599.8	3880.1	3937.2	4200.4	3928.5
老挝	2341.7	2456.6	2580.3	2643.3	2636.0
马来西亚	9451.1	10036.2	11066.5	11190.9	10328.1
缅甸	1221.4	1260.0	1244.6	1229.2	1285.8
菲律宾	3086.3	3134.1	3235.4	3480.0	3323.6
新加坡	56910.0	61216.4	66619.8	65843.4	59784.8
泰国	6127.4	6745.5	7468.7	8004.5	7361.8
越南	2204.0	2376.2	2528.2	27113.2	2785.3
总计	4088.8	4370.2	4539.7	4833.0	4533.2

注：人均国内生产总值（GDP）按当前市场价计算。

资料来源：根据 *ASEAN Statistical Yearbook 2021* 数据编制。

表 6　2011～2020 年东南亚 10 国的通货膨胀率

单位：%

	2011 年	2012 年	2013 年	2014 年	2015 年
文莱	1.7	-5.9	0.4	-0.2	-0.4
柬埔寨	5.5	2.9	2.9	3.9	1.3
印尼	5.4	4.3	7.0	8.4	6.4
老挝	7.6	4.3	6.4	4.2	1.3
马来西亚	3.2	1.7	2.1	4.2	2.1
缅甸	2.8	2.8	5.7	5.5	10.8
菲律宾	4.7	3.2	2.9	4.2	1.4
新加坡	5.3	4.6	2.4	1.0	-0.5
泰国	3.8	3.0	2.2	1.9	-0.9
越南	18.6	9.1	6.6	4.1	0.6
	2016 年	2017 年	2018 年	2019 年	2020 年
文莱	-0.7	-0.2	0.1	-0.3	1.9
柬埔寨	3.0	2.2	2.5	1.9	2.9
印尼	3.5	3.6	3.2	3.0	2.0
老挝	1.6	0.8	2.0	3.3	5.1
马来西亚	2.1	3.7	0.9	0.7	-1.1

续表

	2016 年	2017 年	2018 年	2019 年	2020 年
缅甸	7.0	4.5	6.9	8.8	5.7
菲律宾	1.8	3.2	5.3	2.5	2.6
新加坡	-0.5	0.6	0.4	0.6	-0.2
泰国	0.2	0.7	1.1	0.7	-0.8
越南	2.7	3.5	3.5	2.8	3.2

注：通货膨胀率以消费物价指数（CPI）衡量。

资料来源：根据 *ASEAN Statistical Yearbook 2021* 数据编制。

表 7　2011～2020 年东南亚 10 国政府财政赤字占 GDP 的比重

单位：%

	2011 年	2012 年	2013 年	2014 年	2015 年
文莱	25.6	15.5	7.6	-1.0	-14.0
柬埔寨	3.8	—	—	-4.9	-4.7
印尼	-1.1	-1.9	-2.2	-2.1	-1.8
老挝	-1.9	-1.3	-4.3	-3.6	-5.9
马来西亚	0.3	-4.5	-3.9	0.1	-3.2
缅甸	—	—	—	—	—
菲律宾	-2.0	-2.3	-1.4	-0.6	-0.9
新加坡	1.1	1.6	1.3	0.1	-1.0
泰国	-4.1	-4.2	-1.9	-2.9	-2.9
越南	-1.8	—	—	—	—
	2016 年	**2017 年**	**2018 年**	**2019 年**	**2020 年**
文莱	-21.7	-10.4	-3.6	-7.1	-17.1
柬埔寨	-4.2	0.0	-5.1	5.3	-2.6
印尼	-2.2	-2.7	-2.1	-1.9	-6.2
老挝	-5.2	-5.6	-4.6	-5.0	-5.3
马来西亚	-3.1	-2.9	-3.7	-3.4	-3.5
缅甸	—	—	—	-5.0	-4.9
菲律宾	-2.4	-2.2	-3.2	-3.5	-7.6
新加坡	1.2	2.1	0.4	-0.7	-6.3
泰国	-2.3	0.0	2.5	-0.8	-6.1
越南	—	—	—	-3.4	-5.8

资料来源：根据 *ASEAN Statistical Yearbook 2021* 数据编制。

表 8　2010~2020 年东南亚国家三次产业增加值结构的变化

单位：%

	农业			工业			服务业		
	2010 年	2015 年	2020 年	2010 年	2015 年	2020 年	2010 年	2015 年	2020 年
文莱	0.7	1.1	1.2	67.4	60.2	58.1	31.9	38.7	40.8
柬埔寨	36.0	28.2	24.4	23.3	29.4	37.0	40.7	42.3	38.6
印尼	14.3	13.9	14.2	43.9	41.4	39.7	41.8	44.7	46.1
老挝	30.6	19.7	18.5	29.8	31.0	37.2	39.6	49.4	44.3
马来西亚	10.2	8.4	8.3	40.9	38.9	36.3	48.9	52.7	55.4
缅甸	36.9	26.8	21.4	26.5	34.5	38.0	36.7	38.8	40.7
菲律宾	13.7	11.0	10.2	32.3	30.5	28.4	53.9	58.8	61.4
新加坡	0.0	0.0	0.0	28.2	25.8	25.6	71.8	74.2	74.4
泰国	10.5	8.9	8.6	37.1	33.4	30.4	52.4	57.7	61.0
东帝汶	24.7	17.8	14.1	8.8	18.4	29.3	66.5	63.8	56.6
越南	21.0	18.8	14.9	36.7	37.0	33.7	42.2	44.2	41.6

注：缅甸、东帝汶 2020 年为 2019 年的数据。

资料来源：根据 *ADB Key Indicators for Asia and the Pacific 2021* 编制。

表 9　2020 年东南亚国家在世界货物、服务贸易中的排名

单位：亿美元，%

	世界排名	出口国	金额	比重	世界排名	进口国	金额	比重
货物贸易	14	新加坡	3630	2.1	15	新加坡	3300	1.9
	20	越南	2830	1.6	19	越南	2630	1.5
	24	马来西亚	2340	1.3	25	泰国	2070	1.2
	25	泰国	2310	1.3	26	马来西亚	1900	1.1
	32	印尼	1630	0.9	31	印尼	1420	0.8
	42	菲律宾	640	0.4	37	菲律宾	910	0.5
		总计	13380	7.6		总计	12230	7.0
服务贸易	8	新加坡	1870	3.8	8	新加坡	1720	3.8
	30	泰国	310	0.6	25	泰国	470	1.0
	31	菲律宾	310	0.6	31	马来西亚	330	0.7
	39	马来西亚	220	0.4	37	印尼	240	0.5
	40	越南	190	0.4	40	菲律宾	180	0.4
		总计	2900	5.8		总计	2940	6.4

注：仅包括东南亚国家货物进出口贸易进入世界前 50 位、服务进出口贸易进入世界前 40 位的国家。

资料来源：根据 *WTO World Trade Statistical Review 2021* 编制。

表 10 1950~2021 年东南亚 10 国的商品进出口贸易总额

单位：亿美元

	1950 年	1955 年	1960 年	1965 年	1970 年	1975 年	1980 年	1985 年
文莱	0.87	1.29	1.00	1.01	1.79	13.22	51.53	35.87
柬埔寨	0.57	0.86	1.65	2.08	0.93	0.65	1.96	1.40
印尼	12.40	15.76	14.15	14.03	21.10	118.72	327.43	288.52
老挝	0.02	0.20	0.20	0.34	1.21	0.57	1.20	2.47
马来西亚	15.42	16.39	20.97	23.32	30.88	74.09	237.24	275.69
缅甸	2.30	4.07	4.86	4.72	2.63	3.68	8.34	5.92
菲律宾	7.07	10.08	13.39	15.92	22.77	60.50	140.32	100.66
新加坡	20.75	23.63	24.69	22.24	40.15	135.09	433.83	490.97
泰国	5.13	6.73	8.61	13.64	20.09	54.88	157.19	163.63
越南	2.54	3.32	3.26	2.29	3.81	13.31	16.52	25.55
总计	67.07	82.33	92.78	99.59	145.36	474.71	1375.56	1390.68

	1990 年	1995 年	2000 年	2005 年	2010 年	2015 年	2020 年	2021 年
文莱	32.14	4.93	50.1	77.4	114.45	95.82	119.51	193.47
柬埔寨	2.5	20.42	33.28	70.19	119.34	218.03	368.3	459.98
印尼	475.12	860.47	1089.98	1627.21	2934.42	2930.61	3049.28	4258.91
老挝	2.64	9.00	8.65	14.35	38.06	93.28	114.85	141.51
马来西亚	587.1	1516.06	1801.92	2559.5	3632.34	3759.23	4239.83	5370.08
缅甸	5.95	21.86	39.91	56.84	134.21	283.14	346.39	301.43
菲律宾	211.21	458.43	751.05	907.42	1099.66	1335.77	1546.38	1984.93
新加坡	1136.29	2427.75	2723.49	4296.96	6626.58	6486.74	6923.64	8635.83
泰国	561.13	1272.25	1308.86	2291.14	3762.27	4169.63	4377.9	5387.74
越南	51.56	136.04	301.21	692.03	1570.76	3276.75	5453.3	6675.11
总计	3065.64	6767.21	8108.45	12593.04	20032.09	22649.00	26539.38	33408.99

资料来源：根据 WTO Statistics Database 数据编制。

表 11　1993~2020 年东盟区内贸易的变化

单位：亿美元

年份	东盟区内贸易		东盟区外贸易		东盟总贸易	
	出口	进口	出口	进口	出口	进口
1993	436.81	387.63	1629.56	1845.48	2066.37	2233.11
1994	585.72	469.12	1881.93	2203.30	2467.65	2672.42
1995	701.79	536.02	2265.18	2649.53	2966.97	3185.55
1996	809.74	642.11	2423.88	2863.95	3233.61	3506.06
1997	853.52	646.21	2573.18	2913.51	3426.70	3559.72
1998	693.13	516.05	2473.38	2078.52	3166.51	2594.57
1999	749.04	577.71	2669.08	2235.75	3418.12	2813.46
2000	933.80	734.66	3167.61	2723.91	4101.41	3458.57
2001	826.81	676.40	2876.75	2494.89	3703.56	3206.35
2002	867.07	732.02	2971.48	2549.11	3838.54	3299.63
2003	1003.19	758.80	3307.15	2840.10	4367.82	3636.56
2004	1200.69	1017.97	4055.67	3581.48	5517.39	4921.86
2005	1638.63	1410.31	4842.85	4357.12	6481.48	5767.43
2006	1892.54	1636.19	5616.53	4907.07	7509.07	6543.25
2007	2178.59	1853.65	6439.46	5668.15	8618.05	7521.80
2008	2513.18	2205.09	7279.18	7012.27	9792.36	9217.36
2009	2002.36	1767.43	6105.50	5502.67	8107.85	7270.10
2010	2643.98	2384.66	7846.45	7139.34	10490.43	9524.00
2011	3160.18	2669.20	9261.72	8892.18	12421.90	11561.38
2012	3280.24	2776.17	9296.85	9452.67	12577.08	12228.84
2013	3386.13	2791.38	9398.03	9755.14	12784.17	12546.53
2014	3302.09	2779.04	9637.78	9633.17	12939.88	12412.21
2015	2871.06	2482.74	8846.27	8528.54	11717.34	11011.28
2016	2778.96	2400.58	8757.12	8462.31	11536.09	10862.89
2017	3118.25	2772.91	10129.70	9692.14	13224.80	12465.05
2018	3445.07	3001.48	10915.43	10719.08	14360.50	13720.56
2019	3323.12	3002.92	10915.18	10923.09	14238.30	13926.02
2020	2886.23	2611.99	10682.67	9731.42	13568.89	12343.41

资料来源：根据 *ASEAN Statistical Yearbook* 有关年份数据编制。

表 12　2020 年东南亚 10 国十大进出口贸易伙伴

出口			进口		
国家或地区	金额（百万美元）	比重（%）	国家或地区	金额（百万美元）	比重（%）
东盟区内	288622.7	21.3	中国大陆	289858.9	23.5
中国内地	213443.5	15.7	东盟区内	261198.8	21.2
美国	205581.8	15.2	日本	96528.4	7.8
欧盟	127199.6	9.4	美国	95516.0	7.7
日本	98362.2	7.2	韩国	94689.4	7.7
中国香港	94302.5	6.9	欧盟	93724.1	7.6
韩国	57811.8	4.3	中国台湾	83264.3	6.7
印度	40206.3	2.8	印度	25498.8	2.1
中国台湾	38304.7	3.0	澳大利亚	23047.4	1.9
澳大利亚	29676.6	2.2	阿联酋	16896.0	1.4
总计	1193511.7	88.0	总计	1080222.1	87.6
出口总额	1356263.3	100.0	进口总额	1233130.3	100.0

注：东南亚 10 国不包括东帝汶。

资料来源：根据 *ASEAN Statistical Yearbook 2021* 编制。

表 13　2019～2020 年东南亚 10 国进出口贸易的十大商品及其比重

单位：%

	2019 年		2020 年	
出口	85 章　电机、电器、音像设备及其零附件	26.7	85 章　电机、电器、音像设备及其零附件	29.7
	84 章　核反应堆、锅炉、机械器具及零件	10.6	84 章　核反应堆、锅炉、机械器具及零件	10.5
	27 章　矿物燃料、矿物油及其产品：沥青等	10.0	27 章　矿物燃料、矿物油及其产品：沥青等	7.4
	71 章　珠宝、贵金属及制品；仿首饰；硬币	3.4	71 章　珠宝、贵金属及制品；仿首饰；硬币	4.1
	87 章　车辆及其零附件，但铁道车辆除外	3.3	90 章　光学、照相、医疗等设备及零附件	3.1
	39 章　塑料及其制品	3.3	39 章　塑料及其制品	2.9
	90 章　光学、照相、医疗等设备及零附件	3.1	40 章　橡胶及其制品	2.7
	40 章　橡胶及其制品	2.5	87 章　车辆及其零附件，但铁道车辆除外	2.7
	15 章　动、植物油，脂蜡；精制食用油脂	2.2	15 章　动、植物油，脂蜡；精制食用油脂	2.7
	61 章　针织或钩编的服装及衣着附件	2.1	61 章　针织或钩编的服装及衣着附件	2.0
进口	85 章　电机、电器、音像设备及其零附件	23.4	85 章　电机、电器、音像设备及其零附件	28.1
	27 章　矿物燃料、矿物油及其产品：沥青等	14.6	84 章　核反应堆、锅炉、机械器具及零件	12.1
	84 章　核反应堆、锅炉、机械器具及零件	12.6	27 章　矿物燃料、矿物油及其产品：沥青等	11.4
	39 章　塑料及其制品	4.1	39 章　塑料及其制品	4.1
	87 章　车辆及其零附件，但铁道车辆除外	3.5	87 章　车辆及其零附件，但铁道车辆除外	2.9
	72 章　钢铁	3.5	72 章　钢铁	2.9

续表

	2019 年		2020 年	
进口	90 章　光学、照相、医疗等设备及零附件	2.8	90 章　光学、照相、医疗等设备及零附件	2.9
	71 章　珠宝、贵金属及制品;仿首饰;硬币	2.7	71 章　珠宝、贵金属及制品;仿首饰;硬币	2.8
	29 章　有机化学品	1.9	29 章　有机化学品	1.9
	73 章　钢铁制品	1.8	73 章　钢铁制品	1.7

注：根据 HS 编码两位数商品编制；东南亚 10 国不包括东帝汶。

资料来源：根据 *ASEAN Statistical Yearbook 2021* 编制。

表 14　2019~2020 年东盟与中国进出口贸易的十大商品及其比重

单位：%

	2019 年		2020 年	
出口	85 章　电机、电器、音像设备及其零附件	26.7	85 章　电机、电器、音像设备及其零附件	30.5
	27 章　矿物燃料、矿物油及其产品:沥青等	10.7	27 章　矿物燃料、矿物油及其产品:沥青等	8.6
	84 章　核反应堆、锅炉、机械器具及零件	7.2	84 章　核反应堆、锅炉、机械器具及零件	7.4
	39 章　塑料及其制品	6.4	72 章　钢铁	5.5
	40 章　橡胶及其制品	4.0	39 章　塑料及其制品	5.3
	90 章　光学、照相、医疗等设备及零附件	3.9	40 章　橡胶及其制品	3.9
	29 章　有机化学品	3.5	90 章　光学、照相、医疗等设备及零附件	3.2
	08 章　食用水果及坚果;柑橘属水果或甜瓜的果皮	3.2	08 章　食用水果及坚果;柑橘属水果或甜瓜的果皮	2.9
	71 章　珠宝、贵金属及制品;仿首饰;硬币	3.0	29 章　有机化学品	2.8
	15 章　动、植物油、脂蜡;精制食用油脂	2.6	15 章　动、植物油、脂蜡;精制食用油脂	2.6
进口	85 章　电机、电器、音像设备及其零附件	29.6	85 章　电机、电器、音像设备及其零附件	34.4
	84 章　核反应堆、锅炉、机械器具及零件	17.2	84 章　核反应堆、锅炉、机械器具及零件	16.4
	27 章　矿物燃料、矿物油及其产品:沥青等	5.7	39 章　塑料及其制品	4.3
	39 章　塑料及其制品	4.1	27 章　矿物燃料、矿物油及其产品:沥青等	3.5
	72 章　钢铁	4.0	73 章　钢铁制品	3.2
	73 章　钢铁制品	3.3	72 章　钢铁	3.1
	87 章　车辆及其零附件,但铁道车辆除外	2.1	90 章　光学、照相、医疗等设备及零附件	2.1
	90 章　光学、照相、医疗等设备及零附件	2.1	29 章　有机化学品	2.0
	60 章　针织物及钩编织物	1.9	87 章　车辆及其零附件,但铁道车辆除外	1.9
	29 章　有机化学品	1.9	60 章　针织物及钩编织物	1.9

注：根据 HS 编码两位数商品编制。

资料来源：根据 *ASEAN Statistical Yearbook 2021* 编制。

表 15 1990~2020 年东南亚吸收的外国直接投资（FDI）流入量

单位：百万美元

	1990 年	1995 年	2000 年	2005 年	2010 年	2015 年	2020 年
文莱	7	583	550	290	481	173	577
柬埔寨	—	151	149	381	1342	1823	3625
印尼	1092	4419	-4495	8336	13771	16641	18581
老挝	6	95	34	28	279	1078	968
马来西亚	2611	5815	3788	4065	9060	10082	3483
缅甸	225	318	208	110	6669	2824	1834
菲律宾	550	1459	2240	1854	1298	4447	6542
新加坡	5575	11943	15515	18090	55076	59700	90562
泰国	2575	2070	3410	8067	14568	5624	-6100
东帝汶	—	—	—	1	29	43	72
越南	180	1780	1298	1954	8000	11800	15800
总计	12821	28633	22697	43176	110573	114235	135944

资料来源：根据 *UNCTAD World Investment Report* 有关年份的数据编制。

表 16 1990~2020 年东南亚吸收的外国直接投资（FDI）流入存量

单位：百万美元

	1990 年	1995 年	2000 年	2005 年	2010 年	2020 年
文莱	33	642	3868	2125	4140	7589
柬埔寨	38	356	1580	2471	9026	36903
印尼	8732	20626	25060	41187	160735	240477
老挝	13	211	588	681	1888	10899
马来西亚	10318	28731	52747	44460	101620	174123
缅甸	281	1210	3752	6480	14507	35960
菲律宾	4528	10148	13762	14978	25896	103193
新加坡	30468	65644	110570	237009	633354	1855370
泰国	8242	17684	30944	61413	139286	271827
东帝汶	—	—	—	19	155	468
越南	1650	7150	14730	22444	57004	176911
总计	64303	152402	257601	433267	1147611	2913720

资料来源：根据 *UNCTAD World Investment Report* 有关年份的数据编制。

表 17　2011～2020 年东南亚 10 国吸收外国直接投资（FDI）的主要来源地

单位：百万美元

	2011 年	2012 年	2013 年	2014 年	2015 年
东盟区内	15836.7	23900.8	18464.2	22180.9	20819.3
其他地区	71726.1	92873.5	102501.4	107933.7	97847.9
澳大利亚	4847.3	741.1	2165.5	4032.1	1407.2
加拿大	922.7	3870.8	790.0	2239.7	1179.7
中国	7194.3	7975.2	6165.2	6811.7	6571.8
欧盟	24419.3	-2536.7	15718.5	28943.3	20373.01
印度	-2106.2	7040.7	1731.2	1163.5	1473.4
日本	7797.6	14852.8	24608.6	13436.1	12962.3
韩国	1774.3	1278.5	4302.7	5257.2	5608.8
新西兰	24.6	-945.8	270.0	496.3	-58.3
俄罗斯	10.1	189.1	608.0	-113.5	-24.4
美国	8197.4	18911.4	11457.9	21141.3	22912.5
其他国家	18644.7	41496.4	34683.8	24526.0	25441.9
总计	87562.8	116774.3	120965.6	130114.6	118667.2
	2016 年	2017 年	2018 年	2019 年	2020 年
东盟区内	26408.9	27083.5	22830.4	22046.5	22815.8
其他地区	89782.0	129064.3	126635.6	159959.8	114515.7
澳大利亚	1081.7	-807.8	700.7	1085.0	535.4
加拿大	1603.2	1477.3	318.6	10124.3	5100.7
中国	10502.7	17511.0	12751.7	8827.7	7732.6
欧盟	31810.7	15364.5	27856.4	17711.4	10115.8
印度	850.9	1510.3	555.6	1529.1	2123.7
日本	15047.6	15625.4	26724.6	23837.9	8520.2
韩国	6586.4	5649.3	5169.4	7527.3	6849.5
新西兰	347.2	162.6	-155.1	163.8	72.5
俄罗斯	63.4	47.8	56.1	83.5	63.2
美国	13626.3	30868.3	-25398.5	34580.7	35039.2
其他国家	8261.9	41655.6	78056.1	54489.1	38463.0
总计	116190.9	156147.8	149466.0	182006.3	137331.5

注：东南亚 10 国不包括东帝汶。

资料来源：根据 *ASEAN Statistical Yearbook 2021* 编制。

表 18 2015~2020 年东盟国家的外国直接投资（FDI）部门分布

单位：百万美元

	2015 年	2016 年	2017 年
农、林、渔业	5389.0	2683.3	4275.5
采矿业	6542.0	3921.4	2253.2
制造业	28490.8	21647.6	31839.9
电力、燃气、热力等供应	2039.9	1047.3	7320.0
供水、污水、废物管理	-40.2	397.5	544.8
建筑业	249.4	923.7	2032.3
批发零售业	10603.6	15907.4	16446.1
交通运输、仓储业	4327.4	923.6	821.0
住宿和餐饮业	238.0	1424.9	198.3
信息和通信业	3510.0	3271.6	6375.8
金融和保险业	32141.4	40550.5	53899.4
房地产业	8865.5	10242.9	13009.8
专业、科学和技术服务	12171.2	4675.3	6531.7
行政及其服务	298.2	249.0	220.0
公共管理和社会保障	0.0	24.8	34.2
教育	1.4	65.2	96.5
卫生与社会工作	127.0	-105.2	331.3
文化、体育和娱乐业	-14.9	727.2	46.9
其他服务业	-234.5	1875.8	2961.4
其他	3961.8	5736.9	6909.5
总计	118667.0	116190.7	156147.6

	2018 年	2019 年	2020 年
农、林、渔业	3723.8	2445.4	321.3
采矿业	-6911.0	2073.3	1948.1
制造业	62494.8	49108.9	19933.0
电力、燃气、热力等供应	1404.5	1516.0	3916.7
供水、污水、废物管理	153.9	570.6	343.8
建筑业	2866.5	2989.4	1295.5
批发零售业	19027.7	28001.9	26857.4
交通运输、仓储业	481.3	1638.1	2142.6
住宿和餐饮业	571.8	44.3	1014.0
信息和通信业	5633.7	-796.9	2496.1

续表

	2018 年	2019 年	2020 年
金融和保险业	35418.3	57145.2	50321.9
房地产业	11710.9	11020.7	8357.6
专业、科学和技术服务	2446.9	15012.2	11229.8
行政及其服务	563.6	171.7	104.5
公共管理和社会保障	10.8	11.4	-54.8
教育	51.2	306.6	149.8
卫生与社会工作	816.6	2316.8	5.8
文化、体育和娱乐业	684.7	66.0	2.1
其他服务业	711.6	1982.4	1833.6
其他	7604.4	6382.2	5112.9
总计	149466.0	182006.2	137331.7

资料来源：根据 *ASEAN Statistical Yearbook 2021* 编制。

表 19　2015~2020 年中国在东盟国家直接投资的部门分布

单位：百万美元

	2015 年	2016 年	2017 年
农、林、渔业	62.2	75.2	238.6
采矿业	274.7	110.9	679.6
制造业	741.6	1126.5	1632.4
电力、燃气、热力等供应	554.5	491.5	916.8
供水、污水、废物管理	45.9	16.2	16.9
建筑业	72.4	746.9	635.5
批发零售业	372.2	112.7	3721.9
交通运输、仓储业	169.8	-133.7	105.4
住宿和餐饮业	45.3	820.9	-187.4
信息和通信业	163.9	185.7	149.4
金融和保险业	1801.5	4081.0	6284.9
房地产业	2006.2	2415.0	3173.9
专业、科学和技术服务	-5.1	119.9	112.5
行政及其服务	1.5	7.7	2.8
公共管理和社会保障	0.0	0.0	0.0
教育	0.5	2.4	7.0
卫生与社会工作	2.2	6.5	18.8
文化、体育和娱乐业	0.0	13.6	0.9
其他服务业	151.6	92.0	1.1
其他	110.9	211.8	0.0
总计	6571.8	10502.7	17511.09

续表

	2018 年	2019 年	2020 年
农、林、渔业	323.4	341.2	287.8
采矿业	-196.6	-559.2	-108.5
制造业	1449.3	2857.8	2456.7
电力、燃气、热力等供应	324.5	396.2	610.0
供水、污水、废物管理	14.2	92.1	22.6
建筑业	839.3	460.9	759.8
批发零售业	1548.8	842.9	1311.5
交通运输、仓储业	1084.9	89.0	143.7
住宿和餐饮业	212.7	113.7	140.4
信息和通信业	2135.4	229.8	206.1
金融和保险业	2029.5	1715.1	-360.9
房地产业	2740.2	2002.0	1767.0
专业、科学和技术服务	129.5	200.6	218.1
行政及其服务	9.1	9.3	9.5
公共管理和社会保障	0.0	0.0	0.0
教育	-13.5	0.0	-2.3
卫生与社会工作	19.6	18.2	11.8
文化、体育和娱乐业	34.4	3.2	0.2
其他服务业	66.9	15.0	259.0
其他	0.0	0.1	0.1
总计	12751.6	8827.9	7732.6

资料来源：根据 *ASEAN Statistical Yearbook 2021* 编制。

表 20　2006~2020 年到访东南亚 10 国的游客人数

单位：千人次

年份	文莱	柬埔寨	印尼	老挝	马来西亚	缅甸	菲律宾	新加坡	泰国	越南	总计
2006	158	1700	4871	1215	18472	653	2688	9752	13822	3583	56914
2007	179	2015	5506	1624	20236	732	3092	10288	14464	4150	62286
2008	226	2125	6429	2005	22052	661	3139	10116	14597	4254	65604
2009	157	2162	6324	2008	23646	763	3017	9681	14150	3772	65680
2010	214	2508	7003	2513	24577	792	3521	11639	15936	5050	73753

续表

年份	文莱	柬埔寨	印尼	老挝	马来西亚	缅甸	菲律宾	新加坡	泰国	越南	总计
2011	242	2882	7650	2724	24714	816	3918	13171	19098	6014	81229
2012	209	3584	8044	3330	25033	1059	4273	14491	22354	6848	89225
2013	3279	4210	8802	3780	25716	2044	4681	15568	26547	7572	102199
2014	3886	4503	9435	4159	27437	3081	4833	15095	24780	7874	105083
2015	218	4775	10407	4684	25721	4681	5361	15232	29881	7944	108904
2016	219	5012	11519	4239	26757	2907	5967	16404	32530	10013	115562
2017	259	5602	14040	3869	25948	3443	6621	17425	35592	12922	125721
2018	278	6201	15810	4186	25832	3549	7128	18508	38178	15498	135168
2019	333	6611	16107	4791	26101	4364	8261	19114	39916	18009	143607
2020	62	1306	4053	886	4333	903	1483	2742	6702	3687	26157

资料来源：根据 *ASEAN Secretariat Database* 有关年份数据编制。

表 21　2020 年东南亚 10 国的各类自由贸易协定（截至 2020 年 3 月）

单位：项

	正在谈判中		已签署未生效	已签署并生效	总数
	已签署框架协定	谈判中			
文莱	0	1	0	11	12
柬埔寨	0	1	1	9	11
印尼	0	6	3	15	24
老挝	0	1	0	10	11
马来西亚	1	6	1	17	26
缅甸	1	2	0	8	11
菲律宾	0	3	0	10	13
新加坡	0	7	1	27	38
泰国	1	9	0	15	25
越南	0	3	0	15	19

注：（1）已签署框架协定：指涉及各方签署框架性协议（FA），并以此作为未来谈判的框架；（2）谈判中：指有关各方通过有关部门宣布正式启动谈判或设定日期，或已开始第一轮谈判；（3）已签署未生效：指有关各方完成谈判后签署了自由贸易协定，但协定未正式生效；（4）已签署并生效：指有关自由贸易协定获得立法或行政审批，并开始生效。

资料来源：ADB Asia Regional Integration Center. http：//aric. adb. org/fta 。

表 22 2021 年东南亚 10 国全球创新指数（GII）世界排名

	全球创新指数	制度	人力资本和研究	基础设施	市场成熟度	商业成熟度	知识和技术产出	创意产出
文莱	82	24	52	46	106	84	130	85
柬埔寨	109	111	109	107	69	117	111	98
印尼	87	107	91	68	57	110	74	91
老挝	117	130	113	123	103	70	127	90
马来西亚	36	41	39	51	30	39	31	37
缅甸	127	123	108	113	124	132	89	131
菲律宾	51	90	80	86	86	33	24	65
新加坡	8	1	9	15	5	3	13	17
泰国	43	64	63	61	27	36	40	55
越南	44	83	79	79	22	47	41	42

注：全球创新指数（Global Innovation Index，GII）由制度子指数（包括政治环境、监管环境、商业环境）、人力资本和研究子指数（包括教育、高等教育、研究和开发）、基础设施子指数（包括信息通信技术、普通基础设施、生态可持续）、市场成熟度子指数（包括信贷，投资，贸易、竞争和市场规模）、商业成熟度子指数（包括知识型工人、创新关联、知识的吸收）、知识和技术产出子指数（包括知识的创造、知识的影响、知识的传播）、创意产出子指数（包括无形资产、创意产品和服务、网络创意）组成。

资料来源：根据 Cornell University，INSEAD，*WIPO Global Innovation Index 2020* 数据编制。

表 23 2011~2020 年东南亚 10 国的城市人口比率

单位：%

	2011 年	2012 年	2013 年	2014 年	2015 年	2016 年	2017 年	2018 年	2019 年	2020 年
文莱	75.3	76.0	76.0	76.3	76.7	77.0	77.3	77.6	77.9	78.3
柬埔寨	21.0	22.0	22.0	22.5	23.0	23.5	24.0	24.5	39.4	35.7
印尼	51.2	52.0	52.0	53.0	53.3	54.0	55.0	55.3	56.0	56.7
老挝	30.7	31.9	31.9	32.5	33.1	33.7	34.4	35.0	35.6	36.3
马来西亚	71.7	73.0	73.0	73.6	74.3	74.8	75.2	75.6	76.2	76.7
缅甸	30.5	30.8	30.8	29.2	29.3	29.4	29.5	30.0	30.0	29.9
菲律宾	45.5	45.9	45.9	46.1	46.3	46.5	46.7	46.9	47.1	47.4
新加坡	100.0	100.0	100.0	100.0	100.0	100.0	100.0	100.0	100.0	100.0
泰国	44.7	46.2	46.2	46.9	47.7	48.4	49.2	49.9	50.7	51.4
越南	31.4	32.0	32.0	33.2	33.5	33.7	33.9	34.2	34.7	36.8
东盟	40.8	41.5	41.5	41.9	42.3	42.7	43.3	43.6	44.4	44.7

资料来源：根据 *ASEAN Statistical Yearbook 2021* 数据编制。

表 24　1980~2019 年东南亚国家人类发展指数（HDI）

	1980 年	1985 年	1990 年	1995 年	2000 年	2005 年	2010 年	2015 年	2020 年
文莱	0. 750	0. 760	0. 784	0. 807	0. 818	0. 838	0. 843	0. 865	0. 838
柬埔寨	—	—	—	0. 407	0. 438	0. 536	0. 536	0. 563	0. 594
印尼	0. 423	0. 460	0. 481	0. 527	0. 543	0. 640	0. 665	0. 689	0. 718
老挝	—	—	0. 376	0. 411	0. 448	0. 511	0. 539	0. 586	0. 613
马来西亚	0. 559	0. 600	0. 631	0. 674	0. 705	0. 747	0. 769	0. 789	0. 810
缅甸	0. 279	0. 307	0. 298	0. 340	0. 380	0. 472	0. 520	0. 556	0. 583
菲律宾	0. 550	0. 552	0. 571	0. 586	0. 602	0. 638	0. 654	0. 682	0. 718
新加坡	—	—	—	—	0. 801	0. 840	0. 897	0. 925	0. 938
泰国	0. 486	0. 528	0. 566	0. 603	0. 626	0. 685	0. 716	0. 740	0. 777
东帝汶	—	—	—	—	0. 404	0. 448	0. 491	0. 605	0. 606
越南	—	—	0. 435	0. 486	0. 528	0. 598	0. 653	0. 683	0. 704

注：人类发展指数（HDI）以预期寿命、受教育程度、人均 GDP（PPP）为衡量指标。2020 年，在全球 189 个国家和地区的人类发展指数排名中，文莱列第 47 位、柬埔寨列第 144 位、印尼并列第 107 位、老挝列第 137 位、马来西亚列第 62 位、缅甸列第 147 位、菲律宾并列第 107 位、新加坡列第 11 位、泰国列第 79 位、东帝汶列第 141 位、越南列第 117 位。

资料来源：根据 *UNDP International Human Development Indicators* 有关年份的数据编制。

B.18

附录2 2021年东南亚大事记*

2021年1月

·1日，《新加坡—英国自由贸易协定》正式生效。

·3日，泰国政宪公报网发布由泰国总理兼国防部长巴育上将签署下发的第16版《紧急法令》实施规定公告，以控制28府疫情。

·6日，中国建设银行新加坡分行在新加坡和北京两地同步举行特准全面银行执照揭牌仪式。

·7日，新加坡与新西兰签署的《数字经济伙伴关系协定》生效。

·8日，柬埔寨国防部部长狄班与越南国防部长吴春历举行视频会谈，并签署2021年两国合作计划。

·11日，缅甸总统温敏在内比都会见中国国务委员兼外交部长王毅。11~12日访问缅甸期间，王毅还同缅甸国务资政兼外长昂山素季举行会谈，会见缅甸国务资政府部部长觉丁瑞，并会见缅甸国防军总司令敏昂莱。

·11~16日，应印度尼西亚外长蕾特诺、文莱外交事务主管部长艾瑞万、菲律宾外长洛钦邀请，中国国务委员兼外交部长王毅先后访问印度尼西亚、文莱和菲律宾。

·12日下午，越南国防部副部长阮志咏上将和印度国防部长秘书阿贾伊·库马尔以视频方式主持召开了越南与印度第十三次防务政策磋商会议。

·14日，中国商务部确认，2020年中国对主要贸易伙伴进出口实现增长，东盟历史性地成为中国第一大贸易伙伴。

·13~15日，老挝人民革命党第十一次全国代表大会在老挝首都万象

---

* 该部分由厦门大学东南亚研究中心副研究馆员张长虹整理。

举行。15 日，现任老挝政府总理通伦当选人民革命党中央总书记。

· 15 日，美国贸易代表办公室公布对越南汇率政策的“301 调查”结果，称与越南货币估值相关的行为和政策整体看来“不合理”且限制美国商业活动，但美方未宣布关税惩罚措施。

· 16 日，由中国银行马尼拉分行运营的菲律宾人民币清算银行中心在马尼拉正式开业。

· 21~22 日，首次东盟数字部长系列会议以视频方式举行，会议通过《东盟数字总体规划 2025》，旨在推动东盟数字发展与合作。

· 22 日，俄罗斯国防部长绍伊古访问缅甸，与缅甸国防军总司令敏昂莱会晤。

· 25 日，第 20 次柬老缅越经济高官会议以视频方式召开。

· 27 日，马来西亚总理穆希丁与澳大利亚总理莫里森举行视频会议，将两国关系提升至“全面战略伙伴关系”。

· 31 日，越南共产党第十三届中央委员会举行第一次会议，选举新一届领导集体，阮富仲再次当选越共中央总书记。

2021年2月

· 1 日，缅甸总统温敏、国务资政昂山素季、伊洛瓦底省和掸邦首席部长、克耶邦党主席、部分重要选区议员及一些政治激进分子被军方扣押。缅甸军方宣布国家进入紧急状态，由副总统敏瑞任代理总统。当晚，缅甸军方宣布对缅甸现政府进行大规模改组。2 日，缅甸国防军司令部宣布组建国家管理委员会，主席为敏昂莱大将。

· 2 日，缅甸民盟执委发表声明，表示军方接管政权违背宪法，提出释放全部被扣押人员、认可 2020 年大选结果、依据宪法召开议会三项要求。当晚，缅甸民众抗议军方接管政权。3 日，缅甸军方起诉总统温敏和国务资政昂山素季，并通过视频开庭审理。6 日，仰光发生大规模示威活动。

· 3 日，中国国务委员兼外交部长王毅与老挝外交部长沙伦赛举行视频会晤。

· 4 日，由印度主持的首届“印度洋地区国家国防部长会议”在线上召开，包括新加坡在内的 25 个国家的国防部长出席。

· 4~5 日，应印度尼西亚总统佐科邀请，马来西亚总理穆希丁对印尼进行正式访问，这是穆希丁就任总理近一年来首度正式外访。

· 8 日，缅甸国家管理委员会主席、国防军总司令敏昂莱通过缅甸国家电视台发表讲话，表示缅甸将延续目前政治、经济、外交、疫情防控等政策，愿与国际社会继续保持密切合作，这是敏昂莱 2 月 1 日接管国家权力后首次发表公开讲话。

· 17 日，印尼外交部长蕾特诺访问文莱，与文莱外交主管部长艾瑞万会面，并对文莱苏丹哈桑纳尔进行礼节性访问。

· 24 日，2021 年中国—菲律宾科技合作联合研究项目启动仪式在线上举行。此次启动的 8 个项目由两国科技部共同商定，涵盖农业、疾病防控、绿色能源及病毒学等多个领域。

· 24 日，缅甸军方新任命的外交部长温纳貌伦访问泰国，与泰国总理兼国防部长巴育、泰国副总理兼外交部长敦 · 帕玛威耐进行会谈，并与正在泰国访问的印尼外长蕾特诺进行了交流。

· 24 日，柬埔寨首相洪森指示内政部和移民总局撤销禁止柬埔寨与邻国货物来往的“禁令”。

· 25 日，柬埔寨外交部与东帝汶外交部就双边贸易举行了视频会议。

· 26 日，缅甸军方接管政权后改组的选举委员会举行了首次政党协调会，共有巩发党等 53 个政党的 60 多名代表参加了此次会议。缅甸选举委员会主席吴登梭在会上宣布，缅甸 2020 年大选选举结果作废，国家管理委员会掌管国家主要权力机构。

2021年3月

· 1 日起，马来西亚华人公会可招收非华裔的马来西亚公民入党，成为该党附属党员。

·1~2 日，文莱苏丹哈桑纳尔、文莱外交主管部长艾瑞万先后会见到访的马来西亚外交部长希沙姆丁。

·2 日，东盟外交部长非正式会议通过线上召开，会后由轮值主席国文莱发表声明。

·2~3 日，东盟第 27 届经济部长非正式会议以视频方式举行。会议期间，东盟经济部长还与东盟商务咨询理事会举行了磋商。

·3 日，中国驻菲律宾大使馆和菲律宾中国了解协会通过线上方式联合举办首届“中国—菲律宾马尼拉论坛”。

·4 日，柬埔寨公共工程和运输部与新加坡叶水福集团正式签署金边物流中心开发项目框架协议。

·9 日，中国驻东盟使团和中国—东盟关系协调国菲律宾常驻东盟使团通过视频形式，共同主办中国—东盟建立对话关系 30 周年雅加达渠道纪念活动启动仪式暨研讨会，这也是 2021 年“中国—东盟关系雅加达论坛”首场活动。

·9 日，新加坡—印度尼西亚的双边投资协定正式生效，该协定是两国加强经济联系的里程碑。

·10 日，老挝总理通伦、柬埔寨首相洪森与越南总理阮春福召开远程视频会议。

·18 日，第 18 届东盟国防力量司令级会议以视频方式召开，缅甸国防军总司令、国家管理委员会主席敏昂莱大将在内比都分会场出席会议。

·19 日上午，菲律宾海军的“安东尼奥 · 卢纳”号导弹护卫舰正式入列，这是菲律宾的第二艘导弹护卫舰。

·22 日，老挝人民革命党中央总书记通伦当选老挝国家主席，老挝人民革命党中央政治局委员潘坎当选政府总理。

·22~24 日，新加坡外交部长维文先后对文莱和马来西亚进行访问。访问期间，新马两国就逐步重启跨境旅游达成三点共识。

·23 日，第 28 届东盟—新西兰对话以视频形式召开。

· 29 日，泰国与英国签署谅解备忘录，并成立经济与贸易联合委员会。

· 30 日，日本外务大臣茂木敏充、防卫大臣岸信夫与印尼外交部长蕾特诺和国防部长普拉博沃在日本东京举行会谈，会上双方签署了“防卫装备和技术转移协议”。

· 31 日，越南第十四届国会第十一次会议选举越共中央政治局委员、河内市市委书记王庭惠为新一任越南国会主席。

· 31 日至 4 月 2 日，中国国务委员兼外交部长王毅在福建南平分别会见到访的新加坡、马来西亚、印度尼西亚和菲律宾四国外交部长。

2021年4月

· 4~5 日，马来西亚总理穆希丁对文莱展开访问，在第 23 次文莱—马来西亚领导人磋商会议结束后，马来西亚总理穆希丁和文莱苏丹哈桑纳尔发表了联合声明。

· 5 日，越南第十四届国会第十一次会议选举越共十三届中央政治局委员、第十四届国会代表阮春福为 2021~2026 年任期越南社会主义共和国主席，越共中央组织部部长范明政当选越南政府总理。

· 7 日，印度尼西亚外交部长蕾特诺在雅加达会见访问印尼的英国外交大臣拉布。

· 8 日，韩国国防部长徐旭、总统文在寅在首尔同到访的印度尼西亚国防部长普拉博沃举行会谈。

· 12 日，柬埔寨首相洪森与老挝政府总理潘坎 · 维帕万举行视频会谈，深化双边合作关系。

· 23 日，中越第十次国防部防务安全磋商在广西东兴举行，中央军委联合参谋部副参谋长邵元明与越南国防部副部长黄春战共同主持。24 日，中越第六次边境国防友好交流活动在广西壮族自治区东兴市和越南广宁省平辽县及相关口岸地区举行，中国国务委员兼国防部长魏凤和与越南国防部长潘文江分别率团参加。

· 23 日，印度尼西亚总统佐科会见首次到访印尼的越南总理范明政。

· 24 日，东盟领导人缅甸问题特别会议在东盟总部印度尼西亚首都雅加达召开。东盟峰会发表主席声明，缅甸问题特别会议达成五点共识。

· 26 日，越共中央总书记阮富仲、越南国家主席阮春福分别在河内会见到访的中国国务委员兼国防部长魏凤和。

· 29 日，印度尼西亚政治、法律和安全事务统筹部长马福德宣布将印尼东部巴布亚省的分离主义武装团伙列入恐怖主义组织名单。

2021年5月

· 1 日，《越南与英国自由贸易协定》正式生效。

· 1~2 日，应新加坡外交部长维文的邀请，马来西亚外交部长希沙姆丁对新加坡进行正式访问。

· 3 日，第 24 届东盟与中日韩（10+3）财长和央行行长会议召开，并发布联合声明。

· 5 日，七国集团外交部长发表联合声明，决定继续禁止向缅甸军方出售枪支弹药和其他一些军事武器。日本政府首次公开承诺，暂停向缅甸军方出售军事武器装备。

· 6 日，越共中央军委副书记、国防部长潘文江与老挝政府副总理、国防部长占沙蒙进行线上会谈。

· 13 日，X9101 次集装箱班列从南宁出发，经铁路运往越南，再转公路运抵老挝，这是广西开行的首趟“中越老”农资产品跨境多式联运班列。

· 18 日，第 27 次中国—东盟高官磋商以视频方式举行。

· 21 日，中国外交部部长助理吴江浩和菲律宾副外长伊丽莎白以视频方式共同主持召开中国—菲律宾南海问题双边磋商机制（BCM）第六次会议。

· 29 日，缅甸少数民族地方武装钦民族阵线正式宣布加入缅甸人民国防军，这也是缅甸首个加入该组织的少数民族地方武装。

2021年6月

·1 日，柬埔寨首相洪森在金边会见美国副国务卿温迪·谢尔曼，这是近 10 年来访问柬埔寨的级别最高的美国官员。

·2 日，以“三十而立——开启中国—东盟合作共赢新篇章”为主题的 2021 中国—东盟媒体合作论坛在北京举办。

·4 日，新加坡交通部宣布，东盟与欧盟成功结束了区域间全面航空运输协定（AECATA）谈判，这是世界第一个区域间航空协定。

·5 日，中国国务委员兼外长王毅同印尼总统特使、对华合作牵头人卢胡特在贵阳共同主持中国印尼高级别对话合作机制首次会议。本次会议标志着两国综合性高级别合作机制成立，是双方落实元首共识的重要举措。

·6 日，越南外交部长裴青山会见老挝外交部长沙伦赛。

·7~8 日，纪念中国—东盟建立对话关系 30 周年特别外长会、澜沧江—湄公河合作第六次外长会在中国重庆举行。会后发表了《纪念中国—东盟建立对话关系 30 周年特别外长会共同主席声明》《关于加强澜沧江—湄公河国家可持续发展合作的联合声明》。

·10 日，柬埔寨首相洪森宣布柬埔寨首次成功开采金矿，在开采金矿后的前 8 年内，预计每年可开采 3 吨黄金。

·15 日，第 12 次中国—东盟国防部长非正式会晤视频会议举行。

·16 日，第八届东盟防长扩大会视频会议召开。当天，老挝—韩国国防部长举行视频会议。

·20 日，应俄罗斯国防部长绍伊古大将的邀请，缅军总司令兼缅甸国家管理委员会主席敏昂莱大将率领代表团访问俄罗斯，参加 2021 年第九届莫斯科国际安全会议。

·20~23 日，应越南外交部长裴青山的邀请，新加坡外交部长维文对越南进行正式访问并出席欧亚合作论坛高级政策对话。21 日，越南国家主席阮富仲、越南政府总理范明政会见了新加坡外交部长维文。

·21 日，印度尼西亚贸易部长穆罕默德·卢特菲与加拿大联邦小企业、出口促进和国际贸易部长伍凤仪正式启动《印尼与加拿大全面经济伙伴关系协定》谈判计划。

·21~24 日，韩国外交部长郑义溶先后对越南、新加坡进行访问。

·25 日，韩国外交部长郑义溶与印度尼西亚外交部长蕾特诺举行会谈，共同签署了《关于落实韩国—印尼特别战略伙伴关系的行动计划》。当天，郑义溶还拜访了印尼总统佐科、东盟秘书长林玉辉。

2021年7月

·1 日，泰国外贸厅正式启用中国—东盟自由贸易区优惠原产地证书电子签名和印章系统。

·5~8 日，菲律宾空军和日本航空自卫队在菲律宾克拉克空军基地举行首次联合空中演习。

·6 日，东盟—俄罗斯外长视频会议召开，庆祝东盟与俄罗斯建交 30 周年暨建立对话伙伴关系 25 周年。

·14 日，东盟—美国特别外长会议以线上形式召开。

·16 日，2021 中国—东盟数字经济发展合作论坛在武汉举办，论坛以“共享数字新机遇 共商合作新未来”为主题。

·19 日，泰国总理巴育在罗勇府主持了东南亚首家半固态技术生产储能单元工厂启用投产仪式。

·20 日，越南第十五届国会第一次会议选举王庭惠为第十五届国会主席，任期 5 年。

·21~22 日，第 11 届湄公河—恒河合作外交部长视频会议召开。

·23 日，菲律宾批准商业生产转基因“黄金大米”，成为全球首个批准黄金大米商业化种植的国家。

·26 日，越南第十五届国会第一次会议选举国家主席、政府总理，阮春福、范明政分别再次当选，任期 5 年。

·26~28 日，美国国防部长奥斯汀访问新加坡。新加坡总理李显龙和国防部长黄永宏先后会晤奥斯汀，27 日，两位国防部长在会面结束后发表联合声明。

·29 日，美国国防部长奥斯汀访问越南，分别与越南国家主席阮春福、越南总理范明政、越南国防部长潘文江会面。

·29 日晚，菲律宾总统杜特尔特会见来访的美国国防部长奥斯汀，决定全面恢复一年多前菲方提议终止与美国签署的《访问部队协议》。30 日，奥斯汀与菲律宾国防部长洛伦扎纳举行联合新闻发布会。

2021年8月

·1 日，缅甸国家管理委员会宣布将国家管理委员会改组为看守政府，国家管理委员会主席敏昂莱担任国家总理。当天，敏昂莱宣布延长该国紧急状态至 2023 年 8 月。

·1~14 日，共有超过 2100 名印尼士兵和超过 1500 名美国士兵参与了“哥鲁达盾”（Garuda Shield）联合军演，演习在苏门答腊、加里曼丹和苏拉威西三个地点举行，重点在于岛屿的防御战略。这是两国陆军举行的历史上最大联合军事演习。

·2 日，第 54 届东盟外长会议、第 23 届东盟政治—安全共同体理事会会议、第 29 届东盟协调理事会会议、东南亚无核武器区条约委员会会议、东盟政府间人权委员会会议先后举行。

·2~6 日，美国国务卿布林肯以线上方式出席了第二届湄公河—美国伙伴关系部长级会议、美国—东盟外长会议、东亚峰会外长会议、“湄公河之友”十周年部长级会议，以及第 28 届东盟地区论坛外长会。3 日，布林肯还在华盛顿与印尼外长蕾特诺会面。

·3 日，中国国务委员兼外交部长王毅以视频方式出席东盟与中日韩（10+3）外长会。6 日，王毅出席第 28 届东盟地区论坛外长会。

·4 日，第 54 届东盟外长会发布联合公报。东盟任命轮值主席国文莱外交主管部长艾瑞万为缅甸问题特使。

·9 日，越南国家主席阮春福同越南共产党和国家高级代表团对老挝进行正式友好访问。

·16 日下午，马来西亚国家王宫发表声明称，最高元首阿卜杜拉已接受总理穆希丁和整个内阁的辞职，立即生效。声明称，阿卜杜拉同时委任穆希丁为看守总理，直至新总理人选出炉为止。

·16 日，美国海军独立级濒海战斗舰“查尔斯顿”号对菲律宾港口进行例行访问。

·20 日，马来西亚最高元首阿卜杜拉决定任命前副总理伊斯梅尔·萨布里为新总理。

·22 日，美国副总统卡玛拉·哈里斯对新加坡进行访问。23 日，新加坡总统哈莉玛·雅各布、总理李显龙先后与哈里斯举行会晤。

·23~25 日，第 42 届东盟议会联盟大会以线上方式召开，大会由文莱立法会主持，主题为“推进包容性数字技术领域中的议会合作，面向 2025 年东盟共同体”。

·24~26 日，美国副总统卡玛拉·哈里斯访问越南，她是越南战争后首位访越的美国副总统。

·26~29 日，韩国外交部长郑义溶对泰国和老挝进行正式访问。

2021年9月

·3 日，美国、日本和印度尼西亚战机首次联训。

·6 日，印度尼西亚银行和中国人民银行宣布正式启动印尼与中国本币结算合作框架。

·6~8 日，应韩国外交部长郑义溶的邀请，柬埔寨副首相兼外交大臣布拉索昆率团对韩国进行正式访问。8 日，布拉索昆与郑义溶共同主持第 11 届湄公河—韩国外长会议。

·7 日，印度尼西亚国会通过东盟电子商务协议法案。

·8~15 日，第 53 届东盟经济部长级会议及系列会议以视频形式召开。

·9 日，由中共中央对外联络部和中共广西壮族自治区委员会共同主办的中国共产党与东南亚、南亚国家政党对话会在南宁举行。

·9 日，中国国务院总理李克强在北京出席大湄公河次区域经济合作第七次领导人会议。柬埔寨首相洪森主持会议，老挝政府总理潘坎、缅甸国家管理委员会主席敏昂莱、泰国总理巴育、越南总理范明政和亚洲开发银行行长浅川雅嗣出席。会议通过了《大湄公河次区域经济合作 2030 战略框架》等成果文件。

·10~12 日，应越共中央政治局委员、越南国防部长潘文江大将的邀请，日本防卫大臣岸信夫对越南进行正式访问。11 日，日本与越南签署了一项最新军事合作协议。

·10~13 日，第 18 届中国—东盟博览会、中国—东盟商务与投资峰会在广西南宁举办。本届东博会继续采取“实体展+云上东博会”的线上线下相结合办展形式。

·10~14 日，应越南常务副总理范平明和外交部长裴青山、柬埔寨副首相兼外交大臣布拉索昆、新加坡外长维文邀请，中国国务委员兼外交部长王毅对越南、柬埔寨、新加坡进行正式访问，并与越南常务副总理范平明共同主持中越双边合作指导委员会第十三次会议。

·15 日，联合国教科文组织正式将泰国清迈府清道山列为“世界生物圈保护区”。

·16 日，东南亚电信解决方案提供商 T3 科技有限公司与中国杭州涂鸦智能信息技术有限公司联合举办发布会并签署战略合作协议，宣布将进一步巩固在泰国物联网（IoT）产业的领先优势，全面开辟东南亚市场，领跑数字经济时代。

·17 日，第 39 届东盟能源部长会议以视频形式召开，该会议达成联合宣言。

·26 日，柬埔寨首相兼人民党主席洪森、越共中央总书记阮富仲与老挝人民革命党中央总书记、国家主席通伦在越南举行柬越老领导人会晤。

· 27 日，中国国务委员兼国防部长魏凤和与马来西亚国防部长希沙姆丁视频通话。

· 28 日，华为印尼与印尼国家网络和密码局、德尔信息技术学院在雅加达签署了三方合作协议。

· 29 日，东盟文化社会共同体第 26 次部长级会议召开。

2021年10月

· 1 日，第 5 届“东盟+3”教育部长会议及东亚峰会教育部长会议由菲律宾主办，以视频会议举行。

· 4~8 日，第 6 次国际网络安全周和第 6 届东盟网络安全部长级会议以线上和线下相结合的方式在新加坡举行。

· 4~18 日，澳大利亚、马来西亚、新西兰、新加坡和英国五国在南海国际水域进行军事演习，此军事演习名为“2021 年五国金禧演习”。

· 5 日，《劳工法》修正案获柬埔寨国王签署正式生效。

· 7 日，印度尼西亚国会通过税收改革法案，2022 年 4 月 1 日起提高增值税率和所得税率。

· 8 日，英国亚洲事务大臣阿曼达 · 米林（Amanda Milling）首次访问菲律宾。菲律宾国防部长洛伦扎纳与阿曼达 · 米林讨论了正在实施的双边防务合作的进展。

· 11 日，加拿大皇家海军正式对菲律宾进行为期三天的友好访问。

· 12 日，缅甸央行发文准许外汇持牌银行和授权经营的非银行类机构进行人民币及日元的外汇买卖，人民币和日元成为缅甸的第六和第七种自由兑换货币。

· 17 日，美国基因破解公司 Genetica 公司与越南国家创新中心正式宣布合作，共同在越南建立东南亚最大基因解码中心。

· 18 日，越南政府批准《东盟服务贸易协定》。

· 22 日，第 17 次东盟—中日韩环境部长会议以线上形式召开。

·26 日，第 24 次中国—东盟领导人会议以视频方式举行，并发表了《中国—东盟关于合作支持〈东盟全面经济复苏框架〉的联合声明》。

·26 日，柬埔寨和韩国自由贸易协定通过视频方式正式签订。

·26 日，第 22 届韩国—东盟特别峰会、第 9 届美国—东盟峰会以视频形式举行。

·26~28 日，文莱以视频方式举办第 38 届和第 39 届东盟峰会及东亚合作领导人系列会议。

·28 日，第 13 届印度尼西亚—马来西亚—泰国增长三角（IMT-GT）峰会在印尼西爪哇茂物举行。

2021年11月

·1 日，印度尼西亚总统佐科在苏格兰与美国总统拜登举行双边会议。当天，印度尼西亚与瑞士、列支敦士登、冰岛和挪威四个欧洲自由贸易联盟国家之间的全面经济伙伴关系协定正式生效。

·2 日，第七次越南—老挝劳动和社会福利部长级会议以视频形式举行。

·7~8 日，澳大利亚外交部长兼女性事务部长玛丽斯·佩恩对柬埔寨进行正式访问。访问期间，玛丽斯·佩恩与柬埔寨副总理兼外交与国际合作部部长巴速坤举行双边会晤。

·10 日，印尼总统佐科在西爪哇茂物总统府接见马来西亚第 19 任总理伊斯梅尔·萨布里。

·10 日，东盟国防部长非正式会议、东盟—韩国国防部长非正式会议和东盟—澳大利亚国防部长非正式会议以视频形式召开。

·10~11 日，第 27 届东盟交通部长级会议召开。11 日，第 20 次中国—东盟交通部长会议通过视频方式举行。

·16 日，老挝政府与联合国代表签署《老挝—联合国可持续发展合作框架》协议。

·22 日，中国国家主席习近平在北京以视频方式出席并主持中国—东盟建立对话关系 30 周年纪念峰会。同时，中国东盟正式宣布建立中国东盟全面战略伙伴关系。

·29 日，应新加坡总理李显龙邀请，马来西亚总理伊斯梅尔·萨布里对新加坡进行正式访问。

·29~30 日，应柬埔寨首相洪森邀请，老挝总理潘坎·维帕万对柬埔寨进行正式访问。

·29 日~12 月 2 日，应俄罗斯总统普京的邀请，越南国家主席阮春福和越南高级代表团对俄罗斯进行正式访问。30 日，普京总统和阮春福总理举行会谈，共同发表了《到 2030 年越俄全面战略伙伴关系愿景的联合声明》。

2021年12月

·1 日，俄罗斯国防部长绍伊古与越南国防部长潘文江在莫斯科举行会谈，双方签署了越俄政府间军事技术合作协议。

·2 日，中国国务委员兼外交部长王毅在浙江安吉同越南外交部长裴青山举行会谈。

·3 日，中国和老挝共建“一带一路”的标志性工程——全长 1035 公里的中老铁路全线正式通车。

·6 日，缅甸内比都泽布迪瑞法院依据缅甸《刑法》第 505 条 b 款和《自然灾害管理法》裁定国务资政昂山素季和总统温敏“煽动罪”和“违反防疫规定”罪名成立，判处两人各 4 年监禁。

·6~7 日，应柬埔寨副总理兼外交与国际合作部部长巴速坤邀请，缅甸军方任命的外交部长温纳貌伦访问柬埔寨。7 日，柬埔寨首相洪森与缅甸外交部长温纳貌伦举行会谈。

·8 日，缅甸国家管理委员会主席、国防军总司令敏昂莱与柬埔寨王家军总司令冯批森举行视频会晤。

·10~12 日，中越两军在越南广宁省芒街市组织实施“和平救援 2021”卫勤联合演习，这是中越两军首次举行卫勤实兵演习，双方共 600 余人参演。

·11~12 日，七国集团外长会在英国利物浦举行。七国集团外长会首次邀请东盟成员国参加，泰国、马来西亚、越南、新加坡等国外长在线出席东盟—七国集团外长会议。11 日，菲律宾外长洛钦与澳大利亚外长佩恩在双边会议期间共同承诺，两国政府一致同意将两国全面伙伴关系提升到战略伙伴关系层面。

·13 日，美国国务卿布林肯正式展开为期 4 天的东南亚之行。他先后访问印度尼西亚、马来西亚和泰国，这是拜登出任总统后布林肯首次出访东南亚。

·14 日，缅甸中央银行发布通告，即日起允许在中缅两国边境地区直接使用人民币和缅币进行贸易结算。

·14 日，马来西亚国会下议院一致通过《1963 年马来西亚协议》（MA63）修宪案，履行政府加强沙巴和砂拉越在联邦地位的承诺。

·15 日，泰国南部诺拉舞正式列入联合国教科文组织非物质文化遗产名录。

·21~22 日，应柬埔寨国王西哈莫尼的邀请，越南国家主席阮春福率领越南高级代表团对柬埔寨王国进行国事访问。在访问期间，柬埔寨首相洪森和越南国家主席阮春福共同见证了两国 7 项重要合作文件的签署。

·28 日，越南海警与印尼海警以视频形式举行航行自由安全合作谅解备忘录签署仪式。

·28~29 日，应越南外交部长裴青山的邀请，老挝外交部长沙伦赛对越南进行正式访问。28 日，裴青山与沙伦赛共同主持召开第八次越老外交部部长级政治磋商会议。

·29 日，中共中央政治局常委、国务院副总理韩正同新加坡副总理王瑞杰举行视频会见，并共同主持中国新加坡双边合作联委会第 17 次会议以及中新苏州工业园区联合协调理事会第 22 次会议、中新天津生态城联合协调理事会第 13 次会议、中新（重庆）战略性互联互通示范项目联合协调理事会第五次会议。

Abstract

As we enter the third decade of the 21st century, the global spread of COVID-19 has caused a huge impact on the economic and social development of Southeast Asia, which has been mired in the most severe economic recession since the Asian financial crisis. Until May 18, 2022, the cumulative number of confirmed cases in Southeast Asian countries had exceeded 31.68 million and the death toll had exceeded 350000. The political and economic situation in Southeast Asia has undergone a series of structural changes against the backdrop of global changes and epidemics in the 21st century, and there are still great uncertainties in the future development of the region.

Facing of the global epidemic, the political situation in Southeast Asia remained relatively stable in 2021 despite the sudden return of the military to politics in Myanmar. In Southeast Asia, as socialist countries Laos and Vietnam held their party congresses to elect the new central leadership. Indonesia's cabinet reshuffle has stabilized its ruling position and public support. Malaysia has undergone more instability recently, and the integration of the ruling coalition has led to frequent changes in government leadership. The registration and election campaign 2022 Philippine presidential election has officially started. The cabinet of the Singapore government was reshuffled, and the fourth generation leadership was replaced again. Thai Prime Minister Prayuth Chan-ocha survived a no-confidence vote in parliament as street demonstrations resumed. In the first half of 2022, the general elections in Timor-Leste and the Philippines officially ended. In March, former President Jose Ramos-Horta was re-elected as the fifth president in Timor-Leste since independence. In May, Marcos Junior was elected as the new President by a landslide victory in the national and local elections in the Philippines. In the second half year whether the general elections will be held as scheduled in Malaysia and Thailand, are still in suspense. The current governments' term of office will expire in 2023, but in Malaysia, it is generally accepted that the general election will be held in August 2022, while Thailand's deputy prime minister also revealed that it's national election may be held in November after the APEC summit.

In 2021, the economy of Southeast Asia showed a recovery growth, is showing signs of recovery. In terms of demand side, both private consumption and government consumption in major Southeast Asian countries have reversed negative growth, fixed capital formation has expanded, and both import and export trade have grown rapidly, becoming an important external driving force for their economic recovery. In terms of supply side, the agriculture, industry and service sectors of those countries have shown signs of recovery. In particular, the manufacturing sector, driven by the expansion of foreign demand, has grown strongly and pushed the domestic economy to bottom out and rebound. Unlike other countries in the region, Myanmar and Brunei turned from positive growth to the negative growth, with Myanmar experiencing a sharp slowdown due to social unrest following the political change and the outbreak COVID-19, while Brunei saw negative growth mainly due to lower output in the oil and gas sector and the impact of COVID - 19 on construction and services. In 2022, the economic recovery of each country will show a K-shaped recovery trend, that is, different countries or different industrial sectors follow different petterns, the economic recovery of the bifurcation trend. At the same time, the sharp rise in international commodity prices has triggered global inflation, which will push up prices in Southeast Asian countries. As European and American countries began to tighten their monetary policy, the currency devaluation of emerging and short-term capital repatriation will be triggered in emarging markets, which will have a great impact on the financial market of Southeast Asian countries.

As the world enters the digital age, the digital transformation in Southeast Asia is still in progress. Digital economy is a new engine for economic recovery and future development in Southeast Asia in the post-COVID-19 era. Digitization will promote the transformation of industries towards "Industry 4. 0" and is also the technical support for realizing regional connectivity and building the three pillars of the ASEAN community. As regional organizations in southeast Asia, the Association of South-East Asian Nations (ASEAN) has established the digital economy oriented development strategy and overall planning, while many countries have launched muti-level and wide-ranging digital transformation plan, in order to speed up the digital infrastructure construction, promote the development and application of the fifth generation (5G) mobile communication technology, the establishment of large data centers, the implementation of artificial intelligence, the building of smart city, the promotion of e-commerce, digital finance and e-government. They are committed to building a digital economy, a digital society and a digital government, and achieved remarkable results.

This report to focus on digital development in southeast Asia as the theme, tracks latest development situation, such as politics, economy, foreign relations, analyze and predict the recent and metaphase development of the region, in order to reveal the pattern of the southeast Asian regional development under the new situation and trend, which provide the decision-making basis for China's foreign strategy and its strategy . The report consists of a general report, regional reports, country reports, special reports and appendices: (1) general report. The political and economic situation in Southeast Asia under the global pandemic; (2) Regionalreports. Discusses the hot and frontier issues in the development of economy, politics, society and foreign relations in Southeast Asia; (3) Country reports. To analyze and forecast the political, economic and external relations of Indonesia, Malaysia, Singapore, Thailand and Vietnam; (4) Special reports. Discusses the present situation and prospect of Southeast Asia stepping into the digital era; (5) Appendices. Southeast Asian Development Statistics, Southeast Asian Events 2021.

Keywords: Global Epidemic; Southeast Asia; Political and Economic Situation; Digital Era

Contents

Ⅰ General Report

Abstract: With the spread of COVID－19 worldwide, the epidemic situation in Southeast Asia has experienced several twists and turns, and the epidemic prevention and control policies of various countries have been adjusted accordingly. In this context, the political and economic situation in Southeast Asian countries has experienced a series of structural changes. With the exception of the return of the Myanmar military to politics, the political situation in all countries remains relatively stable, even though it is also deeply affected by the election cycle and political structure. In 2021, the economic growth rate of Southeast Asian countries generally turned to positive, showing a recovery growth situation. Looking ahead to 2022, the epidemic situation in Southeast Asia is still unpredictable. Due to the continued emergence of the new strain of COVID－19, the duration and future trend of the epidemic is full of uncertainties. In the first half of the year, the general elections in Timor-Leste and the Philippines have been concluded. In the second half of the year, Malaysia and Thailand will hold general elections. With the global economic recovery and the expansion of international market demand, the economy of Southeast Asian countries will continue to recover, but the rise of international commodity prices and the tightening of monetary policies in Europe and the United States will lead to inflation and financial market fluctuations in Southeast Asian countries.

Keywords: Southeast Asia; Epidemic Prevention and Control; Political Situation; Economic Recovery

Ⅱ Regional Reports

B.2 Southeast Asian Economy Recovery in the Context of COVID-19

Wang Yan / 019

Abstract: With the spread of COVID-19 worldwide, the economies of Southeast Asian countries generally fell into severe economic recession in 2020. Since April 2021, the epidemic has rebounded in many countries, and the epidemic prevention and control pressure increased. Countries have continued to take actions in order to get out of the predicament of economic recession as soon as possible. In 2021, Southeast Asian countries economy returned-to growth except Brunei and Myanmar . In 2022, Southeast Asia's economy will continue to maintain a sustained recovery, but due to the unprediction of domestic epidemic situation, the economic recovery is still full of uncertainties, the relapse of epidemic is the biggest obstacle to sustained economic recovery. In addition, the rise of international commodity prices, and tighter monetary policy in developed countries, also will lead to the occurence of inflation, and the fluctuation of the domestic financial market.

Keywords: Global Epidemic; Southeast Asia; Economic Recovery; Inflation

B.3 The Construction and Progress of ASEAN Community in 2025

Yan Sen / 032

Abstract: The 27th ASEAN Summit launched the "ASEAN Community

Vision 2025" and the blueprint of the three pillars of the ASEAN Community, formulated the strategic goals and put forward concrete measures for the construction of the ASEAN community in the next decade. Over the past five years, ASEAN has made new progress in building a people-centered and rules-based community, accelerating the building of regional political and security alliances, promoting the free flow of production factors, and advancing the integration of social and cultural resources. However, in the context of the global epidemic, the construction of ASEAN community has been impacted, public health security in the region has been highlighted, the flow of regional production factors of has been blocked, and cultural communication have been stagnated, all of which have delayed the process of ASEAN regional integration.

Keywords: ASEAN Community; Political-Security Community; Economic Community; Socio-Cultural Community

Abstract: With the evolution of international industrial division of labor, the global value chain based on intra-product division of labor and dominated by multinational companies is developing rapidly. As highly export-oriented economies, ASEAN countries' participation in GVCS can be divided into four stages: initial stage of industrialization, flying geese stage, post-flying geese stage and value chain reconstruction. Under the reconstruction of global value chain, ASEAN countries are deeply involved in the division of labor of global value chain, and their value chain participation and status are declining in the fluctuation, and their value chain embedment is continuously differentiated. In response to the restructuring of global value chain, ASEAN countries have actively promoted industrial transformation and upgrading, adjusted foreign investment policies, focused on introducing value chain investment, encouraged the cultivation of local auxiliary industrial development, and improved and optimized the business environment, so as to meet the opportunities and challenges brought by the restructuring of global value chain.

Keywords: Global Value Chain; ASEAN Countries; International Division of Labor; Industrial Transformation

B.5 Binding Force Assessment of the China-ASEAN Maritime Treaty

Zhao Xuefei / 063

Abstract: This Report estimates the binding force of 47 maritime treaties signed between China and ASEAN countries by establishing a relatively complete evaluation system of binding force of treaties and quantitative analysis of treaty texts. It is concluded that the binding force of bilateral treaties is higher than that of multilateral treaties among the maritime treaties signed by China and ASEAN countries, and the binding force of treaties are different in countries. In terms of the binding force of maritime multilateral treaties, the Philippines scores highest, while Singapore is the lowest. In bilateral maritime treaties, Thailand is the highest and Cambodia is the lowest; In bilateral maritime agreements, the treaty binding force of Thailand and Vietnam is the highest, while the treaty binding force of Singapore and Malaysia is low. At present, the annual change of the average binding force of multilateral and bilateral maritime treaties signed by China and ASEAN countries is in a steady and slightly decreasing trend. Therefore, China and ASEAN countries should actively promote the formulation of bilateral and multilateral maritime cooperation treaties to create a good institutional guarantee and legal environment for the regional maritime cooperation.

Keywords: International Treaty; China-ASEAN; Maritime Cooperation

Ⅲ Country Reports

Abstract: In the context of the global epidemic, Brunei enjoys relatively stable epidemic prevention and control situation and has one of the highest vaccination rates in Southeast Asia. In 2021, while Southeast Asian countries are generally recovering, Brunei's economic growth rate turned from positive to negative, mainly due to its over-dependence on the oil and gas industry, as well as the impact of the epidemic on other industries and SMES. During the pandemic, Brunei has actively adjusted its national economic development strategy, launched mid-and long-term development plans such as the National Economic Development Blueprint and Digital Economy Master Plan 2025, promoted economic diversification, accelacated industrial digital transformation, and adjusted its energy structure and policies. In 2022, The prospect of Brunei's economic recovery is still unclear are still some uncertainties. For example, the relaxation of epidemic prevention and control in Brunei will help domestic economic recovery, but will make epidemic prevention and control more difficult. Rising oil prices will increase export income, but rising food prices will increase the risk of imported inflation.

Keywords: Epidemic Control; Economic Recovery; Economic Diversification; Brunei

Abstract: In 2021, Indonesia experienced the strong impact of two waves epidemic, twice the domestic political situation remained basically stable, and the national economy showed a trend of recovery. In politics, Indonesia has carried out cabinet reshuffle and ministry adjustment, which further consolidated the ruling foundation and national unity, but a number of reform measures caused social controversy. In economics, Indonesia has achieved a strong rebound in economic growth, with outstanding performance in mining, manufacturing, foreign trade and other sectors. The fiscal and financial system is stable, and the unemployment rate and poverty rate tend to decrease. Facing 2022, Indonesia still regards epidemic prevention and control and economic recovery as its top priority, and will adjust its development policies at an appropriate time to cope with complex changes at home and abroad.

Keywords: Political Change; Epidemic Prevention and Control; Economic Recovery; Indonesia

B.8 Malaysia's Political and Economic Situation under Epidemic Prevention and Control *Jin Shibo* / 132

Abstract: Since the outbreak of COVID-19, Malaysia has experienced several ups and downs, and the domestic political and economic situation has also shown a series of new changes. Ismail became the ninth prime minister when Muhyiddin submitted his resignation after only a year and a half in power. Malaysia's economic growth rate has turned from negative to positive, showing signs of gradual recovery, economic transformation and infrastructure construction have been accelerated. Starting from 1 April 2022, Malaysia has declared that the epidemic has entered the transitional phase of endemic disease, relaxing domestic epidemic prevention and control, and re-opening its borders. Under the new domestic and international circumstances, Malaysia will face a post-pandemic national election in which the contest between various parties will be re-played. Malaysia will continue to recover, but there are still many uncertainties.

Keywords: Epidemic Prevention and Control; Political Situation; Economic Recovery; Malaysia

Abstract: In the context of the global epidemic, Singapore's political and economic situation has undergone a series of new changes. Singapore reshuffled its cabinet, and Deputy Prime Minister Heng Swee Keat, who was supposed to replace him as prime minister, resigned. Singapore has adjusted its epidemic prevention and control policy from "zero elimination of the virus" to "co-existence with the virus", implementing differentiated security management measures at home and gradually and cautiously opening its borders externally. In 2021, Singapore's economy will gradually emerge from the shadow of the epidemic and show a trend of recovery, but it will still take some time to achieve full recovery. Before and after the epidemic, the Singapore government drew up a blueprint for its future economic and social development, presenting a vision for sustainable development in the post-epidemic era.

Keywords: Epidemic Prevention and Control; Economic Recovery; Sustainable Development; Singapore

Abstract: under the impact of the repeated epidemic situation, Thailand's political and economic situation in 2021 appears a series of changes, maintain a relatively stable domestic political situation, the present government won the congressional vote of confidence, and stimulated the gradual recovery, increased domesticand foreigh demand at home and abroad, various industry departments restorative growth, promoted import and export trade, attracted forcign investment rally. At the same time, Thailand adjusted its epidemic prevention and control policies, implemented a package of economic stimulus plans, introduced the BCG economic development model, accelerated the digital transformation of industries and enterprises, and introduced preferential policies for new energy vehicles to speed up the domestic economic recovery. The year 2022 will be an important year for Thai politics. The term of the current Thai government will expire in 2023, and the domestic political forces will be arranged around a new round of elections in advance. The domestic economy will maintain a gradual recovery, but it is still restricted by many factors at home and abroad.

Keywords: Domestic Politics; Epidemic Prevention and Control; Economic Recovery; Thailand

Abstract: At the beginning of 2021, the Communist Party of Vietnam held the landmark 13th National Congress, elected the 13th Central Committee of the Communist Party of Vietnam, formulated the mid-and long-term development plan, determined the goal of the centennial anniversary of the founding of the Party in 2025, 2030 and the centennial anniversary of the founding of the state in 2045. In the face of the global epidemic, Vietnam has maintained sustained and stable economic and social development while focusing on both epidemic prevention and control and economic recovery. However, it still faces many uncertainties. Following the communist Party of Vietnam's 13th National Congress, Vietnam adhered to an independent foreign policy, actively carried out multilateral and bilateral diplomacy and made new progress.

Keywords: Epidemic Prevention and Control; Economic Recovery; External Relations; Vietnam

Abstract: In the context of the global epidemic, the four Southeast Asian countries are suffering from the impact of the pandemic, and the political and economic situation of each country also presents a series of new changes. Myanmar returned from civilian government to military rule, the Lao People's Revolutionary Party elected a new central leadership, and Timor-Leste held its fifth presidential election since independence. Combodia remains stable. With the exception of Myanmar, the economies of the three Southeast Asian countries showed a trend of recovery, with domestic and foreign demand expanding and the growth rate of major industrial sectors turning from negative to positive. Myanmar's economy has suffered a severe downturn due to domestic political turmoil and the ravaging epidemic. Recently, in the United Nations' three-year review of the least developed countries, whether the four Southeast Asian countries meet the graduation standards and successfully "take off the hat" has aroused heated debate.

Keywords: Least Developed Countries; Political Change; Economic Recovery; Southeast Asia

Ⅳ Special Reports

Abstract: In recent years, Southeast Asia has launched digital master plans and action plans to accelerate the development of regional digital economy and build a digital community. Southeast Asian countries are vigorously promoting the development of the digital economy against the backdrop of the global entry into the digital era. It is an urgent need to build a new engine for economic growth and industrial transformation oriented to "Industry 4.0". It is also an important technical support for regional connectivity. Stepping into the digital era, countries have made remarkable progress in digital infrastructure, e-commerce, digital finance and e-government, showing broad prospects for development.

Keywords: Digital Age; Digital Transformation; Digital Community; Southeast Asia

Abstract: As the world enters the digital era, Southeast Asian countries have formulated digital transformation strategies, and digital infrastructure construction is booming. All countries take digital infrastructure as the strategic focus of national digital transformation. Digital infrastructure construction is led by the government, attracting private sector and foreign investment, and emphasizing regional cooperation in digital infrastructure. In recent years, Southeast Asia countries has made remarkable progress in digital infrastructure construction, promoting the rapid development of digital economy, becoming a new engine to drive economic growth and promote industrial upgrading, and showing broad prospects for development.

Keywords: Digital Infrastructure; Digital Transformation; Smart City; Southeast Asia

Abstract: In the global digital era, digital economy has gradually become an important driving force of world economic growth. Digitalization not only promotes the profound adjustment of international industrial transfer pattern, but also accelerates the reform of global value chain based on intra-product division of labor. In this context, this paper focuses on the impact of digitalization on ASEAN countries' participation in global value chain. The empirical study shows that digitalization has a significant positive impact on forward participation and position index of ASEAN countries' manufacturing industry, and a significant negative impact on backward participation. Digitalization has the least positive impact on the forward participation of low-technology manufacturing industry, followed by medium-technology manufacturing industry, and the largest positive impact on high-tech manufacturing industry. Digitalization has the greatest negative impact on backward participation in low-technology manufacturing industry, followed by high-tech manufacturing industry, and has no significant impact on medium-technology manufacturing industry. Digitalization has the greatest positive impact on the position index of low-technology manufacturing industry, followed by high-tech manufacturing industry, and has no significant positive impact on medium-technology manufacturing industry.

Keywords: ASEAN Countries; Digital Economy; Global Value Chain; Industrial Transformation

Abstract: In recent years, Thailand attaches great importance to the national digital transformation and promotes the rapid development of digital economy. The development of Thailand's digital economy is an important path for Thailand to get rid of the "middle-income trap", promote the transformation and upgrading of industrial structure, cope with the reconstruction of global value chain and build a regional production and logistics hub. The Thai government formulated the digital medium and long-term development planning, initiated the national digital transformation strategy, set up specialized agencies of the implementation of digital transformation, improved and perfected relevant laws and regulations, and issued a series of policies and measures to digital transition, all of which is committed to building the digital economy, digital society and government. At present it has achieved significant results, and show broad prospects for development.

Keywords: Digital Age; Digital Economy; Digital Transformation; Thailand

S基本子库
UB DATABASE

中国社会发展数据库（下设 12 个专题子库）

紧扣人口、政治、外交、法律、教育、医疗卫生、资源环境等 12 个社会发展领域的前沿和热点，全面整合专业著作、智库报告、学术资讯、调研数据等类型资源，帮助用户追踪中国社会发展动态、研究社会发展战略与政策、了解社会热点问题、分析社会发展趋势。

中国经济发展数据库（下设 12 专题子库）

内容涵盖宏观经济、产业经济、工业经济、农业经济、财政金融、房地产经济、城市经济、商业贸易等12个重点经济领域，为把握经济运行态势、洞察经济发展规律、研判经济发展趋势、进行经济调控决策提供参考和依据。

中国行业发展数据库（下设 17 个专题子库）

以中国国民经济行业分类为依据，覆盖金融业、旅游业、交通运输业、能源矿产业、制造业等 100 多个行业，跟踪分析国民经济相关行业市场运行状况和政策导向，汇集行业发展前沿资讯，为投资、从业及各种经济决策提供理论支撑和实践指导。

中国区域发展数据库（下设 4 个专题子库）

对中国特定区域内的经济、社会、文化等领域现状与发展情况进行深度分析和预测，涉及省级行政区、城市群、城市、农村等不同维度，研究层级至县及县以下行政区，为学者研究地方经济社会宏观态势、经验模式、发展案例提供支撑，为地方政府决策提供参考。

中国文化传媒数据库（下设 18 个专题子库）

内容覆盖文化产业、新闻传播、电影娱乐、文学艺术、群众文化、图书情报等 18 个重点研究领域，聚焦文化传媒领域发展前沿、热点话题、行业实践，服务用户的教学科研、文化投资、企业规划等需要。

世界经济与国际关系数据库（下设 6 个专题子库）

整合世界经济、国际政治、世界文化与科技、全球性问题、国际组织与国际法、区域研究 6 大领域研究成果，对世界经济形势、国际形势进行连续性深度分析，对年度热点问题进行专题解读，为研判全球发展趋势提供事实和数据支持。